CUSTOS

UMA ABORDAGEM PRÁTICA

O GEN | Grupo Editorial Nacional – maior plataforma editorial brasileira no segmento científico, técnico e profissional – publica conteúdos nas áreas de ciências sociais aplicadas, exatas, humanas, jurídicas e da saúde, além de prover serviços direcionados à educação continuada e à preparação para concursos.

As editoras que integram o GEN, das mais respeitadas no mercado editorial, construíram catálogos inigualáveis, com obras decisivas para a formação acadêmica e o aperfeiçoamento de várias gerações de profissionais e estudantes, tendo se tornado sinônimo de qualidade e seriedade.

A missão do GEN e dos núcleos de conteúdo que o compõem é prover a melhor informação científica e distribuí-la de maneira flexível e conveniente, a preços justos, gerando benefícios e servindo a autores, docentes, livreiros, funcionários, colaboradores e acionistas.

Nosso comportamento ético incondicional e nossa responsabilidade social e ambiental são reforçados pela natureza educacional de nossa atividade e dão sustentabilidade ao crescimento contínuo e à rentabilidade do grupo.

RENÉ GOMES DUTRA

CUSTOS

UMA ABORDAGEM PRÁTICA

8ª edição

gen | atlas

O autor e a editora empenharam-se para citar adequadamente e dar o devido crédito a todos os detentores dos direitos autorais de qualquer material utilizado neste livro, dispondo-se a possíveis acertos caso, inadvertidamente, a identificação de algum deles tenha sido omitida.

Não é responsabilidade da editora nem do autor a ocorrência de eventuais perdas ou danos a pessoas ou bens que tenham origem no uso desta publicação.

Apesar dos melhores esforços do autor, do editor e dos revisores, é inevitável que surjam erros no texto. Assim, são bem-vindas as comunicações de usuários sobre correções ou sugestões referentes ao conteúdo ou ao nível pedagógico que auxiliem o aprimoramento de edições futuras. Os comentários dos leitores podem ser encaminhados à **Editora Atlas Ltda**. pelo e-mail editorialcsa@grupogen.com.br.

Rua Conselheiro Nébias, 1384
Campos Elísios, São Paulo, SP — CEP 01203-904
Tels.: 21-3543-0770/11-5080-0770
editorialcsa@grupogen.com.br
www.grupogen.com.br

Designer de capa: Caio Cardoso

Imagens de capa: SeanPavonePhoto | iStockPhoto
mrclark321 | iStockPhoto
stockvisual | iStockPhoto

Editoração Eletrônica: Caixa Alta Editoração | Ronaldo Alexandre

Dados Internacionais de Catalogação na Publicação (CIP)
(Câmara Brasileira do Livro, SP, Brasil)

Dutra, René Gomes
Custos : uma abordagem prática / René Gomes Dutra. – 8. ed. – São Paulo: Atlas, 2017.

Bibliografia
ISBN 978-85-97-01234-7

1. Custos. 2. Custos – Controle. I. Título.

95-0874 CDD-658.1552

Índices para catálogo sistemático:
1. Análise de custos: Empresas: Administração financeira 658.1552
2. Cálculo de custos: Empresas: Administração financeira 658.1552
3. Controle de custos: Empresas: Administração financeira 658.1552
4. Custos: Análise: Empresas: Administração financeira 658.1552
5. Custos: Cálculo: Empresas: Administração financeira 658.1552
6. Custos: Controle: Empresas: Administração financeira 658.1552

Material Suplementar

Este livro conta com os seguintes materiais suplementares:

- *Slides* para apresentação (restrito a docentes);
- Manual do mestre (restrito a docentes).

O acesso aos materiais suplementares é gratuito. Basta que o leitor se cadastre em nosso *site* (www.grupogen.com.br), faça seu *login* e clique em Ambiente de Aprendizagem, no menu superior do lado direito.

É rápido e fácil. Caso haja dificuldade de acesso, entre em contato conosco (sac@grupogen.com.br).

genio
GEN | Informação Online

GEN-IO (GEN | Informação Online) é o repositório de materiais suplementares e de serviços relacionados com livros publicados pelo GEN | Grupo Editorial Nacional, maior conglomerado brasileiro de editoras do ramo científico-técnico-profissional, composto por Guanabara Koogan, Santos, Roca, AC Farmacêutica, Forense, Método, Atlas, LTC, E.P.U. e Forense Universitária. Os materiais suplementares ficam disponíveis para acesso durante a vigência das edições atuais dos livros a que eles correspondem.

SUMÁRIO

Apresentação, xi

Prefácio à 8ª Edição, xiii

Prefácio à 7ª Edição, xiv

Prefácio à 6ª Edição, xv

Prefácio, xvi

1 Origem dos Custos, 1

1.1 Evolução das empresas, 2

1.2 Fases de elaboração dos bens, 3

1.3 Classes envolvidas na elaboração dos bens, 8

1.3.1 Operárias, 8

1.3.2 Empresárias, 8

1.3.3 Emprestadoras, 9

1.3.4 Governadoras, 9

Resumo, 12

Exercícios propostos, 13

Solução dos exercícios propostos, 14

2 Classificação dos Custos, 15

2.1 Conceituação, 16

2.2 Quanto à natureza, 19

2.3 Quanto à função, 21

2.4 Quanto à contabilização, 23

2.5 Quanto à apuração, 24

2.6 Quanto à formação, 31

2.7 Quanto à ocorrência, 45

2.8 Exemplos práticos, 48

2.8.1 Exercício resolvido nº 1, 48

2.8.2 Exercício resolvido nº 2, 48
2.8.3 Exercício resolvido nº 3, 49
2.8.4 Exercício resolvido nº 4, 50
Resumo, 52
Exercícios propostos, 53
Solução dos exercícios propostos, 79

3 Custo de Material, 81
3.1 Conceituação, 82
3.2 Formulários, 83
3.2.1 Pedido de compra, 83
3.2.2 Pedido de cotação de preços, 83
3.2.3 Mapa de cotação de preços, 84
3.2.4 Autorização de fornecimento, 84
3.2.5 Nota fiscal, 84
3.2.6 Solicitação de verificação, 84
3.2.7 Ficha de controle de estoque, 85
3.2.8 Nota de movimentação de material, 86
3.2.9 Mapa de apuração de custo de material, 88
3.3 Métodos para valoração de material, 89
3.4 Controle permanente dos estoques, 92
3.5 Controle periódico dos estoques, 93
3.6 Implicações legais, 94
3.7 Contabilização, 98
3.8 Exemplos práticos, 99
3.8.1 Exercício resolvido nº 1, 99
3.8.2 Exercício resolvido nº 2, 103
3.8.3 Exercício resolvido nº 3, 105
3.8.4 Exercício resolvido nº 4, 108
3.8.5 Exercício resolvido nº 5, 109
3.8.6 Exercício resolvido nº 6, 110
3.8.7 Exercício resolvido nº 7, 111
3.8.8 Exercício resolvido nº 8, 112
Resumo, 113
Exercícios propostos, 114
Solução dos exercícios propostos, 133

4 Custo de Pessoal, 135
4.1 Conceituação, 136
4.2 Remunerações diretas, 138
4.3 Contribuições sociais, 140
4.4 Encargos trabalhistas, 148
4.5 Remunerações indiretas, 152
4.5.1 Remunerações com incidência das contribuições sociais (grupo 4.3), 153
4.5.2 Remunerações sem incidência das contribuições sociais (grupo 4.3), 160

4.6 Benefícios concedidos, 162
4.7 Incidências recíprocas, 164
4.7.1 Incidências sobre a licença-maternidade, 165
4.7.2 Incidências sobre encargos trabalhistas e remunerações indiretas, 165
4.8 Considerações gerais sobre custo da mão de obra, 167
4.9 Formulários, 167
4.9.1 Cartão de ponto, 168
4.9.2 Cartão de mão de obra, 171
4.9.3 Relatório periódico de apropriação de mão de obra, 172
4.9.4 Folha diária de apropriação de mão de obra, 173
4.10 Lançamentos contábeis, 175
4.11 Exemplos práticos, 176
4.11.1 Exercício resolvido nº 1, 176
4.11.2 Exercício resolvido nº 2, 178
4.11.3 Exercício resolvido nº 3, 179
4.11.4 Exercício resolvido nº 4, 179
Resumo, 180
Exercícios propostos, 181
Solução dos exercícios propostos, 195

5 Custos Gerais, 197
5.1 Conceituação, 198
5.2 Critérios de rateio, 199
5.3 Formas de rateio, 208
5.3.1 Rateio direto, 208
5.3.2 Rateio em cascata, 208
5.3.3 Rateio recíproco, 210
5.3.4 Outras formas de rateio, 211
5.4 Lançamentos contábeis, 211
5.5 Exemplos práticos, 212
5.5.1 Exercício resolvido nº 1, 212
5.5.2 Exercício resolvido nº 2, 212
5.5.3 Exercício resolvido nº 3, 214
5.5.4 Exercício resolvido nº 4, 215
5.5.5 Exercício resolvido nº 5, 216
Resumo, 218
Exercícios propostos, 219
Solução dos exercícios propostos, 233

6 Apuração de Custos, 235
6.1 Conceituação, 236
6.2 Métodos de custeio, 239
6.2.1 Custeio por absorção, 240
6.2.2 Custeio direto ou variável, 242
6.2.3 Custeio baseado em atividades (ABC), 247

6.2.4 Custeio-padrão, 249

6.3 Sistemas de apuração de custos, 250

6.3.1 Sistema de apuração de custos por produto, 250

6.3.2 Sistema de apuração de custos por ordem de produção, 251

6.3.3 Sistema de apuração de custos por ordem de serviço, 251

6.3.4 Sistema de apuração de custos por processo, 251

6.4 Exemplos práticos, 253

6.4.1 Exercício resolvido nº 1, 253

6.4.2 Exercício resolvido nº 2, 264

6.5 Produção equivalente, 274

6.5.1 Exercício resolvido nº 3, 275

6.5.2 Exercício resolvido nº 4, 294

6.5.3 Separação dos componentes do custo, 300

6.5.4 Exercício resolvido nº 5, 301

Resumo, 322

Exercícios propostos, 323

Solução dos exercícios propostos, 362

7 Análise Custo – Lucro – Volume, 363

7.1 Conceituação, 364

7.2 Ponto de equilíbrio, 364

7.2.1 Exercício resolvido nº 1, 369

7.2.2 Exercício resolvido nº 2, 370

7.2.3 Exercício resolvido nº 3, 371

7.2.4 Exercício resolvido nº 4, 372

7.3 Margem de segurança e alavancagem operacional, 372

7.3.1 Exercício resolvido nº 5, 373

7.3.2 Exercício resolvido nº 6, 375

7.4 Análise das variações, 376

7.4.1 Influência da variação de quantidade, 377

7.4.2 Influência da variação de preço, 378

7.4.3 Influência das variações concomitantes de preço e de quantidade, 380

7.4.4 Influência da variação de custos fixos totais, 382

7.4.5 Influência da variação de custos variáveis unitários, 383

7.5 Análise dos produtos, 385

7.5.1 Exercício resolvido nº 7, 386

7.5.2 Exercício resolvido nº 8, 391

7.6 Maximização de resultados, 393

7.6.1 Exercício resolvido nº 9, 393

7.6.2 Exercício resolvido nº 10, 394

Resumo, 394

Exercícios propostos, 395

Solução dos exercícios propostos, 425

Bibliografia, 427

APRESENTAÇÃO

Tenho a satisfação de apresentar a obra *Custos: uma abordagem prática* na certeza de que ela enriquecerá a bibliografia nacional nesta área técnico-educacional.

Independentemente dos laços de amizade que me ligam ao autor, sinto-me à vontade para ressaltar os pontos abordados com muita objetividade. Todos os assuntos são iniciados com bastante simplicidade, desenvolvendo-se paulatinamente o grau de complexidade.

No Capítulo 1, a origem dos custos com sua evolução é tratada da maneira mais elementar possível, como os próprios sistemas rudimentares de produção. É mostrado o custo incidente sobre o produto natural sem qualquer elaboração até os produtos com mais sofisticação, que requerem diversas fases para sua elaboração, proporcionando ao leitor, na medida exata, a evolução passo a passo que os custos sofreram, como consequência do próprio desenvolvimento industrial.

O Capítulo 2 dedica-se ao estudo das várias classes de custos, com farta exemplificação de cada uma das classes, além de enfocar os diversos aspectos diferentes da ocorrência de cada classe de custo.

Os Capítulos 3, 4 e 5 são específicos para cada um dos tipos de custos observados na prática. São os capítulos dos custos de material, dos custos de pessoal e dos custos gerais. Cada um estudado separada e exaustivamente em todos os seus aspectos.

No Capítulo 6, foram reunidos os três capítulos precedentes para apuração dos custos, que são acumulados de acordo com o sistema de apuração adotado: por produto, ou por ordem de produção, ou por ordem de serviço, ou por processo produtivo. A determinação da quantidade equivalente para ser obtido o custo unitário é feita com bastante exatidão, o que permitirá a obtenção de resultados bem precisos e, mais importante ainda, fornecerá ao leitor uma ferramenta utilíssima para que, na prática, ele possa usar aproximações com maior conscientização das possíveis variações.

O último capítulo é dedicado à análise dos custos, com utilização do ponto de equilíbrio sob várias fórmulas e aspectos. São mostradas as consequências das diversas variações que podem ocorrer na atividade das empresas, evidenciando a amplitude dos resultados, consequentes de variações aparentemente pequenas. Esse capítulo culmina com o estudo de cada produto específico, mostrando a influência e a importância que cada um deles representa em relação aos valores globais da empresa.

Os assuntos, conforme o caso, são abordados com bastante clareza sob os aspectos conceituais, legais e contábeis, encerrando-se cada capítulo com um ou mais exemplos práticos resolvidos, mostrando-se todo o encaminhamento da solução, com a finalidade de dar suporte à resolução dos exercícios propostos.

Custos: uma abordagem prática está enriquecido com formulários, tabelas, gráficos e fluxogramas que facilitam grandemente a compreensão dos assuntos expostos.

Ressalto a importância da obra para o pessoal envolvido nos problemas de custos nas empresas, pela simplicidade e pela abrangência com que cada assunto é tratado. Não deve ser um livro de estante e muito menos de cabeceira, mas um livro constante na mesa de trabalho de todo contador.

Milton Augusto Walter

PREFÁCIO À 8ª EDIÇÃO

Nos últimos anos, alterações significativas ocorreram nos assuntos abordados neste livro, justificando esta edição para a sua atualização.

Dentre as alterações, deve ser destacada a mudança na legislação sobre microempresas e empresas de pequeno porte (Simples Nacional), que não só ampliou as atividades desenvolvidas pelas empresas que permitem optar pelo enquadramento na sua sistemática de tributação, mas também aumentou os valores de cada faixa de receita, passando o limite máximo de R$ 2,4 milhões para R$ 3,6 milhões anuais, abrangendo uma quantidade bem maior de empresas com possibilidade dessa opção.

Vale destacar que já foram aprovadas novas modificações, a vigorar a partir do ano de 2018, cujo valor máximo de receita para enquadramento passará para R$ 4,8 milhões e a mudança de alíquota, por consequência de ultrapassagem da faixa de receita, teve a tributação suavizada com a aplicação de um redutor, dando tratamento mais justo na transição de uma para outra faixa de tributação.

Outra alteração foi a ampliação do aviso prévio para empregados dispensados sem justa causa, que era de oito dias para empregados remunerados por semana, com menos de um ano de vínculo e de 30 dias após um ano, ou para empregados remunerados quinzenalmente ou mensalmente, com qualquer período de vínculo. Esse período, cujo máximo era 30 dias, foi acrescido de três dias por ano subsequente ao primeiro, durante 20 anos, o que amplia para até 90 dias de aviso, aumentando significativamente o custo de pessoal.

Pela sua relevância, os custos de pessoal, tratados no Capítulo 4, foram muito impactados por essas medidas.

O Autor

PREFÁCIO À 7ª EDIÇÃO

As alterações contábeis resultantes da legislação publicada em 2007 e complementadas por nova Lei apresentaram desdobramentos com a publicação, pelo Comitê de Pronunciamentos Contábeis (CPC), dos Pronunciamentos Técnicos e suas interpretações (ICPCs), justificando a atualização desta edição, segundo os conceitos neles estabelecidos.

O Autor

PREFÁCIO À 6ª EDIÇÃO

Tendo em vista o novo direcionamento dos conceitos contábeis adotados no Brasil para se harmonizarem com aqueles praticados no resto do mundo, especificamente na Europa, procurou-se, no Capítulo 2, que trata da classificação dos custos, tecer comentários e estabelecer procedimentos a serem aplicados aos custos fixos nos períodos de ociosidade acentuada.

As normas internacionais tratam do assunto de forma generalizada. Nós entendemos que, independentemente do percentual maior ou menor de redução da atividade, existem duas formas de ociosidade a serem consideradas no tocante ao tratamento dado aos custos de estrutura das organizações.

Em função disso, estabeleceu-se uma diferenciação entre a ociosidade *normal* – aquela prevista, repetitiva, sazonal e inerente à atividade da empresa – e a ociosidade *anormal* – aquela imprevista e inesperada, ou seja, acidental. Considerando essa diferenciação, recomendamos tratamento distinto dos custos em cada uma das circunstâncias, apresentando exemplos.

O Capítulo 4, referente aos custos de pessoal, teve sua estrutura totalmente reformulada, melhorando a distribuição dos assuntos, além da maior abrangência, tornando-se um instrumento muito útil na gestão das atividades de recursos humanos das organizações.

A parte prática, objetivo maior do livro, foi ampliada, com a adição de 60 novos exercícios propostos, o que totaliza 602, além da manutenção do desdobramento de três exercícios dos 110 do Capítulo 2. O que já era satisfatório tornou-se melhor, para facilitar ainda mais o desempenho das atividades acadêmicas.

Isso proporciona ganho para todos os interessados. Para o professor, que fica dispensado da elaboração de exercícios utilizados nas tarefas práticas dos alunos; para estes últimos, que não necessitam copiar os mesmos; e para as instituições de ensino, pela maximização da utilização dos recursos disponibilizados.

Reiteramos os agradecimentos pelas sugestões enviadas e contamos com a continuidade das mesmas.

O Autor

PREFÁCIO

Esta obra é resultante da experiência e da vivência adquiridas e observadas no campo de atividade **custos**, as quais foram agregadas a trabalhos já desenvolvidos anteriormente.

As obras sintéticas proporcionam benefícios incontestáveis em virtude da exiguidade de tempo de que se dispõe para cada assunto nos períodos letivos. Tal fato pode ser verificado pelos depoimentos de professores e alunos, aos quais se junta o autor, que pôde observá-los durante anos de magistério. Entretanto, essa síntese não deve prejudicar a abrangência que o assunto merece. Tais evidências geraram o impulso que encorajou o desenvolvimento dessa empreitada com a segurança dos benefícios efetivos que ela proporcionará.

Para o aproveitamento integral do pouco tempo disponível nas salas de aula, quer em cursos acadêmicos, quer em cursos profissionalizantes e de especialização, elaborou-se, no final de cada assunto, um ou mais exercícios abrangentes com a solução desenvolvida passo a passo, seguido de um resumo dos assuntos abordados no capítulo. Isso proporcionará ao aluno ou participante não só um reforço do que foi estudado, mas também a compreensão de todas as facetas do problema, capacitando-o para a solução de outros problemas apresentados sob forma diferente.

Nesta edição, os exercícios propostos, que constituíam um volume à parte, foram incorporados ao livro-texto, eliminando-se o volume "livro de exercícios". Assim, cada capítulo é composto de uma parte conceitual com exercícios resolvidos passo a passo, um resumo dos assuntos tratados, e finaliza com uma série de exercícios propostos a serem resolvidos, seguida do gabarito. Dos 513 exercícios que compunham a última edição do volume de exercícios correspondentes a cada capítulo do livro-texto, alguns foram excluídos, diversos alterados e outros incluídos, perfazendo o total de 542, sem levar em consideração os desdobramentos de alguns deles. Propositadamente, foi mantido esse número elevado, umas vezes com mudanças de números e outras apenas com trocas de palavras, para disponibilizar ao professor diversas alternativas na condução do programa a ser cumprido.

A teoria foi enfocada em dose apenas suficiente ao entendimento da prática, que se constitui na maior preocupação desta obra. Tal preocupação é uma tentativa de tornar os cursos acadêmicos tão práticos quanto possível, fazendo com que a mesma obra possa ser utilizada tanto nos cursos compactos de pós-graduação, como nos cursos de especialização. Além disso, será atendida uma faixa considerável de pessoas que atuam nas empresas e que hoje dispõem apenas de uma bibliografia plena de teoria, com uma exposição prática muito restrita.

Seguiu-se uma ordenação da matéria que permitisse aos professores um desenvolvimento sequencial com o mínimo de tempo de que eles dispõem. Os exercícios práticos propostos podem funcionar como trabalho extraclasse, para maximizar a atividade ensino-aprendizagem.

O apelo para que sugestões fossem enviadas surtiu efeito, pois recebemos várias delas, que influíram enormemente na ampliação e também na correção de alguns assuntos. Foi graças a elas que estamos lançando esta edição ampliada, atualizada e com o volume de exercícios incorporado ao volume texto, ou seja, a partir da 5ª edição só estará disponível um volume da obra *Custos: uma abordagem prática*. Continuamos confiando na remessa de novas sugestões, a fim de que sejam possíveis o aprimoramento e a coragem indispensáveis para o engajamento em outras empreitadas semelhantes. Todas as críticas serão recebidas com humildade e agradecimento, pois esta obra não aspira à perfeição.

O Autor

AGRADECIMENTOS

Muitas pessoas colaboraram para a 1ª edição deste livro e continuaram incentivando sua melhoria nas edições seguintes. Todavia, nunca as citei para não cometer a injustiça do esquecimento de alguns nomes, o que fatalmente aconteceria.

Na edição de 2003, fui forçado, por dever de gratidão, a tornar público este agradecimento a uma pessoa muito especial que teve participação decisiva não só na edição do livro, mas também em meu desenvolvimento e sucesso profissionais.

Essa pessoa, que ajudou e foi amiga de tantas outras, é o Prof. Milton Augusto Walter, que deixou órfãos tão cedo tantos discípulos e admiradores. Numa época de grande escassez de livros na área contábil, ele acumulou uma grande produção didática, a quem a contabilidade, de modo geral, e nós, profissionais brasileiros em particular, muito devemos.

A distinção que agora faço ao inestimável amigo de todos nós será, com certeza, aceita e quiçá aplaudida pelos outros amigos e colaboradores que me incentivaram e continuam incentivando.

Quero registrar a manutenção da apresentação à 1ª edição redigida há 22 anos pelo professor Milton, tanto pela honra e pelo privilégio de ter com ele convivido e desfrutado de sua bondade, amizade e ajuda, como também por pretender estar colaborando, embora modestamente, para a manutenção da memória e da importância de tão inestimável figura junto aos jovens que estão despontando na contabilidade.

Onde você estiver, Milton, certamente continua derramando seu conhecimento, sua sabedoria e sua bondade sobre todos nós e inspirando-nos a continuar seu exemplo de incansável pesquisador e estudioso da Ciência Contábil. Agradecemos o legado que você nos deixou e a ajuda e o incentivo que herdamos de você.

1

ORIGEM DOS CUSTOS

1.1 Evolução das empresas

O consumo de bens e a utilização de serviços são necessidades inerentes à própria condição humana, o que remonta aos primórdios da civilização. No início, com ferramentas muito rudimentares, o homem só utilizava os bens naturais no mesmo estado em que eram encontrados na natureza ou com pequeno beneficiamento executado pelo próprio consumidor ou por membros de sua família.

Houve o desenvolvimento da civilização, em que o homem ou seu clã extraía os bens da natureza, beneficiava-os rudimentarmente e oferecia-os a outros homens ou a outros clãs, fazendo surgir o sistema de trocas. Como consequência, foram criadas as empresas para comercializar os bens produzidos rudimentar e artesanalmente apenas por uma família ou por pequenos grupos familiares, o que conduziu ao aparecimento dos grandes empórios e das empresas de navegação. As descobertas ultramarinas ampliaram os mercados, estimulando o aparecimento de novos bens de consumo e o aumento da oferta de metais preciosos, possibilitando a revolução comercial. A organização rudimentar da produção foi modificada com o mercantilismo, por meio do surgimento das primeiras indústrias, apesar de estas continuarem baseadas no sistema doméstico, também denominado *puting-out-system*, ou sistema Verlag, citado por Dobb,[1] que significava produção industrial fora de uma instalação centralizada, mas nas próprias casas dos artífices.

O desenvolvimento do comércio e do transporte marítimo proporcionou a ampliação da produção, envolvendo maior número de pessoas, embora ainda artesanalmente. Com o descobrimento da bobina de Kay (1773), da máquina a vapor de James Watt (1769) e da fiandeira de Hargreaves (1764), iniciou-se a mecanização da produção, com crescimento espantoso, ao mesmo tempo em que a mão de obra começou a ser substituída pela máquina, conforme cita Burns.[2] Todo esse processo evolutivo culminou com a Revolução Industrial iniciada na Inglaterra, cuja primeira fase ocorreu na segunda metade do século XVIII. Esse estágio da evolução determinou a necessidade de ser incrementada a forma de organização societária, proporcionando o desenvolvimento da empresa capitalista, cujo valor do capital aplicado transformou-a de propriedade individual em coletiva, despersonalizando-a. Até então, pequenas empresas com sistema simples de produção tinham seu controle executado exclusivamente por seu proprietário, não necessitando de maiores sofisticações. Com a descoberta das novas tecnologias, o aparecimento de sistemas complexos de produção e o consequente crescimento das empresas, houve necessidade de maior controle, que proporcionasse maior segurança nas aplicações de capital e na manutenção dos sistemas produtivos com apresentação de resultados positivos em suas operações.

Hendriksen e Breda[3] citam: "À medida que aumentava a necessidade de informação gerencial sobre os custos de produção e os custos a serem atribuídos à avaliação dos estoques, o mesmo acontecia com a necessidade de sistemas de custos." Assim, juntamente com as

---

1 DOBB, Maurice H. *A evolução do capitalismo*. São Paulo: Abril Cultural, 1983. p. 99. (Os economistas.)

2 BURNS, Edward M. *História da civilização ocidental*: do homem das cavernas até a bomba atômica, o drama da raça humana. Porto Alegre: Globo, 1970. p. 506.

3 HENDRIKSEN, Eldon S.; VAN BREDA, Michael F. *Teoria da contabilidade*. São Paulo: Atlas, 1999. p. 47.

técnicas desenvolvidas para a segurança e a racionalização da produção, surgiu o controle dos custos, que permitiu ao dirigente saber quanto custa produzir cada um dos bens ou serviços de sua empresa. Esses custos de produção, comparados aos preços de venda, indicam-lhe a margem de lucro de cada um, facilitando, ainda, as decisões sobre as alternativas mais vantajosas a serem adotadas em seu sistema produtivo.

1.2 Fases de elaboração dos bens

Os bens existentes na natureza, originalmente gratuitos, precisam sofrer transformações para alcançar o estado de consumo ou de utilização pelas pessoas.

Nas civilizações primitivas, a variedade de bens e serviços era muito restrita, limitando-se aos bens necessários à alimentação e ao vestuário para a simples proteção das variações climáticas. O homem limitava-se à colheita e à pesca e normalmente ingeria os produtos dessas atividades em seu estado natural, ou fazia um beneficiamento muito rudimentar, utilizando-se apenas da habilidade manual, sem qualquer ferramenta. A seguir, descobriu utensílios que lhe facilitaram o desempenho dessas atividades, aparecendo, então, os aparelhos rudimentares para a colheita, a caça e a pesca. Com o desejo insaciável de melhores condições de vida, foram aparecendo novos instrumentos que, por sua vez, permitiam a elaboração e o beneficiamento cada vez melhor, até a variada e sofisticada gama de bens de que se dispõe hoje para consumo ou utilização.

Assim, várias fases existem para transformar um bem de seu estado natural para a condição de ser consumido ou utilizado. De acordo com a maior ou a menor complexidade do bem, tem-se maior ou menor número de fases pelas quais o bem natural passa, até chegar a seu estado de consumo ou de utilização.

Imaginando-se um homem primitivo que precisasse satisfazer a sua necessidade de alimentação, ele deveria dirigir-se aos rios e capturar um peixe; ou ir à floresta e colher frutos e raízes; ou capturar uma caça. Após a ocorrência dessa fase, as partes inaproveitáveis eram removidas, e os alimentos, ingeridos. Verifica-se que nesse tipo de civilização o processo produtivo dos bens se constituía de duas fases: extração e beneficiamento primário.

Num segundo estágio de civilização, em que foram descobertos certos utensílios e ferramentas, o homem teve seu raio de ação ampliado com o aparecimento dos meios rudimentares de transporte e travou contatos com outros grupos sociais. Assim, pôde exercer suas atividades, ainda primitivas, em maior escala e transportar o resultado delas para ser consumido por outros grupos. Verifica-se que nesse estágio o número de fases do processo produtivo já foi elevado para quatro: extração, beneficiamento primário, transporte para os centros distribuidores ou consumidores e distribuição ou consumo.

Num terceiro estágio de civilização, em que a descoberta de novos utensílios permitiu a melhor elaboração dos bens naturais para torná-los menos perecíveis, outras fases do processo produtivo, além das quatro anteriores, foram criadas, o transporte para os centros de beneficiamento secundário, a recepção e estocagem nos centros de beneficiamento secundário e o beneficiamento secundário.

Assim, de estágio em estágio de evolução da civilização, alcança-se o atual, no qual seria necessário um número maior de fases para o processamento dos bens mais sofisticados. Esquematicamente, Florentino[4] sintetizou em 11 fases o processo produtivo dos bens. Neste livro, esse número foi ampliado para 14 com o objetivo de facilitar o enquadramento dos bens exemplificados.

1. **Extração**: compreende a extração propriamente dita dos produtos minerais, ou a colheita dos produtos agrícolas, ou a captura dos animais terrestres e aquáticos.
2. **Beneficiamento primário**: constitui-se na separação dos resíduos e escórias não aproveitáveis. Essa fase é executada no próprio local da extração ou próximo a ele e evita o transporte de partes não aproveitáveis.
3. **Estocagem no local do beneficiamento primário**: é a armazenagem do produto já primariamente beneficiado, no próprio local, aguardando o momento de ser transportado. Normalmente, essa fase só é aplicada nos produtos de origem mineral, tendo em vista a perecibilidade dos produtos de outras origens e a precariedade dos recursos de conservação no local de extração. Ela permite a formação de um lote economicamente viável para ser transportado.
4. **Transporte para os centros de beneficiamento secundário**: é a remessa por um dos meios de transporte para os centros beneficiadores subsequentes.
5. **Recepção e estocagem nos centros de beneficiamento secundário**: compreende a inspeção, a conferência e a armazenagem do produto primariamente beneficiado.
6. **Beneficiamento secundário**: é a transformação do bem natural com apenas um beneficiamento rudimentar em outro bem, normalmente por meio de um processo industrial. É nessa fase que o bem sofre uma transformação efetiva por meio de um processo físico ou químico.
7. **Estocagem nos centros de beneficiamento secundário**: é a armazenagem do bem já industrializado no próprio centro de beneficiamento para aguardar o momento de ser transportado.
8. **Transporte para os centros de beneficiamento terciário**: é a remessa para outro centro beneficiador ou montador.
9. **Recepção e estocagem nos centros de beneficiamento terciário**: compreende a inspeção, a conferência e a armazenagem do produto beneficiado secundariamente.
10. **Beneficiamento terciário**: é a transformação do bem secundariamente beneficiado em outro bem, ou a montagem, ou o acoplamento de vários bens, transformando-os em outro.
11. **Estocagem nos centros de beneficiamento terciário**: é a armazenagem do bem já transformado, montado ou acoplado no próprio centro de beneficiamento terciário para aguardar o momento de ser transportado.
12. **Transporte para os centros distribuidores ou consumidores**: é a remessa para os centros de distribuição ou de consumo.

4 FLORENTINO, Américo M. *Custos*: princípios, cálculos e contabilização. 13. ed. Rio de Janeiro: Gryphus, 1993. p. 7.

13. **Recepção e estocagem nos centros distribuidores ou consumidores**: compreende a inspeção, a conferência e a armazenagem do bem final pronto para ser consumido ou utilizado.
14. **Distribuição**: é a entrega do bem final ao consumidor ou usuário.

Alguns bens foram selecionados e enquadrados nas fases:

Peixe Fresco

1. **Extração**: é a captura do peixe.
2. **Transporte para os centros distribuidores ou consumidores**: é a remessa desde o local de captura até o local de distribuição (feiras-livres, peixarias etc.).
3. **Distribuição**: é a venda ao consumidor.

Farinha de mesa (de mandioca)

1. **Extração**: é a colheita da mandioca.
2. **Beneficiamento primário**: é a separação do caule da planta de sua raiz.
3. **Transporte para os centros de beneficiamento secundário**: é a remessa das raízes para as fábricas de farinha (bolandeiras).
4. **Beneficiamento secundário**: é a remoção da casca, a transformação da polpa em massa, a secagem da massa, a torração e o peneiramento.
5. **Estocagem nos centros de beneficiamento secundário**: é a armazenagem da farinha na própria bolandeira.
6. **Transporte para os centros distribuidores ou consumidores**: é a remessa para os supermercados, feiras etc.
7. **Recepção e estocagem nos centros distribuidores**: é a inspeção, a conferência e o armazenamento nos depósitos.
8. **Distribuição**: é a venda ao consumidor.

Gasolina

1. **Extração**: é a retirada do petróleo do subsolo.
2. **Beneficiamento primário**: é a remoção da água e de outros elementos e substâncias.
3. **Estocagem no local do beneficiamento primário**: é o armazenamento para a formação da quantidade ideal para ser transportada.
4. **Transporte para os centros de beneficiamento secundário**: é a remessa para as refinarias ou destilarias.
5. **Recepção e estocagem nos centros de beneficiamento secundário**: é a inspeção da qualidade, a conferência e a armazenagem do petróleo.
6. **Beneficiamento secundário**: é a separação dos vários hidrocarbonetos contidos no petróleo, entre eles a gasolina. Essa fase consiste na destilação ou refinação do petróleo.
7. **Estocagem nos centros de beneficiamento secundário**: é a armazenagem da gasolina na própria refinaria ou destilaria.

8. **Transporte para os centros de beneficiamento terciário**: é a remessa para as grandes empresas distribuidoras.
9. **Recepção e estocagem nos centros de beneficiamento terciário**: compreende a inspeção, a conferência e a armazenagem nas grandes distribuidoras.
10. **Beneficiamento terciário**: é a adição de álcool e de aditivos para melhorar o desempenho dos veículos.
11. **Estocagem nos centros de beneficiamento terciário**: é a armazenagem da gasolina pronta para o consumo nas empresas distribuidoras.
12. **Transporte para os centros distribuidores ou consumidores**: é a remessa para os postos de distribuição.
13. **Recepção e estocagem nos centros distribuidores ou consumidores**: compreende a conferência e a armazenagem da gasolina nos postos.
14. **Distribuição**: é a venda da gasolina ao consumidor.

Pneus

1. **Extração**: é a colheita do látex por meio da abertura de sulcos no tronco da seringueira, em cadinhos.
2. **Beneficiamento primário**: é a solidificação do líquido, no próprio local da extração ou próximo dele. Tal beneficiamento rudimentar é conseguido pela defumação ou pela coagulação, transformando o látex em borracha sólida, porém crua.
3. **Estocagem no local do beneficiamento primário**: é o armazenamento para a formação da quantidade economicamente viável para ser transportada.
4. **Transporte para os centros de beneficiamento secundário**: é a remessa para a indústria de vulcanização.
5. **Recepção e estocagem nos centros de beneficiamento secundário**: é a inspeção da qualidade, a conferência e a armazenagem da borracha ainda crua.
6. **Beneficiamento secundário**: é a vulcanização da borracha, que consiste em uma reação química que a transforma de produto plástico em produto elástico, facilitando seu uso prático. Nesse estado apresenta alta resistência à tração, grande elasticidade e estabilidade, assim como ausência de plasticidade e pegajosidade.
7. **Estocagem nos centros de beneficiamento secundário**: é a armazenagem da borracha vulcanizada na própria indústria de vulcanização.
8. **Transporte para os centros de beneficiamento terciário**: é a remessa para a indústria de pneumáticos.
9. **Recepção e estocagem nos centros de beneficiamento terciário**: consiste na inspeção para atestar a qualidade do produto, em sua conferência e armazenagem.
10. **Beneficiamento terciário**: é a colocação dos outros componentes do pneu, de acordo com o tipo, tais como lona e fios de algodão, ou sintéticos, ou de aço. Feita a modelagem com todos os componentes, o produto final é obtido pelo processo adequado.
11. **Estocagem nos centros de beneficiamento terciário**: é a armazenagem do pneu pronto para utilização, nas fábricas de pneus.

12. **Transporte para os centros distribuidores ou consumidores**: é a remessa para os centros de distribuição, ou seja, para os revendedores.
13. **Recepção e estocagem nos centros distribuidores ou consumidores**: consiste na inspeção da qualidade, na conferência e na armazenagem dos pneus nas dependências dos revendedores.
14. **Distribuição**: é a venda do pneu para os usuários finais.

Nos dois últimos produtos exemplificados, assim como em outros, pode haver a ocorrência das fases relativas ao beneficiamento secundário e ao beneficiamento terciário em um mesmo processo produtivo, levando, evidentemente, à eliminação das fases intermediárias 7, 8 e 9 ligadas a eles. O importante é exemplificar a ocorrência das fases sem se preocupar com tais particularidades de casos específicos.

Por mais sofisticada que seja a elaboração de um bem, é sempre possível enquadrá-la nas 14 fases, embora elas pareçam insuficientes. O que ocorre na prática são processamentos paralelos da primeira até a nona fase, quando os resultados de cada um de todos os processos se unem para formar o produto final. Utilizando como exemplo a elaboração de um automóvel, podem-se observar várias sequências de fases do processo produtivo, uma para cada item original que entra em sua composição final. Apenas para citar o início de algumas das sequências de fases, tem-se a extração do minério de ferro para os componentes do aço; a extração do petróleo para os componentes do plástico; a colheita vegetal para a obtenção de fibras para estofamento; e assim por diante, até completar a cadeia produtiva do bem final. Deve-se considerar que os exemplos apresentados não correspondem obrigatoriamente à realidade dos processos produtivos, não só por sua diversidade, como também pela possibilidade de aglutinação de algumas fases. Tais exemplos são apenas ilustrações para facilitar o entendimento da formação dos custos dos bens e utilidades a partir da inexistência de valor monetário quando eles ainda se encontram no estado natural.

Das 14 fases esquematizadas, 5 são principais: Extração (1ª), Beneficiamento primário (2ª), Beneficiamento secundário (6ª), Beneficiamento terciário (10ª) e Distribuição (14ª). As demais podem ser classificadas como secundárias, servindo apenas como suas auxiliares ou de ligação entre elas. Até seus títulos são repetitivos – Estocagem (3ª, 7ª e 11ª), Transporte (4ª, 8ª e 12ª), Recepção e estocagem (5ª, 9ª e 13ª) –, indicando a condição de ligação das fases principais. Cada uma das fases pode ser subdividida em outras, de acordo com o rigor e o detalhamento com que se deseja apurar o custo. Assim, a primeira fase – Extração –, considerando-se a extração de petróleo para efeito de exemplificação, pode apresentar a seguinte divisão:

1.1 – Pesquisa geológica.
1.2 – Preparação do terreno.
1.3 – Instalação da sonda.
1.4 – Perfuração.
1.5 – Retirada do óleo.

A preparação do terreno pode, ainda, subdividir-se em:

1.2.1 – Desmatamento.
1.2.2 – Terraplenagem.

Cada uma das subfases sofre ainda novas subdivisões, de acordo com os detalhes que se desejam obter na apuração dos custos. Os responsáveis pelo custo das empresas devem considerar sempre a tentação de exagerar esse detalhamento da apuração do custo e procurar evitá-lo, uma vez que a estrutura e o detalhamento na apuração de custos devem ser sempre compatíveis com o tamanho da empresa. Não adianta montar um controle sofisticadíssimo de custo em uma empresa que não tem condições operacionais e financeiras para mantê-lo. É melhor controlar sem muito detalhe do que não controlar. Deve-se sempre ter em mente que a cerca não pode consumir recursos em montante superior ao valor do terreno que ela cerca.

1.3 Classes envolvidas na elaboração dos bens

Como ficou exposto anteriormente, se os bens naturais fossem encontrados já em estado de consumo ou de utilização, bastaria o emprego de uma ou três fases (Extração ou Extração–Transporte–Distribuição) para que pudessem ser consumidos ou utilizados. Entretanto, pela diversificação dos bens existentes, todos de origem natural, são necessárias várias fases de transformação para que eles atinjam o estágio de consumo ou de utilização.

As fases de transformação, entendendo-se cada uma delas como uma atividade distinta, requerem a aplicação de tempo de pessoal para que se processem e se consiga a diversidade de bens nos diversos locais e no estado de consumo ou utilização pelo homem, independentemente de se necessitar de uma ou de várias fases.

As pessoas que aplicam seu tempo sobre os bens para torná-los consumíveis ou utilizáveis foram divididas em quatro classes, cada uma delas desenvolvendo uma atividade distinta e bem caracterizada. Essas classes percebem uma remuneração, que é a base característica de cada classe, pelo seu envolvimento no processo produtivo. Enumerando-as, há:

1.3.1 Operárias

Atuam sobre os bens para torná-los acessíveis ao consumidor, sejam eles intermediários ou finais. Elas são as manipuladoras do processo produtivo, quer transformando os bens em outros ou simplesmente modificando sua aparência física, quer acoplando vários bens para a formação de outros ou apenas colocando-os ao alcance dos consumidores. Resumindo, as operárias são aquelas cuja atuação direta permite a obtenção de bens ou serviços em estado de consumo ou utilização pelo consumidor final ou intermediário nos diferentes locais. Elas estão tentando satisfazer às necessidades insaciáveis da humanidade. Essa classe percebe **salário**, aqui simbolizado por **S**, como remuneração de seu tempo aplicado.

1.3.2 Empresárias

São aquelas que organizam o processo produtivo para que se obtenham bens a menores custos, por meio da ordenação da produção. As máquinas e os processos produtivos modernos e velozes criados pelos gênios da humanidade são fatores relevantes para a obtenção de bens a menores custos. Todavia, não se considerando a atividade das empresárias, cuja atuação proporciona a utilização eficiente e ordenada desses recursos, não se conseguiriam bens a custos menores. É claro que uma produção desordenada leva à ineficiência e ao desperdício e, como consequência, à elevação dos custos de produção. As empresárias constituem a classe cuja atividade no processo produtivo é reunir ordenadamente os fatores de produção – natureza, trabalho e capital – para obter bens a custos mínimos. A remuneração percebida é o **lucro** (**L**).

1.3.3 Emprestadoras

Reúnem as pequenas economias de muitos para ceder às empresárias sob a forma de capital. Esse capital pode ser cedido sob a forma de bens fixos para a produção e/ou sob a forma de bem numerário para ser utilizado tanto na aquisição de bens fixos como no suprimento das necessidades de capital de giro. Graças à atividade dessa classe de pessoas é que as empresárias conseguem os recursos necessários para a implantação de seus complexos de produção. A remuneração percebida é o **juro** e o **aluguel**, aqui simbolizados pela letra **J**.

1.3.4 Governadoras

Proporcionam a infraestrutura necessária à existência das empresas, tendo em vista o benefício coletivo, o volume de recursos exigido por esse tipo de atividade e o longo tempo de retorno do capital investido. Além disso, é essa classe a responsável pelo fornecimento da educação, da justiça, da paz social, da segurança pública etc. A remuneração percebida é o **imposto** e a **taxa**, simbolizados por **I**.

Cada uma das atividades descritas é independente, e deve ser exercida pela respectiva classe de pessoas. Entretanto, circunstâncias existem que podem determinar a execução de mais de uma atividade por uma mesma pessoa, descaracterizando, aparentemente, a necessidade das quatro classes.

Um dos exemplos é o pequeno volume de produção no qual uma mesma pessoa manipula e organiza seu processo produtivo, além de dispor dos recursos financeiros necessários. Isso não descaracteriza a atividade nem as diversas classes de pessoas; simplesmente, um único indivíduo está desempenhando as três atividades e, portanto, representando as três classes.

Outro exemplo são os regimes econômicos em que os sistemas produtivo e financeiro são estatais, significando a eliminação das classes das empresárias e das emprestadoras. Entretanto, as atividades correspondentes a essas classes continuam, embora sejam desempenhadas pela classe das governadoras.

Mais um exemplo é o do empresário que possui os recursos financeiros necessários ao desenvolvimento da atividade empresarial em que uma mesma pessoa engloba as duas atividades, desempenhando o papel das classes das empresárias e das emprestadoras.

Para obter bens consumíveis ou utilizáveis a partir de sua origem natural, é indispensável a atuação das quatro classes de pessoas. Portanto, é impossível ao consumidor utilizar ou consumir qualquer bem sem que as quatro classes de pessoas tenham participado de seu processo de elaboração. Assim, o valor que se despende para consumir ou utilizar um bem nada mais é do que a remuneração paga às quatro classes de pessoas por sua participação, imprescindível para que os bens alcancem o estado de disponibilidade para consumo ou utilização. Se em cada fase as quatro classes foram envolvidas e atuaram, e se cada uma delas percebeu a respectiva remuneração, e ainda considerando-se que cada fase é sequência da anterior, obtêm-se as seguintes equações de custo:

Na 1ª fase: $C_1 = S_1 + L_1 + J_1 + I_1$

Na 2ª fase: $C_2 = S_2 + L_2 + J_2 + I_2 + C_1$

Na 3ª fase: $C_3 = S_3 + L_3 + J_3 + I_3 + C_2$

Na nª fase: $C_n = S_n + L_n + J_n + I_n + C_{n-1}$

Verifica-se que, na fase inicial, o custo do bem para ser consumido ou utilizado é a soma das remunerações percebidas pelas quatro classes de pessoas. Na segunda fase, é a soma das remunerações percebidas pelas quatro classes de pessoas nas duas fases, sendo as da fase anterior representadas por C_1. Na terceira fase, é a soma das remunerações percebidas pelas mesmas quatro classes de pessoas nas três fases, sendo as das fases anteriores (segunda e primeira) representadas por C_2, e assim sucessivamente até a última fase, em que as remunerações das fases anteriores são representadas por C_{n-1}. Se fosse possível abster-se dos custos agregados em cada fase anterior transferidos para a seguinte, e caso se pudesse, em cada bem consumível ou utilizável, separar cada tipo de remuneração percebida pela respectiva classe de pessoas em cada uma das fases, a seguinte equação geral do custo seria obtida:

$$C_t = S_t + L_t + J_t + I_t$$

Com base nessa equação, define-se custo como: **o somatório das remunerações percebidas por todas as classes de pessoas envolvidas no processo produtivo de um bem, desde a fase inicial até a fase final de sua elaboração, ou seja, desde seu estado natural, sem valor monetário, até seu estado de consumo ou utilização.**

Verifica-se pela definição e pela equação que o lucro está incluído no custo do bem, quando, em termos empresariais, não se considera o lucro normalmente como custo. Indaga-se, então, se o preço pago por um consumidor para utilizar ou consumir um bem qualquer não engloba o lucro dos empresários de todas as fases pelas quais o bem passou. Como o preço de venda (que inclui o lucro) em uma fase é sempre custo na fase seguinte, o lucro pode ser considerado como custo em termos gerais do consumidor. Em termos de sociedade organizada, pode-se dizer que, não havendo a atuação das quatro classes de pessoas, não haverá bens à disposição do consumidor e, portanto, a eliminação da atividade de qualquer das classes implicará a eliminação dos bens essenciais a sua sobrevivência.

Graficamente, é como se houvesse uma reação em cadeia onde os quatro elementos atuam e que, suprimindo um deles, a reação é interrompida e, consequentemente, ou os bens não são obtidos, ou não chegam ao consumidor. Com os elementos e o bem simbolizados por paralelogramos, tem-se o gráfico para melhor visualização do efeito.

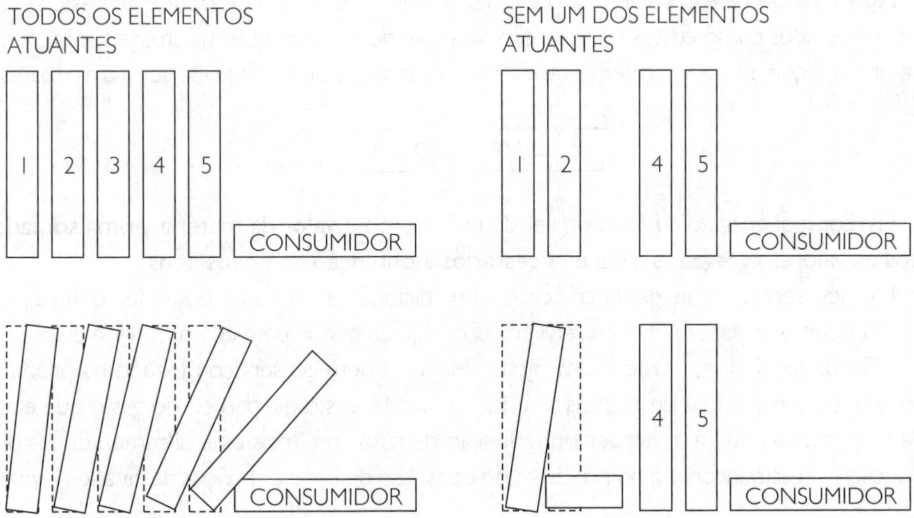

1. operárias-salário;
2. empresárias-lucro;
3. emprestadoras-juros;
4. governadoras-imposto;
5. bem-produto.

Imaginando-se as fases do processo produtivo de um bem qualquer, verifica-se a impossibilidade da separação de cada remuneração percebida pela respectiva classe de pessoas envolvida em cada uma das fases. Além de pouco prático, envolveria o conhecimento da estrutura de custo de cada fase anterior, vale dizer, de cada empresa anterior à que se está apurando, o que significa tomar conhecimento de um dos setores mais confidenciais nas empresas.

Na impossibilidade prática de apuração do custo partindo da equação geral anterior, reduz-se a equação a três componentes básicos: matéria-prima, mão de obra e gastos gerais, independentemente da fase em que se está apurando o custo, não importando se a fase é inicial, intermediária ou final do processo produtivo do bem.

Matéria-prima: é o elemento que sofrerá transformação ou agregação para o surgimento de outro bem diferente. É adquirida de outras empresas ou é proveniente de fase ou fases anteriores de produção ou é um bem natural e, portanto, gratuito na natureza, isto é, com custo zero. Quando oriunda de outras empresas ou de fases anteriores, seu valor representa o somatório das remunerações percebidas por cada classe de pessoas envolvidas no processo produtivo de todas as fases, ou empresas anteriores àquela cujo custo se está apurando. Aqui é representada por **MP**.

Mão de obra: é o elemento que atua sobre a matéria-prima para a obtenção de outro bem, quer transformando, quer agregando várias matérias-primas. Representa-se por **MO**.

Gastos gerais: são todos os elementos necessários direta ou indiretamente, mediata ou imediatamente à elaboração dos bens e não classificados em nenhuma das duas outras categorias. Representa-se por **GG**.

A matéria-prima é considerada como custo básico, e a mão de obra e os gastos gerais são considerados como custos de transformação, tendo em vista que sua atuação sobre a matéria-prima é que a transforma em outros bens. A equação de custo pode ser assim expressa:

$$C = MP + MO + GG$$

Em consequência, o custo pode ser definido como o **valor da matéria-prima somado a todos os valores agregados a ela e necessários à obtenção de novos bens**.

No seu sentido mais genérico, citado em dicionários, o custo pode ser definido por "*quantia a ser paga por um bem ou serviço*"[5] por "*esforço que se emprega com o fito de se obter algo*".[6] Segundo Martins,[7] custo é um "gasto relativo a bem ou serviço utilizado na produção de outros bens e serviços destinados à venda". E, ainda, custo é a parcela do gasto que é aplicada na produção ou em qualquer outra função de custo ou, mais especificamente, custo de produção é o gasto incorrido no processo de obtenção de bens e serviços destinados à venda.

Resumo

A utilização de bens e serviços pelo homem remonta aos primórdios da civilização. No início, cada indivíduo produzia o necessário para o sustento de sua família, extraindo os bens da natureza. Tal processo evoluiu para o sistema de trocas do excedente produzido por cada um, originando as grandes organizações comerciais, até o descobrimento de máquinas que agilizaram a produção, culminando com a Revolução Industrial.

Os sistemas simples, que eram controlados pelo próprio proprietário, transformaram-se e evoluíram, dificultando seu controle e ao mesmo tempo demandando técnicas gerenciais mais avançadas, originando os sistemas de controle de custos.

Os bens existem na natureza sem valor monetário. Eles lá se encontram à disposição do homem, gratuitamente. O valor que se despende para consumi-los ou utilizá-los é resultante das remunerações percebidas pelos indivíduos que se envolveram em suas fases de transformação, desde sua disponibilidade gratuita na natureza até seu estado de consumo ou de utilização. O número de fases necessárias pode ser maior ou menor, de acordo com a maior ou menor complexidade exigida para sua elaboração.

Quatro classes de pessoas (operárias, empresárias, emprestadoras e governadoras) atuam em cada uma das fases para sua realização. Cada uma delas percebe remuneração (salário, lucro, juro/aluguel e imposto/taxa) por sua participação no processo, e o custo dos bens para o consumidor ou usuário é exatamente a soma dessas remunerações.

5 ACADEMIA BRASILEIRA DE LETRAS. *Dicionário Escolar da Língua Portuguesa*. 2. ed. São Paulo: Companhia Editora Nacional, 2008. p. 388.

6 HOUAISS, Antonio; VILAR, Mauro S; FRANCO, Manuel F. M. *Dicionário da Língua Portuguesa*. 9. ed. Rio de Janeiro: Objetiva, 2009. p. 590.

7 MARTINS, Eliseu. *Custos*. 9. ed. São Paulo: Atlas, 2008. p. 16.

Pela impossibilidade prática de apuração de custos dessa forma, eles são apurados agregando-se à matéria-prima adquirida de terceiros os custos para transformá-la (mão de obra e custos gerais).

Exercícios propostos

1. O controle do sistema de produção nas pequenas empresas existentes antes do aparecimento de novas tecnologias era exercido pelo:

   A Economista.
   B Proprietário.
   C Contador.
   D Administrador de empresa.

2. As decisões sobre as alternativas mais vantajosas a serem adotadas no sistema produtivo são resultantes do conhecimento do diferencial entre:

   A As quantidades produzidas de dois produtos.
   B Os preços unitários dos produtos de maior e de menor valor.
   C O custo total e a receita total de vários produtos englobadamente.
   D O custo unitário e o preço de venda (lucro unitário).

3. A classe de pessoas que reúne ordenadamente os fatores de produção – natureza, trabalho e capital – para o funcionamento racional do processo produtivo é a:

   A Operária.
   B Empresária.
   C Emprestadora.
   D Governadora.

4. A classe de pessoas que oferece, entre outras coisas, a infraestrutura necessária para a implantação do processo produtivo é a:

   A Operária.
   B Empresária.
   C Emprestadora.
   D Governadora.

5. As classes de pessoas envolvidas no processo produtivo de um bem cujas atividades são organizar o processo produtivo por meio da ordenação da produção e proporcionar a infraestrutura necessária à existência das empresas são, respectivamente:

   A Operária e empresária.
   B Empresária e emprestadora.
   C Emprestadora e governadora.
   D Empresária e governadora.

6. A classe das operárias é a que atua sobre os bens para torná-los consumíveis ou utilizáveis pelo consumidor, e a remuneração percebida é o:

   A Salário.
   B Lucro.
   C Juro.
   D Imposto.

7. Quando, nos pequenos volumes de produção, um mesmo indivíduo atua diretamente sobre os bens, manipulando-os, e organiza seu processo produtivo, além de fornecer também os recursos financeiros para as necessidades do processo, não significa que esse indivíduo esteja eliminando classes de pessoas, mas que está desempenhando as atividades das classes:

A	Operária, empresária e emprestadora.	C	Operária, emprestadora e governadora.
B	Operária, empresária e governadora.	D	Empresária, emprestadora e governadora.

8. Quando um indivíduo ou grupo de indivíduos reúne os recursos financeiros necessários à implantação de um processo produtivo e também o organiza, contratando, entretanto, pessoas que atuam sobre os bens para transformá-los em outros bens, aquele indivíduo ou grupo de indivíduos está desempenhando as atividades das classes:

A	Operária e emprestadora.	C	Emprestadora e empresária.
B	Empresária e governadora.	D	Empresária e operária.

9. Quando uma classe de pessoas está englobando as atividades de "fornecimento de recursos para a implantação dos processos produtivos" e de "reunião ordenada dos fatores de produção – NATUREZA, CAPITAL e TRABALHO – para a obtenção de bens a menores custos", dizemos que essa classe está desempenhando respectivamente as funções das classes:

A	Operária e empresária.	C	Emprestadora e governadora.
B	Emprestadora e empresária.	D	Governadora e operária.

10. A opção correta do exercício anterior deve corresponder aos seguintes tipos de remuneração:

A	Salário e lucro.	C	Juro e imposto.
B	Lucro e juro.	D	Imposto e salário.

11. O lucro é a diferença entre preço de venda e custo, mas pode ser considerado como custo, ou seja, incluído no custo, porque:

A	O custo numa fase é o preço de venda na fase anterior.	C	Obter o lucro custa alguma coisa.
B	O lucro é um dos itens do preço de venda.	D	O lucro independe do custo.

12. "$ 500,00 é o preço do quilograma da chapa de aço de ¼." Ou "$ 500,00 é o custo do quilograma da chapa de aço de ¼." Qualquer das alternativas está correta nos momentos respectivos de:

A	Venda e aplicação na produção.	C	Aplicação na produção e venda.
B	Compra e venda.	D	Aplicação na produção e compra.

Solução dos exercícios propostos

1 (B)	3 (B)	5 (D)	7 (A)	9 (B)	11 (A)
2 (D)	4 (D)	6 (A)	8 (C)	10 (B)	12 (A)

2

CLASSIFICAÇÃO DOS CUSTOS

2.1 Conceituação

O custo está inserido na vida de todo indivíduo desde seu nascimento, ou mesmo desde sua vida intrauterina, até sua morte, uma vez que todos os bens necessários a seu consumo ou a sua utilização têm um custo. Se por um aspecto isso traz algumas facilidades para seu entendimento, por se tratar de um assunto conhecido, por outro pode ocasionar algumas dificuldades em sua iniciação aos estudos de custo, tendo em vista os conceitos distorcidos que as pessoas possam ter adquirido no contato empírico com os custos no dia a dia, podendo ainda ocasionar conflitos conceituais sobre preço, receita, gasto, desembolso, custo, despesa, perda, doação e investimento. Assim, serão estabelecidos alguns conceitos diferenciadores para cada um dos termos utilizados nos estudos e trabalhos de custos.

Preço é o valor estabelecido e aceito pelo vendedor para efetuar a transferência da propriedade de um bem. No preço pode estar ou não incluído, além do custo, o eventual lucro ou prejuízo, concluindo-se que o preço pode ser simplesmente igual ao custo, ou igual ao custo mais o lucro, ou ao custo menos o prejuízo. Se o preço for igual ao custo, não terá o vendedor lucro nem prejuízo na produção e comercialização do bem ou na prestação de um serviço. Este conceito foi popularizado no jargão publicitário "todos os produtos da loja estão ao **preço de custo**". Evidentemente, se o preço for maior que o custo, haverá lucro; se menor que o custo, haverá prejuízo. Tal definição está calcada no direito de propriedade mantido na Constituição brasileira. Na verdade, o preço praticado é um equilíbrio entre o desejo do vendedor e a aceitação do comprador. Ele deve representar o valor intrínseco de uma utilidade em determinado momento, considerando-se como tal um bem tangível ou não, seja um produto, um serviço ou qualquer outro tipo de utilidade. Com base nesse conceito, surgiram as diversas modalidades de preço, tais como preço justo, preço de mercado, preço de transferência. O valor estabelecido na transação de uma unidade de um bem é chamado preço unitário de venda, ou simplesmente preço de venda para o vendedor e custo unitário para o comprador.

A **receita** de um bem é seu preço de venda multiplicado pela quantidade vendida; a receita de uma empresa que comercializa vários bens é o somatório das multiplicações dos diferentes preços de venda pelas respectivas quantidades vendidas de cada um deles.

O **gasto** é o valor pago ou assumido para obter a propriedade de um bem, incluindo ou não a elaboração e a comercialização, considerando as diversas quantidades adquiridas, elaboradas ou comercializadas. O gasto é genérico, não necessitando, portanto, ter ligação com os objetivos sociais da empresa. Pode-se incorrer em um gasto tanto na aquisição de matéria-prima para a produção de um bem como na aquisição de uma obra de arte. Ele se efetiva no momento do conhecimento da obrigação (quando ocasionará um desembolso futuro) ou na redução de um ativo como pagamento (quando o desembolso é imediato).

Desembolso é o pagamento de parte ou do total adquirido, elaborado ou comercializado, ou seja, é a parcela ou o todo do gasto que foi pago. Desembolsar é tirar do bolso, significa pagar ou quitar. Ele ocorre após a aquisição da propriedade de um bem ou serviço, porém antes ou após sua posse.

Custo é a parcela do gasto que é aplicada na produção ou em qualquer outra função de custo, gasto esse desembolsado ou não. Custo é o valor aceito pelo comprador para adquirir um bem ou é a soma de todos os valores agregados ao bem desde sua aquisição, até que ele atinja o estágio de comercialização.

Despesa é a parcela do gasto que ocorre desligada das atividades de elaboração dos bens e serviços. São os gastos incorridos durante as operações de comercialização. Ela é representada pelo consumo de bens e serviços em decorrência direta e indireta da obtenção de receitas. Tecnicamente, a parcela ou a totalidade do custo que integra a produção vendida é uma despesa, tenha ela ligação ou não com as atividades de elaboração de bens e serviços. Assim, as expressões *Custo das Mercadorias Vendidas* (CMV), *Custo dos Produtos Vendidos* (CPV) e *Custo dos Serviços Prestados* (CSP) estariam tecnicamente melhor ditas usando-se as expressões *Despesa das Mercadorias Vendidas* (DMV), *Despesa dos Produtos Vendidos* (DPV) e *Despesa dos Serviços Prestados* (DSP). As expressões iniciadas por "custo" deveriam ser usadas para as mercadorias e os produtos em estoque. Consequentemente, haveria as expressões *Custo das Mercadorias Estocadas*, *Custo dos Produtos Estocados*, além de *Custo dos Produtos Fabricados*, *Custo dos Produtos em Elaboração* e *Custo dos Serviços em Elaboração*.

Perda é um gasto involuntário e anormal que ocorre sem intenção de obtenção de receita. Portanto, o gasto normal de matéria-prima excedente no processo produtivo, embora não integre o produto final, é um custo, pois se trata de esforço empreendido com o objetivo de alcançar receitas, ao passo que a matéria-prima e outros itens perdidos por acidentes tais como inundações, incêndios etc. se constituem em perda e não em custo.

Doação é um gasto voluntário efetuado sem intenção de obtenção de receita e sem qualquer ligação com as atividades para as quais a empresa foi criada.

Investimento é um gasto ativado em função de vida útil e de geração de benefícios futuros. Sob o aspecto estritamente contábil, o investimento é um bem de caráter permanente, não destinado a venda e nem destinado aos objetivos sociais. O Pronunciamento Técnico CPC 28 define que a "*propriedade para investimento é a propriedade (terreno ou edifício – ou parte de edifício – ou ambos) mantida (pelo proprietário ou pelo arrendatário em arrendamento financeiro) para auferir aluguel ou para valorização do capital ou para ambas*". Não pode ser mantida "*para uso na produção ou fornecimento de bens ou serviços ou para finalidades administrativas ou para a venda no curso ordinário do negócio*".

Exemplificando, a matéria-prima, no ato da venda, é uma receita (preço de venda multiplicado pela quantidade) para o vendedor e um gasto para o comprador; um desembolso no ato do pagamento, que pode ser a vista ou a prazo; um custo no ato de sua aplicação na produção; e uma despesa no ato da venda do produto que ela integra. Por outro lado, um serviço de consultoria de marketing prestado é uma receita para o prestador do serviço e um gasto para o adquirente do serviço; um desembolso no ato do pagamento; e uma despesa, levada para resultado. Já uma perda ou uma doação são gastos levados para resultado sem passar por despesa. A aquisição de uma obra de arte também é um gasto, porém não é levada para resultado, permanecendo no patrimônio da entidade. De forma análoga, a aquisição de uma obra de arte é um investimento, tendo em vista sua valorização, não utilização nas atividades normais da empresa e não destinação à venda. O gasto é uma aplicação genérica de recursos, podendo ou não transformar-se em custo ou em despesa, e compõe o resultado, além de poder conter uma parcela que permanece no patrimônio da entidade.

Esquematicamente, a Figura 2.1 representa as características de cada um dos termos usados nos estudos de custos, a seguir.

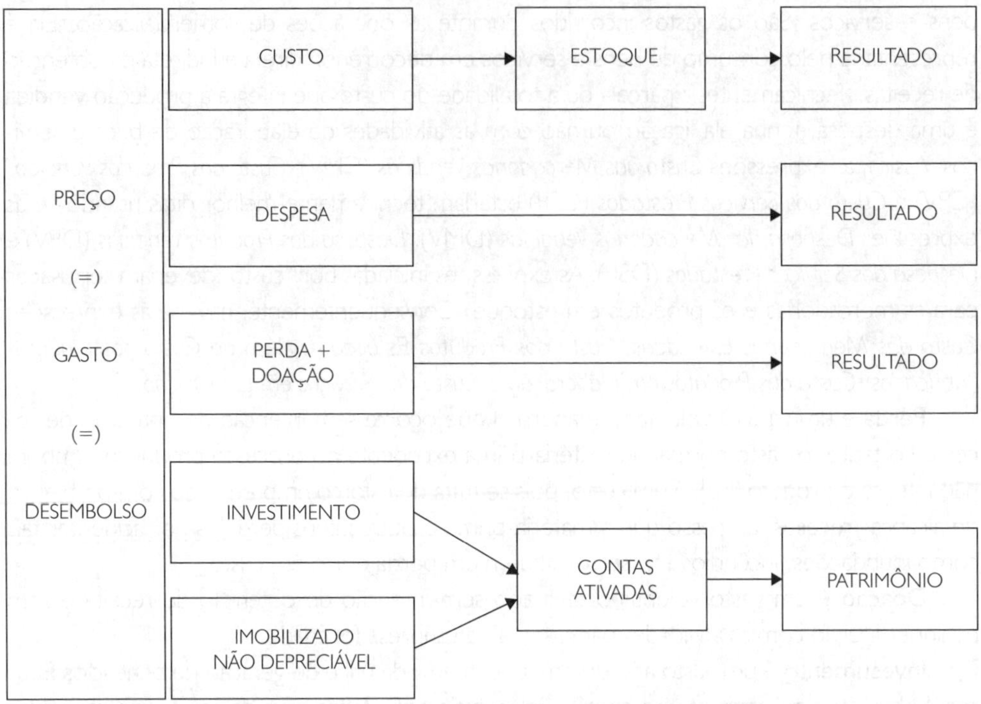

Figura 2.1 *Características dos termos usados em custos.*

Como a Contabilidade Industrial, e por consequência o Custo Industrial e, posteriormente, o Custo num sentido mais amplo são resultado de adaptações da Contabilidade Comercial, e esta faz uma distinção muito nítida entre custo e despesa, permanece o conceito antigo distinguindo custo de despesa. Entre as razões para tal, a principal delas é a facilidade para a apuração das informações fiscais cuja legislação vem contribuindo para a perpetuação desta distinção; e a outra é facilitar as empresas de menor porte que não podem arcar com o custo de manutenção de estruturas adequadas para a execução dos registros com os detalhes necessários. Assim, atendendo às razões citadas, define-se despesa como os gastos ocorridos no período, independentes da produção, e custo como os gastos ocorridos no período, mas ligados à produção direta ou indiretamente.

Por esse conceito fiscal, os custos são os materiais diretos ou indiretos consumidos na produção, a mão de obra direta e indireta de fabricação ou da execução de serviços e todos os demais gastos diretos e indiretos da fabricação, tais como: aluguéis de prédios e máquinas industriais; depreciações de prédios, máquinas e instalações industriais; combustíveis e energia elétrica consumidos na produção; embalagens agregadas aos produtos ainda na fase de fabricação; e todos os demais gastos aplicados no setor de produção de bens e serviços da empresa.

As despesas são os gastos consumidos em função das receitas obtidas mas não ligados à produção. Por exemplo: aluguéis de prédios e veículos administrativos; depreciações de móveis e utensílios, veículos, prédios e instalações administrativas e comerciais; energia elétrica dos prédios administrativos; combustíveis de veículos administrativos; embalagens de expedição; honorários e salários do pessoal dos órgãos comerciais e administrativos; enfim, todos os gastos ocorridos no período e não ligados às atividades industriais e de prestação dos serviços.

Esse conceito é muito seletivo e não abrange o custo em todos os seus aspectos, detendo-se no custo industrial e no da execução de serviços especificamente, quando hoje o custo é muito mais abrangente. Pode-se apurar custo comercial, custo de transporte, custo de seguros, custo bancário e de todas as demais atividades existentes na economia moderna.

Toda produção necessita de comercialização e de administração, e não é possível produzir sem comercializar e administrar a produção. O que pode e deve ser feito é separar cada gasto de acordo com as diversas classificações e finalidades de apuração de custos. O objetivo principal e mais abrangente é determinar o custo final e global por unidade de produção para ser comparado com o preço de venda. Tal procedimento determina o lucro ou o prejuízo de cada unidade dos diferentes produtos e serviços. Sob essa ótica, todos os gastos que por algum conceito sejam considerados como despesa ou custo não terão esta distinção neste capítulo. Vale ressaltar que, sob o aspecto estritamente contábil, custos integram o grupo de contas patrimoniais e representam recursos aplicados nas aquisições dos insumos utilizados direta ou indiretamente na elaboração de bens e serviços, sendo os tributos incidentes nessas aquisições compensáveis por ocasião da venda dos respectivos bens e serviços; já as despesas integram o grupo de contas de resultado e referem-se aos gastos aplicados nas aquisições de recursos utilizados nas demais atividades da empresa, não podendo os tributos incidentes nessas aquisições ser compensados.

Como citado anteriormente, de acordo com a finalidade, todos os custos ou despesas, conforme o conceito, podem assumir várias classificações. Na prática, o importante é o perfeito entendimento de cada tipo de custo dentro de seu grupo de classificação, tendo em vista o objetivo a ser alcançado em cada trabalho ou estudo específico. Pode-se afirmar que o resultado de qualquer estudo que seja realizado depende do perfeito entendimento do comportamento dos custos, tornando este capítulo, senão o mais importante, essencial para a tomada de decisões com base nos custos. A finalidade da divisão dos custos nas diferentes classes deve atender a objetivos específicos, embora algumas delas sejam mais didáticas, facilitando bastante o entendimento prático. Apesar da diversidade de classificações que pode ser utilizada, elas serão apresentadas com seu desenvolvimento no nível de detalhamento julgado adequado ao objetivo desejado.

2.2 Quanto à natureza

Naturalmente, os custos sofrem uma classificação, a fim de agrupá-los no momento dos lançamentos contábeis, com o objetivo de limitar o número de contas numa lista predeterminada que se constitui no elenco de contas de cada empresa. Essa classificação padroniza as contas de custo e permite que uma mesma operação efetuada em épocas diferentes ou classificada por pessoas diferentes tenha a mesma classificação, ou seja, as contas debitadas e creditadas permanecem com a mesma denominação independentemente do período em que ocorram ou da pessoa que as classifique.

Como algumas operações permitem a utilização de vários títulos de conta sem eliminar sua natureza ou característica, é necessária a padronização em um único título para receber todos os lançamentos dessa operação. Especificamente, na compra de material de produção, assim como em sua aplicação, deve sempre ser debitada e creditada uma conta com o mesmo título, apesar de serem perfeitamente representativos quaisquer dos seguintes: matéria-prima, matéria-prima direta, material direto, material de produção, material de processamento, material de processo, material produtivo. Se fosse permitido o débito em qualquer dos títulos para registrar a compra do material que será usado na produção e se pudesse ser creditado em qualquer deles para registrar sua aplicação, seu controle se tornaria extremamente difícil e se instalaria verdadeira balbúrdia contábil, embora correta. O exemplo dessa operação é repetido na maioria das demais operações, permitindo avaliar os transtornos e dificuldades que podem ser acarretados a uma empresa que não adote uma classificação padronizada.

A característica principal da classificação dos custos quanto à natureza é a padronização das contas, não permitindo que pessoas diferentes em épocas diferentes usem títulos diferentes para registrar uma mesma operação. Adotando-se essa padronização no registro contábil de determinada operação, serão usados os mesmos títulos, pois só existirá uma alternativa (conta) para registrar a mesma operação, qualquer que seja a época de sua ocorrência ou o classificador que a efetue. A empresa deve eleger um título para registrar cada operação e adotar sua própria classificação quanto à natureza. Como exemplificação, são citados alguns títulos que devem integrar o elenco das contas:

- Produtos Acabados
- Produtos em Elaboração
- Matérias-Primas
- Materiais Auxiliares
- Materiais de Expediente
- Mão de Obra Disponível
- Mão de Obra Direta
- Energia Elétrica
- Combustíveis
- Seguros
- Depreciações
- Supervisão
- Encargos Sociais
- Impostos sobre Imóveis
- Taxas de Funcionamento
- Mão de Obra Indireta
- Aluguéis
- Conservação e Limpeza
- Transporte de Pessoal
- Assistência Médica
- Gastos com Alimentação
- Embalagens
- Taxa de Água e Esgoto
- Honorários
- Manutenção

O custo total quanto à natureza é a soma de todos os custos, tomando-se o valor de cada um deles individualmente.

2.3 Quanto à função

Cada um dos custos da classificação anterior é destinado a um ou mais órgãos, departamentos ou funções da empresa, e assim, desejando-se apurar o custo acumulado em cada um deles, deve-se adotar a classificação de custo por função.

Dependendo da organização (organograma) da empresa, há maior ou menor número de funções ou centros de custos para classificação de cada um dos custos e despesas, sem maiores preocupações com a diferença entre os dois termos. É muito comum referir-se a custo como despesa e vice-versa. A distinção é conceitual, sendo o rigor da diferença um conceito puramente contábil. Gerencialmente, não deve haver rigor nesse detalhe, ainda mais que atualmente apuram-se custos de qualquer função, mesmo das não ligadas à produção. Na verdade, deve-se raciocinar que cada órgão, seja de produção ou não, executa tarefas elaborando "bens" tangíveis ou não. Assim, custos, e não despesas, administrativos ocorrem para que os órgãos da Administração consigam executar as tarefas de "produção de seus bens". Na classificação de custos quanto à função, deve ser considerada a função que está consumindo o gasto, isto é, o órgão que está necessitando daquele custo ou daquela despesa. Partindo-se de um organograma (Figura 2.2) de uma empresa simples, os custos e as despesas seriam classificados em cada função conforme a seguir:

Matérias-Primas	Produção (Fábricas "A", "B", "C" e "D")
Materiais Auxiliares	Produção (Fábricas "A", "B", "C" e "D")
Mão de Obra Disponível	Produção (Fábricas "A", "B", "C" e "D")
Mão de Obra Direta	Produção (Fábricas "A", "B", "C" e "D")
Mão de Obra Indireta	Produção (Fábricas "A", "B", "C" e "D")
Imposto sobre Vendas	Comercialização (Vendas)
Propaganda	Comercialização (Publicidade)
Comissões	Comercialização (Vendas)
Embalagens	Produção (Fábricas "A", "B", "C" e "D") ou Comercialização (Vendas), se a embalagem for para expedição
Honorários	Diretoria
Manutenção	Produção (Fábricas "A", "B", "C" e "D")
Transporte de Pessoal	Administração (Serviços Gerais)
Gastos com Alimentação	Administração (Serviços Gerais)

Todos os demais custos da seção 2.2 (Quanto à Natureza) são classificáveis em qualquer das funções, dependendo do tipo de atividade.

Por meio dessa classificação, é possível cobrar responsabilidade do supervisor de cada órgão, ao se efetuar análise comparativa de desempenho. Ela permite identificar o custo de cada função diferente da empresa, possibilitando o controle dos valores orçados para cada uma delas. A característica principal da classificação de custos quanto à função é a identificação das parcelas de cada custo pertencente a cada uma das funções do organograma da empresa. As funções da empresa podem abranger mais ou menos níveis, de acordo com o grau de detalhe que se deseja obter. Assim, considerando o organograma da Figura 2.2 abaixo, podem-se concentrar as funções em cinco níveis – Direção, Apoio, Gerência, Supervisão e Execução –, e, no nível de Gerência, classificam-se os custos em três:

Os **Custos de Produção** são os que ocorrem nos setores de produção e necessários apenas à fabricação dos produtos e à execução dos serviços, que são: matérias-primas, mão de obra e outros custos indispensáveis à elaboração.

Os **Custos Administrativos** são os necessários a administração, programação e controle, e indispensáveis à execução das políticas e da programação das atividades das empresas, como, por exemplo, os custos de administração do pessoal, de transportes, de restaurante, de vigilância e outros.

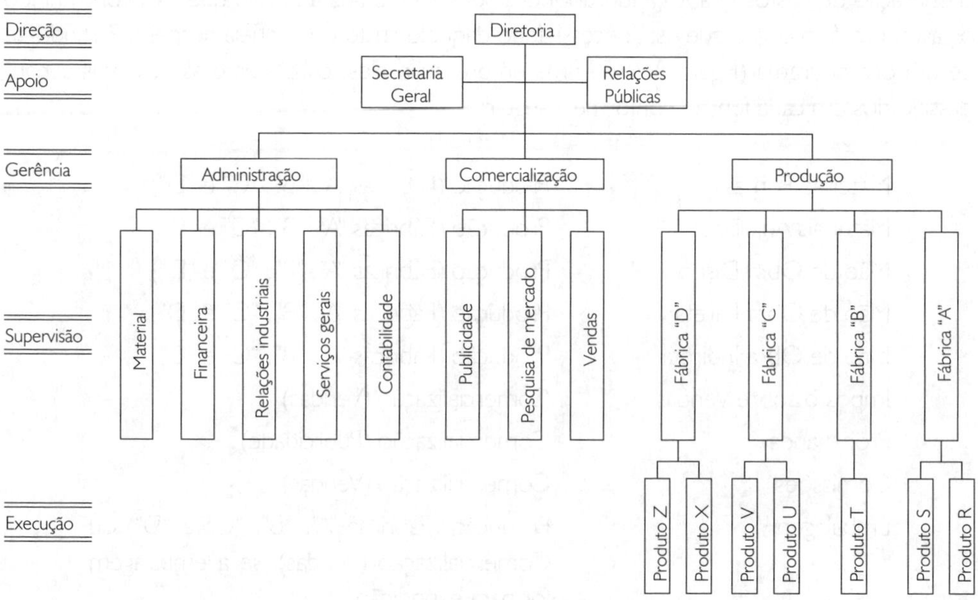

Figura 2.2 *Classificação de custos quanto à função.*

Os **Custos de Comercialização** são os necessários a movimentação, controle e distribuição dos produtos, desde sua compra e pagamento aos fornecedores até a distribuição e recebimento dos clientes, como, por exemplo, embalagem de expedição, fretes, aluguéis de depósitos e lojas, propaganda, comissões etc.

Os custos de Direção e de Apoio são duas classes que estão situadas acima das outras três, de acordo com o organograma e, portanto, comuns a estas. Desejando-se apurar os custos apenas no nível de Gerência (de Produção, Administrativos e de Comercialização), seria necessário distribuir os custos das duas classes anteriores nas três em que se deseja acumular custos, usando-se um critério especial, como será visto na seção 2.5 deste capítulo e no Capítulo 5, ou, simplificadamente, classificando-os como custos administrativos. A característica dessa classificação é departamentalizar os gastos, segregando-os por meio dos diferentes órgãos, independentemente de sua participação na elaboração de bens e serviços. Ela possibilita ainda cobrar resultado dos responsáveis a partir de um orçamento elaborado previamente, que estabelece a eficiência de cada um deles. Na verdade, sob o aspecto estritamente contábil e fiscal já citados, todos os gastos, diretos ou indiretos, relativos à produção de bens e serviços é que são classificados como custos, sendo todos os demais designados como despesas. Assim, é inadequado usar custos para as duas últimas classes desse grupo, porém, se o aspecto é apenas gerencial, deve-se entender custos como sinônimo de gastos.

No nível de gerência, o custo total (**CT**) é igual à soma dos custos administrativos (**CA**) com os custos de comercialização (**CC**) e com os custos de produção (**CP**), apresentando a seguinte equação:

$$\boxed{CT = CA + CC + CP}$$

2.4 Quanto à contabilização

A Contabilidade divide as contas em dois grandes grupos: Contas Patrimoniais e Contas de Resultado. Os custos e despesas, de acordo com sua contabilização, são alocados em um dos dois grupos e denominados custos realizados ou custos a realizar.

Custos Realizados são os que integram as contas de resultado do período, isto é, os que foram considerados consumidos para efeito de resultado contábil do período. Como exemplo, citam-se as matérias-primas, os materiais auxiliares, a mão de obra, as depreciações e os demais custos que integram os custos dos produtos vendidos.

Custos a Realizar são os que integram as contas patrimoniais, isto é, os que, mesmo já tendo sido incorridos pela empresa, ou seja, já tendo sido adquiridos e até já aplicados fisicamente, ainda permanecem na empresa. Como exemplo, citam-se as matérias-primas, os materiais auxiliares, a mão de obra e os demais custos que integram os "estoques", além das imobilizações permanentes ainda não depreciadas, das imobilizações diferidas a amortizar, das despesas antecipadas a apropriar e dos custos referentes às receitas antecipadas. São chamados custos capitalizados.

CUSTOS

- Realizados
  - matérias-primas
  - materiais auxiliares
  - mão de obra
  - depreciações
  - outros custos

  APENAS OS INTEGRANTES DOS PRODUTOS VENDIDOS
- a Realizar
  - imobilizado permanente
  - imobilizado diferido
  - despesas antecipadas apropriáveis
  - custos referentes às receitas antecipadas
  - estoques

Os custos que integram os produtos fabricados, apesar de fisicamente realizados em relação à fabricação, por já terem sido aplicados na produção, continuam classificados como custos a realizar quanto à contabilização até que os produtos sejam vendidos, transformando-se em custos dos produtos vendidos, cuja denominação seria melhor se substituída por "despesas dos produtos vendidos", conforme comentado anteriormente. Sob esse aspecto, todas as despesas são classificadas como custos realizados e todos os custos e demais gastos específicos da produção como custos a realizar, até sua transformação em custos dos produtos vendidos, quando serão classificados como custos realizados.

A característica da classificação quanto à contabilização é a apuração de resultado dos períodos. Os valores integrantes do balanço patrimonial são custos a realizar, e os que integram a demonstração de resultados são classificados como realizados, pois se extinguirão com a apuração de resultados pela confrontação entre receitas e despesas, reduzindo-se a uma única conta, de lucro ou prejuízo.

O custo total (**CT**) quanto à contabilização é resultante da soma dos custos realizados (**RE**) com os custos a realizar (**AR**) e é representado pela equação:

$$CT = RE + AR$$

2.5 Quanto à apuração

Essa classificação diz respeito à possibilidade de alocação de cada custo diretamente a cada tipo diferente de produto ou de função de custo e à impossibilidade de sua alocação no momento da ocorrência do custo. Ela é também designada como *classificação quanto ao objeto de custeio* e satisfaz à necessidade de se conhecer o custo acumulado em cada uma das diferentes unidades de acumulação de custos.

Até o advento da classificação de custos quanto à apuração, ou quanto ao objeto de custeio, todos os estudos e análises de custos eram desenvolvidos nas empresas em função do resultado global, sem possibilidade de ser avaliada a participação de cada produto ou de cada órgão específico nesse resultado global. Não era possível definir o produto mais e o menos vantajoso, ou o órgão mais e o menos eficiente para o resultado da empresa. As conclusões eram obtidas sempre de forma generalizada, do tipo **"a empresa é boa"** ou **"a empresa é ruim"**.

Os primeiros ensaios de avaliação de desempenho de cada produto ou serviço eram feitos muito empiricamente, baseados em dados parciais que se limitavam aos mais ligados à produção, cujos resultados ficavam muito distantes da realidade. Essas avaliações iniciais se concentravam na utilização dos dados de mão de obra e de matéria-prima diretas, desprezando, analiticamente, os demais custos. Quando a participação destes últimos no produto ou serviço tornou-se expressiva, foram aprofundados estudos e desenvolvidas técnicas que facilitaram a destinação das parcelas de cada um deles, direta ou indiretamente, às diferentes funções de custos (produtos de tipos diferentes ou órgãos diferentes da empresa). Quando é necessário apurar custos de cada tipo de produto, serviço ou órgão da empresa para definir a participação de cada um deles no desempenho global, a classificação deles tem de ser efetuada em diretos e indiretos.

A característica dessa classificação é a segregação dos custos em cada uma das unidades de acumulação de custos. De acordo com a Figura 2.3, é como se a empresa ou entidade fosse subdividida em vários depósitos aonde os recursos são direcionados, e alguns deles (custos diretos) se dirigissem imediatamente para os depósitos próprios, e os outros (custos indiretos) ficassem flutuando sobre eles, aguardando a oportunidade mais adequada para entrar em seu respectivo depósito. Figurativamente, pode-se dizer que, no momento da ocorrência, os custos diretos têm um destino certo e definido, ao passo que os custos indiretos ficam indecisos sobre seu destino, aguardando a ação de um agente externo para ajudar em seu direcionamento.

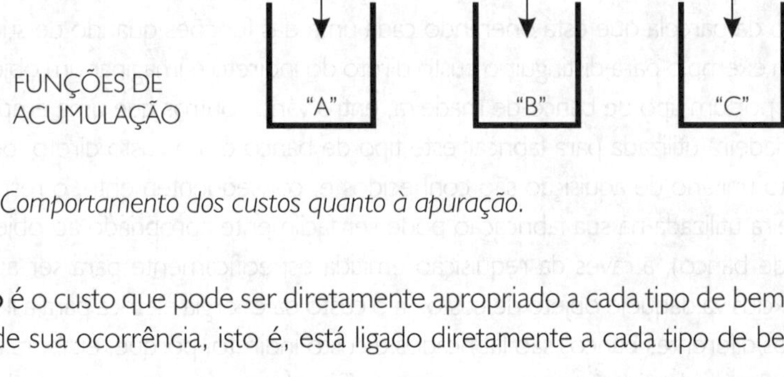

Figura 2.3 *Comportamento dos custos quanto à apuração.*

Direto é o custo que pode ser diretamente apropriado a cada tipo de bem ou órgão no momento de sua ocorrência, isto é, está ligado diretamente a cada tipo de bem ou função de custo.

Como custo direto entende-se o que pode ser imediatamente apropriado a um só tipo de produto ou a um só tipo de serviço. Mais generalizadamente, os custos diretos são os que podem ser apropriados diretamente a uma função de acumulação de custos, seja essa função um produto, um serviço, uma ordem de produção, um centro de custo, uma atividade, ou um órgão da empresa. São exemplos de custos diretos matéria-prima direta e mão de obra direta, pois os próprios títulos indicam a classe a que pertencem, além de outros custos que podem ser enquadrados nessa classe.

Em algumas condições especiais, todos os custos podem ser classificados como diretos. Assim, se determinada empresa só fabrica um tipo de produto (não havendo variação de qualidade, de tamanho ou qualquer outra) ou executa um só tipo de serviço, somente existem custos diretos para essa empresa. O aluguel de um galpão pode ser classificado como custo direto se nesse local apenas um tipo de produto for elaborado. Todo custo cuja parcela pertencente a uma função de custo possa ser separada e medida no momento de sua ocorrência classifica-se como direto.

O custo direto tem a característica de exclusividade, sendo porém apenas uma característica, pois na realidade poderá ser aplicado em mais de uma função de custo. A chapa de aço com determinada especificação não é exclusiva do produto geladeira modelo "X" em uma indústria metalúrgica, mas é empregada também na elaboração dos demais produtos, tais como geladeira dos outros modelos, em diversos tipos de máquina de lavar e de fogão, além dos demais produtos de todos os modelos diferentes que são fabricados nessa metalúrgica. O que define a classificação desse custo como direto é a possibilidade de saber a parcela aplicada em cada um dos diferentes produtos que recebem esse custo no momento de sua aplicação. Nesse caso, a exclusividade é definida por meio de um documento (requisição de material, por exemplo) que limita o valor, além da quantidade física do insumo destinado a uma função específica de acumulação de custos. Analogamente, a folha de tempo ou o relatório de apropriação define a exclusividade do custo de mão de obra direta, limitando e valorando a quantidade de horas aplicadas em determinada função específica de acumulação de custos.

Indireto é o custo que não se pode apropriar diretamente a cada tipo de bem ou função de custo no momento de sua ocorrência. Os custos indiretos ocorrem genericamente em um grupo de atividades ou órgãos, ou na empresa em geral, sem possibilidade de apropriação direta a cada uma das funções de acumulação de custos no momento de sua ocorrência. O custo indireto participa de todas ou de várias das funções concomitantemente, sem possibilidade de segregação da parcela que está onerando cada uma das funções quando de sua aplicação.

Um bom exemplo para distinguir o custo direto do indireto é imaginar um objeto de custo representado por um tipo de banco de madeira, entre vários outros que uma empresa fabrica. O custo da madeira utilizada para fabricar este tipo de banco é um custo direto, pois a quantidade e o custo unitário de aquisição são conhecidos e, consequentemente, o respectivo valor total da madeira utilizada na sua fabricação pode ser facilmente apropriado ao objeto de custo (aquele tipo de banco), através da requisição emitida especificamente para ser aplicada nele, tornando-a exclusiva daquele objeto de custo. Já o custo da energia elétrica para a iluminação da fábrica onde os diferentes bancos são fabricados é custo indireto, porque, embora a iluminação seja necessária para a fabricação daquele tipo específico de produto (os empregados ocupados na sua fabricação precisam enxergar), não é possível determinar o quanto deste custo foi utilizado para aquele tipo específico de banco, no momento da sua ocorrência. Semelhantemente, as máquinas elétricas utilizadas na preparação da madeira consomem energia, cuja quantidade destinada àquele tipo de produto não pode ser economicamente determinada no momento do seu consumo.

Começa a existir custo indireto quando determinada empresa fabrica mais de um tipo de produto ou executa mais de um tipo de serviço e, mesmo assim, quando esse custo é também atribuível a mais de um tipo de produto ou de serviço, sem possibilidade de segregar a parcela pertencente a cada produto ou serviço diferente no momento da aplicação do custo. De maneira geral, quanto maior o número de tipos de produtos e serviços diferentes, maior é a quantidade dos custos indiretos e menor é a dos custos diretos. Acontece o contrário quando se diminui a quantidade de tipos de produtos e serviços diferentes de uma empresa, isto é, aumenta o número de custos diretos e diminui o de custos indiretos.

Atribui-se parcela do custo indireto a cada tipo de bem ou função de custo por meio de cálculos, parâmetros ou estimativas. Ele é um custo comum a tipos diferentes de bens, sem que se possa separar a parcela referente a cada um deles no momento de sua ocorrência. Tal separação é efetuada posteriormente, por meio de um critério especial denominado rateio. Esses custos têm seu valor total conhecido no final do período, normalmente mensal, momento de ser efetuado o rateio. Cada custo indireto deve ter a sua ocorrência analisada em função da unidade de acumulação de custos e, só então, deve ser escolhido o dado que melhor possa refletir a distribuição daquele custo a cada uma das unidades de acumulação de custos.

Os gestores preferem considerar apenas os custos diretos para basear suas decisões, por saberem que eles são mais precisos e perfeitamente identificáveis aos objetos de custos, embora os indiretos possam representar valores significativos que não podem ser ignorados no processo decisório. Mesmo nas empresas de menor porte, só após um estudo muito analítico de cada custo e um consenso dos responsáveis de cada área ou atividade ligada ao custo em questão pode-se adotar um critério de rateio que englobe grupos de custos indiretos, no intuito de simplificar esta rotina.

Rateio é uma divisão proporcional por uma base cujos dados tenham valores conhecidos em cada uma das funções de custos e que se julga que o custo ocorre nas mesmas proporções dessa base. Assim, ter valor conhecido em cada uma das funções de que se deseja apurar custos e guardar estreita correlação com cada uma delas são condições essenciais para que um dado sirva como base de rateio de um custo indireto. Uma das maneiras de efetuar o rateio é eleger, entre os disponíveis, o dado que sirva melhor como base de rateio para o custo; dividir o total a ser rateado pelo total da base escolhida para obter o coeficiente de rateio; multiplicar o coeficiente de rateio por cada um dos valores componentes do total da base, obtendo-se a parcela de custo indireto atribuível a cada função.

Conclui-se que, na apropriação do custo a um objeto de custeio, sua transferência é feita de forma direta e objetiva, no momento da sua ocorrência; por outro lado, na alocação sua transferência se dá de forma indireta e subjetiva. Assim, a apropriação refere-se aos custos diretos e a alocação aos indiretos, sendo as parcelas destes últimos alocadas aos diferentes objetos de custeio através do rateio.

No Capítulo 5, estão exaustivamente exemplificadas as alternativas de escolha de um dado para servir como base de rateio de um custo indireto, bem como a forma para calcular a parcela a ser alocada a cada função de custo (produto, serviço, atividade, setor etc.).

Aluguel, supervisão, energia elétrica, combustíveis, depreciação, água e material consumido na limpeza são exemplos de custos indiretos, embora não se possa afirmar serem eles sempre classificados como tais, tendo em vista que em determinadas circunstâncias eles podem transformar-se em custos diretos.

A classificação de custos quanto à apuração, a mais importante para determinação do custo de cada função, é extremamente dependente do bom-senso do apurador de custos e de seu conhecimento sobre o processo produtivo da empresa, porque um custo direto num processo produtivo pode ser indireto em outro e vice-versa. Além desses fatores, deve-se atentar para o nível de apuração de custos que se pretende executar. São os níveis de apuração de custos que permitem a classificação de um custo como direto em um nível quando esse mesmo custo seria considerado indireto em um nível inferior. Pelo organograma da Figura 2.2, o pessoal lotado nos diferentes níveis seria, na ordem: Diretor, Pessoal de Apoio, Gerentes, Supervisores e Operários. Para que esses custos possam ser classificados quanto à apuração, deve ser informado inicialmente o nível de apuração de custos desejado, ou seja, se produto, fábrica ou departamento.

Apurando-se custos no nível de produtos diferentes, um custo será classificado como indireto se ele é comum a dois ou mais produtos, sem possibilidade de segregação da parcela do custo pertencente a cada um dos produtos no momento de sua ocorrência. Porém, se a apuração de custos for em nível de departamento, e esses produtos forem elaborados em um único departamento, esse custo passará a ser classificado como direto. De modo geral, a quantidade de custos classificados como diretos é menor do que a daqueles classificados como indiretos. Entretanto, quando se eleva o nível hierárquico da apuração, ou seja, passa-se de produto específico para conjunto de produtos, aumenta a quantidade dos custos diretos e, ao contrário, quando se baixa o nível de apuração, aumenta a quantidade dos indiretos. Os salários referentes às horas dos operários apropriadas a cada um dos produtos da Figura 2.2 seriam classificados como diretos porque são os únicos ligados e apropriáveis diretamente a eles. Deve ser feita exceção ao salário do supervisor do produto "**T**" porque a fábrica "**B**" produz apenas esse produto e, em consequência, o salário do supervisor dessa fábrica é classificado como custo direto porque ele se ocupa exclusiva e diretamente desse produto. Os salários de todos os demais supervisores serão classificados como indiretos porque não se consegue determinar diretamente a parcela despendida em cada produto no momento da sua ocorrência.

Se o nível de apuração for o de supervisão, isto é, se não houver interesse na apuração de custos de cada produto, mas na de cada fábrica, os salários, tanto dos operários como dos supervisores, serão classificados como diretos, uma vez que cada um deles é exclusivo de cada fábrica ou subfunções de administração e de comercialização. Apenas os salários dos gerentes, do pessoal de apoio e dos diretores serão classificados como indiretos, pois continuam sendo comuns às diversas fábricas.

Se o nível de apuração desejado fosse o de gerência, só seriam considerados como indiretos os salários do pessoal de apoio e os dos diretores, porque são os únicos cuja parcela pertencente a cada gerência não pode ser atribuída diretamente; todos os demais seriam classificados como diretos porque são exclusivos e diretos de cada gerência, isto é, os operários de quaisquer das fábricas, bem como os supervisores, são pertencentes exclusivos à gerência de produção, tal qual é o gerente de produção.

Foram exemplificados e caracterizados os tempos dos operários apropriados (mão de obra direta) como custo direto, e os salários dos demais integrantes da empresa, bem como os tempos dos operários não apropriados (mão de obra indireta), como custos indiretos, no nível de produto. À medida que se eleva o nível de apuração, custos classificados como indiretos passam a diretos, até o exagero de todos os custos serem classificados como diretos se houver interesse de apuração de custo apenas da empresa inteira, sem se preocupar com a apuração de custo de cada departamento e muito menos de cada produto fabricado.

Outro exemplo é o de uma empresa que fabrica seis móveis diferentes (*cadeira, mesa* e *carteira*, tanto em *aço* quanto em *madeira*) e apura os custos de cada móvel separadamente. Um marceneiro tem jornada semanal de 44 horas, custo de $ 20,00 por hora e só trabalha com móveis de madeira. Se, da jornada semanal, 12 horas foram apropriadas à cadeira, 15 à mesa, 14 à carteira e 3 ficaram ociosas, o total do custo *direto* soma $ 820,00 ($ 240,00 são da cadeira, $ 300,00 são da mesa e $ 280,00 da carteira) e o total do custo *indireto* soma $ 60,00 correspondentes às 3 horas não apropriadas a qualquer dos produtos.

Se a administração da empresa do exemplo anterior resolvesse abandonar a apuração de custo de *cada um dos seis produtos* separadamente e o fizesse apenas em relação aos dois conjuntos *móveis de madeira* e *móveis de aço*, com os mesmos dados, o total do custo *direto* seria $ 880,00 e o do *indireto* zero, já que o marceneiro é exclusivo do conjunto de móveis de madeira, não importando o número de horas despendidas em cada produto e nem as ociosas.

Problema semelhante terá o apurador de custos com a classificação do material. O verniz, que é classificado como custo indireto numa pequena fábrica de móveis, porque não é conveniente programar o envernizamento de cada tipo de móvel separadamente, pode ser classificado como direto numa grande fábrica. Em função de seu elevado volume de produção, pode ser programado o envernizamento de cada tipo de móvel separadamente, e, consequentemente, apropriado diretamente; isto é, o envernizador requisita, separadamente, o verniz para ser usado em cada tipo de móvel.

A grande virtude dessa classificação é a possibilidade de alocar os custos em cada tipo diferente de função de acumulação de custos. Essa alocação é, paradoxalmente, o grande desafio no que diz respeito aos custos indiretos, tendo em vista as distorções que podem resultar de uma alocação inadequada das parcelas desses custos.

O número de unidades produzidas, o número de horas de máquina, o número de horas de mão de obra direta, o valor da matéria-prima direta e outros, todos eles sempre relacionados diretamente ao volume da produção, eram os dados mais comumente usados como base de rateio. Essa sistemática provocava muitas distorções, tendo em vista o raciocínio muito simplista de que o produto de maior volume de produção deveria ser o mais onerado com as cargas de custos indiretos. Sem uma análise mais acurada da forma de ocorrência de cada um dos diferentes custos indiretos e nem da efetiva participação de cada uma das funções de custos nesse custo indireto, a alocação de suas parcelas fica muito aleatória.

Com o desenvolvimento dos processos de produção por meio da utilização de técnicas mais avançadas como o **Just in Time (JIT)**, o **Total Quality Control (TQC)** e outras que permitem a elaboração de uma variedade muito grande de produtos com alto grau de eficiência e qualidade, com estoques reduzidos em cada etapa do processo e praticamente eliminando os tempos entre as etapas de produção, desde a encomenda de matéria-prima até a entrega do produto final ao cliente, novos conceitos estão sendo usados para a escolha dos dados mais adequados para uso como base de rateio dos custos indiretos.

Devido às exigências cada vez maiores do mercado quanto à qualidade e à eficiência dos produtos, bem como de sua maior adaptação aos hábitos e comodidades de cada usuário, as empresas têm de diversificar cada vez mais o número de itens de sua produção para atender a essas exigências, aumentando significativamente o número de produtos diferentes produzidos. Com isso, a quantidade de custos indiretos aumentou demasiadamente em relação aos diretos, e os antigos conceitos de rateio somente por dados que privilegiam o volume de produção deixaram de refletir a realidade. Isso faz com que as parcelas do custo indireto destinadas a cada função diferente fiquem muito distorcidas e, como consequência, o custo de cada uma dessas funções se afaste muito de seu verdadeiro valor.

Nos tempos atuais, a modernização dos processos de produção, com a automatização das diversas etapas dos processos produtivos, provocou um deslocamento significativo dos custos, aumentando o valor dos custos indiretos com a redução dos demais. Assim, a distribuição inadequada de pequeno valor não provocava distorções significativas. Ao contrário, tendo em vista que os custos indiretos ganharam maior relevância, uma alocação inadequada provoca distorções muito significativas.

Cada custo indireto deve ter sua ocorrência analisada em função da unidade de acumulação de custos e, só então, escolhido o dado que melhor possa refletir o rateio desse custo a cada uma das unidades de acumulação de custos. Após um estudo muito analítico de cada custo e uma unanimidade dos responsáveis de cada área ou atividade, pode-se adotar um critério de rateio que englobe grupos de custos indiretos utilizando uma mesma base, com o intuito de simplificar essa rotina.

Toda estruturação de custos deve sempre optar pela possibilidade de classificar os custos, o máximo possível, como diretos, evitando distorções significativas pela imprecisão dos rateios. Evidentemente que não deve ser desprezado o custo resultante da adoção dessa decisão. Não se deve montar uma pesada estrutura de controle de custos apenas visando à possibilidade de classificar o máximo de custos como diretos, sem considerar as consequências desse procedimento, pois *a cerca não deve ter valor maior do que o terreno que ela protegerá.*

O custo total (**CT**), quanto à apuração, é formado pela soma dos custos diretos (**CD**) com os custos indiretos (**CI**), e sua equação é a seguinte:

$$CT = CD + CI$$

2.6 Quanto à formação

Nessa classificação, os custos e despesas são estudados em função das variações que podem ocorrer no volume de atividade, ou seja, na quantidade produzida pela empresa no período. Portanto, a característica principal da classificação de custos quanto à formação é sua variabilidade ou não em função da variação do volume de atividade no período. Quanto à formação, os custos podem ser classificados em fixos, variáveis e mistos.

Definem-se **custos fixos** como os custos de estrutura que ocorrem período após período sem variações ou cujas variações não são consequência de variações do volume de atividade em períodos iguais. O exemplo característico é o aluguel de imóvel ocupado por indústria, cujo valor mensal é o mesmo em cada período, independentemente do volume produzido em cada período considerado. Mesmo quando o valor do aluguel é reajustado na renovação do contrato, o custo continua fixo porque houve apenas uma atualização do valor contratado. Outro custo classificado como fixo é a depreciação calculada pelo método de linha reta, em que o valor de cada período é sempre o mesmo, independentemente do volume produzido pelo equipamento ou bem que está sofrendo depreciação. Supervisão, impostos periódicos, energia elétrica para iluminação são outros exemplos de custos fixos.

A representação gráfica da Figura 2.4 evidencia a não variação do custo fixo total em função da variação de quantidade produzida no período. Ele é representado por uma reta paralela ao eixo horizontal, das quantidades.

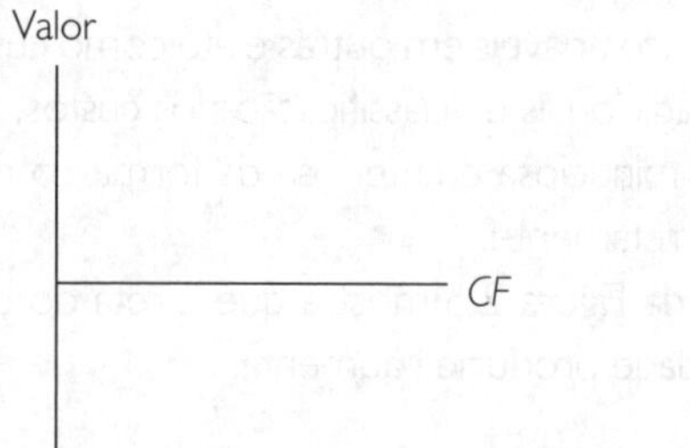

Figura 2.4 *Custos fixos totais (CF).*

Definem-se **custos variáveis** como os custos que variam em função da variação do volume de atividade, ou seja, da variação da quantidade produzida no período. Quanto maior o volume de atividade no período, maior será o custo variável e, ao contrário, quanto menor o volume de atividade no período, menor será o custo variável. Para volume de atividade máximo, custo variável total máximo; para volume de produção zero, custo variável total igual a zero. São exemplos de custos variáveis: matéria-prima, mão de obra direta, combustíveis de máquinas, energia elétrica de acionamento de máquinas de produção (força), depreciação pelo método de unidades produzidas.

Apesar de, conceitualmente, respeitar-se a classificação tradicional descrita, existem situações em que os conceitos não se enquadram em determinados tipos de atividade. No primeiro caso, pode ser citado o exemplo da mão de obra direta, em que a quantidade de horas apropriadas está ligada diretamente ao volume de produção, tal como 10 horas de pedreiro apropriadas resultam em 1 m^2 de parede, 20 horas, em 2 m^2, trinta horas, em 3 m^2, e assim sucessivamente, sendo o valor do custo função do volume de produção. No outro caso, pode-se tomar como exemplo uma indústria petroquímica na qual os processos produtivos são altamente automatizados. Nessa situação, a quantidade de horas de operadores de processo, apropriada às tarefas de operar painéis de controle, bombas de transferência das matérias-primas e dos produtos e fornos de aquecimento dos materiais etc., não sofre variações, e o volume de produção pode variar por problemas ou características do processo produtivo, podendo-se afirmar que o custo dessa mão de obra direta do processo não varia em função do volume de atividade. A própria matéria-prima que é a representante mais autêntica dos custos variáveis, pois só ocorrem em função do volume de produção, em algumas atividades não apresenta o comportamento do custo variável autêntico. É o caso da indústria gráfica em que para uma edição, independentemente da quantidade de exemplares, existe sempre uma perda de matéria-prima (papel, tinta), além de outros custos (mão de obra, energia, combustível). Isto se repete em outras atividades, cujas instalações necessitam de ajuste inicial até que os produtos atinjam as especificações desejadas. Se essa parcela é irrelevante, pode ser considerada englobadamente como variável.

Verifica-se que não se pode afirmar que um custo é variável ou fixo sem contestação, concluindo-se que, em função do desenvolvimento tecnológico dos processos produtivos, não existe mais uma classificação rígida dos custos, podendo classificá-los como fixos em determinadas circunstâncias, como variáveis em outras e até como custo misto. Parece ter havido uma falência nos conceitos tradicionais de classificação dos custos, o que não é verdade. Apenas é necessária uma análise minuciosa e criteriosa da forma como o custo ocorre em cada processo para classificá-lo corretamente.

A representação gráfica da Figura 2.5 mostra que a reta do custo variável total é ascendente à medida que a quantidade produzida aumenta.

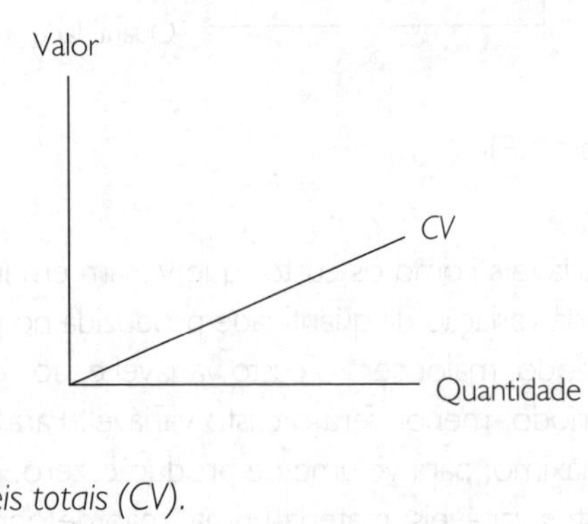

Figura 2.5 *Custos variáveis totais (CV).*

O custo variável pode comportar-se de três formas distintas: constante, progressivo e regressivo. Tanto em valor quanto nos diferentes tipos de custos, a primeira forma predomina sobre as outras, podendo-se afirmar que mais de 90% dos custos totais são por ela constituídos.

Constante é o custo variável cuja variação ocorre na mesma proporção da variação do volume de atividade. Crescendo o volume produzido, o custo cresce na mesma proporção; diminuindo o volume produzido, o custo diminui na mesma proporção. Como citado, esse custo predomina sobre os outros dois e pode ser exemplificado por matéria-prima, que representa um acréscimo constante no custo à medida que cada unidade é acrescida ao volume produzido. Especificamente, para elaborar 1 m^3 do produto concreto a granel com determinada resistência, são necessárias quantidades definidas dos diversos componentes (cimento, areia, brita e água) que custam um valor X; para serem produzidos 2 m^3 do mesmo produto, é necessário o dobro da quantidade de cada um dos componentes e, consequentemente, custarão o dobro, ou seja, 2X; para a produção de 3 m^3, é necessário o triplo, ou seja, 3X, e assim por diante, até o limite da capacidade máxima de produção.

Progressivo é o custo variável cujo acréscimo ocorre em proporções maiores à medida que aumenta a variação positiva do volume de atividade, a partir de um nível máximo definido como ideal; é como se o grau de dificuldade aumentasse à medida que a produção crescesse, requerendo proporcionalmente mais recursos. Com o decréscimo, após ultrapassado este nível, ocorre o contrário; à medida que reduz a produção, cada redução de custo é proporcionalmente menor; é como se reduzisse o grau de dificuldade à medida que a situação vai se normalizando. Quando cresce o volume produzido, o custo cresce proporcionalmente mais a cada unidade adicional; se diminui o volume produzido, o custo diminui proporcionalmente menos em seu total a cada unidade subtraída. O custo variável progressivo comporta-se de acordo com a lei dos rendimentos decrescentes ou dos custos crescentes, provocando perda de produtividade à medida que a produção aumenta. Esse custo pode ser exemplificado pela mão de obra direta que trabalha inicialmente em recintos com espaços adequados. Desejando-se aumento de produção com acréscimo de pessoal nessa mesma área, que já está em seu limite ideal de ocupação, ocorrerá decréscimo de produtividade pela saturação do local, dificultando a execução das tarefas, uma vez que cada empregado atrapalhará a atividade do outro por limitação do espaço. Assim, apesar de a produção crescer, o custo cresce em proporção maior. No sentido inverso, após ultrapassado o nível máximo ideal, o decréscimo de custo é proporcionalmente menor do que o decréscimo do volume de atividade. Se o custo é progressivo, para produzir 1 unidade de tarefa consome-se X de custo; 3 unidades, 3X de custo; 5 unidades, 5X de custo. Considerando-se este último nível como o máximo ideal, a produção de quantidade maior consumirá proporcionalmente mais custo. Por exemplo, 6 unidades não consumirão 6X de custo, mas 6,ΔX (seis vírgula delta X) de custo; 7 unidades consumirão 7,2ΔX de custo, e assim por diante, atingindo-se com 10 unidades de tarefa provavelmente 12X de custo. Atingido um nível elevado de produção (por exemplo, 10 unidades para 5 de nível ideal), ao reduzir a quantidade produzida, os decréscimos proporcionais serão menores a cada unidade a mais que for reduzida, até atingir o nível ideal, quando cessarão as reduções por não existir mais o fator que causava a dificuldade.

Regressivo é o custo variável cujo crescimento é proporcionalmente menor à medida que aumenta a variação positiva do volume de atividade. Seu comportamento é contrário ao do progressivo, isto é, crescendo o volume produzido, o custo total cresce em proporções menores; porém, se diminui o volume produzido, o custo total diminui proporcionalmente menos a cada unidade a mais subtraída. O custo regressivo comporta-se de acordo com a lei dos rendimentos crescentes ou dos custos decrescentes, proporcionando ganhos de produtividade quando o volume produzido aumenta. Um exemplo desse custo é a energia acionadora de máquina, cujo consumo cresce proporcionalmente menos do que o crescimento da produção. Significa que maior produção provoca maior consumo de energia, porém, em proporções menores. Se o volume de atividade diminui após atingido um nível acima do máximo ideal, o decréscimo de custo é proporcionalmente maior nas primeiras unidades subtraídas e menor nas subsequentes. Utilizando o exemplo do custo variável progressivo, se o custo é regressivo tem-se para uma produção de 6 unidades um custo menor do que 6X, possivelmente 5,8X, e para 10 unidades, 9X ou menos de custo.

Conforme pode ser observado no gráfico da Figura 2.9, os *constantes* são representados por uma reta ascendente de acordo com o aumento do volume de atividade, enquanto os *progressivos* ascendem em curva acima da reta dos custos constantes, a partir do nível de volume máximo ideal, e os *regressivos* ascendem, também em curva, porém abaixo da reta, a partir desse volume.

Numericamente, verifica-se no Quadro 2.1 que os três tipos de custos variáveis mantêm a mesma variação por unidade em qualquer nível de atividade dentro do limite máximo ideal e, a partir daí, os *constantes* mantêm a proporcionalidade, enquanto os demais variam desproporcionalmente em relação à variação do volume produzido. Os *progressivos* aumentam proporcionalmente mais a cada unidade adicional nas variações positivas de atividade e diminuem menos a cada unidade a mais subtraída nas variações negativas, enquanto nas positivas os *regressivos* aumentam menos nas primeiras e mais nas unidades seguintes acrescentadas e nas variações negativas reduzem mais nas primeiras unidades subtraídas e menos nas seguintes, após atingirem níveis acima do máximo ideal.

Quadro 2.1 *Representação numérica dos custos variáveis: constantes (CVc = total; cvc = unitário), progressivos (CVp = total; cvp = unitário) e regressivos (CVr = total; cvr = unitário).*

Q	CVc	cvc	CVp	cvp	CVr	cvr
1	100,00	100,00	100,00	100,00	100,00	100,00
2	200,00	100,00	200,00	100,00	200,00	100,00
3	300,00	100,00	300,00	100,00	300,00	100,00
4	400,00	100,00	400,00	100,00	400,00	100,00
5	500,00	100,00	500,00	100,00	500,00	100,00
6	600,00	100,00	610,00	101,67	590,00	98,33
7	700,00	100,00	730,00	104,29	670,00	95,71
8	800,00	100,00	860,00	107,50	740,00	92,50
9	900,00	100,00	1.000,00	111,11	800,00	88,89
10	1.000,00	100,00	1.150,00	115,00	850,00	85,00

{ nível máximo ideal

Neste livro, quando se citar apenas custo variável, se estará referindo ao *constante*. As referências aos outros dois serão sempre seguidas dos respectivos qualificativos *progressivo* e *regressivo*.

Como será demonstrado adiante, os custos mistos podem ter suas parcelas fixa e variável facilmente separadas. Assim, abstendo-se deles, o custo total quanto à formação é composto da soma dos custos fixos com os custos variáveis, cuja equação encontra-se a seguir:

$$CT = CF + CV$$

Em que:

CT = Custo Total (Global)
CF = Custo Fixo Total
CV = Custo Variável Total

Nas retas da Figura 2.6, que representam os custos totais fixo (*CF*), variável (*CV*) e global (*CT*), pode ser observado o comportamento de cada um deles em relação à variação do volume de atividade. O custo fixo não tem seu valor alterado, pois ele começa em determinado ponto do eixo vertical (valor) e continua nesse mesmo nível em qualquer ponto do eixo horizontal (quantidade). O custo variável começa onde os dois eixos se encontram, no ponto zero. Ele é ascendente à medida que a quantidade aumenta, afastando-se do eixo horizontal, que representa o zero em valor. O custo total global, que é a soma dos outros dois, já começa no mesmo nível onde começa o custo fixo e tem a mesma ascendência do custo variável.

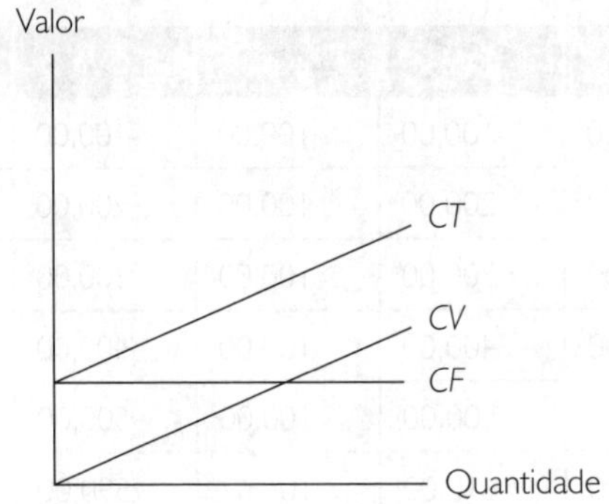

Figura 2.6 *Custos totais quanto à formação.*

Os **custos mistos** são os que possuem, em seu total, uma parcela fixa e outra variável que permitem considerá-los, caracteristicamente, como custo total (global), já que este é a soma dos outros dois. A diferença é que este último engloba vários custos classificados como variáveis e vários outros classificados como fixos, enquanto o custo misto é um único custo que possui as parcelas fixa e variável. Um dos exemplos de custo misto é o combustível consumido por caldeira para produção de vapor, em que, para produção zero de vapor, o consumo de combustível não é nulo, porém uma parcela do custo é apenas o bastante para manter a caldeira na temperatura de ebulição da água (100°C) e, quando a produção de vapor é iniciada, aparece o consumo da outra parcela, que é proporcional ao volume produzido, sendo a primeira delas a fixa e a segunda, a variável. Outro exemplo é o aluguel de uma copiadora, cujo valor é fixo até determinado número de cópias e, a partir desse número, passa a variar em função do número de cópias tiradas.

Para cumprir os objetivos dessa classificação em suas diversas áreas de aplicação de custos, é necessário distinguir os custos fixos dos custos variáveis, tornando-se importante separar a parcela fixa da parcela variável dos custos mistos. Dois tipos de método podem ser usados para esse procedimento. Um deles é técnico, em que especialistas na atividade, por meio de dados, condições operacionais e especificações, podem determinar a parcela fixa, sendo a variável obtida pela diferença entre esta e o custo total misto. O outro método é por meio da utilização de dados observados e coletados em períodos diferentes, cujo volume de atividade variou. Sabe-se que os valores diferentes observados entre períodos em que houve variação do volume produzido é função apenas dessa variação e faz parte da parcela variável contida no custo misto, já que a parcela fixa não varia em função da variação do volume de atividade. Determinando-se as variações do volume produzido e do custo misto, que se sabe ser apenas a variação da parcela variável, estabelecem-se a parte fixa e a parte variável do custo misto, conforme exemplo a seguir.

PERÍODO	VOLUME DE ATIVIDADE	CUSTO MISTO
1	1.000 unidades	50.000,00
2	1.150 unidades	54.500,00
Diferença	150 unidades	4.500,00

Estabelecem-se as diferenças de volume de atividade (150 unidades) e de custo misto ($ 4.500,00). Dividindo-se a diferença do custo pela diferença do volume da atividade, obtém-se a parcela do custo misto, que é variável por unidade, e que no exemplo é igual a $ 30,00/unidade. Multiplicando-se esse valor pelo volume da atividade de um dos períodos, encontra-se a parcela total variável desse período, contida no custo misto. Subtraindo-se do custo misto a parcela variável calculada, obtém-se a parcela total fixa. Segue a demonstração dos cálculos para o período 1:

$ 4.500,00 ÷ 150 unidades = $ 30,00/unidade

$ 30,00/unidade × 1.000 unidades = $ 30.000,00 (parcela variável total do custo misto)

$ 50.000,00 – $ 30.000,00 = $ 20.000,00 (parcela fixa total do custo misto)

Para o período 2, a rotina é a mesma. Basta multiplicar a parcela variável por unidade ($ 30,00) pela quantidade produzida nesse período (1.150 unidades) e obtém-se a parcela variável total ($ 34.500,00), contida no custo misto. Essa parcela subtraída do custo misto ($ 54.500,00) estabelece a parcela fixa total, que é a mesma do período 1 ($ 20.000,00).

De acordo com a possibilidade de aumentar o número de períodos de coleta de dados, outras funções matemáticas (equações da reta, quadrado dos desvios) podem ser utilizadas com um grau de precisão maior. Entretanto, pela simplicidade do cálculo e pelo reduzido número de observações requerido, a diferença entre dois períodos tem sido muito utilizada para a definição de cada uma das parcelas de um custo misto.

O entendimento das características dos custos mistos e o uso de funções matemáticas menos simples, porém que proporcionam resultados mais precisos para determinar suas parcelas, são de fundamental importância, pois cada vez mais os custos mistos ganham relevância. É o caso da mão de obra em processos automatizados de produção e também o da própria matéria-prima, como citados.

Como demonstrado anteriormente, os custos quanto à formação resumem-se em fixos e variáveis, já que os mistos são formados por parcela fixa e parcela variável que podem ser perfeitamente e facilmente determináveis.

Deve-se ressaltar que os conceitos até agora tratados referem-se aos custos totais, em que os fixos não variam e os variáveis variam em função do volume de atividade no período; entretanto, os unitários são muito importantes, e os conceitos referentes a eles são o inverso daqueles referentes aos custos totais. Eles resultam da divisão dos respectivos custos totais pelo volume de atividade (quantidade) e apresentam as fórmulas:

$$ct = \frac{CT}{Q} \qquad cf = \frac{CF}{Q} \qquad cv = \frac{CV}{Q}$$

Em que:

ct	=	Custo total por unidade
CT	=	Custo total (global)
cf	=	Custo fixo unitário
CF	=	Custo fixo total
cv	=	Custo variável unitário
CV	=	Custo variável total
Q	=	Quantidade produzida ou volume de atividade

Com base nas três fórmulas anteriores, deduz-se que,

$$CT = ct \times Q \qquad CF = cf \times Q \qquad CV = cv \times Q$$

Em função da fórmula geral dos custos quanto à formação **CT = CF + CV**, pode-se também chegar à outra fórmula do custo total por unidade, que se expressa por **ct = cf + cv**, uma vez que, dividindo-se ambos os termos de uma equação pelo mesmo número, não se altera a equação. Assim, conclui-se que essa equação é derivada daquela, simplesmente pela divisão de todos os termos da primeira equação pelo número *Q*.

Quando foram definidos os custos fixos como os que não variam em função da variação do volume de atividade, estava-se tratando dos custos fixos totais do período. Ao tratar dos custos fixos por unidade produzida, é evidente que eles não podem continuar com o mesmo valor se o número de unidades produzidas pode variar, uma vez que eles são resultado da divisão de um mesmo número (custo fixo total) por números que podem variar (volume de atividade do período). Admita-se um custo fixo total de $ 100.000,00 num período mensal que engloba os custos de aluguel, depreciação, energia elétrica para iluminação, salário da supervisão e outros. Num período em que se conseguiu produzir apenas uma unidade, o custo fixo por unidade produzida é $ 100.000,00, ao passo que em outro período cuja produção foi de duas unidades, o custo fixo por unidade produzida caiu para $ 50.000,00, valores esses resultantes da divisão do custo fixo total do período ($ 100.000,00) por quantidades diferentes produzidas no período mensal (uma ou duas unidades). Se a quantidade produzida no período for quatro unidades, o custo fixo unitário cai para $ 25.000,00. Se em vez de quatro unidades conseguir-se a produção de 10 unidades, o custo fixo unitário cai para $ 10.000,00. Assim, à medida que o número de unidades produzidas em um período aumenta, o custo fixo por unidade decresce, como resultado da divisão de um valor constante (custo fixo total) por um número que está aumentando (volume de produção) e, ao contrário, à medida que o número de unidades diminui, ele aumenta.

O custo fixo unitário apresenta variações inversas em relação às variações do volume de produção em períodos iguais (ano, mês, semana, dia e outros). Quanto maior o volume de produção no período, menor será o custo fixo por unidade e, quanto menor o volume de produção, maior ele será, como pode ser visualizado graficamente na Figura 2.7.

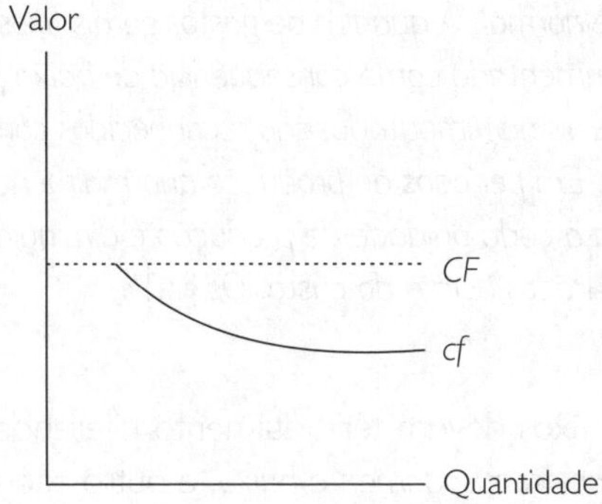

Figura 2.7 *Custos fixos unitários.*

Com base nesse raciocínio exclusivamente matemático, tem-se que, nos períodos em que a produção decresce, o custo fixo unitário pode aumentar até atingir um valor infinitamente alto. Em outras palavras, à medida que o volume de produção é reduzido até zero, o custo fixo unitário aumenta até o infinito. Assim, o conceito de custo fixo deve ser mantido dentro de um intervalo razoável de variação do volume de produção. Quando essa variação é muito acentuada, tratamento diferenciado deve ser dado a esse custo.

A Comissão de Valores Mobiliários (CVM) determinou, através do Ofício-Circular nº 1/2007, que a "alocação dos custos fixos aos produtos deve ser feita com base na capacidade instalada normal de produção". Definiu, ainda, que a partir do ponto em que a ociosidade ultrapasse os limites da normalidade, *o custo referente a esta anormalidade deve ser levado diretamente para despesa não operacional, a título de item extraordinário*.

Segundo o art. 183 da Lei nº 6.404/76, "*os elementos do ativo serão avaliados pelo custo de aquisição ou produção, deduzido de provisão para ajustá-lo ao valor de mercado, quando este for menor*".

Em função dessas determinações legais, além de uma razoabilidade de critério, um volume de produção acentuadamente baixo não deve absorver a totalidade do custo fixo do período, mas apenas parte, para evitar que o ativo apresente valor maior que o de mercado.

Estes conceitos estão em consonância com as normas contábeis norte-americanas (ARB 43 – Boletim de Pesquisa Contábil 43, alterado pelo SFAS 151 – Pronunciamento sobre Normas de Contabilidade Financeira 151) e as internacionais (IAS 2 – Norma Internacional de Contabilidade 2), harmonizando-os mundialmente.

Textualmente, o item 13 da IAS 2 estabelece:

> *"A imputação de gastos gerais de produção fixos aos custos de conversão é baseada na capacidade normal das instalações de produção. A capacidade normal é a produção que se espera que seja atingida em média durante uma quantidade de períodos ou de temporadas em circunstâncias normais, tomando em conta a perda de capacidade resultante da manutenção planejada. O nível real de produção pode ser usado se se aproximar da capacidade normal. A quantia de gastos gerais fixos imputada a cada unidade de produção não é aumentada como consequência de baixa produção ou de instalações ociosas. Os gastos gerais não imputados são reconhecidos como um gasto no período em que sejam incorridos. Em períodos de produção anormalmente alta, a quantia de gastos gerais fixos imputada a cada unidade de produção é diminuída a fim de que os inventários não sejam mensurados acima do custo. Os [...]".*

Neste caso, os custos fixos devem ter tratamento diferenciado. Um nos períodos em que o *volume de produção for acentuadamente baixo*, e outro naqueles em que o *nível real de produção se aproximar da capacidade normal*. Entretanto, nenhuma das normas estabelece qual seja esse limite para aplicação da regra "custo fixo da produção para estoque e da ociosidade para resultado". Esses limites devem ser estabelecidos pela entidade reguladora, considerando alguns parâmetros. Até que eles sejam claramente fixados, a prática recomenda considerar como *não acentuadamente baixo* ou *próximo da capacidade normal*, oscilação do nível de produção de até 25% da capacidade normal.

Ociosidade é um nível de produção abaixo da capacidade normal das instalações, caracterizado por reduções ou interrupções parciais nos períodos de atividade.

Quanto à forma de sua ocorrência, a ociosidade pode ser classificada como normal ou anormal. Ociosidade normal é aquela que pode ser prevista e ocorre periodicamente, podendo ser citados como seus principais causadores a manutenção programada (textualmente referida na IAS 2), a entressafra nas processadoras de produtos agrícolas, o defeso nas processadoras de pescado, o inverno nas produtoras de sorvetes, o verão nas produtoras de agasalhos etc. Ociosidade anormal é aquela que não pode ser prevista e ocorre ocasional e inesperadamente, e como eventos que podem acarretá-la citam-se a greve, a parada para reparos por acidentes, a interrupção momentânea e inesperada de suprimento de insumo ou matéria-prima, a retração tempestiva do mercado consumidor do produto etc.

A ociosidade acentuada é constatada se houver variação maior do que 25% ao se comparar o volume da produção real com a média do período ou temporada. Para estabelecer essa média, estima-se a produção anual com base na utilização de dados de períodos anteriores e divide-se o total pelos doze meses do ano, independentemente de haver ou não produção em algum dos meses do período considerado.

Nos meses em que a ociosidade for acentuada, considerando os critérios acima, o valor total dos gastos incorridos classificáveis como custo fixo deve ser dividido em duas parcelas: uma delas correspondente à produção e a outra à ociosidade.

A parcela referente à produção será obtida aplicando sobre o custo fixo total incorrido o percentual da produção obtida em relação ao total médio previsto, e a diferença corresponderá à ociosidade.

Por outro viés, vale dizer que, no período de ociosidade acentuada, calcula-se o percentual da redução da produção em relação à média e aplica-se o resultado sobre o custo fixo total incorrido, sendo este designado como custo da ociosidade e a diferença como custo da produção.

O valor da parcela correspondente à produção será atribuído às unidades de produto que foram trabalhadas no período, tanto as acabadas quanto aquelas em elaboração, e o valor da parcela correspondente à ociosidade deve ter tratamento diferenciado em relação aos dois tipos de ociosidade.

Se a ociosidade é anormal, entende-se que este valor não tem como ser recuperado em produção futura, já que ela foi imprevista e não se pode prever a sua repetição, sendo adequado levá-la para resultado do período, seguindo fielmente a recomendação da IAS 2. Exemplifica-se com uma capacidade normal de produção de 1.000 unidades por mês. No mês em que, inesperadamente, ocorrer ociosidade anormal e significativa (40%) e, portanto a produção atingir apenas 600 unidades, tendo um custo fixo real de $ 100.000,00, só devem ser alocados à produção do período $ 60.000,00, correspondentes ao percentual (60%) de ocupação sendo que os restantes $ 40.000,00, referentes à ociosidade (40%), devem ser levados diretamente para resultado do período. Ou seja, o custo de produção não deve ser onerado pela ociosidade anormal e acentuada ocorrida no período. Entretanto, no período em que houver uma superprodução, o custo fixo real incorrido, sem qualquer modificação, deve ser considerado na produção do período, reduzindo o custo unitário do produto.

Se a ociosidade é normal, isto é, aquela que ocorre repetidamente em determinada parte do período, ela passa a integrar a normalidade da operação da empresa, tendo em vista que esta ociosidade normal é necessária, rotineira e inerente às características da atividade, sendo considerada indissociável das operações. Neste caso, atribuir um custo por unidade menor nos períodos de produção mais alta e maior naqueles de produção mais baixa seria falsear o custo unitário dos produtos, uma vez que é normal ocorrer volume de produção alto em um período e baixo, ou até nulo, em outro, pelas condições operacionais vigentes.

Em vista disso, nos períodos de ociosidade normal – melhor denominados de produção baixa ou nula, repetidamente – atribui-se às unidades produzidas a parcela correspondente ao percentual do volume produzido, dando o mesmo tratamento dado à ociosidade anormal, ou seja, levá-la para estoque. Já a outra parcela, correspondente à ociosidade, em vez de ser levada para o resultado do período, como é feito na ociosidade anormal, deve ser registrada em uma conta a recuperar ativa e atribuída à produção de períodos subsequentes em que o volume produzido ultrapasse a média prevista.

Exemplificando, exageradamente, com uma produção de 2.000 unidades por mês, durante os meses de abril a setembro de cada ano, tem-se o total de 12.000 unidades por ano e a média é de 1.000 unidades por mês, se considerados os 12 meses. Supondo um custo fixo mensal e uniforme de $ 10.000,00 todo mês, em janeiro, fevereiro e março, em que não houve produção, os $ 30.000,00 seriam acumulados numa conta ativa, designada "custo a atribuir em períodos subsequentes". Em abril, a produção de 2.000 unidades seria onerada com o custo de $ 10.000,00 do próprio mês, mais $ 10.000,00 da conta a recuperar, atribuindo-se às 2.000 unidades produzidas $ 20.000,00, o que resulta em um custo por unidade de $ 10,00 e um saldo na conta "custo a atribuir em períodos subsequentes" de $ 20.000,00. No mês seguinte, maio, ocorrendo os mesmos números, o saldo da conta a recuperar seria reduzido para $ 10.000,00. Em junho ocorreriam os mesmos eventos com os mesmos resultados e a conta "custo a atribuir em períodos subsequentes" seria zerada, em função dos valores nela creditados nos três meses em que houve produção. Em julho, com a repetição dos eventos, seriam obtidos os mesmos resultados e a conta "custo a atribuir em períodos subsequentes" ficaria negativa em $ 10.000,00, já que ela foi zerada no mês anterior e foi creditada em $ 10.000,00 neste mês, porque foram levados para custo de produção não só os $ 10.000,00 do próprio mês, mas também aqueles correspondentes ao percentual de acréscimo da produção, em relação à média. Em agosto, o fenômeno se repetiria e a conta "custo a atribuir em períodos subsequentes" estaria negativa em $ 20.000,00, continuando até atingir em setembro o saldo negativo de $ 30.000,00. Em outubro, como não há produção, os $ 10.000,00 de custos fixos serão levados para a conta a recuperar, reduzindo o seu saldo de menos $ 30.000,00 para menos $ 20.000,00, continuando os mesmos lançamentos em novembro e dezembro, quando o seu saldo seria zerado. Observa-se que os gastos com características de custo fixo do ano somaram $ 120.000,00, correspondentes aos 12 meses multiplicados por $ 10.000,00 de cada mês. Entretanto, apenas os seis meses em que houve produção receberam os custos fixos de $ 120.000,00 (6 meses a $ 20.000,00 cada) e tiveram um custo por unidade uniforme de $ 10,00, e os outros seis meses em que não houve produção não receberam custos fixos, tendo os valores realmente ocorridos neles debitados na conta a recuperar e não como custo.

Esse exemplo foi propositalmente forçado para zerar o saldo da conta a recuperar, facilitando o entendimento. Entretanto, o procedimento deve ser aplicado em fatos reais ocorridos em empresa operando normalmente e o volume médio de produção normal deve ser ajustado durante o período de operação, se necessário. Já o total do custo fixo e dos volumes produzidos em cada mês podem variar e serão considerados sempre os reais incorridos, não se prendendo em zero e 200% da capacidade média de cada metade do período total, como exemplificado. O percentual será aplicado sobre o custo ocorrido no período, seja ele de baixo ou de alto volume de produção. Significa que a conta a recuperar será movimentada, a crédito ou a débito, em função do custo fixo real do período.

Nos períodos em que a oscilação do volume de produção for menor que 25%, isto é, ociosidade não acentuada, esse procedimento deve ser desconsiderado em qualquer dos dois tipos de ociosidade, seja ela normal ou anormal, e a totalidade dos custos fixos incorridos no período será atribuída à produção e levada para estoque.

Os custos variáveis totais variam na mesma proporção da variação do volume de produção em se tratando dos custos variáveis constantes. Se as variações do custo são proporcionais às variações do volume de produção, isso significa que para a variação de cada unidade no volume produzido obtêm-se variações constantes no custo variável total e o custo variável por unidade é uma constante, ou seja, para cada unidade produzida consome-se o mesmo valor de custo variável. Isso significa que ele apresenta o mesmo valor, período após período, independentemente das alterações no volume de produção.

No exemplo de custo variável constante total, citado anteriormente, observou-se que, para uma unidade de concreto produzida consumiu-se X de custo, para duas unidades, 2X de custo, e para três unidades, 3X de custo. No primeiro caso, o custo variável por unidade é X, resultante de X dividido por 1. No segundo caso, o custo variável por unidade é também X, resultante de 2X dividido por 2 e, no terceiro caso, ele é o mesmo X, resultante de 3X dividido por 3. Isso pode ser visualizado no gráfico da Figura 2.8, a seguir.

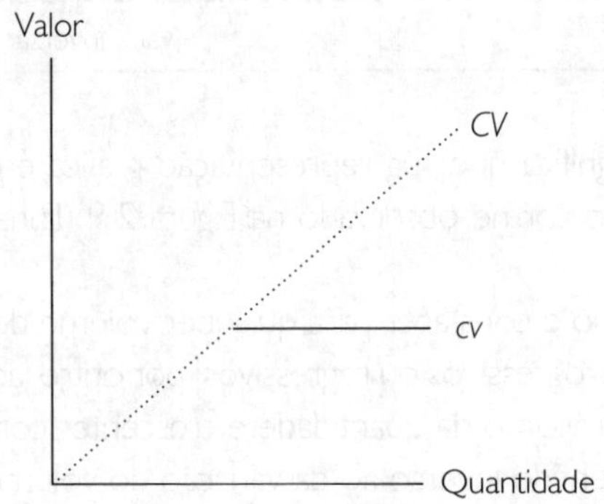

Figura 2.8 *Custos variáveis unitários.*

O custo total global, como resultante da soma do custo fixo total e do custo variável total, tem comportamento semelhante ao do custo variável total, com a diferença de que este tem valor zero para produção nula e aquele tem o mesmo valor do custo fixo total nesse nível de produção, pois, se ele é resultante da soma dos dois e se o custo fixo total tem o mesmo valor para qualquer volume de produção no período, mesmo que ela seja eventualmente zero, o menor valor do custo total global é igual ao custo fixo total. Isso ocorre no período em que o custo variável total é zero.

Os custos fixo e variável têm conceitos antagônicos em se tratando de custos totais e de custos unitários. Numa situação é constante, na outra, varia e vice-versa. Já o custo total (global) varia sempre, só que na mesma proporção da variação do volume produzido em sua versão total e na proporção inversa, em sua versão unitária. Essas características podem ser visualizadas na tabela a seguir.

ESPÉCIE DE CUSTO	COMPORTAMENTO EM RELAÇÃO À VARIAÇÃO DO VOLUME DA PRODUÇÃO
Fixo total	Não varia
Fixo unitário	Varia inversamente
Variável total	Varia proporcionalmente
Variável unitário	Não varia
Total global	Varia proporcionalmente
Total por unidade	Varia inversamente

(custo variável unitário). Significa que sua representação gráfica é constituída por duas linhas com a mesma curvatura, conforme observado na Figura 2.9 (linhas "mn" e "gh", respectivamente).

O custo variável unitário é constante para qualquer volume de atividade, exceto quando se trata de custos variáveis progressivos ou regressivos; por outro lado, os custos fixos unitários são decrescentes com o acréscimo da quantidade e crescentes com o decréscimo da quantidade, ou seja, variam em sentido inverso ao da variação do volume de atividade no período. O gráfico da Figura 2.9 mostra esses comportamentos.

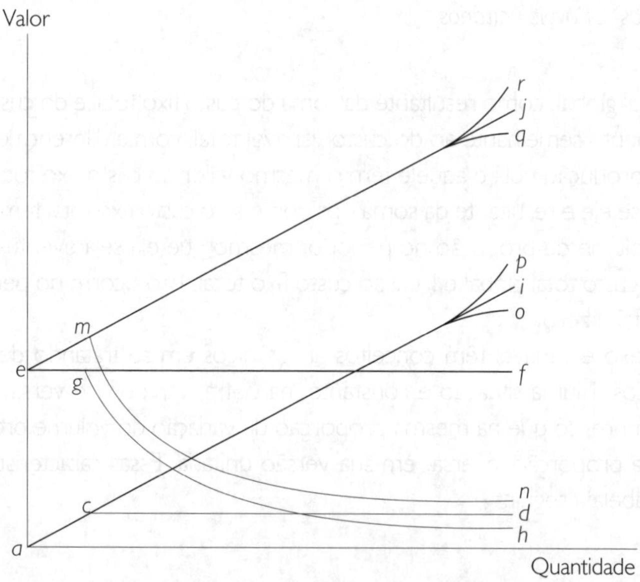

Figura 2.9 *Todos os custos quanto à formação.*

1. *cd* = custo variável unitário (constante)
2. *ef* = custo fixo total (constante)
3. *ai* = custo variável total (constante)
4. *ap* = custo variável total (progressivo)
5. *ao* = custo variável total (regressivo)
6. *ej* = custo total (global) (constante) = custo fixo total + custo variável total (constante)
7. *er* = custo total (global) (progressivo) = custo fixo total + custo variável total (progressivo)
8. *eq* = custo total (global) (regressivo) = custo fixo total + custo variável total (regressivo)
9. *mn* = custo total por unidade = custo fixo unitário + custo variável unitário (constante)
10. *gh* = custo fixo unitário

A classificação de custos quanto à formação, como a anterior, é muito dependente do conhecimento do sistema de produção e da política administrativa da empresa. Antes da classificação de um custo em fixo ou variável devem ser analisadas a forma e as condições de sua ocorrência, juntamente com todos os aspectos envolvidos para que a classificação seja correta e tenha aplicação adequada. Além disso, deve sempre ser considerada moeda a valor constante. O ideal nessa classificação é raciocinar em quantidades físicas de insumos necessárias para a execução das atividades desenvolvidas.

A classificação dos custos quanto à formação é de grande valia e indispensável para estudos de viabilidade econômica de empreendimentos, orçamentos, estabelecimento de preço mínimo de venda, determinação de nível mínimo de produção, decisões sobre alternativas de produção, além de outras aplicações que tornam seu conhecimento imprescindível para os profissionais dos diversos escalões decisórios das empresas. Em função dessa utilização, ela é também designada por *classificação de custos para tomada de decisão*.

2.7 Quanto à ocorrência

Os custos apresentam diversos estágios durante sua ocorrência, ou seja, existem diversos estágios de elaboração em que os custos podem e devem ser determinados e acumulados. Assim, eles são classificados quanto à ocorrência em: básico, de transformação, direto ou primário, indireto ou geral, fabril, dos produtos fabricados e dos produtos vendidos. Essa classificação baseia-se na existência de estoques no final de cada período em cada uma das diversas fases de elaboração dos bens e serviços.

O **custo básico** é representado pelo valor da matéria-prima ou do material consumido, e a determinação de seu valor pode ser obtida por apropriação quando se exerce um controle permanente dos estoques (ver Capítulo 3) ou como esquematizado na Figura 2.10, se o controle for periódico. Ele é determinado em função do inventário efetuado no final de cada período e das aquisições ocorridas durante esse período, e a fórmula é "estoque inicial mais compras menos estoque final". O custo básico é assim denominado devido à transferência de outras fases de elaboração ou de outras empresas nesse estágio básico de elaboração.

O **custo de transformação** é o total de recursos aplicados sobre o custo básico para transformá-lo em outro bem e é constituído pela mão de obra e custos indiretos.

O **custo direto ou primário** engloba o valor da matéria-prima ou do material e da mão de obra e, portanto, é expresso pela soma desses dois custos. Ele é designado *direto* porque se considera como se fosse exclusivo da elaboração de determinado tipo de bem ou de serviço. Entretanto, por essa classificação não se consegue apropriá-lo a cada unidade de acumulação de custos específica, uma vez que o material tem seu valor estabelecido por estoques e aquisições globais e a mão de obra, por folha de pagamentos, também não havendo segregação por unidade de acumulação de custos. Na verdade, eles podem ser considerados diretos de cada tipo de produto ou serviço se os materiais aplicados forem exclusivos e se o pessoal envolvido na elaboração for segregado em uma folha de pagamentos. É muito frequente eles serem diretos da atividade de produção ou de determinado setor ligado à produção. São os primeiros custos a ocorrer no processo de produção, razão da denominação *primário*.

Os **custos gerais ou indiretos** representam a soma de todos os custos ocorridos na produção e não classificáveis como material e mão de obra. São todos os demais custos denominados gerais, cuja maioria se classifica como indiretos.

O **custo fabril** é o total de recursos colocados à disposição da área de elaboração de bens e serviços e se constitui da soma dos três grupos (matéria-prima ou custo básico, mão de obra e custos gerais de fabricação), ou da soma dos custos básico e de transformação, ou da soma dos custos direto ou primário e gerais ou indiretos. Ou seja, ele se constitui da soma dos três grupos, ou das combinações 2 a 1 possíveis entre os três. Representa o total do custo aplicado durante o período, independentemente de todas as unidades ficarem ou não prontas. Portanto, num primeiro momento, o custo fabril é denominado *custo dos produtos em elaboração*. No momento seguinte, que pode ser próximo ou distante, dependendo do ciclo de produção, obtêm-se produtos prontos, e o valor que foi aplicado sobre eles denomina-se *custo dos produtos fabricados*.

Como nem sempre o total de custos aplicados na produção durante o período é totalmente transformado em produtos acabados, ou seja, pode permanecer alguma parcela ainda em elaboração no final do período que se transfere para o início do período seguinte para ter sua elaboração concluída, obtêm-se estoques inicial e final de produtos em elaboração. O custo dos produtos fabricados é resultante do custo fabril somado à parcela do custo fabril do período anterior ainda não transformado, diminuído da parcela do custo fabril do período que também não se transformou em produtos fabricados. Repetindo neste estágio a fórmula equivalente à usada para a determinação do custo básico, o custo dos produtos fabricados resulta custo fabril somado ao estoque inicial de produtos em elaboração, com a subtração do estoque final de produtos em elaboração, ou seja, o custo dos produtos fabricados é o custo efetivamente aplicado apenas sobre as unidades que se transformaram em unidades de produto totalmente acabadas. Se não existir produção em elaboração no início e no final do período, o custo dos produtos fabricados é igual ao custo fabril.

O **custo dos produtos vendidos** refere-se ao valor da quantidade efetivamente saída do estoque para a venda e pode ser constituído pelos produtos fabricados no período (transferidos para o estoque), podendo ainda contar com saldos remanescentes de produtos fabricados em períodos anteriores. O custo dos produtos vendidos é determinado pela produção fabricada no período diminuída do estoque final de produtos acabados e somada ao estoque inicial de produtos acabados. Não existindo estoques inicial e final de produtos acabados, o custo dos produtos vendidos é igual ao custo dos produtos fabricados.

Portanto, verifica-se que os custos fabris, dos produtos fabricados e dos produtos vendidos têm o mesmo valor se não existir estoque inicial e estoque final de produtos em elaboração e de produtos acabados em cada período. A Figura 2.10 representa graficamente essa classe de custos.

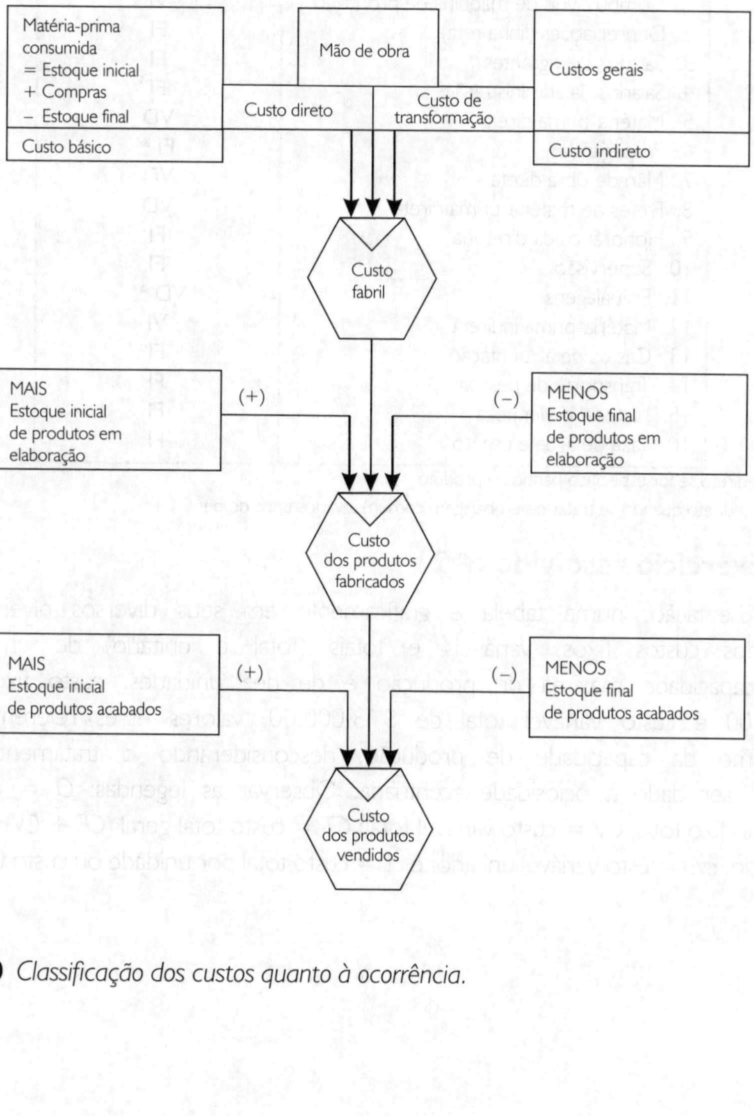

Figura 2.10 *Classificação dos custos quanto à ocorrência.*

2.8 Exemplos práticos

2.8.1 Exercício resolvido nº 1

Classificação de alguns custos/despesas quanto à apuração e quanto à formação usando os símbolos F (Fixo), V (Variável), M (Misto), D (Direto) e I (Indireto), e considerando que na empresa a apuração é feita no nível de produtos diferentes, a fim de determinar o custo de cada um deles para fins de fixação de preço de venda.

Quadro 2.2 *Classificação de custos/despesas quanto à formação e apuração.*

CUSTOS/DESPESAS	CLASSIFICAÇÃO
1. Combustíveis de máquina de produção	VI
2. Depreciações (linha reta)	FI
3. Salários de vigilantes	FI
4. Salários da administração	FI
5. Matéria-prima direta	VD
6. Propaganda	FI *
7. Mão de obra direta	VD
8. Fretes de matéria-prima direta	VD
9. Honorários da diretoria	FI
10. Supervisão	FI
11. Embalagens	VD **
12. Matéria-prima indireta	VI
13. Gastos de alimentação	FI
14. Transporte de pessoal	FI
15. Material de limpeza	FI
16. Taxa de água e esgoto	FI

* Pode ser direto se for específico para cada produto.

** Pode ser indireto quando se tratar de embalagem comum a vários tipos de bens.

2.8.2 Exercício resolvido nº 2

Representação, numa tabela e graficamente em seus diversos níveis de produção, dos custos fixos, variáveis e totais (total e unitário) de uma empresa cuja capacidade máxima de produção é de dez unidades, custo fixo total de $ 1.000,00 e custo variável total de $ 3.000,00, valores esses referentes ao nível máximo da capacidade de produção, desconsiderando o tratamento especial que deve ser dado à ociosidade acentuada. Observar as legendas: Q = quantidade; CF = custo fixo total; CV = custo variável total; CT = custo total geral ($CF + CV$); cf = custo fixo unitário; cv = custo variável unitário; e ct = custo total por unidade ou custo total médio.

Quadro 2.3 *Representação numérica dos custos quanto à formação.*

Q	CF	CV	CT	cf	cv	ct
1	1.000,00	300,00	1.300,00	1.000,00	300,00	1.300,00
2	1.000,00	600,00	1.600,00	500,00	300,00	800,00
3	1.000,00	900,00	1.900,00	333,33	300,00	633,33
4	1.000,00	1.200,00	2.200,00	250,00	300,00	550,00
5	1.000,00	1.500,00	2.500,00	200,00	300,00	500,00
6	1.000,00	1.800,00	2.800,00	166,67	300,00	466,67
7	1.000,00	2.100,00	3.100,00	142,86	300,00	442,86
8	1.000,00	2.400,00	3.400,00	125,00	300,00	425,00
9	1.000,00	2.700,00	3.700,00	111,11	300,00	411,11
10	1.000,00	3.000,00	4.000,00	100,00	300,00	400,00

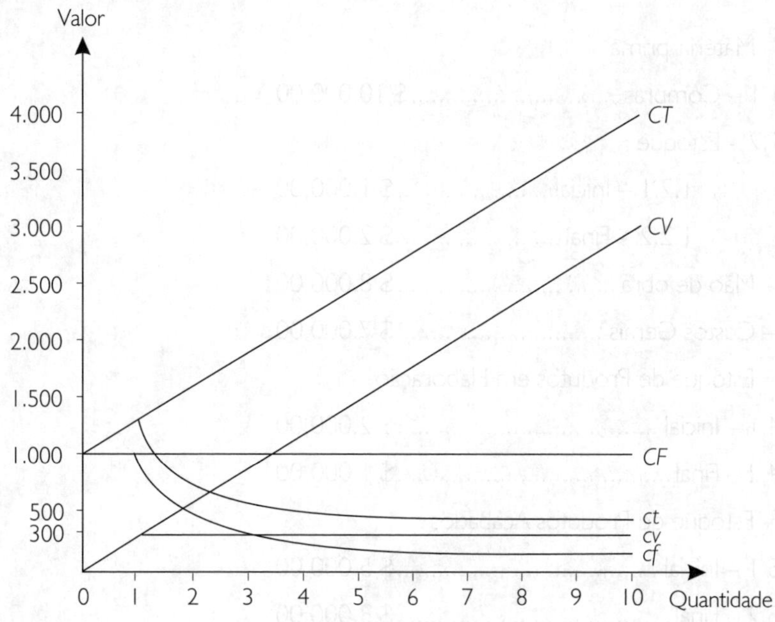

Figura 2.11 *Representação gráfica dos custos quanto à formação.*

2.8.3 Exercício resolvido nº 3

A empresa do exercício nº 2, ao tentar produzir 8 unidades em um período, só conseguiu 7 e mais metade da 8ª unidade. Considerando que a produção nesse período equivale a 7,5 unidades, qual o custo de uma das 7 integralmente acabada e pronta para a venda?

1ª Forma:

$$ct = \frac{CT}{Q} \qquad ct = \frac{\$\ 1.000,00 + 7,5 \text{ un.} \times \$\ 300,00/\text{un.}}{7,5 \text{ un.}}$$

$$ct = \frac{\$ \ 1.000,00 + \$ \ 2.250,00}{7,5 \text{ un.}} \qquad ct = \$ \ 433,33/\text{un.}$$

2ª Forma:

$$ct = cf + cv \qquad ct = \frac{\$ \ 1.000,00}{7,5 \text{ un.}} + \$ \ 300,00/\text{un.}$$

$$ct = \$ \ 133,33/\text{un} + \$ \ 300,00/\text{un.} \qquad ct = \$ \ 433,33/\text{un.}$$

2.8.4 Exercício resolvido nº 4

Considerando os dados a seguir, determinar os diversos custos quanto à ocorrência:

1 – Matéria-prima

1.1 – Compras .... $ 10.000,00

1.2 – Estoque

1.2.1 – Inicial...................... $ 1.000,00

1.2.2 – Final....................... $ 2.000,00

2 – Mão de obra .... $ 8.000,00

3 – Custos Gerais .... $ 7.000,00

4 – Estoque de Produtos em Elaboração

4.1 – Inicial .... $ 2.000,00

4.2 – Final..................................... $ 1.000,00

5 – Estoque de Produtos Acabados

5.1 – Inicial .... $ 5.000,00

5.2 – Final..................................... $ 3.000,00

SOLUÇÃO

CUSTO BÁSICO = MATÉRIA-PRIMA CONSUMIDA

$CB = EI + C - EF$

$CB = \$ \ 1.000,00 + \$ \ 10.000,00 - \$ \ 2.000,00 = \boxed{\$ \ 9.000,00}$

CUSTO DIRETO ou PRIMÁRIO = CUSTO BÁSICO + MÃO DE OBRA

$CD = CB + MO$

$CD = \$ \ 9.000,00 + \$ \ 8.000,00 = \boxed{\$ \ 17.000,00}$

CUSTO DE TRANSFORMAÇÃO = MÃO DE OBRA + CUSTOS GERAIS

$CT = MO + CG$

$CT = \$ 8.000{,}00 + \$ 7.000{,}00 = \boxed{\$ 15.000{,}00}$

CUSTO FABRIL = CUSTO BÁSICO + MÃO DE OBRA + CUSTOS GERAIS

ou

CUSTO FABRIL = CUSTO BÁSICO + CUSTO DE TRANSFORMAÇÃO

ou

CUSTO FABRIL = CUSTO DIRETO + CUSTOS GERAIS

$CF = CB + MO + CG$

$CF = \$ 9.000{,}00 + \$ 8.000{,}00 + \$ 7.000{,}00 = \boxed{\$ 24.000{,}00}$

ou

$CF = CB + CT$

$CF = \$ 9.000{,}00 + \$ 15.000{,}00 = \boxed{\$ 24.000{,}00}$

ou

$CF = CD + CG$

$CF = \$ 17.000{,}00 + \$ 7.000{,}00 = \boxed{\$ 24.000{,}00}$

CUSTO DOS PRODUTOS FABRICADOS = CUSTO FABRIL
+ ESTOQUE INICIAL DE PRODUTOS EM ELABORAÇÃO
– ESTOQUE FINAL DE PRODUTOS EM ELABORAÇÃO

$CPF = CF + EIPE - EFPE$

$CPF = \$ 24.000{,}00 + \$ 2.000{,}00 - \$ 1.000{,}00 = \boxed{\$ 25.000{,}00}$

CUSTO DOS PRODUTOS VENDIDOS = CUSTO DOS PRODUTOS
FABRICADOS + ESTOQUE INICIAL DE PRODUTOS ACABADOS
– ESTOQUE FINAL DE PRODUTOS ACABADOS

$CPV = CPF + EIPA - EFPA$

$CPV = \$ 25.000{,}00 + \$ 5.000{,}00 - \$ 3.000{,}00 = \boxed{\$ 27.000{,}00}$

Resumo

Alguns termos utilizados em custos apresentam diferenças muito sutis, porém são essenciais ao entendimento do assunto. Este capítulo estabelece suas definições e conceituações e procura exemplificá-los para sua evidenciação.

O capítulo divide a classificação dos custos em seis grupos, cada um deles com sua finalidade, sendo alguns mais e outros menos importantes sob o aspecto da utilização prática e, como consequência, a abrangência aplicada a cada um dos grupos deu-se em função desse aspecto.

A primeira classificação é **quanto à natureza** dos custos, que, como o próprio nome já indica, é uma classificação natural, consistindo simplesmente em uma padronização dos títulos usados nas contas de custos. Tal providência impossibilita a utilização de mais de uma alternativa para efetuar o registro contábil de uma mesma operação, independentemente das diferentes datas em que elas ocorram ou dos diferentes classificadores que executem o registro. Deve ser estabelecido um elenco das contas de custos, cujos títulos são os únicos a serem utilizados para efetuar os registros da mesma operação, a débito e a crédito.

A classificação seguinte é **quanto à função** dentro da organização. Ela possibilita o controle dos custos aplicados a cada uma das funções de um organograma e, consequentemente, o estabelecimento das diferenças entre o realizado e o previsto em um orçamento. Ela permite a cobrança de responsabilidades dos supervisores, bem como o cumprimento de metas, além da medição de desempenho de cada um deles. Num organograma muito simples, essa classificação pode subdividir os custos e despesas em *custos administrativos, comerciais* e *de produção*, de acordo com sua ocorrência em cada um desses órgãos, sem levar em consideração a diferenciação que a contabilidade estabelece entre os dois termos.

A classificação **quanto à contabilização** leva em consideração o período de apuração de resultados da empresa. Os custos que se encerram no final do período de apuração são denominados custos *realizados*, e os que não se encerram nesse momento são denominados custos *a realizar*. Assim, essa classificação não se relaciona com a aplicação física do recurso, mas apenas se seu valor compõe a demonstração de resultados, sendo considerado realizado, ou se compõe o balanço patrimonial, sendo classificado como a realizar.

A quarta classificação diz respeito à função de acumulação de custos que está recebendo o recurso e denomina-se **quanto à apuração**. Entende-se como função de acumulação de custos qualquer segmento da entidade em que se deseje apurar custos. Por essa classificação, os custos são *diretos* se puderem ser apropriados às diferentes funções de custos no momento de sua ocorrência, sem necessidade da utilização de qualquer recurso posterior para sua alocação a cada uma das diferentes funções, sendo *indiretos* quando não há possibilidade de alocação direta a cada unidade de acumulação de custos no momento de sua ocorrência, necessitando da utilização de um recurso posterior, denominado rateio, para a alocação de suas parcelas.

A classificação seguinte é **quanto à formação** dos custos, cuja característica é seu comportamento em relação ao volume de atividade no período. Eles podem ser classificados como *fixos* – os denominados custos de estrutura, que ocorrem independentemente do nível de atividade de cada período –, como *variáveis* – os que só ocorrem se houver atividade no período, ou seja, seu valor total é dependente do volume produzido – ou *mistos* – os constituídos por uma parcela fixa e outra variável, o que significa possuir características tanto do custo fixo quanto do variável.

Em vista da harmonização das práticas contábeis brasileiras com as internacionais, tratamento especial foi dado aos custos fixos nos períodos de ociosidade acentuada. Assim, os gastos normalmente classificados como tal e levados para estoque podem, ao contrário, ser parcial ou totalmente levados para resultado ou ativados no diferido, de acordo com as circunstâncias.

Tendo como aspecto característico os saldos existentes nas contas de estoques no final de cada período, a última classificação, muito utilizada por empresas de pequeno porte para determinação de resultados, é denominada **quanto à ocorrência**. Ela subdivide os custos em função das fases de sua ocorrência. O primeiro deles, constituído pela *matéria-prima*, é também chamado de custo *básico* e recebe a atuação da *mão de obra*, formando os dois o custo *direto.* Além da mão de obra, também atuam sobre o custo básico os custos gerais, em sua maioria *indiretos*, e estes, somados à mão de obra, constituem-se no custo *de transformação*, pois são eles que transformam a matéria-prima. O custo seguinte é o *fabril*, resultante da soma dos três citados ou da combinação deles, sendo possível, portanto, determiná-lo tanto pela soma da matéria-prima com a mão de obra e os custos indiretos, quanto pela soma do custo básico com custo de transformação ou pela soma dos custos direto e indireto. O custo *dos produtos em elaboração* é o primeiro estágio do custo fabril, e o *dos produtos fabricados* é o segundo, sendo este último obtido pelo custo fabril somado ao estoque inicial dos produtos em elaboração e diminuído do respectivo estoque final. O último grupo é denominado custo *dos produtos vendidos,* que resulta do custo dos produtos fabricados somado ao estoque inicial e diminuído do estoque final dos produtos acabados ou fabricados.

Exercícios propostos

1. A parcela do gasto que é aplicada na produção ou em outra função de custo, quer esse gasto tenha sido desembolsado ou não, é chamada:

   A Receita.
   B Despesa.
   C Custo.
   D Preço.

2. Tecnicamente, a parcela ou a totalidade do custo que integra a produção vendida deve ser designada por:

   A Receita.
   B Despesa.
   C Preço.
   D Desembolso.

3. O pagamento de parte ou do total adquirido, elaborado ou comercializado, é denominado:

   A Receita.
   B Despesa.
   C Preço.
   D Desembolso.

4. Segundo os conceitos contábeis e a legislação fiscal brasileira, depreciações e amortizações são custo quando abrangem os bens do ativo imobilizado utilizados nos órgãos de:

A Administração.
B Comercialização.
C Produção.
D Nenhuma das alternativas.

5. O valor estabelecido para efetuar a transferência da propriedade de um bem que será aplicado na elaboração de outros bens ou serviços, pela óptica do vendedor, é:

A Preço.
B Custo.
C Gasto.
D Desembolso.

6. Se o valor do exercício anterior for encarado pela óptica do comprador, será:

A Preço.
B Custo.
C Desembolso.
D Despesa.

7. O valor recebido ou a receber resultante da soma das diversas multiplicações do preço pela quantidade vendida de cada bem é:

A Receita.
B Despesa.
C Custo.
D Desembolso.

8. O valor pago ou assumido para obter a propriedade de um bem, incluindo ou não a elaboração e a comercialização, considerando as diversas quantidades adquiridas, elaboradas ou comercializadas, é denominado:

A Receita.
B Despesa.
C Custo.
D Gasto.

9. Um gasto ligado ou não à produção de bens ou serviços e ocorrido anormal e involuntariamente, sem ligação com geração de receita, é designado:

A Doação.
B Custo.
C Perda.
D Despesa.

10. Se o gasto referido no exercício anterior for voluntário e normal, ou seja, não acidental, porém desligado das atividades para as quais a empresa foi criada, a resposta será:

A Doação.
B Custo.
C Perda.
D Despesa.

11. O valor da matéria-prima excedente, que não integra o produto final, sendo porém consumida normalmente em função de características de processo produtivo, é denominado:

A Doação.
B Custo.
C Perda.
D Despesa.

12. Se o consumo da matéria-prima do exercício anterior tivesse sido acidental, ou seja, de forma involuntária e anormal, a resposta teria sido:

A Doação. C Perda.
B Custo. D Despesa.

13. Depois de iniciada a produção, quer o produto seja comercializado ou não, isto é, quer haja venda ou não, o valor do aluguel do período decorrido, pago ou não, de um imóvel para armazenamento do produto acabado, segundo os conceitos contábeis e a legislação fiscal brasileira, é designado:

A Receita. C Custo.
B Despesa. D Desembolso.

14. O valor monetário despendido pela empresa, que pode ser aplicado ou não na produção de bens e serviços e que pode compor o resultado ou permanecer no patrimônio, é denominado:

A Gasto. C Despesa.
B Custo. D Perda.

15. Quanto à natureza, os custos podem ser classificados em:

A De comercialização, de produção e de administração. C Realizados e a realizar.
B Diretos e indiretos. D Matéria-prima, mão de obra, depreciação etc.

16. Os custos administrativos ou de administração e os de produção pertencem à classificação quanto à:

A Natureza. C Formação.
B Função. D Contabilização.

17. Quanto à função, os custos podem ser classificados em:

A De comercialização, de produção e de administração. C Diretos e indiretos.
B Fixos e variáveis. D Realizados e a realizar.

18. Quanto à contabilização, os custos podem classificar-se em:

A De administração, de comercialização e de produção. C Diretos e indiretos.
B Realizados e a realizar. D Fixos e variáveis.

19. Os custos realizados e os custos a realizar pertencem à classificação quanto à:

A Natureza. C Contabilização.
B Função. D Apuração.

20. Os custos diretos e os custos indiretos pertencem à classificação quanto à:

A Natureza.

B Contabilização.

C Apuração ou ao objeto de custeio.

D Formação ou para tomada de decisão.

21. Quanto à apuração ou ao objeto de custeio, os custos podem classificar-se em:

A Diretos e indiretos.

B Diretos e fixos.

C Diretos e variáveis.

D Indiretos e fixos.

22. Considere que a empresa Movelaria Artud S.A. fabrica seis móveis diferentes (cadeira, mesa e carteira, tanto em aço quanto em madeira) e utiliza o sistema de custeio por absorção, apurando os custos de cada móvel separadamente. Um marceneiro, que só trabalha com móveis de madeira, tem custo de $ 30,00 por hora e jornada semanal de 44 horas. Destas, 12 foram apropriadas à cadeira, 15 à mesa, 14 à carteira e 3 ficaram ociosas na semana. O total do custo direto e do indireto desse operário aplicado sobre esses produtos de madeira são, respectivamente:

A $ 1.320,00 e zero.

B $ 1.230,00 e $ 90,00.

C $ 810,00 e $ 510,00.

D $ 660,00 e $ 660,00.

23. Se a administração da empresa do exercício anterior resolvesse abandonar a apuração de custo de cada um dos seis produtos separadamente e o fizesse apenas em relação aos dois conjuntos móveis de madeira e móveis de aço, com os mesmos dados, o total do custo direto e do indireto desse operário aplicado sobre o conjunto de móveis de madeira seriam, respectivamente:

A $ 1.320,00 e zero.

B $ 1.230,00 e $ 90,00.

C $ 810,00 e $ 510,00.

D $ 660,00 e $ 660,00.

24. Quanto à formação ou para tomada de decisão, os custos podem classificar-se em:

A Fixos e indiretos.

B Fixos e diretos.

C Variáveis e fixos.

D Variáveis e diretos.

25. Os custos fixos e os custos variáveis pertencem à classificação quanto à:

A Natureza.

B Apuração, ou ao objeto de custeio.

C Função.

D Formação ou para tomada de decisão.

26. Os custos, quanto à formação ou para tomada de decisão e quanto à apuração ou ao objeto de custeio definidos respectivamente como "aquele que varia em função do volume de atividade da empresa no período" e "aquele que não pode ser apropriado diretamente em cada tipo diferente de bem que está sendo produzido no momento da sua ocorrência", são classificados respectivamente como:

A Fixo e indireto.

B Variável e indireto.

C Variável e direto.

D Direto e fixo.

27. Os custos que não variam em função da variação do volume de atividade da empresa são:

A Fixo total e variável total.

B Fixo total e variável unitário.

C Fixo unitário e variável total.

D Fixo unitário e variável unitário.

28. Ao classificar um custo em Variável, Realizado, Direto e De Produção, está-se efetuando a classificação, pela ordem, quanto à:

A Função, natureza, apuração ou ao objeto de custeio e contabilização.

B Formação ou para tomada de decisão, contabilização, apuração ou ao objeto de custeio e função.

C Apuração ou ao objeto de custeio, contabilização, formação ou para tomada de decisão e função.

D Formação ou para tomada de decisão, natureza, apuração e função.

29. O custo fixo unitário, dentro do limite normal de oscilação do volume de produção e do período, é:

A Crescente com o acréscimo da quantidade produzida.

B Decrescente com o acréscimo da quantidade produzida.

C Decrescente com o decréscimo da quantidade produzida.

D Constante para qualquer quantidade produzida.

30. O custo variável unitário, dentro do limite normal de oscilação do volume de produção e do período, é:

A Crescente com o acréscimo da quantidade produzida.

B Decrescente com o acréscimo da quantidade produzida.

C Decrescente com o decréscimo da quantidade produzida.

D Constante para qualquer quantidade produzida.

31. Sob o aspecto matemático, dependendo do nível de produção em que a empresa está operando, acima de uma unidade, o custo variável unitário pode ser:

A Maior que o custo fixo unitário.

B Maior que o custo variável total.

C Maior que o custo fixo total.

D Maior que o custo total (fixo + variável).

32. Sob o aspecto matemático, dependendo do nível de produção em que a empresa está operando, acima de uma unidade, o custo fixo unitário pode ser:

A Maior que o custo fixo total.

B Maior que o custo variável total.

C Maior que o custo total por unidade ($CT \div q$ ou $cf + cv$).

D Maior que o custo total (fixo + variável totais).

33. Sob o aspecto matemático, dependendo do nível de produção em que a empresa está operando, acima de uma unidade, o custo fixo unitário pode ser:

A Menor que o custo variável total.

B Maior que o custo variável unitário.

C Maior que o custo variável total.

D Todas as alternativas.

34. Sendo possível eliminar todos os custos fixos da empresa em qualquer nível de produção, o custo:

A Total por unidade iguala zero.

B Total por unidade iguala o custo fixo unitário.

C Total por unidade iguala o custo variável unitário.

D Variável unitário iguala o custo fixo unitário.

35. Quando se aumenta o volume de atividade (quantidade produzida) no período, pode-se dizer em relação aos custos fixo unitário e variável unitário que:

A Decrescem ambos.

B Não varia o primeiro e cresce o segundo.

C Decresce o primeiro e cresce o segundo.

D Decresce o primeiro e não varia o segundo.

36. O custo total por unidade produzida é menor na produção em grande escala porque:

A O custo fixo por unidade cresce.

B O custo fixo por unidade decresce.

C O custo variável por unidade é constante.

D O custo variável por unidade cresce.

37. O custo fixo unitário, dentro dos limites de capacidade instalada e do período, é:

A Crescente quando a produção aumenta.

B Decrescente quando a produção aumenta.

C Crescente quando a produção varia.

D Invariável para qualquer quantidade produzida.

38. O custo variável unitário, dentro dos limites de capacidade instalada e do período, é:

A Crescente com o acréscimo da quantidade produzida.

B Constante para qualquer quantidade produzida.

C Decrescente com o acréscimo da quantidade produzida.

D Decrescente com o decréscimo da quantidade produzida.

39. O custo variável total, dentro dos limites de capacidade instalada e do período, comporta-se:

A Constante para qualquer quantidade produzida.

B Variando na mesma proporção da variação da quantidade produzida.

C Variando em função inversa da variação da quantidade produzida.

D Crescente com decréscimo da quantidade produzida.

40. Os custos quanto à formação ou para tomada de decisão, que variam em função do volume de atividade ou da quantidade produzida, são:

A Fixo unitário, variável unitário e variável total.

C Fixo unitário, médio (fixo unitário + variável unitário) e variável total.

B Fixo total, fixo unitário e variável unitário.

D Fixo unitário, variável unitário e médio (fixo unitário + variável unitário).

41. Mantido o nível de produção e alterando-se o custo variável unitário de um produto, serão alterados seus custos:

A Fixo unitário, variável unitário e médio (total por unidade).

B Total geral, variável total e total por unidade.

C Total geral, variável total e fixo total.

D Fixo total, fixo unitário e total geral.

42. Mantido o nível de produção, a alteração do custo variável total de um produto pode ser consequência da alteração de seu custo:

A Variável unitário.

B Fixo total.

C Fixo unitário.

D Tanto fixo total quanto fixo unitário.

43. Mantido o nível de produção, a alteração do custo total global de um produto pode ser consequência da alteração de seu custo:

A Variável total e fixo total.

B Fixo total apenas.

C Variável unitário apenas.

D Todas as alternativas.

44. Podem ser classificados como custos fixos, isto é, os que não variam em função da variação do volume de atividade no período:

A Matéria-prima indireta, supervisão, aluguel mensal.

B Aluguel mensal, depreciação, transporte de pessoal.

C Matéria-prima direta, combustível, energia elétrica.

D Energia elétrica, supervisão, matéria-prima indireta.

45. Podem ser classificados como custos variáveis, isto é, os que variam em função da variação do volume de atividade no período:

A Aluguel mensal, combustíveis e energia elétrica (força).

B Matéria-prima indireta, depreciação (linha reta) e energia elétrica.

C Transporte de pessoal, propaganda e aluguel mensal.

D Energia elétrica (força), matéria-prima indireta e combustível.

46. Podem ser classificados como custos variáveis, isto é, os que variam em função da variação do volume de atividade no período:

A Matéria-prima indireta, transporte de pessoal e aluguel mensal.

B Matéria-prima indireta, aluguel mensal e depreciação (linha reta).

C Aluguel mensal, depreciação (linha reta) e combustível.

D Energia elétrica (força), matéria-prima direta e mão de obra direta.

47. Podem ser classificados como custos variáveis, isto é, os que variam em função da variação do volume de atividade no período:

- **A** Matéria-prima, mão de obra direta e combustível.
- **B** Matéria-prima, depreciação (linha reta) e aluguel mensal.
- **C** Propaganda, matéria-prima e mão de obra direta.
- **D** Combustível, aluguel mensal e depreciação (linha reta).

48. Podem ser classificados como custos variáveis, isto é, os que variam em função da variação do volume de atividade no período:

- **A** Combustíveis, depreciação (linha reta) e energia elétrica (iluminação).
- **B** Combustíveis, energia elétrica (força) e matéria-prima.
- **C** Aluguel mensal, matéria-prima e supervisão.
- **D** Transporte de pessoal, matéria-prima e combustível.

49. Considere que a empresa Movelaria Semog S.A. fabrica seis móveis diferentes (cadeira, mesa e carteira, tanto em aço quanto em madeira) e utiliza o sistema de custeio por absorção, apurando os custos de cada setor separadamente. Um funileiro, que só trabalha no setor de móveis de aço, tem custo de $ 8,00 por hora e jornada mensal de 160 horas. Destas, 80 foram apropriadas à cadeira, 40 à mesa, 10 à carteira e 30 ficaram ociosas no mês. O total do custo classificado como indireto e fixo (as duas classes) desse operário é:

- **A** $ 1.280,00.
- **B** $ 240,00.
- **C** $ 1.040,00.
- **D** NRA.

50. Considere que a empresa Movelaria Semog S.A. fabrica seis móveis diferentes (cadeira, mesa e carteira, tanto em aço quanto em madeira) e utiliza o sistema de custeio por absorção, apurando os custos de cada setor separadamente. Um funileiro, que só trabalha no setor de móveis de aço, tem custo de $ 8,00 por hora e jornada mensal de 160 horas. Destas, 80 foram apropriadas à cadeira, 40 à mesa, 10 à carteira e 30 ficaram ociosas no mês. O total do custo classificado como indireto e variável (as duas classes) desse operário é:

- **A** $ 1.280,00.
- **B** $ 240,00.
- **C** $ 1.040,00.
- **D** NRA.

51. Considere que a empresa Movelaria Semog S.A. fabrica seis móveis diferentes (cadeira, mesa e carteira, tanto em aço quanto em madeira) e utiliza o sistema de custeio por absorção, apurando os custos de cada móvel diferente separadamente. Um funileiro, que só trabalha no setor de móveis de aço, tem custo de $ 8,00 por hora e jornada mensal de 160 horas. Destas, 80 foram apropriadas à cadeira, 40 à mesa, 10 à carteira e 30 ficaram ociosas no mês. O total do custo classificado como indireto e fixo (as duas classes) desse operário é:

- **A** $ 1.280,00.
- **B** $ 240,00.
- **C** $ 1.040,00.
- **D** NRA.

52. Considere que a empresa Movelaria Semog S.A. fabrica seis móveis diferentes (cadeira, mesa e carteira, tanto em aço quanto em madeira) e utiliza o sistema de custeio por absorção, apurando os custos de cada móvel diferente separadamente. Um funileiro, que só trabalha no setor de móveis de aço, tem custo de $ 8,00 por hora e jornada mensal de 160 horas.

Destas, 80 foram apropriadas à cadeira, 40 à mesa, 10 à carteira e 30 ficaram ociosas no mês. O total do custo classificado como direto e variável (as duas classes) desse operário é:

A $ 1.280,00.
C $ 1.040,00.
B $ 240,00.
D NRA.

53. Uma empresa com um custo misto de $ 72.000,00 para uma produção de 100.000 unidades no 1º período e de $ 79.000,00 para uma produção de 110.000 unidades no 2º período apresenta neste último período uma parcela variável total de:

A $ 77.000,00.
C $ 70.000,00.
B $ 67.000,00.
D $ 60.000,00.

54. Uma empresa com um custo misto de $ 85.000,00 para uma produção de 50.000 unidades no 1º período e de $ 100.000,00 para uma produção de 60.000 unidades no 2º período apresenta uma parcela variável total neste último período igual a:

A $ 90.000,00.
C $ 75.000,00.
B $ 85.000,00.
D $ 70.000,00.

55. Uma empresa com um custo misto de $ 250.000,00 para uma produção de 25.000 unidades no 1º período e de $ 210.000,00 para uma produção de 20.000 unidades no 2º período apresenta uma parcela fixa total de:

A $ 90.000,00.
C $ 80.000,00.
B $ 160.000,00.
D $ 50.000,00.

56. Uma empresa com um custo misto de $ 35.000,00 para uma produção de 700 unidades num período e cujo custo misto no período seguinte foi de $ 41.000,00 para uma produção de 850 unidades apresenta como parcelas totais fixa e variável os seguintes valores no 2º período:

A $ 7.000,00 e $ 28.000,00.
C $ 34.000,00 e $ 7.000,00.
B $ 28.000,00 e $ 7.000,00.
D $ 7.000,00 e $ 34.000,00.

57. No período 1, a empresa produziu 8.000 unidades de um produto e teve custo misto de $ 16.000,00; no período 2, produziu 6.000 unidades e teve um custo misto de $ 13.000,00. A parcela fixa e a parcela variável totais no período 2 são, respectivamente:

A $ 3.000,00 e $ 10.000,00.
C $ 10.000,00 e $ 3.000,00.
B $ 4.000,00 e $ 9.000,00.
D $ 9.000,00 e $ 4.000,00.

58. Uma empresa com um custo misto de $ 210.000,00 para uma produção de 2.000 unidades num período e cujo custo misto no período seguinte foi de $ 180.000,00 para uma produção de 1.600 unidades apresenta como parcelas totais fixa e variável os seguintes valores, respectivamente, no 1º período:

A $ 120.000,00 e $ 60.000,00.
C $ 60.000,00 e $ 120.000,00.
B $ 150.000,00 e $ 60.000,00.
D $ 60.000,00 e $ 150.000,00.

59. Com custo misto de $ 12.000.000,00 e produção de 50.000 unidades de um produto em um período e de $ 10.000.000,00 e produção de 40.000 unidades do mesmo produto em outro período, a parcela variável unitária do custo misto no 1º período é:

A	$ 200,00.	C	$ 250,00.
B	$ 240,00.	D	$ 300,00.

60. Uma empresa no nível normal de sua capacidade de produção (500 unidades) tem custo fixo total de $ 250.000,00 e custo variável total de $ 4.000.000,00. Produzindo 400 unidades em um período, apresenta o seguinte custo total por unidade produzida:

A	$ 8.500,00.	C	$ 10.625,00.
B	$ 8.625,00.	D	$ 10.500,00.

61. Uma empresa no nível normal de sua capacidade de produção (10.000 unidades) tem custo total por unidade produzida (*CT* ÷ *Q*) igual a $ 1.000,00 e custo variável por unidade produzida igual a $ 700,00. No período cuja produção fosse 8.000 unidades, seu custo total por unidade produzida seria:

A	$ 1.000,00.	C	$ 1.133,00.
B	$ 1.075,00.	D	$ 1.250,00.

62. Uma empresa no nível normal de sua capacidade de produção (2.000 unidades) tem custo fixo total de $ 22.000,00 e custo variável total de $ 100.000,00. Produzindo 2.200 unidades em um período, apresenta o seguinte custo total por unidade produzida (*CT* ÷ *Q*):

A	$ 55,45.	C	$ 61,00.
B	$ 60,00.	D	$ 67,10.

63. Uma empresa no nível normal de sua capacidade de produção (200 unidades) tem custo total por unidade produzida (*CT* ÷ *Q*) igual a $ 1.500,00 e custo variável unitário igual a $ 1.200,00. No período cuja produção fosse de 160 unidades, seu custo total por unidade produzida (*CT* ÷ *Q*) seria:

A	$ 1.350,00.	C	$ 1.575,00.
B	$ 1.500,00.	D	$ 1.833,00.

64. Uma empresa com capacidade média normal de produção de 1.000 unidades teve uma redução de 40% e só produziu 600 unidades no período, em função de uma parada repentina e inesperada resultante de um acidente nas suas instalações. Considerando o custo fixo total de $ 21.000,00, incorrido no período, o custo fixo unitário a ser adicionado ao variável unitário para a obtenção do custo unitário integral do produto, neste período, será:

A	$ 12,60.	C	$ 35,00.
B	$ 21,00.	D	$ 52,50.

65. De acordo com a recomendação da norma internacional IAS2, a parcela do custo fixo da empresa do exercício anterior correspondente ao percentual de ociosidade será lançada na conta:

A Custo a atribuir em períodos subsequentes.
B Custo da produção do período.
C Resultado do período.
D Nenhuma das alternativas.

66. Uma empresa, com capacidade média normal de produção de 1.000 unidades, utiliza um insumo sujeito à entressafra em períodos bem definidos, normalmente. Num mês em que sua ociosidade foi de 40% e só produziu 600 unidades, em função da entressafra prevista e esperada, o seu custo fixo total foi de $ 21.000,00, incorrido no período. O custo fixo unitário a ser adicionado ao variável unitário para a obtenção do custo unitário integral do produto, neste período, será:

A $ 12,60.
B $ 21,00.
C $ 35,00.
D $ 52,50.

67. A parcela do custo fixo da empresa do exercício anterior correspondente ao percentual de ociosidade será lançada na conta:

A Custo a atribuir em períodos subsequentes.
B Custo da produção do período.
C Resultado do período.
D Nenhuma das alternativas.

68. No mês subsequente, a empresa do exercício anterior produziu 1.300 unidades (30% acima do seu volume médio de produção). Considerando que neste mês o seu custo fixo total foi de $ 22.000,00, incorrido no período, o custo fixo unitário a ser adicionado ao variável unitário para a obtenção do custo unitário integral do produto, neste período, será:

A $ 16,92.
B $ 18,86.
C $ 21,00.
D $ 22,00.

69. Considerando as ocorrências dos três exercícios anteriores, ao final do segundo mês a empresa apresentou um saldo na conta "Custo a atribuir em períodos subsequentes" no valor de:

A $ 1.800,00.
B $ 3.100,00.
C $ 2.520,00.
D $ 5.880,00.

Quadro 2.4 *Dados ocorridos na área fabril de uma empresa em certo período.*

Depreciação	$ 1.000,00
Energia elétrica para iluminação	$ 9.000,00
Materiais diretos	$ 85.000,00
Imposto predial	$ 10.000,00
Mão de obra direta	$ 60.000,00
Supervisão	$ 35.000,00
Seguro contra incêndio do prédio	$ 35.000,00
Custo total	$ 235.000,00

70. Os valores do custo de transformação e do custo variável do Quadro 2.4 são:

A $ 95.000,00 e $ 130.000,00.
B $ 105.000,00 e $ 130.000,00.
C $ 150.000,00 e $ 145.000,00.
D $ 150.000,00 e $ 154.000,00.

Quadro 2.5 *Dados apurados em um dos produtos em certo período.*

CUSTOS	$	CUSTOS	$
Energia elétrica para iluminação da fábrica	1.000,00	Aluguel da fábrica	5.000,00
Depreciação dos equipamentos da fábrica	3.000,00	Gerência do departamento	10.000,00
Pessoal da limpeza geral	5.500,00	Materiais diretos	60.000,00
Mão de obra direta	40.000,00	Seguro das máquinas da fábrica	6.000,00
Seguro da fábrica	10.000,00	Combustíveis de acionamento de máquinas	5.000,00

71. Os totais dos custos diretos e dos indiretos aplicados no produto do Quadro 2.5 são:

A $ 111.000,00 e $ 34.500,00.
B $ 111.000,00 e $ 45.500,00.
C $ 100.000,00 e $ 45.500,00.
D $ 100.000,00 e $ 34.500,00.

72. Os totais dos custos de transformação e fabril aplicados no produto do Quadro 2.5 são:

A $ 85.500,00 e $ 145.500,00.
B $ 40.000,00 e $ 145.500,00.
C $ 72.000,00 e $ 130.000,00.
D $ 79.000,00 e $ 130.000,00.

73. Os totais dos custos fixos e variáveis aplicados no produto do Quadro 2.5 são:

A $ 35.000,00 e $ 110.500,00.
B $ 25.000,00 e $ 120.500,00.
C $ 40.500,00 e $ 105.000,00.
D $ 80.500,00 e $ 60.000,00.

74. Com base nos dados do Quadro 2.5, se forem produzidas 2.000 unidades acabadas e não existirem unidades inacabadas do produto, o custo total por unidade será de:

A $ 72,75.
C $ 52,50.
B $ 52,75.
D $ 20,25.

75. Com base nos dados do Quadro 2.5 e considerando 2.000 unidades como a capacidade normal, se forem produzidas 1.820 unidades acabadas e não existirem unidades inacabadas do produto, o custo total por unidade será de:

A $ 75,00.
C $ 84,00.
B $ 79,95.
D $ 72,90.

76. Classifique os custos/despesas a seguir quanto à formação e à apuração, considerando a apuração em nível de produto diferente:

a) Couro utilizado na fabricação dos calçados *w*, *x*, *y* e *z*:

A Variável direto.
C Misto direto.
B Variável indireto.
D Fixo indireto.

b) Imposto predial de fábrica que produz os produtos *w*, *x* e *y*:

A Variável direto.
C Fixo direto.
B Variável indireto.
D Fixo indireto.

c) Tampas metálicas, apenas com a marca da empresa, aplicadas nas garrafas dos sucos *x* e *y*:

A Variável direto.
C Fixo direto.
B Variável indireto.
D Fixo indireto.

d) Combustível consumido pelos ônibus que transportam os empregados da empresa produtora dos produtos *x* e *z*:

A Misto direto.
C Misto direto.
B Variável indireto.
D Fixo indireto.

e) Alimentação fornecida aos empregados que produzem os produtos *x*, *y* e *z*:

A Variável direto.
C Misto direto.
B Variável indireto.
D Fixo indireto.

f) Embalagem de expedição envolvendo conjuntamente os produtos *x* e *y*:

A Variável direto.
C Fixo direto.
B Variável indireto.
D Misto indireto.

g) Salário do encarregado de compras de uma empresa que produz os produtos *x*, *y* e *z*:

A Variável direto.
C Fixo direto.
B Variável indireto.
D Fixo indireto.

h) Propaganda de uma marca que divulga os produtos *w*, *x*, *y* e *z*:

A Variável direto. C Fixo direto.
B Variável indireto. D Fixo indireto.

i) Combustível que aciona máquina produtora do produto *z*:

A Variável direto. C Misto direto.
B Variável indireto. D Fixo indireto.

j) Embalagem que envolve individualmente os produtos *x* e *y*, aplicada ainda na linha de produção:

A Variável direto. C Fixo direto.
B Variável indireto. D Misto indireto.

k) Salário do gerente de fabricação dos produtos *x* e *y*:

A Variável direto. C Fixo direto.
B Variável indireto. D Fixo indireto.

l) Propaganda para divulgar apenas o nome da empresa que fabrica os produtos *x*, *y* e *z*:

A Variável direto. C Fixo direto.
B Variável indireto. D Fixo indireto.

m) Depreciação (linha reta) de equipamento que fabrica os produtos *w* e *x*:

A Variável direto. C Fixo direto.
B Misto indireto. D Fixo indireto.

n) Aluguel de máquina proporcional ao volume de produção do produto *x*:

A Variável direto. C Misto direto.
B Variável indireto. D Fixo indireto.

o) Combustível da viatura da empresa que serve ao encarregado de produção do produto *w*:

A Variável direto. C Fixo direto.
B Misto indireto. D Fixo indireto.

p) Energia elétrica que aciona máquina produtora do produto *z*:

A Variável direto. C Misto direto.
B Variável indireto. D Fixo indireto.

q) Madeira aplicada na produção dos móveis *x*, *y* e *z*:

A Variável direto. C Misto direto.
B Variável indireto. D Fixo indireto.

r) Garrafas, não reutilizáveis, aplicadas na embalagem dos produtos *w* e *z*:

A Variável direto.
B Variável indireto.
C Fixo direto.
D Misto indireto.

s) Combustível consumido por viatura que serve a diretor de indústria que produz os produtos *y* e *z*:

A Misto direto.
B Variável indireto.
C Fixo direto.
D Fixo indireto.

t) Propaganda veiculada em televisão para divulgar ao mesmo tempo os produtos *x* e *z*:

A Misto direto.
B Variável indireto.
C Fixo direto.
D Fixo indireto.

u) Comissão (sem salário) de vendedores dos diferentes produtos *x*, *y* e *z*:

A Variável direto.
B Variável indireto.
C Misto direto.
D Fixo indireto.

v) Água consumida por chuveiro utilizado na higiene pessoal dos empregados que elaboram os produtos *x* e *y*:

A Variável direto.
B Variável indireto.
C Fixo direto.
D Fixo indireto.

w) Embalagem (caixa de papelão) que envolve juntamente as camisetas *x*, *y* e *z*, na seção de expedição:

A Variável direto.
B Variável indireto.
C Misto direto.
D Fixo indireto.

x) Água consumida na higiene pessoal dos empregados ocupados na elaboração dos produtos *x*, *y* e *z*:

A Variável direto.
B Variável indireto.
C Fixo direto.
D Fixo indireto.

y) Óleo combustível consumido por caldeira que gera vapor d'água utilizado na fabricação dos produtos *x*, *y* e *z*:

A Variável direto.
B Variável indireto.
C Misto direto.
D Misto indireto.

z) Chapa de aço consumida na fabricação dos armários metálicos *x* e *y*:

A Variável direto.
B Variável indireto.
C Misto direto.
D Misto indireto.

77. Classifique os seguintes custos/despesas quanto à formação e à apuração, considerando a apuração em nível de produto diferente:

a) Salário do supervisor de fabricação dos produtos *x*, *y* e *z*:

A Variável direto.
C Fixo direto.
B Misto indireto.
D Fixo indireto.

b) Aluguel mensal de equipamento que fabrica os produtos *w* e *x*:

A Variável direto.
C Fixo direto.
B Variável indireto.
D Fixo indireto.

c) Explosivo utilizado numa pedreira que produz concomitantemente as pedras *x*, *y* e *z*:

A Variável direto.
C Fixo direto.
B Variável indireto.
D Fixo indireto.

d) Propaganda veiculada em jornal para divulgar ao mesmo tempo os produtos *x* e *z*:

A Variável direto.
C Fixo direto.
B Variável indireto.
D Fixo indireto.

e) Energia elétrica consumida para manter forno permanentemente aquecido, a uma temperatura constante, utilizado na produção dos azulejos *w*, *x*, *y* e *z*, ao mesmo tempo:

A Variável direto.
C Misto direto.
B Variável indireto.
D Misto indireto.

f) Embalagem plástica que envolve cada uma das camisetas *x* e *y*:

A Variável direto.
C Misto direto.
B Variável indireto.
D Fixo indireto.

g) Água utilizada na higiene pessoal dos empregados da empresa que produz os produtos *w*, *x*, *y* e *z*:

A Variável direto.
C Fixo direto.
B Misto indireto.
D Fixo indireto.

h) Combustível acionador de máquina produtora, ao mesmo tempo, dos produtos *w* e *z*:

A Variável direto.
C Misto direto.
B Variável indireto.
D Fixo indireto.

i) Depreciação (linha reta) de equipamento que fabrica apenas o produto *x*:

A Variável direto.
C Fixo direto.
B Variável indireto.
D Fixo indireto.

j) Aluguel mensal de equipamento que fabrica apenas o produto *z*:

A Variável direto.
C Fixo direto.
B Variável indireto.
D Fixo indireto.

k) Energia elétrica usada na iluminação da área onde se fabricam os produtos *x* e *y*:

A Variável direto.
C Fixo direto.
B Variável indireto.
D Fixo indireto.

l) Embalagem que envolve cada um dos sabonetes *y* e *z*:

A Variável direto.
C Misto direto.
B Variável indireto.
D Fixo indireto.

m) Mão de obra direta em empresa que produz os produtos *w* e *z*:

A Variável direto.
C Misto direto.
B Variável indireto.
D Fixo indireto.

n) Aluguel mensal de ônibus para transporte dos operários que elaboram apenas o produto *x*:

A Variável direto.
C Fixo direto.
B Variável indireto.
D Fixo indireto.

o) Aluguel mensal de imóvel usado como fábrica dos produtos *w*, *x* e *y*:

A Variável direto.
C Fixo direto.
B Variável indireto.
D Fixo indireto.

p) Energia elétrica consumida por aparelho utilizado no aquecimento de água para a higiene pessoal dos operários que elaboram os móveis *x* e *y*:

A Misto direto.
C Misto direto.
B Variável indireto.
D Fixo indireto.

q) Salário do supervisor dos operários ocupados na fabricação do produto *x*:

A Variável direto.
C Fixo direto.
B Variável indireto.
D Fixo indireto.

r) Energia elétrica que aciona máquina engarrafadora do produto *z*:

A Variável direto.
C Misto direto.
B Variável indireto.
D Fixo indireto.

s) Combustível da viatura da empresa que serve ao chefe da produção dos produtos *w* e *z*:

A Variável direto.
C Fixo direto.
B Variável indireto.
D Fixo indireto.

t) Salário do gerente de fabricação apenas do produto *y*:

A Variável direto. C Fixo direto.
B Variável indireto. D Fixo indireto.

u) Propaganda veiculada em jornal para divulgar apenas o produto *x*:

A Variável direto. C Fixo direto.
B Variável indireto. D Fixo indireto.

v) Salário (sem comissão) de vendedores dos diferentes produtos *w* e *z*:

A Variável direto. C Fixo direto.
B Variável indireto. D Fixo indireto.

w) Energia elétrica consumida para manter forno a uma temperatura constante, utilizado na elaboração do produto *z*:

A Variável direto. C Misto direto.
B Variável indireto. D Misto indireto.

x) Água consumida na higiene pessoal dos empregados ocupados na elaboração do produto *x*:

A Variável direto. C Fixo direto.
B Variável indireto. D Fixo indireto.

y) Gás combustível consumido por aquecedor para obtenção de água quente utilizada na higiene pessoal dos empregados que elaboram os produtos *w* e *z*:

A Misto direto. C Fixo direto.
B Misto indireto. D Fixo indireto.

z) Aluguel mensal de imóvel onde se fabricam os produtos *x* e *z*:

A Variável direto. C Misto direto.
B Variável indireto. D Fixo indireto.

78. Classifique os custos/despesas a seguir quanto à formação e à apuração, considerando a apuração em nível de departamento diferente e que o departamento Alfa elabora os produtos *x* e *y* e que o departamento Beta elabora os produtos *w* e *z*:

a) Imposto predial de fábrica que produz os produtos *w*, *x*, *y*:

A Variável direto. C Fixo direto.
B Variável indireto. D Fixo indireto.

b) Combustível consumido pelos ônibus que transportam os empregados da empresa produtora dos produtos *x* e *z*:

A Misto direto. C Fixo direto.
B Variável indireto. D Fixo indireto.

c) Alimentação fornecida aos empregados que produzem os produtos *x*, *y* e *z*:

A Variável direto.
C Misto direto.
B Variável indireto.
D Fixo indireto.

d) Salário do encarregado de compras de uma empresa que produz os produtos *x*, *y* e *z*:

A Variável direto.
C Fixo direto.
B Variável indireto.
D Fixo indireto.

e) Salário do gerente de fabricação dos produtos *x* e *y*:

A Variável direto.
C Fixo direto.
B Variável indireto.
D Fixo indireto.

f) Propaganda para divulgar apenas o nome de empresa que fabrica os produtos *x*, *y* e *z*:

A Variável direto.
C Fixo direto.
B Variável indireto.
D Fixo indireto.

g) Depreciação (linha reta) de equipamento que fabrica os produtos *w* e *x*:

A Variável direto.
C Fixo direto.
B Misto indireto.
D Fixo indireto.

h) Madeira aplicada na produção dos móveis *x*, *y* e *z*:

A Variável direto.
C Misto direto.
B Variável indireto.
D Fixo indireto.

i) Garrafas, não reutilizáveis, aplicadas na embalagem dos produtos *w*, *y* e *z*:

A Variável direto.
C Misto direto.
B Variável indireto.
D Misto indireto.

j) Combustível consumido por viatura que serve a diretor da indústria que produz os produtos *y* e *z*:

A Misto direto.
C Fixo direto.
B Variável indireto.
D Fixo indireto.

k) Propaganda veiculada em televisão para divulgar ao mesmo tempo os produtos *x* e *z*:

A Misto direto.
C Fixo direto.
B Variável indireto.
D Fixo indireto.

l) Água consumida por chuveiro utilizado na higiene pessoal dos empregados que elaboram os produtos *x* e *y*:

A Variável direto.
C Fixo direto.
B Variável indireto.
D Fixo indireto.

m) Embalagem (caixa de papelão) que envolve juntamente as camisetas *x* e *y*, na seção de expedição.

A Variável direto. C Misto direto.
B Variável indireto. D Fixo indireto.

n) Água consumida na higiene pessoal dos empregados ocupados na elaboração dos produtos *x*, *y* e *z*:

A Variável direto. C Fixo direto.
B Variável indireto. D Fixo indireto.

o) Óleo combustível consumido por caldeira que gera vapor d'água utilizado na fabricação dos produtos *x*, *y* e *z*:

A Variável direto. C Misto direto.
B Variável indireto. D Misto indireto.

p) Salário do supervisor de fabricação dos produtos *x*, *y* e *z*:

A Variável direto. C Fixo direto.
B Misto indireto. D Fixo indireto.

q) Aluguel mensal de equipamento que fabrica os produtos *w* e *x*:

A Variável direto. C Fixo direto.
B Variável indireto. D Fixo indireto.

r) Água utilizada na higiene pessoal dos empregados da empresa que produz os produtos *w*, *x*, *y* e *z*:

A Variável direto. C Fixo direto.
B Misto indireto. D Fixo indireto.

s) Combustível acionador de máquina produtora, ao mesmo tempo, dos bens *w* e *z*:

A Variável direto. C Misto direto.
B Variável indireto. D Fixo indireto.

t) Energia elétrica usada na iluminação da área onde se fabricam os produtos *x* e *y*:

A Variável direto. C Fixo direto.
B Variável indireto. D Fixo indireto.

u) Aluguel mensal de ônibus para transporte dos operários que elaboram apenas o produto *x*:

A Variável direto. C Fixo direto.
B Variável indireto. D Fixo indireto.

v) Combustível da viatura da empresa que serve ao chefe da produção dos produtos *w* e *z*:

A Variável direto.
B Variável indireto.
C Fixo direto.
D Fixo indireto.

w) Salário (sem comissão) de vendedores dos diferentes produtos *w* e *z*:

A Variável direto.
B Variável indireto.
C Fixo direto.
D Fixo indireto.

x) Água consumida na higiene pessoal dos empregados ocupados na elaboração do produto *x*:

A Variável direto.
B Variável indireto.
C Fixo direto.
D Fixo indireto.

y) Gás combustível consumido por aquecedor para obtenção de água quente utilizada na higiene pessoal dos empregados que elaboram os produtos *w* e *z*:

A Misto direto.
B Misto indireto.
C Fixo direto.
D Fixo indireto.

z) Propaganda veiculada em jornal para divulgar ao mesmo tempo os produtos *x* e *y*:

A Variável direto.
B Variável indireto.
C Fixo direto.
D Fixo indireto.

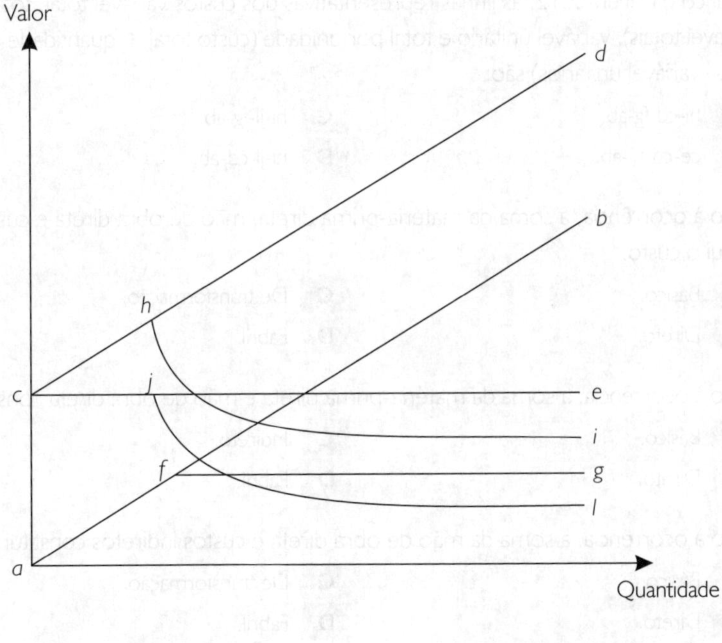

Figura 2.12 *Gráfico de custo.*

79. Reduzindo o custo variável unitário no gráfico da Figura 2.12, modificam-se as linhas:

A cd-hi-jl-fg.
B ab-cd-hi-fg.
C ab-cd-ce-jl.
D hi-jl-fg-ab.

80. Aumentando o custo fixo total no gráfico da Figura 2.12, modificam-se as linhas:

A ab-fg-jl-hi.
B cd-hi-ce-jl.
C fg-jl-ce-ab.
D jl-hi-ce-ab.

81. No gráfico da Figura 2.12, as linhas representativas dos custos fixo total, variável total, total global (fixo + variável totais) e fixo unitário são:

A cd-ce-fg-jl.
B cd-ce-ab-jl.
C fg-jl-hi-ce.
D fg-jl-hi-ab.

82. Reduzindo o custo fixo total no gráfico da Figura 2.12, modificam-se as linhas:

A hi-ce-fg-ab.
B ce-fg-jl-ab.
C ce-hi-jl-fg.
D cd-hi-jl-ce.

83. Aumentando o custo variável unitário no gráfico da Figura 2.12, modificam-se as linhas:

A cd-hi-jl-ab.
B ab-cd-hi-fg.
C ce-ab-fg-cd.
D cd-ce-jl-ab.

84. No gráfico da Figura 2.12, as linhas representativas dos custos variável total, total global (fixo + variável totais), variável unitário e total por unidade (custo total ÷ quantidade ou custo fixo + custo variável unitários) são:

A hi-cd-fg-ab.
B ce-cd-hi-ab.
C hi-jl-fg-ab.
D hi-jl-cd-ab.

85. Quanto à ocorrência, a soma da matéria-prima direta, mão de obra direta e custos indiretos constitui o custo:

A Básico.
B Direto.
C De transformação.
D Fabril.

86. Quanto à ocorrência, a soma da matéria-prima direta e mão de obra direta constitui o custo:

A Básico.
B Direto.
C Indireto.
D Fabril.

87. Quanto à ocorrência, a soma da mão de obra direta e custos indiretos constitui o custo:

A Básico.
B Direto.
C De transformação.
D Fabril.

88. Quanto à ocorrência, o custo dos produtos fabricados é constituído pelo custo fabril mais estoque inicial de produtos em elaboração:

A	Mais estoque inicial de produtos acabados.	C	Mais estoque final de produtos em elaboração.
B	Menos estoque inicial de produtos acabados.	D	Menos estoque final de produtos em elaboração.

89. Quanto à ocorrência, o custo dos produtos vendidos é constituído pelo custo dos produtos fabricados mais estoque inicial de produtos:

A	Acabados menos estoque final de produtos acabados.	C	Em elaboração menos estoque final de produtos acabados.
B	Acabados mais estoque final de produtos acabados.	D	Acabados menos estoque final de produtos em elaboração.

Quadro 2.6 *Dados ocorridos em uma empresa em certo período.*

DADOS	VALOR
1. Matéria-prima	
1.1 Compras no período	$ 150.000,00
1.2 Estoque	
1.2.1 Inicial	$ 10.000,00
1.2.2 Final	$ 40.000,00
2. Mão de obra	$ 350.000,00
3. Outros custos indiretos	$ 300.000,00
4. Estoque de produtos em elaboração	
4.1 Inicial	$ 50.000,00
4.2 Final	$ 60.000,00
5. Estoque de produtos acabados	
5.1 Inicial	$ 20.000,00
5.2 Final	$ 20.000,00

90. Com base nos dados do Quadro 2.6, o custo básico do período, que corresponde à matéria-prima direta, isto é, aquela que foi consumida, apresenta o valor de:

A	$ 180.000,00.	C	$ 150.000,00.
B	$ 160.000,00.	D	$ 120.000,00.

91. Com base nos dados do Quadro 2.6, o custo direto e o custo de transformação do período apresentam os valores de:

A	$ 470.000,00 e $ 550.000,00.	C	$ 610.000,00 e $ 550.000,00.
B	$ 470.000,00 e $ 650.000,00.	D	$ 710.000,00 e $ 650.000,00.

92. Com base nos dados no Quadro 2.6, o custo fabril do período apresenta o valor de:

A	$ 670.000,00.	C	$ 800.000,00.
B	$ 770.000,00.	D	$ 920.000,00.

93. Com base nos dados do Quadro 2.6, o custo dos produtos fabricados e o custo dos produtos vendidos do período apresentam os valores de:

A $ 680.000,00 e $ 680.000,00.
B $ 780.000,00 e $ 780.000,00.
C $ 780.000,00 e $ 760.000,00.
D $ 760.000,00 e $ 760.000,00.

94. Considerando os dados do Quadro 2.6, se os estoques inicial e final de matéria-prima apresentassem o mesmo valor, ocorreria alteração, entre outros, nos seguintes custos:

A Fabril e de transformação.
B Básico e direto.
C Direto e indireto.
D Básico e indireto.

95. Caso, em determinado período, o estoque inicial e o estoque final de matéria-prima apresentem resultado zero, a consequência é ter o valor do custo:

A Básico igual ao valor do custo fabril.
B De transformação igual ao valor do custo indireto.
C Básico igual ao valor da matéria-prima (a que foi consumida).
D Básico igual às compras de matéria-prima.

Quadro 2.7 *Dados ocorridos em uma empresa em certo período.*

DADOS	VALOR
1. Compras de matéria-prima	$ 34.000,00
2. Mão de obra	$ 20.000,00
3. Custos indiretos de fabricação	$ 16.000,00
4. Estoques iniciais	
4.1 Matéria-prima	$ 16.000,00
4.2 Produtos em elaboração	$ 10.000,00
4.3 Produtos acabados	$ 30.000,00
5. Estoques finais	
5.1 Matéria-prima	$ 10.000,00
5.2 Produtos em elaboração	$ 6.000,00
5.3 Produtos acabados	$ 10.000,00

96. Com base nos dados do Quadro 2.7, o custo básico do período apresenta o valor de:

A $ 24.000,00.
B $ 34.000,00.
C $ 40.000,00.
D $ 50.000,00.

97. Com base nos dados do Quadro 2.7, o custo direto e o custo indireto do período apresentam, respectivamente, os valores de:

A $ 40.000,00 e $ 36.000,00.
B $ 54.000,00 e $ 16.000,00.
C $ 60.000,00 e $ 16.000,00.
D $ 60.000,00 e $ 26.000,00.

98. Com base nos dados no Quadro 2.7, o custo fabril e o custo dos produtos fabricados do período apresentam, respectivamente, os valores de:

A $ 86.000,00 e $ 80.000,00.
B $ 70.000,00 e $ 110.000,00.
C $ 80.000,00 e $ 100.000,00.
D $ 76.000,00 e $ 80.000,00.

99. Com base nos dados do Quadro 2.7, o custo dos produtos vendidos do período apresenta o valor de:

A $ 116.000,00.
B $ 110.000,00.
C $ 100.000,00.
D $ 94.000,00.

100. Caso o estoque inicial e o estoque final dos produtos acabados apresentassem valores iguais em determinado período, o valor do custo:

A Básico seria igual ao custo fabril.
B Fabril seria igual ao custo dos produtos fabricados.
C Dos produtos fabricados seria igual ao custo dos produtos vendidos.
D Dos produtos vendidos seria igual ao custo fabril.

Quadro 2.8 *Dados ocorridos em uma empresa em certo período.*

DADOS	VALOR
1. Compras de matérias-primas	$ 90.400,00
2. Estoque final de matérias-primas	$ 50.000,00
3. Consumo de matérias-primas no processo industrial	$ 55.200,00
4. Mão de obra	$ 16.800,00
5. Ordenados e encargos do pessoal de supervisão e controle da produção	$ 18.600,00
6. Quotas de depreciação de equipamentos industriais	$ 5.600,00
7. Outros custos indiretos do processo de produção	$ 13.000,00
8. Estoque inicial de produtos em elaboração	$ 6.300,00
9. Estoque final de produtos em elaboração	$ 4.800,00

101. Com base no Quadro 2.8, o custo básico e o custo de transformação apresentam os valores de:

A $ 40.400,00 e $ 41.000,00.
B $ 55.200,00 e $ 41.000,00.
C $ 40.400,00 e $ 54.000,00.
D $ 55.200,00 e $ 54.000,00.

102. Com base no Quadro 2.8, o custo fabril e o estoque inicial de matéria-prima têm os valores de:

A $ 108.400,00 e $ 5.200,00.
B $ 109.200,00 e $ 14.800,00.
C $ 110.700,00 e $ 14.800,00.
D $ 114.000,00 e $ 55.200,00.

103. O custo dos produtos fabricados, com base nos dados do Quadro 2.8, apresenta o valor de:

A $ 107.700,00.
B $ 109.900,00.
C $ 110.700,00.
D $ 115.100,00.

104. Considerando que 60% dos produtos acabados no período foram vendidos e que não existia estoque inicial de produtos acabados, o custo dos produtos vendidos, com base nos dados do Quadro 2.8, apresenta o valor de:

- A $ 43.960,00.
- B $ 44.280,00.
- C $ 65.940,00.
- D $ 66.420,00.

105. Se a empresa do exercício anterior tivesse um estoque inicial de produtos acabados de $ 5.500,00, seu estoque final de produtos acabados, após a venda, apresentaria o valor de:

- A $ 49.780,00.
- B $ 71.440,00.
- C $ 71.920,00.
- D $ 69.720,00.

106. O custo fabril é igual ao custo de transformação mais o valor total das compras de matéria-prima feitas no período se:

- A Não houver estoques inicial e final de matéria-prima.
- B Os estoques inicial e final de matéria-prima apresentarem os mesmos valores.
- C Apenas o valor total das compras de matéria-prima efetuadas no período for aplicado na produção do período.
- D Todas as alternativas.

107. O custo dos produtos vendidos apresenta o mesmo valor do custo dos produtos fabricados no período em que o valor do estoque inicial de produtos acabados:

- A For maior do que o valor do estoque final.
- B E o valor do estoque final forem iguais.
- C Menos o valor do estoque final apresentar diferença positiva.
- D Menos o valor do estoque final apresentar diferença negativa.

108. Após completar os espaços do Quadro 2.9, o total das compras de matérias-primas e dos custos aplicados (fabril) no primeiro período, são:

- A $ 38.000,00 e $ 101.000,00.
- B $ 41.000,00 e $ 98.000,00.
- C $ 40.000,00 e $ 99.000,00.
- D $ 39.000,00 e $ 100.000,00.

109. Após completar os espaços do Quadro 2.9, o total dos custos dos produtos acabados e dos produtos vendidos (CPV) no primeiro período, são:

- A $ 115.000,00 e $ 130.000,00.
- B $ 105.000,00 e $ 100.000,00.
- C $ 105.000,00 e $ 120.000,00.
- D $ 95.000,00 e $ 110.000,00.

110. Após completar os espaços do Quadro 2.9, o total do estoque final dos produtos em elaboração e dos custos dos produtos vendidos no segundo período, são:

- A $ 5.000,00 e $ 125.000,00.
- B $ 15.000,00 e $ 115.000,00.
- C $ 20.000,00 e $ 110.000,00.
- D $ 25.000,00 e $ 105.000,00.

Quadro 2.9 *Dados ocorridos em uma empresa em dois períodos.*

	ITENS	1º PERÍODO	2º PERÍODO
1	Matérias-primas		
	1.1 Estoque inicial	3.000,00	2.000,00
	1.2 Compras	......	......
	1.3 Estoque final	......	5.000,00
	1.4 Custo aplicado (básico)	40.000,00	65.000,00
2	Mão de obra direta	25.000,00	......
3	Custos indiretos de fabricação	35.000,00	40.000,00
4	Custos totais aplicados (fabril)	......	130.000,00
5	Produtos em elaboração		
	5.1 Estoque inicial	10.000,00	......
	5.2 Estoque final	5.000,00	......
6	Produtos acabados (fabricados)		
	6.1 Custo total	......	120.000,00
	6.2 Estoque inicial	20.000,00	5.000,00
	6.3 Estoque final	......	10.000,00
7	Custo dos produtos vendidos (CPV)	......	......

Solução dos exercícios propostos

1 (C)	31 (A)	61 (B)	76p (A)	77t (C)	78x (C)	106 (D)
2 (B)	32 (B)	62 (B)	76q (A)	77u (C)	78y (C)	107 (B)
3 (D)	33 (D)	63 (C)	76r (A)	77v (D)	78z (C)	108 (D)
4 (C)	34 (C)	64 (B)	76s (D)	77w (C)	79 (B)	109 (C)
5 (A)	35 (D)	65 (C)	76t (D)	77x (C)	80 (B)	110 (B)
6 (B)	36 (B)	66 (B)	76u (A)	77y (D)	81 (B)	
7 (A)	37 (B)	67 (A)	76v (D)	77z (D)	82 (D)	
8 (D)	38 (B)	68 (C)	76w (B)	78a (D)	83 (B)	
9 (C)	39 (B)	69 (B)	76x (D)	78b (D)	84 (A)	
10 (A)	40 (C)	70 (C)	76y (D)	78c (D)	85 (D)	
11 (B)	41 (B)	71 (C)	76z (A)	78d (D)	86 (B)	
12 (C)	42 (A)	72 (A)	77a (D)	78e (C)	87 (C)	

13 (B)	43 (D)	73 (C)	77b (D)	78f (D)	88 (D)
14 (A)	44 (B)	74 (A)	77c (B)	78g (D)	89 (A)
15 (D)	45 (D)	75 (A)	77d (D)	78h (A)	90 (D)
16 (B)	46 (D)	76a (A)	77e (D)	78i (A)	91 (B)
17 (A)	47 (A)	76b (D)	77f (A)	78j (D)	92 (B)
18 (B)	48 (B)	76c (A)	77g (D)	78k (D)	93 (D)
19 (C)	49 (D)	76d (D)	77h (B)	78l (C)	94 (B)
20 (C)	50 (D)	76e (D)	77i (C)	78m (A)	95 (D)
21 (A)	51 (B)	76f (B)	77j (C)	78n (D)	96 (C)
22 (B)	52 (C)	76g (D)	77k (D)	78o (D)	97 (C)
23 (A)	53 (A)	76h (D)	77l (A)	78p (D)	98 (D)
24 (C)	54 (A)	76i (A)	77m (A)	78q (D)	99 (C)
25 (D)	55 (D)	76j (A)	77n (C)	78r (D)	100 (C)
26 (B)	56 (D)	76k (D)	77o (D)	78s (A)	101 (D)
27 (B)	57 (B)	76l (D)	77p (D)	78t (C)	102 (B)
28 (B)	58 (D)	76m (D)	77q (C)	78u (C)	103 (C)
29 (B)	59 (A)	76n (A)	77r (A)	78v (C)	104 (D)
30 (D)	60 (B)	76o (C)	77s (D)	78w (C)	105 (A)

3

CUSTO DE MATERIAL

3.1 Conceituação

Material é o componente originário da natureza, que pode apresentar-se com algum beneficiamento, e que se transformará, pela ação da mão de obra e a utilização de diversos insumos, em outro bem diferente, após a elaboração no processo produtivo.

Os materiais serão normalmente classificados como custo variável e direto de acordo com as classificações quanto à formação e quanto à apuração, respectivamente. Nesta, eles passam a ser indiretos quando sua participação é insignificante, e naquela, eles podem também ser classificados como mistos, de acordo com as características de alguns processos produtivos, conforme citado no Capítulo 2. Já na classificação quanto à função, os materiais, geralmente, embora não em qualquer circunstância, serão classificados como de produção, pois eles podem ser consumidos nas outras funções. Quanto à ocorrência, eles se classificam como básico ou direto. Nos outros dois tipos de classificação, também constantes do Capítulo 2, o material pode assumir várias classes, dependendo do estágio da produção e da variedade de tipos de materiais necessários ao sistema produtivo.

O material pode ser subdividido em matéria-prima direta, matéria-prima indireta, materiais auxiliares, materiais de embalagem e outros. É importante ressaltar a fase ou o estágio de processamento em que se encontra o material, pois o produto acabado – portanto, produto final – para uma fase de processamento ou para uma empresa pode ser matéria-prima para uma fase seguinte ou para outra empresa, porque nessa fase ele ainda sofrerá transformação ou agregação para constituir-se em outro produto diferente. Exemplificando, a chapa de aço, que é um produto final de uma usina siderúrgica, pode ser matéria-prima na indústria automobilística porque será transformada em componente do automóvel, que é o produto final. O bloco de mármore, que é um produto final de uma pedreira, pode ser matéria-prima em uma marmoraria porque será serrado em partes que se dividirão em peças com aplicação final na construção civil, em acabamento de edificações. Pelo visto, o conceito de matéria-prima e produto final é dependente do estágio de elaboração, e só pode ser definitivamente classificado como produto final, sob qualquer aspecto, aquele destinado ao consumidor ou usuário final.

Por simplificação da fórmula de apuração de custos,[1] dos três componentes de custo o material é o básico. Para não afirmar que é o mais importante, já que em apuração de custo cada componente sob determinado aspecto pode ser mais importante que o outro, o material é o componente mais relevante, pois sua classificação é mais precisa e possibilita uma apuração do valor aplicado bem próxima da realidade. Em sistemas mais simples de apuração de custos, pode ser adotado o critério de apurar o custo do material e estimar os demais componentes aplicando-se taxas em função do consumo de material. Em razão dessa relevância, o custo de material deve ser apurado com a maior exatidão possível, tendo em vista ser ele o parâmetro sobre o qual os demais componentes de custo serão avaliados nesses sistemas simplificados de apuração.

A classificação de um material ou de uma matéria-prima como custo indireto é dependente de algumas circunstâncias, tais como o volume de produção, o rigor e o detalhe das apurações, a organização do setor de produção etc. Assim, uma matéria-prima indireta numa

1 Ver Capítulo 1.

pequena empresa com pequeno volume de produção pode ser classificada como matéria-prima direta numa empresa maior, com grande volume de produção. Como exemplo, cita-se a atividade de movelaria: nas empresas com reduzido volume de produção, a madeira é classificada como matéria-prima direta porque é requisitada especificamente para aplicação em cada tipo de produto diferente e pode ser apropriada diretamente no momento da aplicação; no entanto, o verniz é requisitado para envernizar concomitantemente os diferentes tipos de produto, sem que se possa separar com facilidade a parcela pertencente a cada produto diferente no momento da aplicação. A mesma operação de envernizamento numa empresa com grande volume de produção e planejamento das operações pode ter o verniz classificado como matéria-prima direta, uma vez que nesse tipo de organização podem ser planejados os períodos para envernizamento de cada tipo de produto diferente, permitindo a apropriação direta, porque o verniz pode ser requisitado separadamente para cada produto específico.

Pelo exposto, a classificação de um material como matéria-prima indireta independe das características do material, sendo totalmente dependente de fatos circunstanciais como os citados anteriormente e, principalmente, de sua relevância em relação aos outros materiais.

3.2 Formulários

Existem vários formulários utilizados no controle do material, desde sua compra até a venda do produto dele resultante. Entretanto, a utilização de máquinas de duplicação de documentos e a informatização dos processos de controle de materiais possibilitaram a eliminação de alguns formulários, por fusão daqueles com dados semelhantes e pela substituição de outros que perderam utilidade dentro do conceito informatizado. Várias etapas do processo foram automatizadas, o que reduziu sensivelmente o tempo de processamento das operações. Uma grande empresa multinacional do segmento de higiene e limpeza, com faturamento anual superior a 35 bilhões de dólares no ano de 2001, por exemplo, reduziu seu prazo para processar uma compra de 12 dias para 12 horas, em razão da utilização do correio eletrônico. Todavia, deve ser lembrado que a elaboração e o desenvolvimento de tais sistemas de controle são baseados nas funções de diversos formulários. Tendo em vista os objetivos deste livro, serão citados os formulários com o resumo da finalidade e do objetivo de cada um deles, considerando os três últimos os mais importantes.

3.2.1 Pedido de compra

Emitido pelo órgão usuário do material e enviado ao Setor de Material quando não existem unidades disponíveis em estoque. Neste formulário são registrados o nome do setor usuário, seu centro de custo e a finalidade da aquisição, com o local da aplicação, bem como o item orçamentário a que pertence e, naturalmente, a especificação e quantidade desejadas, além do valor orçado.

3.2.2 Pedido de cotação de preços

Emitido pelo Setor de Material após o recebimento do Pedido de Compra, ou quando o nível de ressuprimento é atingido. O Pedido de Cotação de Preços deve conter as especificações e quantidades do material a ser adquirido e dispor de espaços para preço unitário, prazos de entrega e de pagamento e outras condições de venda necessárias, que serão preenchidos pelos possíveis fornecedores (mínimo de três), aos quais será enviado, e estes deverão devolvê-lo preenchido numa data determinada, em envelope fechado.

3.2.3 Mapa de cotação de preços

Preenchido no Setor de Material com os nomes dos fornecedores e as condições oferecidas por cada um, com base nos dados preenchidos nos Pedidos de Cotação de Preços devolvidos. Sua finalidade é facilitar a decisão do responsável pela aprovação da compra. Nesse formulário são resumidas as condições de cada fornecedor, o que permite rápida visualização do que oferece as mais vantajosas para a empresa compradora.

3.2.4 Autorização de fornecimento

Preenchida pelo Setor de Material e enviada ao fornecedor constante no Mapa de Cotação de Preços que ofereceu as condições mais convenientes e vantajosas para a compra. Devem ser especificados corretamente o material e a quantidade comprada, com as demais condições preenchidas pelo fornecedor no Pedido de Cotação de Preços, sendo indispensáveis o preço e os prazos de entrega e de pagamento.

3.2.5 Nota fiscal

Recebida a Autorização de Fornecimento e com o material em condições de entrega, o fornecedor envia o material para o comprador, acompanhado de Nota Fiscal. Com isso, estará atendendo aos requisitos da legislação fiscal brasileira. Desse documento deverão constar os dados do Pedido de Cotação de Preços, além do destaque dos impostos incidentes. É conveniente lembrar que no preço do material, expresso na Nota Fiscal, está incluso o Imposto sobre Operações Relativas à Circulação de Mercadorias e sobre Prestações de Serviços de Transporte Interestadual e Intermunicipal e de Comunicação (ICMS), Programa de Integração Social / Programa de Formação do Patrimônio de Servidor Público (PIS/Pasep), Contribuição para o Financiamento da Seguridade Social (Cofins), sendo o destaque do valor do primeiro deles feito englobadamente sobre o valor total, em uma linha à parte e o dos outros dois sem o destaque na Nota Fiscal. O Imposto sobre Produtos Industrializados (IPI), no entanto, não compõe o preço de aquisição; é destacado para cada tipo de produto adquirido e incide sobre o preço com ICMS, PIS/Pasep e Cofins.

Vale destacar a característica não cumulativa destes tributos nas empresas tributadas pelo lucro real. Significa que o valor deles, relativo às aquisições, é compensado nas vendas se elas são tributadas pelos mesmos. Assim, as aquisições de material devem ser registradas no estoque expurgadas destes tributos. No caso da opção pela tributação pelo lucro presumido, em que o PIS/Pasep e a Cofins são cumulativos, isto é, têm uma alíquota menor mas não são compensados nas vendas, eles não são expurgados do valor da aquisição ao serem registrados no estoque.

3.2.6 Solicitação de verificação

Recebido o material, este formulário é emitido pelo Setor de Material e enviado ao órgão solicitante para que seja feita a inspeção de recebimento e atestadas as condições do material, indicando ou não sua aceitação. Esse procedimento justifica-se uma vez que o Setor de Material não possui pessoal especializado para atestar a qualidade e especificação de todos os materiais utilizáveis por toda a empresa. Se o material não atende às especificações determinadas, o Setor de Material providencia a devolução ao fornecedor, com a mesma Nota Fiscal ou com a emissão de uma Nota Fiscal de Devolução. Se o material atende às especificações, será registrado no estoque.

3.2.7 Ficha de controle de estoque

Entrado o material em estoque, ele é lançado na Ficha de Controle de Estoque após a soma dos gastos acessórios de aquisição (fretes, seguros) e o expurgo dos impostos recuperáveis pela empresa, por ocasião da venda. De modo geral, as empresas industriais são contribuintes do ICMS e do IPI, sendo estes impostos recuperáveis e, portanto, excluídos antes do registro neste formulário. Ele é constituído de uma parte superior, onde se registram os dados do material (discriminação, código, quantidades máxima e mínima em estoque e principais fornecedores), e de uma parte inferior, onde se registra a movimentação do material (dividida em colunas para os dados adicionais: data; quantidade, valor unitário e valor total das entradas; quantidade, valor unitário e valor total das saídas; quantidade, valor total e valor médio ou unitário do saldo). A Ficha de Controle de Estoque é indispensável para qualquer empresa que tenha sistema de controle de custos implantado, e é também largamente utilizada mesmo nas empresas que não possuem esse controle. É bom lembrar que os relatórios emitidos pelos sistemas informatizados fornecem as mesmas informações obtidas por esse formulário, ou seja, as bases, os conceitos e os resultados permanecem os mesmos; o que muda com a informatização é a velocidade no processamento e, consequentemente, na geração dos relatórios.

Ficha de Controle de Estoque

Material: .... Código: ....

Nível de estoque: Máximo: .... Mínimo: ....

<table>
<tr><td rowspan="3">Fornecedores:</td><td colspan="9">1)</td></tr>
<tr><td colspan="9">2)</td></tr>
<tr><td colspan="9">3)</td></tr>
<tr><th>Data</th><th colspan="3">Entradas</th><th colspan="3">Saídas</th><th colspan="3">Saldo</th></tr>
<tr><th rowspan="2"></th><th rowspan="2">Qde.</th><th colspan="2">Valor</th><th rowspan="2">Qde.</th><th colspan="2">Valor</th><th rowspan="2">Qde.</th><th colspan="2">Valor</th></tr>
<tr><th>Unitário</th><th>Total</th><th>Unitário</th><th>Total</th><th>Unitário</th><th>Médio</th></tr>
<tr><td></td><td></td><td></td><td></td><td></td><td></td><td></td><td></td><td></td><td></td></tr>
<tr><td></td><td></td><td></td><td></td><td></td><td></td><td></td><td></td><td></td><td></td></tr>
<tr><td></td><td></td><td></td><td></td><td></td><td></td><td></td><td></td><td></td><td></td></tr>
<tr><td></td><td></td><td></td><td></td><td></td><td></td><td></td><td></td><td></td><td></td></tr>
</table>

Figura 3.1 *Ficha de controle de estoque.*

3.2.8 Nota de movimentação de material

A apropriação de material deve ser feita por meio de um documento de requisição que, entre diversos títulos que possa ter (Requisição de Material, Requisição ao Almoxarifado, Solicitação de Material, Solicitação ao Almoxarifado), será aqui denominado Nota de Movimentação de Material (NMM), uma vez que esse título atende tanto às operações de fornecimento do material ao usuário quanto às de devolução ao depósito. A Figura 3.2 exemplifica um modelo de Nota de Movimentação de Material (NMM), cujos requisitos mínimos são:

a) número de ordem;
b) nome do setor usuário;
c) centro de custo do usuário;
d) número da Unidade de Acumulação de Custos, que pode ser ordem de produção, ordem de serviço, centro de custo, produto ou processo produtivo em que o material será aplicado;
e) natureza da operação: requisição ou devolução;
f) indicação sobre o material:
   - item (nº de ordem cronológica);
   - quantidade requisitada;
   - discriminação do material;
   - código do material;
   - quantidades fornecida e recebida;
   - valor do material (unitário e total);
   - data e assinaturas (emitente, almoxarife, recebedor).

<table>
<tr><th colspan="7">Nota de Movimentação de Material – NMM – nº ....</th></tr>
<tr><td colspan="7">Usuário</td></tr>
<tr><td colspan="4">Órgão:</td><td colspan="3">Centro de custo:</td></tr>
<tr><td colspan="7">Natureza da operação
Requisição ☐ Devolução ☐</td></tr>
<tr><td colspan="7">Unidade de acumulação de custo nº ....</td></tr>
<tr><td rowspan="2">Item</td><td rowspan="2">Quantidade Requisitada</td><td rowspan="2">Discriminação</td><td rowspan="2">Código</td><td rowspan="2">Quantidade fornecida e recebida</td><td colspan="2">Valor</td></tr>
<tr><td>Unitário</td><td>Total</td></tr>
<tr><td></td><td></td><td></td><td></td><td></td><td></td><td></td></tr>
<tr><td></td><td></td><td></td><td></td><td></td><td></td><td></td></tr>
<tr><td></td><td></td><td></td><td></td><td></td><td></td><td></td></tr>
<tr><td></td><td></td><td></td><td></td><td></td><td></td><td></td></tr>
<tr><td colspan="2">Data</td><td>Emitente</td><td colspan="2">Almoxarife</td><td colspan="2">Recebedor</td></tr>
<tr><td colspan="2">/ /</td><td></td><td colspan="2"></td><td colspan="2"></td></tr>
</table>

Figura 3.2 *Nota de movimentação de material (NMM).*

Ao necessitar de um material para aplicação em qualquer Unidade de Acumulação de Custo, o usuário emite uma Nota de Movimentação de Material em três vias, e envia-as ao Órgão de Material-Almoxarifado, tendo assinalado o campo "REQUISIÇÃO". Recebida a NMM, esse órgão entrega o material, anota a quantidade fornecida e, nessa ocasião, o recebedor apõe sua assinatura. A última via é destacada e entregue ao requisitante; a segunda via é destinada ao Órgão de Material-Controle de Estoques; e a primeira via, arquivada. Neste último órgão é feita a anotação da quantidade fornecida e recebida na Ficha de Controle de Estoque e preenchidas as colunas do valor, para apuração do custo na Contabilidade de Custos e posterior contabilização.

Nas devoluções, o material faz o caminho inverso, isto é, o usuário emite a Nota de Movimentação de Material, em três vias, assinalando a condição "DEVOLUÇÃO", e envia-a ao Órgão de Material-Almoxarifado. Esse órgão recebe o material, anota na NMM a quantidade devolvida e assina como recebedor. A sequência seguinte é a mesma da requisição. A única diferença é que as colunas de valor já vêm preenchidas pelo devolvedor, valor esse que corresponde ao anotado por ocasião da requisição. Ela deve estar acompanhada de uma cópia da NMM correspondente à requisição, atestando o valor unitário, bem como o usuário original.

Esse formulário é o documento-base para apropriação do custo do material nas empresas que têm sistema de custo implantado. A soma de todas as Notas de Movimentação de Material destinadas a determinada unidade de acumulação de custos e a subtração das respectivas devoluções é o custo do material apropriado.

Apesar de didaticamente apurar-se o custo do material diretamente na Ficha de Controle de Estoque, a Nota de Movimentação de Material é a base para o preenchimento do Mapa de Apuração de Custo de Material, cujo fluxograma está na Figura 3.3.

É importante observar que, em uma requisição cuja quantidade está decomposta em mais de um valor unitário para o mesmo material, a devolução receberá os últimos valores anotados na requisição, qualquer que seja o método de avaliação de estoques em uso. Exceção deve ser feita ao método Médio, porque ele proporcionará sempre um valor único para cada requisição e, consequentemente, só terá um valor para ser usado no caso de devolução.

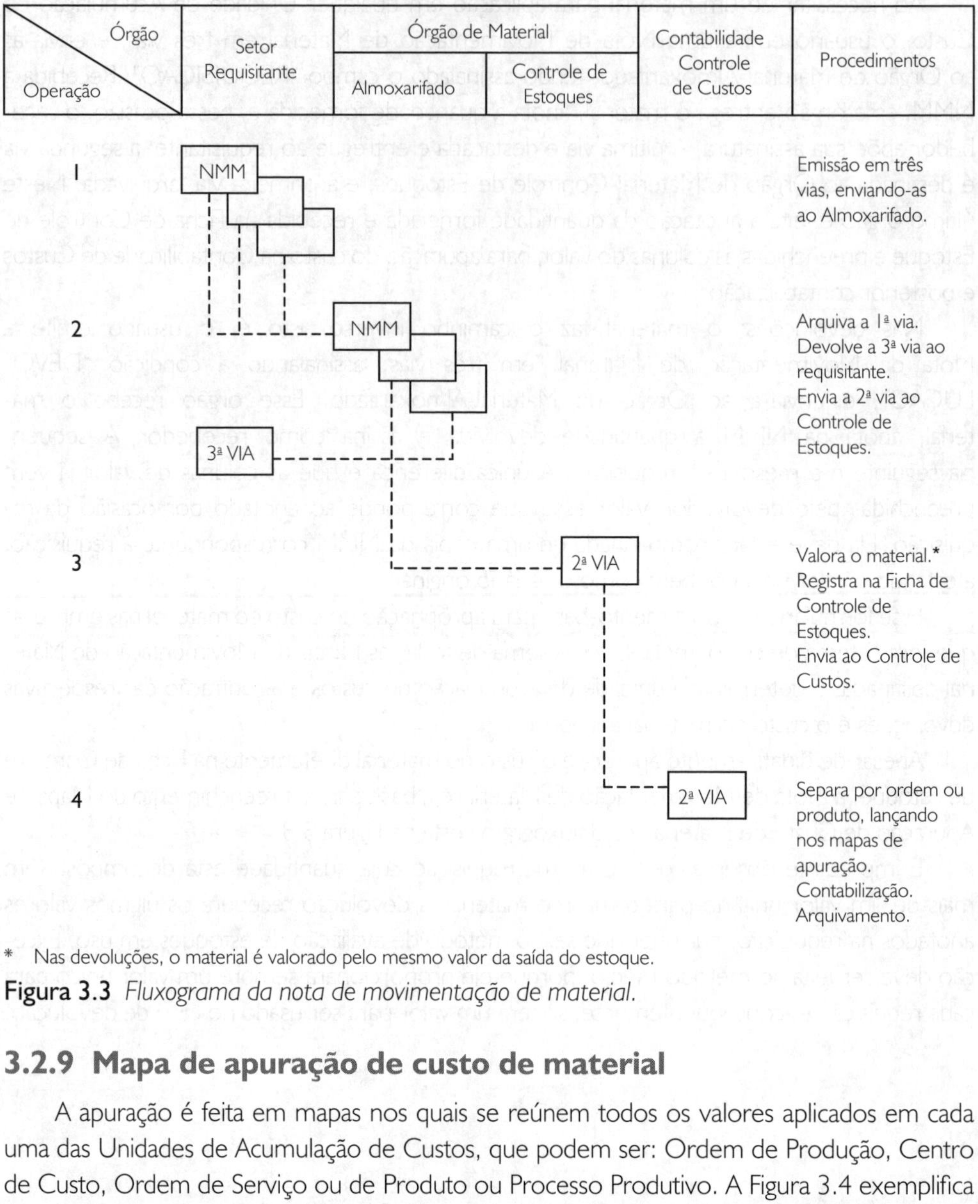

Figura 3.3 *Fluxograma da nota de movimentação de material.*

3.2.9 Mapa de apuração de custo de material

A apuração é feita em mapas nos quais se reúnem todos os valores aplicados em cada uma das Unidades de Acumulação de Custos, que podem ser: Ordem de Produção, Centro de Custo, Ordem de Serviço ou de Produto ou Processo Produtivo. A Figura 3.4 exemplifica um modelo de Mapa de Apuração de Custo de Material, cujos espaços devem ser preenchidos com os números (códigos) das Unidades de Acumulação de Custos que estão recebendo os custos. Os valores correspondentes de cada Nota de Movimentação de Material e a totalização das mesmas por data e por Unidade de Acumulação de Custos são alocados nos respectivos espaços.

Mapa de Apuração de Custo de Material

Data	Unidade de acumulação de custos					Total
	Nº.........	Nº.........	Nº.........	Nº.........	Nº.........	
/ /						
/ /						
/ /						
Soma						

Figura 3.4 *Mapa de apuração de custo de material.*

O custo do material aplicado em cada unidade de acumulação de custo é a soma dos valores de todas as requisições (NMM) feitas durante o período para aplicações em cada uma delas, com a subtração das devoluções ocorridas, correspondendo à soma das colunas do Mapa de Apuração de Custos de Material.

3.3 Métodos para valoração de material

Em virtude de poder existir em estoque o mesmo material a valor unitário de aquisição diferente no momento da requisição do material ao almoxarifado para aplicação na produção, existem diversos métodos para valorar o material e poder apropriar seu custo à produção.

O primeiro método, denominado custo **Específico**, consiste na utilização do valor unitário real de aquisição de cada unidade específica do material a ser utilizado na produção. Assim, por esse método, a unidade ou unidades do material são retiradas aleatoriamente do depósito considerando-se o valor real da aquisição de cada uma como o custo a ser apropriado. Naturalmente, cada unidade necessita de uma ficha de identificação específica, com os dados mais importantes, tais como número de série atribuído pelo fabricante, data de fabricação, data de aquisição, valor unitário, fabricante, fornecedor etc.

É evidente que esse método só deve ser utilizado por empresas que movimentam materiais de grande porte e de alto valor unitário, cuja quantidade armazenada é sempre muito pequena, com pouca movimentação física e que normalmente são adquiridos para aplicação específica em uma unidade de acumulação de custos, seja ela uma ordem de produção ou determinado produto. É mais utilizado em empresas cujo sistema de produção é por encomenda, embora possam ser utilizados outros métodos para exercer esse controle. A indústria automobilística utiliza esse método para os principais componentes de seu produto acabado, bem como os revendedores de automóveis, por seu grande valor unitário e pela pouca movimentação física dos estoques. Outro ramo de atividade que utiliza esse método é o farmacêutico, por causa dos prazos de validade dos medicamentos e do controle que deve ser exercido sobre cada lote fabricado, embora possam ser utilizados outros meios para exercer este controle. A indústria naval, pelo porte e valor unitário dos componentes de seu produto, é outra atividade que o utiliza muito.

Tendo em vista a existência de grande quantidade de materiais de pequeno porte, de muita movimentação física e de pequeno valor unitário, mesmo nos tipos de atividade citados, esse método é normalmente utilizado junto com um dos outros três métodos descritos a seguir.

O segundo método é representado pelas iniciais **Peps**, que significam que o primeiro valor a entrar é o primeiro valor a sair. Erroneamente, às vezes até se confunde e considera-se como obrigatória a utilização do primeiro material entrado fisicamente no Almoxarifado, utilizando-se as unidades das aquisições seguintes quando as que estão sendo utilizadas se esgotam. Em realidade, o que esse método determina é que se considere o valor unitário da primeira aquisição, passando-se para o valor unitário da segunda, e assim sucessivamente, podendo ou não coincidir a saída física do material nessa ordem. Apenas escrituralmente é que se considera que o primeiro material entrado no estoque é o primeiro a sair, embora fisicamente possa ocorrer a saída até na ordem inversa da entrada ou, até mesmo, desordenadamente.

O Primeiro a Entrar é o Primeiro a Sair – Peps

Esse método, de origem estrangeira, é amplamente conhecido como Fifo, que é a abreviatura de "first in, first out".

O terceiro método é representado pelas iniciais **Ueps**, que significam que o último valor a entrar é o primeiro valor a sair. Na prática, pode parecer que o último material entrado no Almoxarifado é, obrigatoriamente, o que deve ser utilizado nas primeiras saídas até que a quantidade adquirida àquele valor unitário se esgote ou que haja nova entrada. Da mesma forma que o anterior, esse método é apenas escritural e não significa que a movimentação física seja coincidente com o que preconiza o método. Refere-se ao valor apenas. Caso a quantidade correspondente ao último valor unitário se esgote sem que a requisição seja integralmente atendida, passa-se para o valor unitário da penúltima entrada, em seguida para o da antepenúltima, e assim sucessivamente, até que se efetue nova entrada, ou que a requisição seja completada.

O Último a Entrar é o Primeiro a Sair – Ueps

Da mesma origem do anterior, é conhecido como Lifo, a abreviatura na língua inglesa de "last in, first out". Contabilmente, a utilização desse método foi eliminada pelas normas contábeis (CPC 16-R1), adotadas pela contabilidade brasileira, em linha com as normas internacionais de contabilidade (IAS 2 – *International Accouting Standard*).

O quarto método, **Médio**, como o próprio nome indica, significa que o material saído do estoque será valorado pelo valor médio do saldo existente no Almoxarifado. Esse valor é determinado pela divisão do valor do saldo por sua quantidade após cada entrada de material, já que as saídas não alteram o valor médio do estoque. Tal sistemática é denominada de média móvel porque, a cada entrada no estoque, os novos saldos em valor e quantidade proporcionarão novos valores médios. Outra forma é a chamada média fixa, em que não se consideram os valores das saídas, mas apenas as quantidades em cada movimentação. Todas as entradas são somadas ao estoque inicial, tanto em valor quanto em quantidade, e, dividindo-se o total do primeiro pelo da segunda, encontra-se um valor médio único para ser utilizado em todas as saídas do período, desde que esse período não seja superior a um mês, segundo a legislação fiscal brasileira.

Conforme já mencionado nas considerações sobre o formulário Nota de Movimentação de Material, as devoluções de material requisitado em excesso e não aplicado na produção entram no estoque pelo mesmo valor unitário da saída, na data em que se efetua a devolução, qualquer que seja o método citado anteriormente e que esteja em uso. As devoluções de materiais efetuadas pelo órgão requisitante do material ao Almoxarifado devem funcionar como se fossem saídas negativas da empresa e, como consequência, devem ser registradas nas colunas de saída da Ficha de Controle de Estoque com sinal negativo ou entre parênteses, nas datas das devoluções, ou seja, nas datas do retorno ao Almoxarifado. Alternativamente, o registro dessa movimentação pode ser feito diretamente nas colunas de entrada, porém assinalando tratar-se de devolução, de modo a impossibilitar a soma dessa entrada em duplicidade, o que distorceria o resultado de algumas análises, ou que se esqueça de abater das aplicações, o que causaria graves erros na apuração de custo.

Existe ainda um quinto método denominado **Feps**, que significa que o futuro valor a entrar é o primeiro a sair. Ele é muito pouco utilizado e contabilmente não aceito pela possibilidade de geração de saldos negativos (virados) nas contas de estoques quando as quantidades reduzirem significativamente, uma vez que os débitos, pelas entradas são pelo valor real e as saídas seriam pelo valor atualizado, que na maioria dos casos é maior. Ou seja, a conta de estoque seria debitada por um valor menor na aquisição (entrada) e creditada por um valor maior na aplicação (saída). Esse método foi difundido nos Estados Unidos durante algum tempo, com o intuito de preservar o empresário das surpresas da inflação. Isso o obrigava a pesquisar o mercado fornecedor de seus materiais e demais insumos de produção em toda época de fixação de preço de seus produtos para os clientes ou consumidores. Sua sistemática estabelece que o custo a ser apropriado à produção e, como consequência, o custo a sair do estoque de material deveria ser determinado pelo valor real do mesmo existente no mercado naquele momento. Ele obriga a empresa a proceder a pesquisa permanente de preços para atualizar os valores daqueles materiais que não são adquiridos regularmente. É muito mais um método orçamentário, que possibilita apurar custo atualizado para efeito de formulação de preço. Apesar de se desejar determinar o preço de venda do produto em função de seu custo de produção, os dois não se correlacionam diretamente. O preço de venda deve ser o maior que o fornecedor consiga obter e o consumidor suportar; já o custo deve ser o menor que o fornecedor consiga formar e o consumidor encontrar.

O Futuro a Entrar é o Primeiro a Sair – Feps

Na língua inglesa representa-se por Nifo, como abreviação de "next in, first out".

Com exceção do primeiro método, os demais são apenas escriturais e não correspondem à movimentação física dos materiais com os registros. Ou seja, podem ser usadas na produção as últimas unidades de material que entraram fisicamente no estoque, embora esteja sendo utilizado o método Peps pela empresa. Da mesma forma, podem ser usadas as primeiras unidades de material que entraram fisicamente no estoque, mesmo que o método utilizado seja o Ueps.

É relevante destacar que, por qualquer dos métodos, a conhecida equação $CMV = EI + C - EF$ (custo das mercadorias vendidas é igual ao estoque inicial mais as compras menos o estoque final dessas mercadorias) é verdadeira e, por analogia, o custo dos materiais aplicados na produção também é igual ao estoque inicial mais as compras menos o estoque final dos mesmos. Assim, o valor dos materiais armazenados e disponíveis para aplicação na produção é resultante das compras efetuadas no período, adicionadas ao estoque previamente existente desses materiais.

Além dos métodos descritos, existem outros previstos pela legislação fiscal brasileira, cujos detalhes estão na seção 3.6. Eles são muito úteis a pequenas empresas e em situações específicas.

3.4 Controle permanente dos estoques

Cada aquisição tem seu registro efetuado considerando-se a data, a quantidade e os valores unitário e total, bem como o saldo consequente. O valor unitário obtido por um dos métodos utilizados e multiplicado pela quantidade de material aplicado na produção em cada requisição constitui o custo do material aplicado, que é um dos componentes do custo dos produtos fabricados. Da mesma forma, nas empresas comerciais, o valor unitário obtido por um dos métodos utilizados e multiplicado pela quantidade de mercadoria saída do estoque para venda em cada evento constitui o custo das mercadorias vendidas. Essa sistemática é resultante do controle permanente dos estoques, pois possibilita, a qualquer momento, saber o custo dos materiais aplicados na produção e o valor de cada um deles em estoque na empresa industrial, assim como saber o custo das mercadorias vendidas e o valor do estoque de cada uma delas na empresa comercial.

O controle permanente dos estoques pode ser feito por meio do formulário Ficha de Controle de Estoque, e o custo do material aplicado na produção ou o custo das mercadorias vendidas aos clientes da empresa comercial pode ser obtido com o formulário Nota de Movimentação de Material, cujo conjunto deve ser sintetizado no formulário Mapa de Apuração de Custo de Material. Esse tipo de controle pressupõe a utilização desses formulários ou de relatórios equivalentes que possibilitem a determinação dos valores aplicados e dos saldos finais, constituindo a base para os registros contábeis. Deve-se destacar que apenas as quantidades requisitadas pelos órgãos de produção serão consideradas como custo, e não a totalidade das compras efetuadas no período, pois podem existir quantidades em estoque no início e no final do período, sabendo-se que o estoque final de um período é o estoque inicial do período seguinte e vice-versa.

A disponibilidade total de material para aplicação na produção é constituída pelas aquisições (compras) mais o estoque inicial, que é o estoque final do período anterior. Dessa disponibilidade total, parte é aplicada e o remanescente constituirá o estoque final, ou seja, o que se juntará às compras do período seguinte para constituir a nova disponibilidade total. Obviamente, a disponibilidade total só se constituirá em custo do período se não houver estoque remanescente no final. Essa será a situação ideal preconizada pelas novas técnicas gerenciais, tendo em vista que o fluxo de custo nesse caso é perfeito, não havendo desperdícios nem ineficiência com armazenamento de materiais. As aquisições do período se restringiriam exclusivamente às necessidades da produção, no momento das solicitações dos clientes ou de acordo com a programação de entrega das vendas efetuadas, maximizando completamente a aplicação desse recurso.

Se o estoque final de um período é zero, logicamente o inicial do período seguinte também será zero. O custo dos materiais aplicados no período é igual às compras efetuadas somadas aos valores das existências iniciais e subtraídas dos valores das existências finais. Se estas últimas não têm valor, os resultados não se modificam e serão sempre iguais às aquisições do período. Essa situação ideal dificilmente é alcançável, porém os estoques podem ser reduzidos a quantidades e valores mínimos apenas para segurança do fluxo operacional, sem grandes modificações em cada período. Isso diminuiria os gastos de armazenamento e as necessidades de capital de giro.

3.5 Controle periódico dos estoques

Se o controle é feito apenas no final de cada período, o estoque final de materiais é obtido pela contagem física de cada tipo deles. Essa operação é denominada **Inventário de Materiais**, que nas empresas comerciais recebe a denominação de **Inventário de Mercadorias**, e, quando de sua realização, observa-se a colocação do aviso *Fechado para inventário* ou *Fechado para balanço* nas portas de suas lojas. O levantamento de inventário é efetuado obrigatoriamente por ocasião do encerramento do balanço.

O inventário levantado significa a contagem física das unidades em estoque, com a determinação da quantidade de unidades de cada um dos tipos em data definida. Durante o levantamento do inventário, a utilização de fichas de prateleira pode evitar a suspensão da atividade nesse período. Na data do inventário (por exemplo: final de expediente do dia 31-12-X0), coloca-se uma ficha no escaninho ou no local de armazenamento de cada material, e toda movimentação efetuada nos materiais ainda não contados após aquela data será anotada. Com isso, a quantidade encontrada em qualquer data posterior será ajustada para 31-12-X0 pela adição das requisições (saídas) e pela subtração das aquisições (entradas). O valor do estoque final é facilmente determinável multiplicando-se cada quantidade obtida no inventário pelo valor unitário de cada um dos tipos; posteriormente somam-se todos os resultados das multiplicações. Essa simplicidade só poderá ser aplicada quando todas as unidades de um mesmo tipo de material ou de mercadoria tiverem só um valor unitário de aquisição, ou seja, todas as aquisições efetuadas no período forem a um mesmo valor unitário. No caso de ocorrer valor de aquisição diferente no período, o que é mais comum, é necessário proceder diferentemente a fim de observar os preceitos de cada um dos métodos de valoração de estoque.

Pelo método Específico, o valor do estoque é determinado durante o próprio levantamento do inventário, visto que cada material ou mercadoria possui uma ficha com diversos dados, sendo um deles o valor unitário, como descrito anteriormente.

Outra forma é multiplicar a quantidade de cada tipo de material ou de mercadoria pelo valor unitário das últimas entradas registradas no Razão de compras se o método utilizado for o Peps – o primeiro a entrar é o primeiro a sair –, pois, por esse método, as primeiras entradas (compras) são totalmente esgotadas pelas requisições (saídas), ou seja, só são retiradas as unidades de materiais ou de mercadorias de uma entrada quando as da entrada anterior estão esgotadas e, portanto, o estoque final é constituído pelas últimas entradas.

Se o método utilizado pudesse ser o Ueps – o último a entrar é o primeiro a sair –, a quantidade de cada material ou mercadoria seria multiplicada pelo valor unitário das primeiras entradas registradas no Razão de compras, pois considera-se a quantidade encontrada durante a contagem física constituída apenas por unidades das primeiras entradas no estoque.

Sendo utilizado o método Médio, será necessária uma anotação das quantidades entradas no Razão de compras para que a soma dos valores destas e do saldo inicial seja dividida pela das quantidades correspondentes para a determinação do valor médio, que é o denominado médio fixo por se tratar de valor único no período. Essa metodologia representa a média aritmética ponderada de todas as aquisições e do estoque inicial do período. Com o valor médio obtido, basta multiplicá-lo pela quantidade levantada fisicamente, e é determinado o valor do estoque final.

Definido o valor do estoque final, que é igual ao estoque inicial do próximo período, é simples a determinação do custo dos materiais aplicados na produção, bastando, para tanto, utilizar a fórmula equivalente $CMV = EI + C - EF$, isto é, o custo das mercadorias vendidas é igual ao estoque inicial mais compras menos estoque final, em que o CMV passaria para CMA – custo dos materiais aplicados.

Nas empresas industriais, essa mesma sistemática determina o valor do estoque final de cada material, porém não possibilita a determinação do valor do material aplicado em cada tipo diferente de produto que esteja sendo ou que foi produzido, pois a contagem física é feita por cada tipo de material aplicado na produção, mas não existe o controle da aplicação efetuada em cada produto diferente. Pelo controle periódico, sabe-se o valor total do material aplicado, porém não se pode determinar o valor aplicado em cada um dos produtos, a não ser que cada material seja de uso exclusivo de cada produto.

Assim, o controle periódico dos estoques, além das distorções que pode apresentar, não permite detectar o extravio de materiais e só pode ser utilizado pelas empresas comerciais ou pelas empresas industriais que só produzem um tipo de produto ou por aquelas que não têm interesse em determinar o custo de cada produto separadamente, o que impossibilita algumas formas de análise de desempenho.

3.6 Implicações legais

No Brasil, a Lei das Sociedades por Ações (Lei nº 6.404/76) determina que o estoque de mercadorias e de produtos, assim como o estoque de matérias-primas e de produtos em elaboração, deve ser avaliado pelo valor de aquisição ou de produção se este for menor que o de mercado.

Assim, entre o valor de aquisição de mercadorias e de materiais de produção e o valor de mercado (valor dos materiais existentes no mercado ou o valor de reposição), considera-se para estoque o que for menor. Da mesma forma, entre o valor apropriado na fabricação de um produto e o valor desse mesmo produto existente no mercado, utiliza-se para valorar o estoque de produtos na empresa o que for menor, desconsiderando-se nesse valor de mercado os impostos incidentes, as despesas de comercialização e a margem de lucro. Os produtos em elaboração obedecem ao mesmo critério, levando-se ainda em consideração o percentual médio de elaboração em que os produtos se encontrem no momento.

Os métodos Feps e Ueps, citados na seção 3.3, não podem ser utilizados contabilmente, conforme já esclarecido.

Os demais métodos satisfazem à Lei das Sociedades por Ações, considerando-se o período inflacionário reinante mundialmente e não se considerando excessos ocasionais de produção que possam provocar queda de preços. Com inflação constante e produção normal, os valores em estoque, ou seja, os materiais, mercadorias e produtos já adquiridos ou produzidos anteriormente, são menores do que os dos existentes no mercado e, portanto, a serem adquiridos. Como não se deve raciocinar apenas com índices altíssimos de inflação que elevem os preços de todos os bens indistintamente, mas considerar que existem vários fatores que podem influenciar os preços dos bens para baixo, pode-se afirmar que para valoração de matérias-primas na empresa industrial e de mercadorias na empresa comercial, num período inflacionário, o método Ueps, se pudesse ser usado, seria o que ofereceria menor possibilidade de necessitar de ajuste para o valor de mercado. Na inflação, é esse o método que ocasiona o menor valor do estoque final e o maior valor de custo do material aplicado ou de custo das mercadorias vendidas.

Exemplifica-se com três valores unitários diferentes de aquisição de matéria-prima ou de mercadoria, os quais sejam $ 100,00, $ 110,00 e $ 120,00, e com um valor de mercado de $ 115,00. Se o método empregado fosse o Ueps, os valores utilizados para custo do material aplicado ou para custo das mercadorias vendidas seriam $ 120,00 e $ 110,00, ficando como estoque o valor de $ 100,00, que é menor do que o valor de mercado ($ 115,00). Por outro lado, aplicando-se o método Peps, os valores utilizados para custo do material requisitado para aplicação ou para o custo das mercadorias vendidas seriam $ 100,00 e $ 110,00, ficando como estoque o valor de $ 120,00, que é maior do que o valor de mercado ($ 115,00). Essa situação não satisfaz à legislação e a utilização desse método fica sujeita ao ajuste do estoque para o valor de mercado por ser este o menor dos dois. Pelo método Médio, o valor utilizado para custo do material aplicado ou para o custo das mercadorias vendidas seria $ 110,00, supondo-se quantidades de aquisição iguais a cada valor unitário, valor este que é igual para o estoque final e que é menor do que o valor de mercado ($ 115,00), podendo ser usado sem necessidade de ajuste. O método Específico satisfará ou não à legislação de acordo com a ordem física de retirada dos materiais ou mercadorias do estoque. Verifica-se que, num regime de inflação, os métodos mais indicados para valoração de mercadorias e matérias-primas, em atendimento ao previsto na Lei das Sociedades Anônimas, são primeiramente o Ueps, cujo uso está vedado, e em segundo lugar o Médio, e os menos indicados são o Peps e o Específico.

Utilizemos a mesma linha de raciocínio para a valoração do produto acabado, com os mesmos exemplos numéricos e abstendo-nos dos outros custos que compõem o produto acabado. Se o método utilizado fosse o Ueps, reiterando a vedação da sua utilização, se concluiria que o primeiro produto acabado entrado no estoque foi a $ 120,00, o segundo a $ 110,00 e o terceiro a $ 100,00, pois as primeiras unidades utilizadas na produção ao valor unitário de $ 120,00 constituíram as primeiras unidades de produtos acabados, as seguintes foram as de $ 110,00 e as últimas foram as de $ 100,00. Na saída do produto acabado do estoque para a venda, ele sairá a $ 100,00 (última entrada) e a $ 110,00 (penúltima entrada), e ficará no estoque a $ 120,00, que é maior do que o valor de mercado ($ 115,00), não satisfazendo, portanto, à legislação. Utilizando-se o método Peps, conclui-se que o primeiro produto acabado entrado no estoque foi a $ 100,00, o segundo a $ 110,00 e o terceiro a $ 120,00, e, portanto, a saída para a venda se dará a $ 100,00 e a $ 110,00, ficando no estoque a $ 120,00, que é maior do que o valor de mercado ($ 115,00), não satisfazendo, consequentemente, à legislação. Utilizando-se o método Médio, o valor aplicado seria $ 110,00, o mesmo valor com o qual o produto acabado entraria no estoque e sairia para venda e que é menor do que o de mercado ($ 115,00), satisfazendo plenamente à legislação sem necessitar de ajuste.

A conclusão lógica é que, em um regime inflacionário constante, o método Peps não satisfaz à legislação societária sem ajuste de valor para produto acabado, para matéria-prima e para mercadoria; o Ueps satisfaria para matéria-prima e para mercadoria e não satisfaria para produto acabado; e o Médio satisfaz tanto para matéria-prima e para mercadoria como para produto acabado. Assim, as empresas industriais, que possuem estoque tanto de matéria-prima como de produto acabado e de produto em elaboração, devem usar o método Médio, e as empresas comerciais, cujo estoque é de mercadoria também, devem usar o método Médio ou Ueps, se fosse permitido, numa economia inflacionária constante.

Em situação econômica de deflação, qualquer dos métodos que seja utilizado necessitará de ajuste do valor do estoque para o valor de mercado, porque este deverá ser menor.

Embora o texto da Lei das Sociedades por Ações encaminhe o analista de custo para a conclusão anteriormente indicada, ou seja, o uso do método Médio, a legislação complementar (Decreto-lei nº 1.598/77, art. 14, § 2º, que corresponde ao art. 186, § 2º, do Regulamento do Imposto de Renda) determina que "o valor dos bens existentes no encerramento do período poderá ser o custo médio ou o dos bens adquiridos ou produzidos mais recentemente". Com isto, fiscalmente era obrigatória a utilização dos métodos Médio ou Peps. Foi verificado que o uso do último dos dois métodos citados é frontalmente contra as determinações da Lei das Sociedades por Ações numa eventual baixa de preços no mercado, além de ferir o que determina o Princípio Contábil da Prudência de que se deve antecipar prejuízo e não lucro. Em consequência, o método Médio é o único que pode ser usado sem qualquer restrição legal, o que torna menos frequente a necessidade de ajuste ao valor de mercado. Deve ser ressaltado que o fisco brasileiro não admite a utilização da média fixa apurada e aplicada em período superior a um mês.

A legislação fiscal ainda permite a utilização de critérios que apresentam resultados aproximados nas empresas sem sistema de custo organizado. Esses critérios são amplamente utilizados, uma vez que a maioria das empresas é de pequeno porte e não dispõe de recursos para implantar sistemas de controle. Nesse caso, a determinação do estoque final é obtida como segue:

a) os produtos acabados podem ser avaliados em 70% do maior preço de venda praticado no período-base;

b) os materiais com custos parciais de transformação aplicados, denominados produtos em elaboração, em produção, em fabricação ou em processamento, podem ser avaliados em uma vez e meia o maior custo das matérias-primas adquiridas no período-base ou em 80% do valor dos produtos acabados, pela determinação mencionada, o que resulta em um valor equivalente a 56% (70% de 80%) do maior preço de venda do período-base.

Por esse método fiscal de avaliação, os estoques ficam superavaliados e, consequentemente, no período em que as vendas são poucas e os estoques estão altos, o custo das vendas pode ficar até negativo. Nesse caso, o custo deve ser considerado zero e o estoque final deve ser ajustado em função disso, porque não pode existir custo negativo.

Em razão do elevado número de itens diferentes em estoque, da existência de vários locais com os mesmos bens, da grande quantidade de aquisições efetuadas e do custo de manutenção dos controles, a legislação, por meio da Lei nº 8.541/92, permite a utilização do chamado método do Preço de Venda a Varejo pelas empresas comerciais. Por ele, a valoração é feita por valores de entrada, respeitando-se a média ponderada móvel, porém considerando-se o preço de venda. O cálculo é feito da seguinte forma:

a) determina-se o quociente do valor das aquisições mais estoque inicial (dados contábeis) sobre os mesmos itens a valor de venda reajustado (dados extracontábeis: último preço de venda multiplicado pela quantidade das aquisições e do estoque inicial);
b) aplica-se esse quociente sobre o produto da quantidade apurada no inventário físico (controle periódico de estoques) ou no saldo final das fichas ou mapas (controle permanente de estoques) pelo preço de venda atualizado.

Exemplificando com uma mercadoria cujo estoque inicial era de 10 unidades a $ 10,00/unidade, aquisição de 50 unidades a $ 12,00/unidade, aquisição de 40 unidades a $ 15,00/unidade e venda de 80 unidades a $ 20,00/unidade, apresenta-se um estoque final (EF) e um custo de mercadoria vendida (CMV) conforme demonstrado a seguir:

Aquisições + Estoque Inicial (dados contábeis):

10 un. × $ 10,00/un.	=	$ 100,00
50 un. × $ 12,00/un.	=	$ 600,00
40 un. × $ 15,00/un.	=	$ 600,00
100 un.	=	$ 1.300,00

Venda (dados extracontábeis):

100 un. × $ 20,00/un. = $ 2.000,00

Coeficiente (Custo/Venda):

$ 1.300,00 / $ 2.000,00 = 0,65

Estoque Final (inventário ou saldo da ficha):

20 un. × $ 20,00/un. × 0,65 = $ 260,00

Custo da Mercadoria Vendida:

$CMV = EI + C - EF$

$CMV = \$ 100,00 + \$ 1.200,00 - \$ 260,00$

$CMV = \$ 1.040,00$

Outra forma é aplicar o quociente 0,65 sobre o valor do que seria a venda de $ 1.600,00 (80 un. × $ 20,00/un.) para determinar o CMV, que é $ 1.040,00 (0,65 × $ 1.600,00), e sobre o saldo a valor de venda de $ 400,00 (20 un. × $ 20,00/un. ou $ 2.000,00 – $ 1.600,00) para estabelecer o valor do estoque final, que é de $ 260,00 (0,65 × $ 400,00).

Apesar da determinação legal, cada empresa deve utilizar o método que julgar mais adequado e, por ocasião da apuração do resultado, efetuar os ajustes para satisfação da legislação fiscal.

Vale lembrar que o lançamento contábil dos ajustes não é feito diretamente nas respectivas contas analíticas normais de estoques, mas deverá ser criada nova conta analítica retificadora no subgrupo estoques, cuja contrapartida será uma conta de resultados. Por ocasião da recuperação do preço no mercado, será debitada a conta retificadora em contrapartida de uma conta de receita das contas de resultado.

Recomenda-se a utilização do método Médio não por ser o preconizado pela legislação fiscal, mas por ser, além disso, o que representa mais fielmente a situação da empresa, com valores entre os extremos que os outros métodos (Peps e Ueps) proporcionam.

3.7 Contabilização

Entre os diversos títulos com que poderão ser denominadas as contas envolvidas na movimentação dos materiais, sugerem-se os seguintes:

- Estoques de Matéria-Prima;
- Estoques de Material Auxiliar;
- Estoques de Material de Embalagem;
- Estoques de Produtos em Elaboração;
- Tributos a Compensar;
- Fornecedores;
- Caixa;
- Bancos.

As contas "Estoques de Matéria-Prima", "Estoques de Material Auxiliar" e "Estoques de Material de Embalagem" serão sempre debitadas pelas compras ou aquisições e pelas devoluções dos excedentes requisitados mas não utilizados pela Produção e Expedição e creditadas pelas requisições para aplicação na Produção e Expedição ou pela devolução de compras aos fornecedores.

A conta "Estoques de Produtos em Elaboração" será debitada pelas requisições de matéria-prima, de material auxiliar e de material de embalagem agregados ao produto ainda na fase de produção e creditada pelas devoluções dos excedentes requisitados e pelo envio dos produtos acabados para o depósito.

A conta "Tributos a Compensar" será debitada por ocasião das aquisições com tributos a compensar, normalmente Imposto sobre Operações Relativas à Circulação de Mercadorias e sobre Prestações de Serviços de Transporte Interestadual e Intermunicipal e de Comunicação (ICMS), Programa de Integração Social / Programa de Formação do Patrimônio de Servidor Público (PIS/Pasep), Contribuição para o Financiamento da Seguridade Social (Cofins) e Imposto sobre Produtos Industrializados (IPI), e será creditada por ocasião da apuração dos impostos a recolher.

A conta "Fornecedores" será creditada por ocasião das compras ou aquisições de matéria-prima, material auxiliar e material de embalagem entradas no depósito, e debitada pelo pagamento das compras ou aquisições e pelas devoluções das mesmas.

A conta "Caixa" será creditada por ocasião do pagamento aos fornecedores de compras efetuadas se o pagamento for realizado em dinheiro ou se todas as operações de pagamento da empresa forem consideradas por caixa.

A conta "Bancos" tem a mesma função da conta "Caixa" se o pagamento é efetuado por cheque e se a empresa não adotar que todos os pagamentos passem pela conta "Caixa".

3.8 Exemplos práticos

3.8.1 Exercício resolvido nº 1

Numa empresa que faz controle permanente dos estoques, houve a movimentação da matéria-prima X em um período, conforme Quadro 3.1. Serão determinados os valores do estoque final e da aplicação em cada um dos diferentes produtos que receberam custo no período pelos diversos métodos de valoração dos estoques. Apesar de a apropriação de custos de material ser feita com base nos dados da Nota de Movimentação de Material (Requisição de Material), por facilidade será feita diretamente no formulário Ficha de Controle de Estoque, considerando um estoque inicial de 2.000 unidades a $ 500,00/unidade.

Quadro 3.1 *Movimentação da matéria-prima X.*

DATA	MOVIMENTAÇÃO
3	Compra de 800 unidades a $ 550,00/unidade
5	Compra de 2.200 unidades a $ 600,00/unidade
10	Requisição de 2.000 unidades para aplicação no produto B
12	Requisição de 1.500 unidades para aplicação no produto A
15	Compra de 1.000 unidades a $ 650,00/unidade
17	Devolução ao depósito de matérias-primas do excesso de 1.000 unidades das 2.000 requisitadas no dia 10 para aplicação no produto B
18	Compra de 3.500 unidades a $ 700,00/unidade
25	Requisição de 2.000 unidades para aplicação no produto B
28	Requisição de 3.000 unidades para aplicação no produto A
30	Requisição de 500 unidades para aplicação no produto B

Utilizando o método Peps, tem-se:

Ficha de Controle de Estoque

Material: **Matéria-prima X** Código: ....

Nível de estoque: Máximo: .... Mínimo: ....

Fornecedores: 1) ....
2) ....
3) ....

Data	Entradas			Saídas				Saldo		
	Qde.	Valor			Qde.	Valor		Qde.	Valor	
		Unitário	Total			Unitário	Total		Total	Médio
EI	2.000	500,00	1.000.000,00					2.000	1.000.000,00	
3	800	550,00	440.000,00					2.800	1.440.000,00	
5	2.200	600,00	1.320.000,00					5.000	2.760.000,00	
10				B	2.000	500,00	1.000.000,00	3.000	1.760.000,00	
12				A	800	550,00	440.000,00	2.200	1.320.000,00	
				A	700	600,00	420.000,00	1.500	900.000,00	
15	1.000	650,00	650.000,00					2.500	1.550.000,00	
17				B	(1.000)	500,00	(500.000,00)	3.500	2.050.000,00	
18	3.500	700,00	2.450.000,00					7.000	4.500.000,00	
25				B	1.500	600,00	900.000,00	5.500	3.600.000,00	
				B	500	650,00	325.000,00	5.000	3.275.000,00	
28				A	500	650,00	325.000,00	4.500	2.950.000,00	
				A	1.000	500,00	500.000,00	3.500	2.450.000,00	
				A	1.500	700,00	1.050.000,00	2.000	1.400.000,00	
30				B	500	700,00	350.000,00	1.500	1.050.000,00*	

* O valor do estoque final está na última linha da Ficha de Controle de Estoque.

Mapa de Apuração de Custo de Material						
Data	Unidade de Acumulação de Custos					Total
	Nº A	Nº B	Nº	Nº	Nº	
10		1.000.000,00				1.000.000,00
12	440.000,00					440.000,00
	420.000,00					420.000,00
17		(500.000,00)				(500.000,00)
25		900.000,00				900.000,00
		325.000,00				325.000,00
28	325.000,00					325.000,00
	500.000,00					500.000,00
	1.050.000,00					1.050.000,00
30		350.000,00				320.000,00
Total	2.735.000,00	2.075.000,00				4.810.000,00

Utilizando o método Ueps, tem-se:

Ficha de Controle de Estoque

Material: **Matéria-prima X** Código: ....

Nível de estoque: Máximo: .... Mínimo: ....

Fornecedores: 1) ....
2) ....
3) ....

Data	Entradas			Saídas				Saldo		
	Qde.	Valor			Qde.	Valor		Qde.	Valor	
		Unitário	Total			Unitário	Total		Total	Médio
EI	2.000	500,00	1.000.000,00					2.000	1.000.000,00	
3	800	550,00	440.000,00					2.800	1.440.000,00	
5	2.200	600,00	1.320.000,00					5.000	2.760.000,00	
10				B	2.000	600,00	1.200.000,00	3.000	1.560.000,00	
12				A	200	600,00	120.000,00	2.800	1.440.000,00	
				A	800	550,00	440.000,00	2.000	1.000.000,00	
				A	500	500,00	250.000,00	1.500	750.000,00	
15	1.000	650,00	650.000,00					2.500	1.400.000,00	
17				B	(1.000)	600,00	(600.000,00)	3.500	2.000.000,00	
18	3.500	700,00	2.450.000,00					7.000	4.450.000,00	
25				B	2.000	700,00	1.400.000,00	5.000	3.050.000,00	
28				A	1.500	700,00	1.050.000,00	3.500	2.000.000,00	
				A	1.000	600,00	600.000,00	2.500	1.400.000,00	
				A	500	650,00	325.000,00	2.000	1.075.000,00	
30				B	500	650,00	325.000,00	1.500	750.000,00*	

* O valor do estoque final está na última linha da Ficha de Controle de Estoque.

Mapa de Apuração de Custo de Material						
Data	Unidade de Acumulação de Custos					Total
	Nº A	Nº B	Nº	Nº	Nº	
10		1.200.000,00				1.200.000,00
12	120.000,00					120.000,00
	440.000,00					440.000,00
	250.000,00					250.000,00
17		(600.000,00)				(600.000,00)
25		1.400.000,00				1.400.000,00
28	1.050.000,00					1.050.000,00
	600.000,00					600.000,00
	325.000,00					325.000,00
30		325.000,00				325.000,00
Total	2.785.000,00	2.325.000,00				5.110.000,00

Utilizando o método Médio, tem-se:

Ficha de Controle de Estoque

Material: **Matéria-prima X** Código: ....

Nível de estoque: Máximo: .... Mínimo: ....

Fornecedores: 1) ....
2) ....
3) ....

Data	Entradas			Saídas				Saldo		
	Qde.	Valor			Qde.	Valor		Qde.	Valor	
		Unitário	Total			Unitário	Total		Total	Médio
EI	2.000	500,00	1.000.000,00					2.000	1.000.000,00	500,00
3	800	550,00	440.000,00					2.800	1.440.000,00	514,00
5	2.200	600,00	1.320.000,00					5.000	2.760.000,00	552,00
10				B	2.000	552,00	1.104.000,00	3.000	1.656.000,00	552,00
12				A	1.500	552,00	828.000,00	1.500	828.000,00	552,00
15	1.000	650,00	650.000,00					2.500	1.478.000,00	591,00
17				B	(1.000)	552,00	(552.000,00)	3.500	2.030.000,00	580,00
18	3.500	700,00	2.450.000,00					7.000	4.480.000,00	640,00
25				B	2.000	640,00	1.280.000,00	5.000	3.200.000,00	640,00
28				A	3.000	640,00	1.920.000,00	2.000	1.280.000,00	640,00
30				B	500	640,00	320.000,00	1.500	960.000,00*	640,00

* O valor do estoque final está na última linha da Ficha de Controle de Estoque.

Mapa de Apuração de Custo de Material						
Data	Unidade de Acumulação de Custos					Total
	Nº A	Nº B	Nº	Nº	Nº	
10		1.104.000,00				1.104.000,00
12	828.000,00					828.000,00
17		(552.000,00)				(552.000,00)
25		1.280.000,00				1.280.000,00
28	1.920.000,00					1.920.000,00
30		320.000,00				320.000,00
Total	2.748.000,00	2.152.000,00				4.900.000,00

Se o método utilizado fosse o Específico, tanto o estoque final quanto o material aplicado na produção teriam valores de acordo com os valores unitários de cada unidade de matéria-prima especificamente retirada do estoque para uso na produção.

Se o método utilizado fosse o Feps, o valor do estoque final seria pequeno, ou eventualmente até negativo, e o valor do material aplicado seria grande, tendo em vista um regime econômico inflacionário. Evidentemente, pela legislação fiscal deveria ser feito ajuste contábil.

3.8.2 Exercício resolvido nº 2

Considerar os dados do exercício nº 1 com as adaptações necessárias para uma empresa que faz apenas o controle periódico dos estoques. Como consequência, não existem registros das requisições, apenas das aquisições.

Assim, fez-se a contagem física de cada tipo de material, chamado inventário, e concluiu-se pela existência de 1.500 unidades da matéria-prima no exercício. Esse número é a quantidade do estoque final. Para determinar o valor desse estoque, multiplica-se pelo valor unitário das aquisições, de acordo com o método em uso na empresa.

Utilizando-se o método Peps, o valor do estoque final de matéria-prima é:

1.500 unidades × \$ 700,00/unidade = \$ 1.050.000,00

E o valor da matéria-prima aplicada é:

EI + *C* – *EF*

\$ 1.000.000,00 + \$ 4.860.000,00 – \$ 1.050.000,00 = \$ 4.810.000,00

Utilizando-se o método Ueps, se fosse possível, o valor do estoque final de matéria-prima seria:

1.500 unidades × \$ 500,00/unidade = \$ 750.000,00

E o valor da matéria-prima aplicada é:

EI + *C* – *EF*

\$ 1.000.000,00 + \$ 4.860.000,00 – \$ 750.000,00 = \$ 5.110.000,00

Utilizando-se o método Médio, o valor do estoque final de matéria-prima é:

$$1.500 \times \frac{\$\,5.860.000,00^*}{9.500^*} = \$\,925.263,00$$

E o valor da matéria-prima aplicada é:

EI + C – EF

$ 1.000.000,00 + $ 4.860.000,00 – $ 925.263,00 = $ 4.934.737,00

Por esse tipo de controle, só é possível determinar o custo total da matéria-prima aplicada, não sendo possível segregar sua aplicação em cada um dos diferentes produtos fabricados, com utilização de qualquer um dos três métodos.

Pelo método Específico, o valor do estoque final é determinado pelo valor real de aquisição de cada unidade existente fisicamente, e, como consequência, o valor do material aplicado na produção é também determinado pela fórmula:

EI + C – EF

Pelo método Feps, a conclusão é a mesma da solução do exercício nº 1.

Quadro 3.2 *Movimentação da matéria-prima X.*

DATA	MOVIMENTAÇÃO
1º	Compra de 50 unidades a $ 10.000,00/unidade
4	Compra de 20 unidades a $ 10.500,00/unidade
11	Compra de 30 unidades a $ 10.800,00/unidade
14	Requisição de 60 unidades para aplicação no produto A
18	Compra de 35 unidades a $ 11.000,00/unidade
20	Devolução ao depósito de matérias-primas do excesso de 25 unidades das 60 requisitadas no dia 14 para aplicação no produto A
21	Requisição de 40 unidades para aplicação no produto B
25	Compra de 25 unidades a $ 11.100,00/unidade
28	Compra de 15 unidades a $ 11.176,00/unidade
29	Requisição de 35 unidades para aplicação no produto A
30	Requisição de 45 unidades para aplicação no produto B

* Respectivamente, valor e quantidade totais das aquisições (compras) e do estoque inicial.

3.8.3 Exercício resolvido nº 3

Numa empresa que faz controle permanente dos estoques, houve a movimentação da matéria-prima X em um período, conforme Quadro 3.2. Serão determinados os valores do estoque final e da aplicação em cada um dos diferentes produtos que receberam custo no período pelos diversos métodos de valoração dos estoques. Apesar de a apropriação de custos de material ser feita com base nos dados da Nota de Movimentação de Material (Requisição de Material), por facilidade será feita diretamente no formulário Ficha de Controle de Estoque, considerando a inexistência de estoque inicial.

Utilizando o método Peps, tem-se:

Ficha de Controle de Estoque

Material: **Matéria-prima X** Código: ....

Nível de estoque: Máximo: .... Mínimo: ....

Fornecedores: 1) ....
2) ....
3) ....

Data	Entradas				Saídas			Saldo		
	Qde.	Valor Unitário	Valor Total		Qde.	Valor Unitário	Valor Total	Qde.	Valor Total	Valor Médio
1º	50	10.000,00	500.000,00					50	500.000,00	
4	20	10.500,00	210.000,00					70	710.000,00	
11	30	10.800,00	324.000,00					100	1.034.000,00	
14				A	50	10.000,00	500.000,00	50	534.000,00	
				A	10	10.500,00	105.000,00	40	429.000,00	
18	35	11.000,00	385.000,00					75	814.000,00	
20				A	(10)	10.500,00	(105.000,00)	85	919.000,00	
				A	(15)	10.000,00	(150.000,00)	100	1.069.000,00	
21				B	10	10.500,00	105.000,00	90	964.000,00	
				B	30	10.800,00	324.000,00	60	640.000,00	
25	25	11.100,00	277.500,00					85	917.500,00	
28	15	11.176,00	167.640,00					100	1.085.140,00	
29				A	35	11.000,00	385.000,00	65	700.140,00	
30				B	10	10.500,00	105.000,00	55	595.140,00	
				B	15	10.000,00	150.000,00	40	445.140,00	
				B	20	11.100,00	222.000,00	20	223.140,00*	

* O valor do estoque final está na última linha da Ficha de Controle de Estoque.

Data	Mapa de Apuração de Custo de Material — Unidade de Acumulação de Custos					Total
	Nº A	Nº B	Nº	Nº	Nº	
14	500.000,00					500.000,00
	105.000,00					105.000,00
20	(105.000,00)					(105.000,00)
	(150.000,00)					(150.000,00)
21		105.000,00				105.000,00
		324.000,00				324.000,00
29	385.000,00					385.000,00
30		105.000,00				105.000,00
		150.000,00				150.000,00
		222.000,00				222.000,00
Total	735.000,00	906.000,00				1.641.000,00

Utilizando o método Ueps, tem-se:

Ficha de Controle de Estoque

Material: **Matéria-prima X** Código: ....

Nível de estoque: Máximo: .... Mínimo: ....

Fornecedores: 1) ....
2) ....
3) ....

Data	Entradas			Saídas				Saldo		
	Qde.	Valor Unitário	Valor Total		Qde.	Valor Unitário	Valor Total	Qde.	Valor Total	Valor Médio
1º	50	10.000,00	500.000,00					50	500.000,00	
4	20	10.500,00	210.000,00					70	710.000,00	
11	30	10.800,00	324.000,00					100	1.034.000,00	
14				A	30	10.800,00	324.000,00	70	710.000,00	
				A	20	10.500,00	210.000,00	50	500.000,00	
				A	10	10.000,00	100.000,00	40	400.000,00	
18	35	11.000,00	385.000,00					75	785.000,00	
20				A	(10)	10.000,00	(100.000,00)	85	885.000,00	
				A	(15)	10.500,00	(157.500,00)	100	1.042.500,00	
21				B	15	10.500,00	157.500,00	85	885.000,00	
				B	10	10.000,00	100.000,00	75	785.000,00	
				B	15	11.000,00	165.000,00	60	620.000,00	
25	25	11.100,00	277.500,00					85	897.500,00	
28	15	11.176,00	167.640,00					100	1.065.140,00	
29				A	15	11.176,00	167.640,00	85	897.500,00	
30				A	20	11.100,00	222.000,00	65	675.500,00	
				B	5	11.100,00	55.500,00	60	620.000,00	
				B	20	11.000,00	220.000,00	40	400.000,00	
				B	20	10.000,00	200.000,00	20	200.000,00*	

* O valor do estoque final está na última linha da Ficha de Controle de Estoque.

Mapa de Apuração de Custo de Material

Data	Unidade de Acumulação de Custos					Total
	Nº A	Nº B	Nº	Nº	Nº	
14	324.000,00					324.000,00
	210.000,00					210.000,00
	100.000,00					100.000,00
20	(100.000,00)					(100.000,00)
	(157.500,00)					(157.500,00)
21		157.500,00				157.500,00
		100.000,00				100.000,00
		165.000,00				165.000,00
29	167.640,00					167.640,00
	222.000,00					222.000,00
30		55.500,00				55.500,00
		220.000,00				220.000,00
		200.000,00				200.000,00
Total	776.140,00	898.000,00				1.664.140,00

Utilizando o método Médio, tem-se:

Ficha de Controle de Estoque

Material: **Matéria-prima X** Código: ....

Nível de estoque: **Máximo:** .... Mínimo: ....

Fornecedores: 1) ....
2) ....
3) ....

Data	Entradas			Saídas			Saldo		
	Qde.	Valor		Qde.	Valor		Qde.	Valor	
		Unitário	Total		Unitário	Total		Total	Médio
1º	50	10.000,00	500.000,00				50	500.000,00	10.000,00
4	20	10.500,00	210.000,00				70	710.000,00	10.143,00
11	30	10.800,00	324.000,00				100	1.034.000,00	10.340,00
14			A	60	10.340,00	620.400,00	40	413.600,00	10.340,00
18	35	11.000,00	385.000,00				75	798.600,00	10.648,00
20			A	(25)	10.340,00	(258.500,00)	100	1.057.100,00	10.571,00
21			B	40	10.571,00	422.840,00	60	634.260,00	10.571,00
25	25	11.100,00	277.500,00				85	911.760,00	10.727,00
28	15	11.176,00	167.640,00				100	1.079.400,00	10.794,00
29			A	35	10.794,00	377.790,00	65	701.610,00	10.794,00
30			B	45	10.794,00	485.730,00	20	215.880,00 *	10.794,00

* O valor do estoque final está na última linha da Ficha de Controle de Estoque.

Data	Mapa de Apuração de Custo de Material Unidade de Acumulação de Custos					Total
	Nº A	Nº B	Nº	Nº	Nº	
14	620.400,00					620.400,00
20	(258.500,00)					(258.500,00)
21		422.840,00				422.840,00
29	377.790,00					377.790,00
30		485.730,00				485.730,00
Total	739.690,00	908.570,00				1.648.260,00

A utilização dos métodos de custo Específico ou Feps ocasionaria os mesmos efeitos comentados no exercício nº 1.

3.8.4 Exercício resolvido nº 4

Considerar os dados do exercício nº 3, fazendo as adaptações necessárias para uma empresa que faz o controle periódico dos estoques. Como consequência, não existem registros das requisições, mas apenas das aquisições. Assim, fez-se o inventário de todo o material, procedendo-se à contagem física de cada tipo de material no final do período, e concluiu-se pela existência de 20 unidades de matéria-prima. Esse número é a quantidade do estoque final. Para a determinação de seu valor, multiplica-se a quantidade encontrada pelo valor unitário das aquisições, de acordo com o método em uso na empresa.

Utilizando-se o método Peps, o valor do estoque final de matéria-prima é:

$$20 \text{ unidades} \begin{cases} 15 \times \$\ 11.176{,}00 = & \$\ 167.640{,}00 \\ 5 \times \$\ 11.100{,}00 = & \underline{\$\ \ 55.500{,}00} \end{cases}$$
$$\$\ 223.140{,}00$$

Determinado o valor do estoque final e sabendo-se o estoque inicial (zero) e o valor das compras do período ($ 500.000,00 + $ 210.000,00 + $ 324.000,00 + $ 385.000,00 + $ 277.500,00 + $ 167.640,00 = $ 1.864.140,00), chega-se ao custo da matéria-prima aplicada utilizando-se a fórmula *EI* + *C* – *EF*, cujo resultado é: 0 + $ 1.864.140,00 – $ 223.140,00 = $ 1.641.000,00.

Utilizando-se o método Ueps, se fosse possível, o valor do estoque final de matéria--prima é:

$$20 \text{ unidades} \times \$\ 10.000{,}00 = \$\ 200.000{,}00$$

Calculado o valor do estoque final, o valor da matéria-prima aplicada é obtido pela aplicação da fórmula *EI* + *C* – *EF*, cujo resultado é: 0 + $ 1.864.140,00 – $ 200.000,00 = $ 1.664.140,00.

Utilizando-se o método Médio, o valor do estoque final de matéria-prima é:

$$20 \text{ unidades} \times \frac{\$\ 1.864.140{,}00^{*}}{175^{*}} = \$\ 213.045{,}00$$

Determinado o valor do estoque final e sabendo-se o valor das compras e do estoque inicial, aplica-se a fórmula *EI* + *C* – *EF* e obtém-se o custo da matéria-prima aplicada na produção: 0 + $ 1.864.140,00 – $ 213.045,00 = $ 1.651.095,00.

Por esse tipo de controle, só é possível determinar o custo total da matéria-prima aplicada, não sendo possível segregar sua aplicação em cada um dos diferentes produtos fabricados, com utilização de qualquer um dos três métodos.

Pelo método Específico, o valor do estoque final é obtido pela existência física, e, como consequência, o valor do material aplicado na produção é determinado pela mesma fórmula.

Pela utilização do método Feps, cabe nesse exercício o mesmo comentário feito no exercício nº 1.

3.8.5 Exercício resolvido nº 5

Lançar nos livros Diário e Razão os registros da operação de compra a prazo de 10 unidades da matéria-prima X, cujo preço unitário foi $ 50,00, com alíquotas de ICMS de 18% e de IPI de 20%, sendo a empresa compradora contribuinte de ambos os impostos, porém não contribuinte do PIS/Pasep e da Cofins, por ter optado pelo regime de tributação pelo lucro presumido.

Cálculo do ICMS: 18% × $ 50,00/un. = $ 9,00/un.

Cálculo do valor do material sem ICMS: $ 50,00/un. – $ 9,00/un. = $ 41,00/un.

Registros no Diário

Rio de Janeiro, 2 de janeiro de X1

		Débito	Crédito
	Estoques de matéria-prima	410,00	
a	Fornecedores		410,00
	Pela compra de 10 unidades da matéria-prima X a $ 41,00/un., conforme Nota Fiscal nº 001 do fornecedor Fulano Ltda.		
	Tributos a Compensar – ICMS	90,00	
a	Fornecedores		90,00
	Destaque do ICMS contido na aquisição.		
	Tributos a compensar – IPI	100,00	
a	Fornecedores		100,00
	Destaque do IPI contido na aquisição.		

3 Respectivamente, valor e quantidade totais das aquisições (compras) e do estoque inicial.

Ou

	Diversos		
a	Fornecedores		600,00
	Estoques de Matéria-prima	410,00	
	Tributos a Compensar – ICMS	90,00	
	Tributos a Compensar – IPI	100,00	
	Pela aquisição de 10 unidades da matéria-prima X a $ 41,00/un. mais ICMS de 18% e IPI de 20%, conforme NF nº 001 de Fulano Ltda.		

Registros no Razão

Estoques de Matéria-prima X (D)	(C)	Fornecedores (D)	(C)	Tributos a Compensar – ICMS (D)	(C)	Tributos a Compensar – IPI (D)	(C)
410,00			410,00	90,00		100,00	
			90,00				
			100,00				

Ou

Estoques de Matéria-prima X (D)	(C)	Fornecedores (D)	(C)	Tributos a Compensar – ICMS (D)	(C)	Tributos a Compensar – IPI (D)	(C)
410,00			600,00	90,00		100,00	

3.8.6 Exercício resolvido nº 6

Considerando os dados do exercício nº 5, lançar nos livros Diário e Razão o registro de operação de requisição de 8 unidades da matéria-prima X para aplicação no produto A:

Registros no Diário

Rio de Janeiro, 5 de janeiro de X1

	Estoques de Produtos em Elaboração – Produto A	328,00	
a	Estoques de Matéria-prima X		328,00
	Pela requisição de 8 unidades da matéria-prima para aplicação na produção.		

Registros no Razão

Estoques de Matéria-prima X			Estoques de Produtos em Elaboração A	
410,00	328,00		328,00	

3.8.7 Exercício resolvido nº 7

Lançar nos livros Diário e Razão os registros da operação de compra a prazo de 10 unidades da matéria-prima X, cujo preço unitário foi $ 500,00, com alíquotas de ICMS de 18%, de PIS/Pasep de 1,65%, da Cofins 7,60% e de IPI de 20%, sendo a empresa compradora contribuinte de todos eles e tributada pelo regime de lucro real.

Sabe-se que o valor do IPI não está incluído no valor unitário, mas consta destacadamente na nota fiscal de aquisição, numa coluna à parte. Portanto, o valor do material é $ 5.000,00, o valor do IPI (destacado) é $ 1.000,00 e o valor total da nota fiscal é $ 6.000,00.

Cálculo do ICMS: 18% × $ 500,00/un. = $ 90,00/un.

Cálculo do PIS: 1,65% × $ 500,00/un. = $ 8,25/un.

Cálculo do COFINS: 7,6% × $ 500,00/un. = $ 38,00/un.

Cálculo do valor unitário do material sem qualquer tributo: $ 500,00/un. – $ 90,00/un. – $ 8,25 – $ 38,00 = $ 363,75/un.

Registros no Diário

Rio de Janeiro, 2 de janeiro de X1

	Estoques de matéria-prima	3.637,50	
a	Fornecedores		3.637,50
	Pela compra de 10 unidades da matéria-prima X a $ 363,75/un., conforme Nota Fiscal nº 001 do fornecedor Fulano Ltda.		
	Tributos a Compensar – ICMS	900,00	
a	Fornecedores		900,00
	Destaque do ICMS contido na aquisição acima.		
	Tributos a Compensar – PIS	82,50	
a	Fornecedores		82,50
	Destaque do PIS contido na aquisição acima.		

Tributos a Compensar – Cofins 380,00

a Fornecedores 380,00

Destaque do COFINS contido na aquisição acima.

Tributos a Compensar – IPI 1.000,00

a Fornecedores 1.000,00

Destaque do IPI contido na aquisição acima.

Ou

Diversos

a Fornecedores 6.000,00

Estoques de Matéria-prima 3.637,50

Tributos a Compensar – ICMS 900,00

Tributos a Compensar – PIS 82,50

Tributos a Compensar – Cofins 380,00

Tributos a Compensar – IPI 1.000,00

Pela aquisição de 10 unidades da matéria-prima X a $ 363,75/un. mais ICMS de 18%, PIS de 1,65%, Cofins 7,6% e IPI de 20%, conforme NF nº 001 de Fulano Ltda.

Registros no Razão

Estoques de Matéria-prima X		Fornecedores		Tributos a Compensar – ICMS		Tributos a Compensar – PIS/Pasep		Tributos a Compensar – Cofins		Tributos a Compensar – IPI	
3.637,50			3.637,50	900,00		82,50		380,00		1.000,00	
			900,00								
			82,50								
			380,00								
			1.000,00								

Ou

Estoques de Matéria-prima X		Fornecedores		Tributos a Compensar – ICMS		Tributos a Compensar – PIS/Pasep		Tributos a Compensar – Cofins		Tributos a Compensar – IPI	
3.637,50			6.000,00	900,00		82,50		380,00		1.000,00	

3.8.8 Exercício resolvido nº 8

Considerando os dados do exercício nº 7, lançar nos livros Diário e Razão o registro de operação de requisição de 5 unidades da matéria-prima X para aplicação no produto A:

Registros no Diário

Rio de Janeiro, 5 de janeiro de X1

	Estoques de Produtos em Elaboração – Produto A	1.818,75	
a	Estoques de Matéria-prima X		1.818,75
	Pela requisição de 5 unidades da matéria-prima para aplicação na produção.		

Registros no Razão

Estoques de Matéria-prima X		Estoques de Produtos em Elaboração A	
3.637,50	1.818,75	1.818,75	

Resumo

O material é o principal dos três componentes do custo dos bens, menos por sua participação relativa – pois em algumas circunstâncias ela pode ser irrelevante – e mais pela exatidão com que ele pode ser apurado.

Ele é classificado como variável quanto à formação e direto quanto à apuração, embora possa ser classificado como indireto quando sua participação é irrelevante. O material pode ainda ser subdividido em matéria-prima direta e indireta, material auxiliar, material de embalagem e outros.

São descritas as funções dos vários formulários utilizados para seu controle, sendo os mais importantes para apuração de custo a Nota Fiscal, a Ficha de Controle de Estoque e a Nota de Movimentação de Material.

Os métodos de valoração dos materiais são:

- Específico – pelo qual o valor considerado em sua movimentação é o real, correspondente àquela unidade específica que saiu do estoque;
- Peps – Primeiro a Entrar é o Primeiro a Sair – considera como aplicado na produção o valor das primeiras entradas no estoque e como saldo final o valor das últimas, sem qualquer obediência à real movimentação física;
- Ueps – Último a Entrar é o Primeiro a Sair – é o que registra o valor das últimas entradas no estoque como o utilizado na produção, e como estoque final o valor das primeiras entradas no estoque, independentemente da movimentação física ocorrida, que, entretanto, teve sua utilização contábil descontinuada por força das novas normas adotadas (CPC 16);
- Médio – utiliza o valor médio ponderado do estoque inicial e das entradas como aquele a ser considerado para custear tanto as aplicações na produção quanto o saldo remanescente, tendo duas formas, que são: o *médio fixo*, cujo valor a ser praticado no período é único para todas as aplicações e para o saldo, e o *médio móvel,* que tem

seu valor determinado a cada entrada e, portanto, cada saída e cada saldo após esse evento pode apresentar valores médios diferentes; e

- Feps – Futuro a Entrar é o Primeiro a Sair – preconiza a utilização dos valores existentes no mercado para custear as aplicações, sendo um método apenas orçamentário, sem aceitação fiscal e contábil.

Paralelamente a um dos métodos, utiliza-se um dos tipos de controle a seguir:

- Permanente – pelo qual os estoques são controlados permanentemente, ou seja, a cada movimentação se procede aos registros e à atualização do saldo; ou
- Periódico – em que o registro e a atualização do saldo são feitos no final do período, procedendo-se ao inventário físico, e a apuração do custo é obtida pela diferença entre a disponibilidade total (compras mais estoque inicial) e o saldo final.

No Brasil, a legislação fiscal não permite o uso do Ueps ou do Feps para apuração de resultados, seja pelo controle permanente ou periódico.

Existe ainda um método, chamado Fiscal, que avalia os estoques de produtos acabados por 70% do maior preço de venda praticado no período e os de produtos em elaboração por 80% do valor dos produtos acabados, ou por uma vez e meia o maior valor de aquisição de material que compõe o produto acabado.

A contabilização dos materiais é feita por meio de débito nas contas de estoque pelo valor das aquisições (entradas no estoque) líquido dos impostos recuperáveis, e por meio de crédito nessas mesmas contas pelo valor das aplicações na produção (saídas do estoque); os lançamentos inversos são processados quando das devoluções dos excedentes requisitados pela produção e não utilizados; a conta Tributos a Compensar é debitada nas aquisições pelos valores referentes aos tributos compensáveis contidos nas Notas Fiscais e creditada na apuração dos tributos a recolher.

Com o objetivo de fixar conhecimento, são apresentados alguns exercícios resolvidos, inclusive com lançamentos no Diário e no Razão, e propostos vários outros para serem resolvidos, cujo gabarito se encontra no final do capítulo.

Exercícios Propostos

1. O formulário Mapa de Cotação de Preços é utilizado para:

A	Selecionar o fornecedor mais vantajoso.	C	Controlar entradas e saídas de material.
B	Atestar a especificação do material adquirido.	D	Solicitar a compra de material.

2. O formulário utilizado nas empresas cuja função é controlar as entradas, as saídas e o saldo dos materiais e produtos no estoque da empresa é:

A	Solicitação de Verificação de Material.	C	Ficha de Controle de Estoque de Material.
B	Pedido de Cotação de Preços de Material.	D	Nota de Movimentação de Material.

3. A Nota de Movimentação de Material é o formulário utilizado para:

A Controlar entradas, saídas e saldo de material.

B Solicitar a compra de material.

C Atestar a especificação do material adquirido.

D Apropriar o custo da aplicação do material.

4. Um dos formulários que servem de base para preencher a Ficha de Controle de Estoque de material é:

A Mapa de Apuração de Custos de Material.

B Pedido de Cotação de Preços de Material.

C Nota de Movimentação de Material.

D Solicitação de Verificação de Material.

5. O formulário utilizado nas empresas cuja função é apropriar os custos dos materiais aplicados é:

A Pedido de Cotação de Preços de Material.

B Ficha de Controle de Estoque de Material.

C Autorização de Fornecimento.

D Nota de Movimentação de Material.

6. O formulário que serve de base para preencher o Mapa de Apuração de Custos de material é:

A Ficha de Controle de Estoque de Material.

B Pedido de Cotação de Preços de Material.

C Nota de Movimentação de Material.

D Solicitação de Verificação de Material.

7. O formulário Ficha de Controle de Estoque é utilizado para:

A Solicitar a compra de material.

B Apropriar o custo de aplicação do material.

C Selecionar o fornecedor de material mais vantajoso.

D Controlar entradas, saídas e saldo de material.

8. O formulário Mapa de Apuração de Custos de material é utilizado para:

A Solicitar a compra de material.

B Selecionar o fornecedor de material mais vantajoso.

C Apurar o custo do material aplicado em cada produto.

D Atestar a especificação do material adquirido.

Quadro 3.3 *Movimentação da matéria-prima X.*

DATA	MOVIMENTAÇÃO
3	Compra de 80 unidades a $ 5.100,00/unidade.
5	Compra de 220 unidades a $ 5.200,00/unidade.
10	Requisição de 100 unidades para aplicação no produto A.
12	Requisição de 150 unidades para aplicação no produto B.
15	Compra de 250 unidades a $ 5.269,00/unidade.
20	Requisição de 100 unidades para aplicação no produto C.
23	Requisição de 60 unidades para aplicação no produto B.
25	Requisição de 90 unidades para aplicação no produto A.
28	Requisição de 50 unidades para aplicação no produto C.
30	Requisição de 70 unidades para aplicação no produto A.

9. Com base nos dados do Quadro 3.3, considerando um estoque inicial de 200 unidades a $ 5.000,00/unidade, o uso do controle permanente e do método Peps e desconsiderando-se os tributos, apuraram-se como estoque final e custo total de matéria-prima aplicada nos produtos A, B e C os valores de:

A $ 684.970,00 e $ 2.187.520,00.

B $ 650.000,00 e $ 3.219.250,00.

C $ 650.000,00 e $ 2.226.000,00.

D $ 684.970,00 e $ 3.184.280,00.

10. Considerando todas as premissas do exercício anterior, os valores de matéria-prima aplicados nos produtos A, B e C foram:

A $ 1.344.210,00; $ 1.093.140,00 e $ 781.900,00.

B $ 1.306.000,00; $ 1.090.000,00 e $ 791.520,00.

C $ 1.336.830,00; $ 1.067.000,00 e $ 780.450,00.

D $ 1.342.400,00; $ 1.077.600,00 e $ 780.000,00.

11. Considerando a utilização do método Ueps e todas as demais premissas do exercício 9, os valores do estoque final e do custo total aplicado nos produtos A, B e C são:

A $ 650.000,00 e $ 3.219.250,00.

B $ 684.970,00 e $ 3.219.250,00.

C $ 650.000,00 e $ 2.226.000,00.

D $ 688.480,00 e $ 3.187.520,00.

12. Considerando todas as premissas do exercício anterior, os valores de matéria-prima aplicados nos produtos A, B e C foram:

A $ 1.306.000,00; $ 1.090.000,00 e $ 791.520,00.

B $ 1.338.720,00; $ 1.057.000,00 e $ 781.800,00.

C $ 1.344.210,00; $ 1.093.140,00 e $ 781.900,00.

D $ 1.342.400,00; $ 1.077.600,00 e $ 780.000,00.

13. Considerando a utilização do método Médio e todas as demais premissas do exercício 9, os valores do estoque final e do custo total aplicado nos produtos A, B e C são:

A $ 650.000,00 e $ 2.226.000,00.

C $ 650.000,00 e $ 3.226.000,00.

- **B** $ 684.970,00 e $ 3.219.250,00.
- **D** $ 674.245,00 e $ 3.195.005,00.

14. Considerando todas as premissas do exercício anterior, os valores de matéria-prima aplicados nos produtos A, B e C foram:

- **A** $ 1.344.210,00; $ 1.093.140,00 e $ 781.900,00.
- **C** $ 1.306.000,00; $ 1.090.000,00 e $ 791.520,00.
- **B** $ 1.340.240,00; $ 1.076.790,00 e $ 777.975,00.
- **D** $ 1.338.720,00; $ 1.057.000,00 e $ 781.800,00.

15. Utilizando apenas os dados de compra do Quadro 3.3 e o estoque inicial de 200 unidades a $ 5.000,00/unidade em uma empresa que faz o controle periódico dos estoques, ou seja, que não dispõe dos registros das requisições mas apenas dos das aquisições, os valores do estoque final e das aplicações na produção da matéria-prima pelo método Peps e desconsiderando-se os tributos, se o inventário físico indicasse 80 unidades, seriam:

- **A** $ 421.520,00 e $ 3.447.730,00.
- **C** $ 412.720,00 e $ 3.456.530,00.
- **B** $ 400.000,00 e $ 3.469.250,00.
- **D** $ 418.327,00 e $ 3.450.923,00.

16. Os mesmos dados e adaptações previstos no exercício anterior, utilizando o método Ueps, apresentariam os seguintes valores do estoque final e da matéria-prima aplicada na produção:

- **A** $ 421.520,00 e $ 3.447.730,00.
- **C** $ 412.720,00 e $ 3.456.530,00.
- **B** $ 400.000,00 e $ 3.469.250,00.
- **D** $ 418.327,00 e $ 3.450.923,00.

17. Os mesmos dados e adaptações previstos anteriormente, com o uso do método Médio, apresentariam os seguintes valores do estoque final e da matéria-prima aplicada na produção:

- **A** $ 421.520,00 e $ 3.447.730,00.
- **C** $ 412.720,00 e $ 3.456.530,00.
- **B** $ 400.000,00 e $ 3.469.250,00.
- **D** $ 418.327,00 e $ 3.450.923,00.

18. Com base nos dados do Quadro 3.4, considerando um estoque inicial de 120 unidades a $ 3.000,00/unidade, o uso do controle permanente e do método Peps e desconsiderando-se os tributos, apuraram-se como estoque final e custo total de matéria-prima aplicada nos produtos A, B, C, D e E os valores de:

- **A** $ 2.187.520,00 e $ 688.480,00.
- **C** $ 1.370.860,00 e $ 225.200,00.
- **B** $ 1.371.430,00 e $ 224.630,00.
- **D** $ 1.373.200,00 e $ 222.860,00.

19. Considerando todas as premissas do exercício anterior, os valores de matéria-prima aplicados nos produtos A, B, C, D e E foram:

- **A** $ 185.540,00; $ 406.920,00; $ 310.700,00; $ 281.070,00 e $ 187.200,00.
- **C** $ 185.500,00; $ 410.250,00; $ 245.250,00; $ 349.200,00 e $ 183.000,00.
- **B** $ 184.250,00; $ 409.250,00; $ 247.250,00; $ 341.110,00 e $ 189.000,00.
- **D** $ 195.250,00; $ 408.250,00; $ 247.250,00; $ 340.100,00 e $ 190.010,00.

20. Considerando a utilização do método Ueps e todas as demais premissas do exercício 18, os valores do estoque final e do custo total aplicado nos produtos A, B, C, D e E foram:

A $ 2.187.520,00 e $ 688.480,00.
B $ 1.371.430,00 e $ 224.630,00.
C $ 1.370.860,00 e $ 225.200,00.
D $ 1.373.200,00 e $ 222.860,00.

Quadro 3.4 *Movimentação da matéria-prima X.*

DATA	MOVIMENTAÇÃO
2	Compra de 80 unidades a $ 3.125,00/unidade.
3	Requisição de 60 unidades para aplicação no produto D, de 30 unidades para aplicação no produto A e de 50 unidades para aplicação no produto C.
6	Compra de 140 unidades a $ 3.150,00/unidade.
8	Requisição de 20 unidades para aplicação no produto A.
12	Requisição de 100 unidades para aplicação no produto B.
14	Requisição de 60 unidades para aplicação no produto E.
15	Compra de 80 unidades a $ 3.175,00/unidade.
18	Requisição de 50 unidades para aplicação no produto C.
20	Requisição de 30 unidades para aplicação no produto B.
22	Requisição de 10 unidades para aplicação no produto A.
25	Compra de 90 unidades a $ 3.234,00/unidade.
28	Requisição de 50 unidades para aplicação no produto D.
30	Devolução de 20 unidades requisitadas em excesso no dia 18 para aplicação no produto C.

21. Considerando todas as premissas do exercício anterior, os valores de matéria-prima aplicados nos produtos A, B, C, D e E foram:

A $ 185.500,00; $ 410.250,00; $ 245.250,00; $ 349.200,00 e $ 183.000,00.
B $ 184.250,00; $ 409.250,00; $ 247.250,00; $ 341.110,00 e $ 189.000,00.
C $ 195.250,00; $ 408.250,00; $ 247.250,00; $ 340.100,00 e $ 190.010,00.
D $ 185.540,00; $ 406.920,00; $ 310.700,00; $ 281.070,00 e $ 187.200,00.

22. Considerando a utilização do método Médio e todas as demais premissas do exercício 18, os valores do estoque final e do custo total aplicados nos produtos A, B, C, D e E foram:

A $ 2.187.520,00 e $ 688.480,00.
B $ 1.371.430,00 e $ 224.630,00.
C $ 1.370.860,00 e $ 225.200,00.
D $ 1.373.200,00 e $ 222.860,00.

23. Considerando todas as premissas do exercício anterior, os valores de matéria-prima aplicados nos produtos A, B, C, D e E foram:

A	$ 185.540,00; $ 406.920,00; $ 247.420,00; $ 344.350,00 e $ 187.200,00.
B	$ 184.250,00; $ 409.250,00; $ 247.250,00; $ 341.110,00 e $ 189.000,00.
C	$ 195.250,00; $ 408.250,00; $ 247.250,00; $ 340.100,00 e $ 190.010,00.
D	$ 185.500,00; $ 410.250,00; $ 245.250,00; $ 349.200,00 e $ 183.000,00.

24. Se o controle fosse periódico, dos dados anteriores estariam omitidos os registros das aplicações, permanecendo apenas os das aquisições e do estoque anterior (120 un. × $ 3.000,00/un.). Nesse caso, os valores do estoque final e da matéria-prima aplicada na produção pelo método Peps teriam sido:

A	$ 210.000,00 e $ 1.386.060,00.
B	$ 161.700,00 e $ 1.236.060,00.
C	$ 226.380,00 e $ 1.369.680,00.
D	$ 225.200,00 e $ 1.370.860,00.

25. Com os mesmos dados e adaptações considerados no exercício anterior, utilizando o método Ueps, os valores apresentados para estoque final e para aplicação da matéria-prima na produção teriam sido:

A	$ 210.000,00 e $ 1.446.060,00.
B	$ 161.700,00 e $ 1.236.060,00.
C	$ 210.000,00 e $ 1.386.060,00.
D	$ 161.700,00 e $ 1.434.360,00.

26. Utilizando o método Médio e todas as premissas do exercício anterior, os valores do estoque final e da aplicação na produção da matéria-prima teriam sido:

A	$ 219.067,10 e $ 1.376.992,90.
B	$ 150.000,00 e $ 1.439.584,00.
C	$ 161.700,00 e $ 1.596.060,00.
D	$ 156.477,00 e $ 1.439.583,00.

27. De acordo com os dados do Quadro 3.4 e a utilização do controle permanente, se existisse um estoque inicial de 100 unidades a $ 3.000,00/unidade e desconsiderando-se os tributos, o valor da devolução das 20 unidades no dia 30 seria de:

A	$ 63.500,00 pelo método Peps.
B	$ 60.000,00 pelo método Ueps.
C	$ 63.110,00 pelo método Médio.
D	Todas as alternativas.

28. As contas debitada e creditada para registrar as requisições do Quadro 3.4 são, respectivamente:

A	Estoques de Produtos Acabados e Estoques de Produtos em Elaboração.
B	Estoques de Produtos em Elaboração e Estoques de Matéria-prima.
C	Estoques de Matéria-prima e Estoques de Produtos em Elaboração.
D	Estoques de Produtos em Elaboração e Estoques de Produtos Acabados.

29. Numa empresa que utiliza o controle permanente dos estoques e desconsiderando-se os tributos, houve a seguinte movimentação de uma matéria-prima:

DATA	MOVIMENTAÇÃO
1º	Compra de 5 unidades a $ 600,00/unidade.
5	Compra de 20 unidades a $ 650,00/unidade.
10	Compra de 15 unidades a $ 700,00/unidade.
15	Aplicação de 20 unidades na produção.
20	Compra de 10 unidades a $ 750,00/unidade.
25	Compra de 15 unidades a $ 800,00/unidade.
30	Aplicação de 35 unidades na produção.

O valor do estoque final da matéria-prima é de:

A $ 8.000,00 pelo método Peps.
B $ 6.250,00 pelo método Ueps.
C $ 7.740,00 pelo método Médio.
D 1ª e 2ª alternativas.

30. Numa empresa que utiliza o controle permanente dos estoques e desconsiderando-se os tributos, houve a seguinte movimentação de uma matéria-prima:

DATA	MOVIMENTAÇÃO
1º	Compra de 40 unidades a $ 70,00/unidade.
8	Compra de 60 unidades a $ 75,00/unidade.
12	Aplicação de 50 unidades na produção.
16	Compra de 15 unidades a $ 80,00/unidade.
26	Compra de 35 unidades a $ 85,00/unidade.
29	Aplicação de 40 unidades na produção.

Os valores do estoque final e da aplicação na produção da matéria-prima são de:

A $ 4.350,00 e $ 7.125,00 pelo método Ueps.
B $ 4.890,00 e $ 6.585,00 pelo método Peps.
C $ 4.670,00 e $ 6.805,00 pelo método Médio.
D Todas as alternativas.

31. Considerando que a empresa do exercício anterior utiliza o controle periódico dos estoques, isto é, não registra toda a movimentação física durante o período, mas apenas o estoque inicial e as compras efetuadas, no Razão geral da Contabilidade, ao realizar o inventário físico, foram encontradas 38 unidades. Nesse caso, os valores do estoque final e do custo total da matéria-prima aplicada na produção são:

A $ 4.200,00 e $ 7.275,00 pelo método Peps.

B $ 2.660,00 e $ 8.815,00 pelo método Ueps.

C $ 2.907,00 e $ 8.568,00 pelo método Médio.

D 2ª e 3ª alternativas.

Quadro 3.5 *Movimentação da matéria-prima X.*

ITENS		1º PERÍODO	2º PERÍODO	3º PERÍODO
1.	Compras	1.200,00	....	3.000,00
2.	Estoque inicial	....	....	....
3.	Disponibilidade para aplicação	....	....	....
4.	Estoque final	100,00	300,00	....
5.	Custos dos materiais aplicados (CMA)	1.500,00	2.000,00	2.500,00

32. Após efetuar os cálculos e preencher os espaços do Quadro 3.5 e desconsiderando-se os tributos, os valores do estoque inicial nos três períodos são:

A $ 100,00; $ 300,00 e $ 800,00.

B $ 400,00; $ 300,00 e $ 300,00.

C $ 100,00; $ 100,00 e $ 600,00.

D $ 400,00; $ 100,00 e $ 300,00.

33. Não existindo estoque inicial, a empresa que utiliza o controle periódico e o método Médio de avaliação determina o estoque final de matérias-primas pelo preço de aquisição das compras efetuadas, considerando a média aritmética:

A Ponderada da primeira e da última compra.

B Simples da primeira e da última compra.

C Ponderada de todas as compras.

D Simples de todas as compras.

34. Existindo estoque inicial, a empresa que utiliza o controle periódico e o método Médio de avaliação determina o valor do estoque final de matérias-primas pelo preço de aquisição das compras efetuadas e do estoque inicial, considerando a média aritmética:

A Ponderada do estoque inicial e última compra.

B Simples do estoque inicial e última compra.

C Ponderada de todas as compras e estoque inicial.

D Simples de todas as compras e estoque inicial.

35. Numa empresa que utiliza o controle permanente dos estoques e desconsiderando-se os tributos, houve a seguinte movimentação de uma matéria-prima:

DATA	MOVIMENTAÇÃO
1º	Compra de 15 unidades a $ 80,00/unidade.
7	Compra de 35 unidades a $ 100,00/unidade.
15	Aplicação de 40 unidades na produção.
22	Compra de 25 unidades a $ 104,00/unidade.
27	Compra de 15 unidades a $ 110,00/unidade.
30	Aplicação de 30 unidades na produção.

Os valores do estoque final da matéria-prima e de sua aplicação na produção são de:

A $ 2.170,00 e $ 6.780,00 pelo método Peps.

B $ 1.840,00 e $ 7.110,00 pelo método Ueps.

C $ 2.076,00 e $ 6.874,00 pelo método Médio.

D Todas as alternativas.

36. Numa empresa que utiliza o controle permanente dos estoques, houve a seguinte movimentação de uma matéria-prima:

DATA	MOVIMENTAÇÃO
1º	Compra de 60 unidades a $ 250,00/unidade.
9	Compra de 140 unidades a $ 300,00/unidade.
13	Aplicação de 150 unidades na produção.
17	Compra de 50 unidades a $ 325,00/unidade.
24	Compra de 100 unidades a $ 349,00/unidade.
29	Aplicação de 180 unidades na produção.

Os valores do estoque final da matéria-prima e de sua aplicação na produção são de:

A $ 5.000,00 e $ 103.150,00 pelo método Peps.

B $ 6.980,00 e $ 101.170,00 pelo método Ueps.

C $ 6.540,00 e $ 101.610,00 pelo método Médio.

D Todas as alternativas.

37. Se a empresa do exercício anterior utilizasse o controle periódico dos estoques e a contagem física indicasse apenas 15 unidades de estoque final, a resposta seria:

A $ 3.750,00 e $ 104.400,00 pelo método Ueps.

B $ 5.235,00 e $ 102.915,00 pelo método Peps.

C $ 4.635,00 e $ 103.515,00 pelo método Médio.

D Todas as alternativas.

Quadro 3.6 *Movimentação da matéria-prima X.*

Itens	1º Período	2º Período	3º Período
1. Estoque Inicial			
1.1 Quantidade	100 un.	..................un.	..................un.
1.2 Valor unitário	20,00	25,00	....
2. Compra (Entrada)			
2.1 Quantidade	800 un.	700 un.	..................un.
2.2 Valor unitário	25,00	30,00	35,00
3. Aplicação (Saída)			
3.1 Quantidade	600 un.	400 un.	800 un.
4. Estoque Final			
4.1 Quantidade	..............un.	..............un.	100 un.
4.2 Valor Unitário	....	....	....

38. Após completados os espaços do Quadro 3.6, desconsiderando-se os tributos, e considerando o uso do controle permanente, os valores do estoque final e da aplicação da matéria-prima na produção ao fim do 3º período são:

A $ 3.500,00 e $ 50.000,00.

B $ 2.000,00 e $ 51.500,00.

C $ 3.056,00 e $ 50.444,00.

D Todas as alternativas.

Quadro 3.7 *Movimentação da matéria-prima X.*

Itens	1º Período	2º Período	3º Período
1. Estoque Inicial			
1.1 Quantidade	..................un.	..................un.	..................un.
1.2 Valor Unitário	....	....	....
2. Compra (Entrada)			
2.1 Quantidade	500 un.	300 un.	..................un.
2.2 Valor Unitário	40,00	45,00	49,50
3. Aplicação (Saída)			
3.1 Quantidade	600 un.	500 un.	700 un.
4. Estoque Final			
4.1 Quantidade	300 un.	..................un.	50 un.
4.2 Valor Unitário	30,00	....	....

39. Após completados os espaços do Quadro 3.7, desconsiderando-se os tributos e considerando o uso do controle permanente, os valores do estoque final e da aplicação da matéria-prima na produção ao fim do 3º período são:

A $ 2.395,00 e $ 70.280,00.
C $ 1.500,00 e $ 76.175,00.
B $ 2.475,00 e $ 75.200,00.
D 1ª e 3ª alternativas.

Quadro 3.8 *Movimentação da matéria-prima X.*

Itens	1º Período	2º Período	3º Período
1. Estoque Inicial			
1.1 Quantidade	..............un.	50 un.	..............un.
1.2 Valor Unitário	20,00	....	20,00
2. Aquisição no início de cada período			
2.1 Quantidade	600 un.	800 un.	500 un.
2.2 Valor Unitário	21,00	22,00	23,00
3. Aplicação na produção			
3.1 Quantidade	650 un.	820 un.	510 un.
4. Estoque Final			
4.1 Quantidade	..............un.	..............un.	..............un.
4.2 Valor Unitário	....	....	....

40. Após completados os espaços do Quadro 3.8, desconsiderando-se os tributos e considerando o uso do controle permanente, os valores do estoque final e da aplicação da matéria-prima na produção ao fim do 3º período são:

A $ 400,00 e $ 43.300,00.
C $ 437,00 e $ 43.263,00.
B $ 460,00 e $ 43.240,00.
D $ 459,00 e $ 43.241,00.

41. Considerando que os períodos são mensais e que o pagamento será no prazo de 90 dias, o lançamento contábil das aquisições efetuadas no Quadro 3.8 será:

A Estoques de Matéria-prima
a Estoques de Produtos em Elaboração.

C Estoques de Matéria-prima
a Fornecedores.

B Estoques de Matéria-prima
a Caixa.

D Estoques de Produtos em Elaboração
a Estoques de Matéria-prima.

42. Se os pagamentos fossem a vista, a opção correta do exercício anterior seria:

A Estoques de Matéria-prima
a Produtos em Elaboração.

C Estoques de Matéria-prima
a Fornecedores.

B Estoques de Matéria-prima
a Caixa.

D Estoques de Produtos em Elaboração
a Estoques de Matéria-prima.

43. As aplicações da matéria-prima na produção provocam o seguinte lançamento contábil:

A Estoques de Matéria-prima
a Produtos em Elaboração.

C Estoques de Matéria-prima
a Fornecedores.

B Estoques de Matéria-prima
a Caixa.

D Estoques de Produtos em Elaboração
a Estoques de Matéria-prima.

Quadro 3.9 *Movimentação da matéria-prima X.*

Itens	1º Período	2º Período	3º Período
1. Estoque Inicial			
1.1 Quantidade	..............un.	..............un.	..............un.
1.2 Valor Unitário	10,00	....	12,00
2. Aquisição no início do período			
2.1 Quantidade	500 un.	400 un.	600 un.
2.2 Valor Unitário	11,00	12,00	13,00
3. Aplicação na produção			
3.1 Quantidade	400 un.	500 un.	600 un.
4. Estoque Final			
4.1 Quantidade	..............un.	..............un.	50 un.
4.2 Valor Unitário	....	....	....

44. Após completados os espaços do Quadro 3.9, desconsiderando-se os tributos e considerando o uso do controle permanente, os valores do estoque final e da aplicação da matéria-prima na produção ao fim do 3º período são:

A $ 500,00 e $ 18.100,00.

C $ 600,00 e $ 18.000,00.

B $ 550,00 e $ 18.050,00.

D $ 650,00 e $ 17.950,00.

45. Quando o valor unitário da compra subsequente é maior do que o da compra anterior, o valor total do estoque final do material é maior pelo método:

A Peps do que pelo Ueps.

C Ueps do que pelo Peps.

B Médio do que pelo Peps.

D Ueps do que pelo Médio.

Quadro 3.10 *Movimentação da matéria-prima X.*

Itens	1º Período	2º Período	3º Período
1. Estoque Inicial			
1.1 Quantidade	..............un.	200 un.	100 un.
1.2 Valor Unitário	....	25,00	25,80
2. Compra (entrada)			
2.1 Quantidade	700 un.	800 un.	900 un.
2.2 Valor Unitário	25,50	26,00	26,50
3. Aplicação (saída)			
3.1 Quantidade	600 un.	..............un.	700 un.
4. Estoque Final			
4.1 Quantidade	..............un.	..............un.	..............un.
4.2 Valor Unitário	....	....	....

46. Após completados os espaços do Quadro 3.10, desconsiderando-se os tributos e considerando o uso do controle permanente, os valores do estoque final e da aplicação da matéria-prima na produção ao fim do 3º período são:

A $ 7.950,00 e $ 56.700,00.

B $ 7.929,00 e $ 56.721,00.

C $ 7.800,00 e $ 56.850,00.

D $ 6.450,00 e $ 58.200,00.

Quadro 3.11 *Movimentação da matéria-prima X.*

Itens	1º Período	2º Período	3º Período
1. Estoque Inicial			
1.1 Quantidade	..............un.	..............un.	..............un.
1.2 Valor Unitário	....	....	....
2. Compra (Entrada)			
2.1 Quantidade	500 un.	800 un.	..............un.
2.2 Valor Unitário	20,00	21,00	....
3. Aplicação (Saída)			
3.1 Quantidade	600 un.	..............un.	1.800 un.
4. Estoque Final			
4.1 Quantidade	200 un.	400 un.	200 un.
4.2 Valor Unitário	17,00	20,20	21,80

47. Após completados os espaços do Quadro 3.11, desconsiderando-se os tributos e considerando o uso do controle permanente, os valores do estoque final e da aplicação da matéria-prima na produção ao fim do 3º período são:

A $ 5.320,00 e $ 60.600,00.
B $ 4.360,00 e $ 61.560,00.
C $ 4.440,00 e $ 61.480,00.
D $ 2.400,00 e $ 63.520,00.

48. O estoque do material armazenado e disponível para aplicação na produção é resultante das compras efetuadas no período, acrescidas do estoque:

A Final mais estoque inicial.
B Inicial menos estoque final.
C Final apenas, desconsiderando-se o estoque inicial.
D Inicial apenas, desconsiderando-se o estoque final.

49. O custo do material armazenado e aplicado na produção é resultante das compras efetuadas no período acrescidas do estoque:

A Final mais estoque inicial.
B Inicial menos estoque final.
C Final apenas, desconsiderando-se o estoque inicial.
D Inicial apenas, desconsiderando-se o final.

50. Quando o valor unitário da compra subsequente é maior do que o da compra anterior, o valor da aplicação do material na produção é maior pelo método:

A Peps do que pelo Ueps.
B Médio do que pelo Ueps.
C Ueps do que pelo Peps.
D Peps do que pelo Médio.

51. Quando o valor unitário da compra subsequente é menor do que o da compra anterior, o valor das aplicações de uma matéria-prima é menor pelo método:

A Peps do que pelo Ueps.
B Ueps do que pelo Peps.
C Médio do que pelo Ueps.
D Peps do que pelo Médio.

52. Quando o valor unitário da compra subsequente é maior do que o da compra anterior, o valor do material aplicado na produção é menor pelo método:

A Peps do que pelo Ueps.
B Ueps do que pelo Peps.
C Médio do que pelo Peps.
D 1ª e 2ª alternativas.

53. Quando o valor unitário da compra subsequente é maior do que o da compra anterior, o valor do estoque final do material é maior pelo método:

A Peps do que pelo Ueps.
B Médio do que pelo Peps.
C Ueps do que pelo Peps.
D 2ª e 3ª alternativas.

54. Quando o valor unitário da compra subsequente é maior do que o da compra anterior, o valor do estoque final do material é menor pelo método:

A Peps do que pelo Ueps.
B Médio do que pelo Ueps.
C Ueps do que pelo Peps.
D Peps do que pelo Médio.

55. Uma empresa inicia as operações com saldo inicial de $ 1.200,00 na conta Estoques de Produtos Acabados, correspondente a 10 unidades. Se, ao final do período, o saldo continuava com 10 unidades, com o valor de $ 1.200,00, tendo havido produção a um custo unitário de $ 120,00, isto é consequência de:

A Utilização do sistema PEPS para valorização dos estoques.
B Utilização do sistema UEPS para valorização dos estoques.
C Utilização do sistema Médio para valorização dos estoques.
D Todas as alternativas.

56. Uma empresa inicia as operações com saldo inicial de $ 1.200,00 na conta Estoques de Produtos Acabados, correspondente a 10 unidades. Se, ao final do período, o saldo continuava com 10 unidades, com o valor de $ 1.260,00, tendo havido produção a um custo unitário de $ 126,00, isto é consequência de:

A Utilização do sistema PEPS para valorização dos estoques.
B Utilização do sistema UEPS para valorização dos estoques.
C Utilização do sistema Médio para valorização dos estoques.
D Todas as alternativas.

57. Uma empresa inicia as operações com saldo inicial de $ 1.200,00 na conta Estoques de Produtos Acabados, correspondente a 10 unidades. Se, ao final do período, o saldo continuava com 10 unidades, com o valor de $ 1.200,00, tendo havido produção a um custo unitário de $ 126,00, isto é consequência de:

A Utilização do sistema PEPS para valorização dos estoques.
B Utilização do sistema UEPS para valorização dos estoques.
C Utilização do sistema Médio para valorização dos estoques.
D Todas as alternativas.

58. Uma empresa inicia as operações com saldo inicial de $ 1.200,00 na conta Estoques de Produtos Acabados, correspondente a 10 unidades. Se, ao final do período, o saldo continuava com 10 unidades, com o valor de $ 1.250,00, tendo havido produção a um custo unitário de $ 126,00, isto é consequência de:

A Utilização do sistema PEPS para valorização dos estoques.
B Utilização do sistema UEPS para valorização dos estoques.
C Utilização do sistema Médio para valorização dos estoques.
D Todas as alternativas.

59. Na aquisição (compra) de matéria-prima direta para ser utilizada posteriormente na produção dos diversos produtos fabricados, devem ser debitadas e creditadas as seguintes contas, respectivamente:

A	Estoques de Matéria-prima a Fornecedores.	C	Estoques de Material de Produção a Banco X – Conta de Movimento.
B	Estoque de Matéria-prima a Caixa.	D	Qualquer das três alternativas.

60. No exercício 59, a marcação da 1ª opção ocorreria se houvesse:

A	Pagamento em dinheiro, a vista.	C	Prazo para pagamento.
B	Pagamento em cheque, a vista.	D	Pagamento adiantado.

61. No exercício 59, a marcação da 2ª opção ocorreria se houvesse:

A	Pagamento em dinheiro, a vista.	C	Prazo para pagamento.
B	Pagamento em cheque, a vista.	D	Pagamento adiantado.

62. No exercício 59, a marcação da 3ª opção ocorreria se houvesse:

A	Pagamento em dinheiro, a vista.	C	Prazo para pagamento.
B	Pagamento em cheque, a vista.	D	Pagamento adiantado.

63. Na requisição da matéria-prima ao depósito para aplicação na produção dos diversos produtos, requisição esta feita pelo setor de fabricação, devem ser debitadas e creditadas as seguintes contas, respectivamente:

A	Estoques de Matéria-prima a Estoques de Produto em Elaboração.	C	Estoques de Produtos em Elaboração a Fornecedores.
B	Estoques de Matéria-prima a Fornecedores.	D	Estoques de Produtos em Elaboração a Estoques de Matéria-prima.

64. O lançamento que registra débito da conta Estoques de Matéria-prima e crédito de Produtos em Elaboração pode ser resultante de:

A	Transferência de produtos acabados para o estoque.	C	Requisição de produtos acabados para venda.
B	Devolução ao depósito de matéria-prima requisitada.	D	Devolução de venda efetuada por cliente.

65. Na devolução de matéria-prima com defeito ao fornecedor após ter entrado em estoque, devem ser debitadas e creditadas as seguintes contas, respectivamente:

A	Estoques de Matéria-prima a Estoques de Produtos em Elaboração.	C	Estoques de Produtos em Elaboração a Estoques de Matéria-prima.
B	Fornecedores a Estoques de Matéria-prima.	D	Estoques de Matéria-prima a Fornecedores.

66. O excesso de matéria-prima requisitado, porém não utilizado na produção, ao ser devolvido ao depósito, deve ocasionar débito e crédito nas seguintes contas, respectivamente:

A	Estoques de Matéria-prima a Estoques de Produtos Acabados.	C	Estoques de Produtos Acabados a Estoques de Matéria-prima.
B	Estoques de Produtos Acabados a Estoques de Produtos em Elaboração.	D	Estoques de Matéria-prima a Estoques de Produtos em Elaboração.

67. O método do custo Específico para valoração de material deve ser usado nas seguintes condições:

A	Material com grande valor unitário.	C	Regime de produção para estoque.
B	Material com pequeno valor unitário.	D	Regime de produção para consumo próprio.

68. Pelo método de valoração do custo Específico, o material utilizado tem seu custo apropriado à produção pelo valor:

A	Estimado de reposição ao estoque.	C	Real pelo qual o material foi adquirido.
B	Real de reposição ao estoque.	D	Real do material atualmente no mercado.

69. Pelo método Futuro a Entrar é o Primeiro a Sair – Feps –, o material utilizado tem seu custo apropriado à produção pelo valor:

A	Estimado de reposição ao estoque.	C	Real pelo qual o material foi adquirido.
B	Real de reposição ao estoque.	D	Real do material atualmente no mercado.

70. Quando a quantidade em estoque reduzir-se muito, a utilização do método Futuro a Entrar é o Primeiro a Sair – Feps – provocará na conta "Estoques de matéria-prima", em época inflacionária, saldos:

A	Credores, e devedores em épocas deflacionárias.	C	Credores, e credores em épocas deflacionárias.
B	Devedores, e credores em épocas deflacionárias.	D	Devedores, e devedores em épocas deflacionárias.

71. A Lei das Sociedades por Ações estabelece que o estoque de mercadorias e de matérias-primas deve ser determinado entre o valor de aquisição e o valor de mercado:

A	Pela média dos dois.	C	Pelo menor dos dois.
B	Pelo maior dos dois.	D	Apenas pelo valor de mercado.

72. O estoque inicial de um material armazenado para posterior aplicação na produção é resultante das aplicações efetuadas na produção do período, deduzidas das compras do período:

A	E acrescidas do estoque final.	C	Apenas se o estoque final for positivo.
B	Apenas se o estoque final for zero.	D	1ª e 2ª alternativas.

73. O estoque final de um material armazenado para posterior aplicação na produção é resultante das compras efetuadas no período, deduzidas das aplicações na produção:

A	E acrescidas do estoque inicial.	C	Apenas se o estoque inicial for positivo.
B	Apenas se o estoque inicial for zero.	D	1ª e 2ª alternativas.

74. O custo do material armazenado e aplicado na produção é resultante do estoque final do período:

A	Subtraído das compras e do estoque inicial.	C	Somado ao estoque inicial e subtraído das compras.
B	Somado às compras e subtraído do estoque inicial.	D	Somado às compras e ao estoque inicial.

75. No controle periódico de estoques, quando o valor do estoque final resulta da quantidade encontrada de cada material multiplicada pelo valor unitário das *primeiras* entradas registradas no livro Razão de compras, significa que se está utilizando o método:

A	Custo médio móvel.	C	Ueps.
B	Custo médio fixo.	D	Peps.

76. No controle periódico de estoques, quando o valor do estoque final resulta da quantidade encontrada de cada material multiplicada pelo valor unitário das *últimas* entradas registradas no livro Razão de compras, significa que se está utilizando o método:

A	Custo médio móvel.	C	Ueps.
B	Custo médio fixo.	D	Peps.

77. No controle periódico de estoques, quando o valor do estoque final resulta da quantidade encontrada de cada material multiplicada pelo valor unitário da *média aritmética ponderada* das entradas registradas no livro Razão de compras e do estoque inicial, significa que se está utilizando o método:

A	Custo médio móvel.	C	Ueps.
B	Custo médio fixo.	D	Peps.

78. Em uma empresa contribuinte do ICMS e do IPI e não contribuinte do PIS/Pasep e da Cofins, por ter optado pelo regime de tributação pelo lucro presumido, uma nota fiscal de aquisição de 100 unidades de um material, incluindo ICMS de 18% e IPI de 20%, totalizou $ 24.000,00. Esta operação deverá ser registrada na coluna Entrada – Valor Unitário da Ficha de Controle de Estoque pelo valor de:

A	$ 200,00.	C	$ 164,00.

B $ 192,00.
D $ 157,44.

79. Se a empresa do exercício 78 for contribuinte apenas do IPI e não dos demais tributos, a alternativa correta será:

A $ 200,00.
C $ 164,00.
B $ 192,00.
D $ 157,44.

80. Se a empresa do exercício 78 for contribuinte apenas do ICMS e não dos demais tributos, a alternativa correta será:

A $ 204,00.
C $ 192,00.
B $ 196,80.
D $ 164,00.

81. Se a empresa do exercício 78 não for contribuinte dos quatro tributos, a alternativa correta será:

A $ 240,00.
C $ 164,00.
B $ 196,80.
D $ 148,80.

82. Em uma empresa contribuinte do ICMS, do IPI, do PIS/Pasep e da Cofins por ter optado pelo regime de tributação pelo lucro real, uma nota fiscal de aquisição de 100 unidades de um material, incluindo ICMS de 18%, IPI de 20%, PIS/Pasep de 1,65% e da Cofins de 7,60% totalizou $ 240.000,00. Esta operação deverá ser registrada na coluna Entrada – Valor Unitário da Ficha de Controle de Estoque pelo valor de:

A $ 1.455,00.
C $ 2.040,00.
B $ 1.855,00.
D $ 2.400,00.

83. Se a empresa do exercício 82 for contribuinte apenas do IPI e não dos demais tributos, a alternativa correta será:

A $ 1.455,00.
C $ 2.040,00.
B $ 1.855,00.
D $ 2.400,00.

84. Se a empresa do exercício 82 for contribuinte apenas do ICMS e não dos demais tributos, a alternativa correta será:

A $ 1.455,00.
C $ 2.040,00.
B $ 1.855,00.
D $ 2.400,00.

85. Se a empresa do exercício 82 for contribuinte apenas dos quatro tributos, a alternativa correta será:

A $ 1.455,00.
C $ 2.040,00.
B $ 1.855,00.
D $ 2.400,00.

Solução dos exercícios propostos

1 (A)	14 (B)	27 (A)	40 (A)	53 (A)	66 (D)	79 (A)
2 (C)	15 (A)	28 (B)	41 (C)	54 (C)	67 (A)	80 (A)
3 (D)	16 (B)	29 (D)	42 (B)	55 (D)	68 (C)	81 (A)
4 (C)	17 (C)	30 (A)	43 (D)	56 (A)	69 (D)	82 (A)
5 (D)	18 (C)	31 (D)	44 (D)	57 (B)	70 (A)	83 (B)
6 (C)	19 (B)	32 (D)	45 (A)	58 (C)	71 (C)	84 (C)
7 (D)	20 (D)	33 (C)	46 (B)	59 (D)	72 (D)	85 (D)
8 (C)	21 (A)	34 (C)	47 (B)	60 (C)	73 (D)	
9 (D)	22 (B)	35 (D)	48 (D)	61 (A)	74 (A)	
10 (C)	23 (A)	36 (C)	49 (B)	62 (B)	75 (C)	
11 (A)	24 (C)	37 (D)	50 (C)	63 (D)	76 (D)	
12 (C)	25 (C)	38 (A)	51 (B)	64 (B)	77 (B)	
13 (D)	26 (A)	39 (D)	52 (A)	65 (B)	78 (C)	

4

CUSTO DE PESSOAL

4.1 Conceituação

Conforme citado no Capítulo 1, a existência dos bens na natureza é condição indispensável à existência da vida na terra. Qualquer ser vivo, sejam os animais ou os vegetais e o homem, tem a sua existência e sobrevivência totalmente dependentes dos bens que a natureza lhes disponibiliza. Estes bens naturais, sem valor monetário, precisam sofrer transformações, maiores ou menores, para alcançar o estado de consumo ou de utilização.

É a atuação das pessoas sobre as fases de transformação que permite a obtenção de bens nos diversos locais e no estado de consumo ou de utilização pelo homem. Sob esta conceituação, pode-se afirmar que os gastos despendidos com pessoal são os mais importantes deles.

Os gastos com pessoal abrangem todos aqueles despendidos para remunerar as pessoas envolvidas nas diversas atividades desenvolvidas nas empresas. Contabilmente, eles são classificados como custo ou despesa. O primeiro deles refere-se à remuneração do pessoal envolvido na elaboração de bens e serviços; o segundo, àquela do pessoal envolvido nas demais atividades, ou seja, nas atividades de administração e comercialização de bens e serviços. Os gastos de pessoal podem ser atribuídos direta ou indiretamente a um objeto de custeio específico. Tratando-se de custos, se referirão, obviamente, à elaboração de bens e serviços; tratando-se de despesas aos objetos de custeio das áreas de administração e comercialização destes bens e serviços, em um determinado período.

O custo de pessoal está subdividido em dois grandes grupos: a mão de obra direta e a mão de obra indireta. Embora existam outros custos classificáveis como custo de pessoal, eles podem ser perfeitamente enquadrados como custo de mão de obra direta ou de mão de obra indireta, uma vez que ocorrem sempre em função de um dos dois grupos da mão de obra.

Define-se mão de obra direta como a representada pelo tempo dos operários envolvidos diretamente na elaboração de determinado tipo de bem ou serviço, entre os vários tipos que podem ser elaborados numa empresa, numa fábrica ou num setor. É a parcela da mão de obra cujo custo pode ser apropriado diretamente a cada um dos diferentes tipos de bens em elaboração ou de serviços em execução no momento da ocorrência do custo, ou seja, durante o período de execução das atividades. Significa que não é a totalidade da remuneração do período classificável como mão de obra direta, mesmo que se refira à folha de pagamentos do pessoal dos setores exclusivos da elaboração dos bens e serviços, mas apenas à remuneração das horas apropriadas a uma unidade de acumulação de custos ou seja, a um objeto de custeio. Definido o objeto de custeio ou a unidade de acumulação de custos (produto, serviço, projeto, setor, área, atividade), as horas exclusivas daquele objeto de custeio, definido, são classificadas como mão de obra direta.

A mão de obra indireta é a representada pelos operários ou outras categorias profissionais que não estejam envolvidas diretamente na elaboração de determinado tipo de bem ou serviço, entre os vários tipos em elaboração. É a mão de obra comum a vários tipos de bem ou serviço em execução, cuja parcela pertencente a cada uma das funções de custo é impossível de ser determinada no momento da sua ocorrência. A remuneração das horas eventualmente ociosas se inclui neste grupo, uma vez que ela não pode ser apropriada a cada uma das funções que estão acumulando custos no momento da sua ocorrência, a não ser que essas horas ociosas ocorram em um intervalo de tempo durante o período de execução de determinado objeto de custeio e não possam ser utilizadas em outro objeto de custeio.

Assim, os custos de pessoal comuns às diferentes unidades de acumulação de custos ou aos tipos diferentes de bens e serviços podem ser chamados mão de obra indireta, enquanto aqueles específicos a cada tipo diferente de bem ou unidade de acumulação de custos ou ainda os que podem ter a parcela pertencente a cada bem diferente perfeitamente apropriável no momento da sua ocorrência podem ser classificados como mão de obra direta.

Como consequência, não se deve entender como custo direto o valor total do salário e demais encargos periódicos do profissional lotado na área da produção. Será considerado como custo direto apenas o valor das horas dele que forem apropriadas a determinada unidade de acumulação de custos. Assim, das quarenta e quatro horas de jornada semanal de um marceneiro, vamos supor que foram aplicadas (apropriadas) 12 horas ao produto carteira, 20 horas ao produto mesa e 8 horas ao produto cadeira. Neste caso, desejando-se apurar o custo apropriado a cada um dos móveis carteira, mesa e cadeira, será classificado como custo direto apenas o valor correspondente à remuneração da soma das 40 horas que foram apropriadas a cada um dos três produtos; a remuneração das outras 4 horas, que ficaram ociosas, não será classificada como direta, pois não se sabe a qual dos três produtos elas pertencem, no momento da sua ocorrência.

Em algumas condições especiais, como a elaboração de apenas um tipo de bem na empresa, todo o custo de pessoal pode ser classificado como custo direto; ou se a apuração de custo for de um grupo de bens e não de cada um deles separadamente, os custos normalmente classificados como indiretos podem ser classificados como diretos.

Não havendo interesse da gestão da empresa em determinar o custo segregado de cada um dos produtos carteira, mesa e cadeira do exemplo anterior, mas do departamento de móveis de madeira, podem-se classificar não apenas as 40, mas todas as 44 horas do marceneiro como diretas, pois o objeto de custeio deixou de ser cada um dos três diferentes móveis para ser o grupo dos três, conjuntamente, isto é, a totalidade das horas é exclusiva do departamento.

Obviamente, como os próprios títulos identificam, a mão de obra direta é classificada como custo direto e a mão de obra indireta como custo indireto quanto à apuração. Apesar das exceções comentadas no Capítulo 2, a mão de obra direta é normalmente classificada como custo variável e a mão de obra indireta como custo fixo quanto à formação ou quanto à classificação para tomada de decisão.

A fim de melhorar o entendimento das suas características e a forma da sua ocorrência, os gastos ligados ao pessoal deverão ser divididos nos cinco subgrupos, como segue:

a) remunerações diretas;
b) contribuições sociais;
c) encargos trabalhistas;
d) remunerações indiretas; e
e) benefícios concedidos.

4.2 Remunerações diretas

Entende-se como remunerações diretas o conjunto de recursos monetários destinados à remuneração do empregado em contrapartida do trabalho por ele executado em diferentes condições, seja em horário diurno ou noturno, em jornada normal ou extra, em turno fixo ou de revezamento, em condições perigosas ou insalubres; seja como estímulo ou premiação em reconhecimento pelo bom desempenho na execução das tarefas.

Estas remunerações podem ser designadas por salários, comissões, gratificações, bem como pelos diversos adicionais, como os de periculosidade, de insalubridade, noturno e de hora extra, além dos diferentes abonos.

Como salário, considera-se o valor contratado por período mensal, diário ou horário, tendo a folha de pagamentos de abranger todos os dias do mês-calendário, significando considerar 28, 29, 30 ou 31 dias. O pagamento pode ser efetuado mensal, quinzenal ou semanalmente, não podendo, entretanto, ultrapassar o quinto dia útil do mês subsequente, para os mensalistas, segundo a legislação trabalhista brasileira. Para os dois outros grupos, deve ser o quinto dia útil subsequente o período trabalhado.

Para efeito de apuração de custos, independentemente da forma de contratação e de pagamento, deve-se considerar seu valor de acordo com cada caso. Se a jornada semanal é de 44 horas, são consideradas 220 horas por mês, porém o empregado só disponibiliza, em média, 170 horas aproximadamente, para serem aplicadas na elaboração de bens e serviços, tendo em vista que nas 220 horas estão incluídas não só as horas úteis mas também aquelas referentes aos afastamentos remunerados, como férias, repouso semanal e licenças. Veja detalhe do cálculo nos itens seguintes deste Capítulo.

Na maioria dos casos, a apuração do custo de mão de obra é feita por hora apropriada, tendo de determinar o seu valor por hora, independentemente da forma de contratação ou de pagamento.

A comissão é uma forma de remuneração proporcional ao volume de atividade, embora ela nunca seja considerada isoladamente porque, pela legislação brasileira, tem de ser garantido um mínimo, independentemente de qualquer circunstância.

Os adicionais constituem outro tipo de remuneração que, como o próprio nome indica, são valores adicionados a outra remuneração, seja salário ou comissão. Desta forma, o adicional de periculosidade corresponde a um acréscimo de 30% sobre o salário do período em que o empregado está exposto a agentes ou locais com condições perigosas; o de insalubridade é devido àqueles expostos a agentes ou locais com condições insalubres e pode corresponder a 10%, 20% ou 40% do salário mínimo se o grau de insalubridade é, respectivamente, mínimo, médio ou máximo, segundo o art 192 da Consolidação das Leis do Trabalho (CLT), de 1977. Em 09-05-2008, a Súmula Vinculante nº 4 do Superior Tribunal Federal (STF), com base no Inciso IV do Art. 7º da Constituição Federal, vedou a utilização do salário mínimo como indexador de base de cálculo de vantagem de servidor público ou de empregado. Como consequência, o Tribunal Superior do Trabalho (TST), modificou a Súmula 228, definindo que a incidência do percentual seria sobre o salário básico, salvo critério mais vantajoso fixado em instrumento coletivo. Após recurso da Confederação Nacional da Indústria (CNI), o STF suspendeu liminarmente os efeitos da nova redação da Súmula 228 do TST, "até que se tenha base normativa regulamentando a situação, entendendo ser prudente que as empresas continuem a usar o salário mínimo ou o salário normativo (desde que previsto em convenção) como base de cálculo do adicional de insalubridade". Assim, a incidência deve ser, em princípio, sobre o salário mínimo e, se resultar de convenção e for mais vantajoso, sobre o salário básico nela estabelecido.

Já o adicional noturno corresponde a 20% de acréscimo sobre o valor do salário hora normal para a jornada que coincida com o horário entre as 22 horas de um dia e as 5 horas do dia seguinte, além de cada hora corresponder a 52,5 minutos trabalhados. O adicional de hora extra corresponde a, pelo menos, 50% de acréscimo sobre o valor do salário hora normal, para o período excedente da jornada diária normal, segundo a Constituição Federal.

O valor correspondente a cada um dos adicionais deve ser segregado e classificado como custo indireto, independentemente da classificação dada às horas concomitantes despendidas fisicamente, uma vez que, em princípio, o adicional não é identificado com um objeto de custeio específico.

Quando sua ligação for com a mão de obra indireta, não resta dúvida quanto à sua classificação como custo indireto. Quando esta ligação for com a mão de obra direta, atenção especial deve ser dada, de acordo com a forma da sua ocorrência, como pode ser exemplificado a seguir.

Como deverão ser tratadas as horas extras, isto é, aquelas despendidas em jornada extraordinária? Da mesma forma que as horas normais, sem qualquer acréscimo no seu valor. A remuneração adicional, correspondente ao acréscimo mínimo de 50%, segundo a Constituição Federal, é que deverá ser tratada como fixa e indireta, independentemente da classificação dada às horas despendidas fisicamente, pois este adicional é um custo que independe do volume de produção e que não deve onerar apenas aquelas Unidades de Acumulação de Custos que, ocasionalmente, foram executadas naquele horário. Ou seja, estas unidades não devem ser "castigadas" por terem sido executadas naquele horário especial.

Por outro lado, quando as características específicas da tarefa requerem a sua execução fora da jornada normal de trabalho, o adicional será classificado como custo variável e direto. É o caso de um trabalho de auditoria de caixa, constituído de contagem de dinheiro e bilhetes de viagem em uma empresa de transporte, cujo horário mais adequado para a sua execução é após as 23 horas, porque este é o horário em que são encerradas as atividades. Nestas circunstâncias, o excedente da remuneração normal – tanto o adicional de horas extraordinárias quanto o noturno – será custo direto porque é específico daquela tarefa e variável porque a quantidade de recursos despendidos é função do volume de produção.

Outro caso é o inventário de estoques que só possa ser executado sábado e domingo, pelas mesmas razões, tornando o adicional de horas extraordinárias custo direto e variável, porque é específico daquela tarefa e com valor variável em função do volume executado. Este raciocínio aplica-se a qualquer outro adicional (de periculosidade, de insalubridade), ou seja: quando só ocorrer em uma tarefa específica, e somente por causa dela, é direto; quando ocorrer eventualmente naquela ou em qualquer das outras, é indireto.

4.3 Contribuições sociais

As contribuições sociais são recursos despendidos pelas empresas e geridos por órgãos oficiais ou representativos de classes e destinam-se a custear os benefícios previdenciários, educacionais e sociais, não só durante, mas também, após o período laborativo do trabalhador. Elas incidem sobre a remuneração, têm valor definido com exatidão e o seu recolhimento deve ser efetuado mensalmente, em data certa, sendo, portanto, contabilizadas como obrigações, no final de cada período.

Segundo a legislação previdenciária brasileira em vigor, o percentual dessas contribuições, pode totalizar 34,8%, 35,8% ou 36,8% se o tipo de atividade da empresa apresentar riscos de acidentes classificados nos graus leve, médio ou grave, respectivamente.

Como explicitado em cada item, podem existir condições específicas que modificam significativamente tais percentuais, exigindo atenção especial no momento de determinar com precisão o custo do item.

Exceto em alguns grupos de empresas enquadradas no Regime Especial Unificado de Apuração de Tributos e Contribuições devidos pelas Microempresas e Empresas de Pequeno Porte (Simples Nacional), para as demais empresas, as contribuições sociais estão assim decompostas:

a) Contribuição para a Previdência Social..20,0%

Esta contribuição constitui uma parcela dos recursos da previdência e se destina ao custeio das necessidades sociais e assistenciais dos segurados e de seus dependentes. As entidades governamentais são as prestadoras de serviços e benefícios, tais como aposentadoria, auxílio-doença, pensão, salário-família, salário-maternidade, auxílio-funeral, assistência médica, assistência hospitalar etc., que são custeados com este recurso, além de outros.

b) Seguro de acidente de trabalho – SAT:

É uma contribuição que se destina a custear os benefícios oriundos de acidente de trabalho ou doença ocupacional. O percentual em que a empresa é enquadrada depende do risco que a atividade preponderante expõe seus empregados e pode ser:

– Risco leve 1,0%
– Risco médio.. 2,0%
– Risco grave 3,0%

Estes percentuais podem variar para mais, até o dobro, ou para menos, até a metade, de acordo com o Fator Acidentário de Prevenção (FAP), divulgado pela Previdência Social.

O Decreto nº 6.042, de 13-2-2007, estabelece que "*o FAP produzirá efeitos tributários a partir do primeiro dia do quarto mês subsequente ao da sua divulgação*". Em 26-9-2008 foi publicado o Decreto nº 6.577 estabelecendo a divulgação em setembro de cada ano. Com isto, entende-se que, anualmente, a partir de janeiro as empresas tenham os seus percentuais definidos para aplicação no ano corrente.

Este fator é estabelecido, anualmente, em função do desempenho da empresa em relação ao seu setor de atividade, com respeito a acidentes e doenças ocupacionais ocorridos durante o ano anterior. O FAP correlaciona a frequência, a gravidade e o custo dos acidentes de trabalho ou doenças ocupacionais ocorridos na própria empresa com aqueles ocorridos na atividade em que a empresa está enquadrada no Cadastro Nacional de Atividades Econômicas – CNAE. Ele é constituído de um multiplicador que varia num intervalo contínuo de cinquenta centésimos (0,50) até dois inteiros (2,00), sendo sua utilização restrita a apenas duas casas decimais.

O novo percentual será determinado pela aplicação do FAP diretamente sobre o índice no qual a empresa está enquadrada. As empresas enquadradas no risco leve (1,0%) podem ter este percentual estabelecido entre 0,5% e 2,0%; aquelas enquadradas no risco médio (2,0%) entre 1,0% e 4,0%; e as de risco grave (3,0%), entre 1,5% e 6,0%.

Os três níveis percentuais básicos de 1%, 2% e 3%, estabelecidos em função do grau de risco de acidentes de trabalho ou doenças ocupacionais a que a atividade da empresa submete os empregados, podem variar entre 0,5% e 6,0%, como resultado da aplicação dos respectivos FAPs e ainda sofrer acréscimos de 6%, 9% ou 12%. Tais acréscimos percentuais são incidentes sobre a parcela da remuneração aos empregados das empresas cuja atividade desenvolvida os expuser a agentes químicos, físicos ou biológicos, uma vez que eles prejudicam sua saúde ou integridade física ou mental, podendo lhes provocar aposentadorias especiais após 25, 20 ou 15 anos de exposição, respectivamente, em função da redução da capacidade laborativa decorrente desses riscos ambientais do trabalho. Vale ressaltar que os acréscimos de 6%, 9% e 12%, para custear as aposentadorias especiais, incidem apenas sobre a remuneração relativa às horas de exposição àqueles agentes nocivos e não sobre a totalidade da remuneração do grupo. Os recursos arrecadados destinam-se a custear o tratamento, a indenização, o auxílio acidente e a aposentadoria especial resultantes dos acidentes e das condições insalubres do trabalho.

Em função das variáveis citadas, o item pode ter seu percentual muito diferenciado, variando de 0,5% a 18,0%, incidente sobre a remuneração do empregado, de acordo com a importância dada às atividades de prevenção de acidentes e doenças ocupacionais pela empresa, bem como dos diversos tipos de atividade. Evidentemente que o limite inferior (0,5%) só abrange empresas enquadradas no risco leve (1,0%), com o multiplicador FAP 0,5 e sem exposição a atividade que provoque aposentadoria antecipada. Por outro lado, o limite superior (18,0%), são para as enquadradas no risco grave (3,0%), com o multiplicador FAP 2,0 e exposição a atividade que provoque aposentadoria aos 15 anos de exposição (12,0%).

Tal alteração faz com que este seja um item que contribui significativamente para a grande variação do percentual do conjunto dos custos da mão de obra relacionados com a remuneração direta, forçando as empresas a despenderem muita atenção ao gerenciamento dos seus riscos ocupacionais, sejam eles causadores de acidente ou doença ocupacional.

c) Salário-educação..2,5%

O salário-educação destina-se ao financiamento dos programas e projetos do ensino fundamental, sendo 1/3 de sua arrecadação aplicada especificamente na universalização deste nível de ensino, visando reduzir os desníveis socioeducacionais existentes entre as diversas regiões do país, e os 2/3 restantes são utilizados nos programas e projetos do mesmo nível de ensino, porém de modo genérico em todo o país.

d) Serviço Social da Indústria/Serviço Nacional de Aprendizagem Industrial (Sesi/Senai) ou
Serviço Social do Comércio/Serviço Nacional de Aprendizagem do Comércio (Sesc/Senac) ou
Serviço Social do Transporte/Serviço Nacional de Aprendizagem do Transporte (Sest/Senat) ou
Serviço Nacional de Aprendizagem do Cooperativismo (Sescoop) ou
Serviço Nacional de Aprendizagem Rural (Senar)..2,5%

Os recursos deste item destinam-se a programas de desenvolvimento social (1,5%) e de aprendizagem profissional (1,0%) dos empregados ligados a cada um dos setores de atividade (indústria, comércio, transporte, cooperativismo e ruralismo) e dos seus dependentes. Nas empresas contribuintes do Senai com mais de 500 empregados um adicional de 20% incide sobre a taxa básica de 1% e, nesta situação, o percentual apresentado para o item sobe para 2,7%, aumentando a soma do grupo em 0,2%.

Para as empresas financeiras que não contribuem para o Serviço Social da Indústria (Sesi) e o Serviço Nacional de Aprendizagem Industrial (Senai); ou para o Serviço Social do Comércio (Sesc) e o Serviço Nacional de Aprendizagem do Comércio (Senac); ou para o Serviço Social dos Transportes (Sest) e o Serviço Nacional de Aprendizagem dos Transportes (Senat); ou para o Serviço Nacional de Aprendizagem do Cooperativismo (Sescoop); ou para o Serviço Nacional de Aprendizagem Rural (Senar), a contribuição relativa à previdência social (item "a" do Quadro 4.1) é de 22,5%, o que totaliza o mesmo percentual de contribuições sociais aplicável às outras empresas, pois os 2,5% eliminados do item "d" do Quadro 4.1 foram acrescidos ao percentual do item "a".

e) Instituto Nacional da Colonização e Reforma Agrária (Incra) 0,2%

Os recursos do Incra são destinados ao custeio dos programas para manter o cadastro nacional de imóveis rurais, promover a ocupação do campo, regulamentar a questão fundiária e promover a reforma agrária, socializando a distribuição de terras e o assentamento das famílias no campo.

f) Serviço Brasileiro de Apoio às Micro e Pequenas Empresas (Sebrae)................0,6%

Esta contribuição se destina ao custeio dos programas de desenvolvimento gerencial nas pequenas e microempresas, promovendo a competitividade e o desenvolvimento sustentável dos pequenos negócios e fomentando o empreendedorismo, para fortalecer a economia nacional.

g) Fundo de Garantia do Tempo de Serviço (FGTS)..8,0%

O FGTS é um recurso depositado mensalmente em uma conta específica, aberta em nome de cada empregado na Caixa Econômica Federal, que se destina a manter as suas necessidades básicas por ocasião de dispensa imotivada do emprego e para custear outros eventos.

Quadro 4.1 *Resumo das contribuições sociais*

a)	Contribuição para a Previdência Social	20,0%
b)	Seguro de acidente de trabalho:	
	– Risco leve	1,0%
	– Risco médio	2,0%
	– Risco grave	3,0%
c)	Salário-educação	2,5%
d)	Sesi/Senai ou Sesc/Senac ou Sest/Senat ou Sescoop ou Senar	2,5%
e)	Instituto Nacional da Colonização e Reforma Agrária (Incra)	0,2%
f)	Serviço Brasileiro de Apoio às Micro e Pequenas Empresas (Sebrae)	0,6%
g)	Fundo de Garantia do Tempo de Serviço (FGTS)	8,0%
Total		**34,8% 35,8% 36,8%**

Em determinadas circunstâncias, algumas empresas podem substituir a forma de calcular o percentual das Contribuições Sociais, deixando de se basear na remuneração dos empregados e passando a utilizar alíquotas diferenciadas incidentes sobre cada faixa de receita. O nível de faturamento, a atividade desenvolvida, a forma de constituição e a origem do capital social são as principais condições que possibilitam o enquadramento de empresas no Regime Especial Unificado de Apuração de Tributos e Contribuições devidos pelas Microempresas e

Quadro 4.2 *Tabela de faixas de receita e respectivos percentuais das empresas comerciais.*

FAIXA (em R$1.000)	≤180	>180 ≤360	>360 ≤540	>540 ≤720	>720 ≤900	>900 ≤1.080	>1.080 ≤1.260	>1.260 ≤1.440	>1.440 ≤1.620	>1.620 ≤1.800
% Previdência	**2,75**	**2,75**	**2,75**	**2,99**	**3,02**	**3,28**	**3,30**	**3,35**	**3,57**	**3,60 (*)**
% Demais	1,25	2,72	4,09	4,55	4,58	5,00	5,06	5,10	5,46	5,52
SOMA	4,00	5,47	6,84	7,54	7,60	8,28	8,36	8,45	9,03	9,12
FAIXA (em R$1.000)	>1.800 ≤1.980	>1.980 ≤2.160	>2.160 ≤2.340	>2.340 ≤2.520	>2.520 ≤2.700	>2.700 ≤2.880	>2.880 ≤3.060	>3.060 ≤3.240	>3.240 ≤3.420	>3.420 ≤3.600
% Previdência	**3,94**	**3,99**	**4,01**	**4,05**	**4,08**	**4,44**	**4,49**	**4,52**	**4,56**	**4,60**
% Demais	6,01	6,05	6,12	6,18	6,24	6,79	6,83	6,90	6,95	7,01
SOMA	9,95	10,04	10,13	10,23	10,32	11,23	11,32	11,42	11,51	11,61

(*) Nas empresas industriais, esta alíquota muda para 3,62%.

Empresas de Pequeno Porte (Simples Nacional). As empresas comerciais que, satisfazendo as condições, optarem pelo enquadramento, continuarão recolhendo apenas os 8% do FGTS (item "g" do Quadro 4.1) sobre a remuneração dos empregados e substituirão as alíquotas das demais contribuições, que somam 26,8%, 27,8% ou 28,8%, por somente uma alíquota incidente sobre a receita bruta, cujo percentual é específico para cada faixa anual da receita. A tabela do Quadro 4.2 a seguir é uma síntese do Anexo I da Lei Complementar (LC) 123, segregando os percentuais da parcela destinada à Previdência daqueles destinados aos demais tributos.

Os demais tributos, cujos percentuais estão sintetizados no Quadro 4.2, na linha "% Demais", são:

a. Imposto de Renda da Pessoa Jurídica (IRPJ);
b. Contribuição Social sobre o Lucro Líquido (CSLL);
c. Contribuição para Financiamento da Seguridade Social (Cofins);
d. Programa de Integração Social (PIS) ou Programa de Formação do Patrimônio do Servidor Público (Pasep); e
e. Imposto sobre Operações Relativas à Circulação de Mercadorias e sobre Prestações de Serviços de Transporte Interestadual e Intermunicipal e de Comunicações (ICMS).

O percentual sobre as mesmas faixas de receita varia de 1,25%, na primeira faixa, até 7,01%, na última, totalizando um mínimo de 4,00% e um máximo de 11,61%, para cobrir todos os tributos e contribuições devidos pelas empresas enquadradas neste regime de tributação.

Para as empresas industriais, as alíquotas do Anexo II da Lei Complementar (LC) 123 correspondem às mesmas do Anexo I (Quadro 4.2), somadas de 0,50% em cada faixa de receita, para cobrir o Imposto sobre Produtos Industrializados (IPI), não alterando, portanto, os percentuais da parcela destinada à Previdência.

No caso das empresas prestadoras de serviços, que não são tributadas pelo Imposto sobre Operações Relativas à Circulação de Mercadorias e sobre Prestações de Serviços de Transporte Interestadual e Intermunicipal e de Comunicações (ICMS) e nem pelo Imposto sobre Produtos Industrializados (IPI) e são enquadráveis no Simples Nacional, tiveram suas atividades divididas em quatro grupos, com as tabelas de faixas e alíquotas distribuídas nos Anexos III, IV, V e VI da LC 123.

No Anexo III da Lei Complementar (LC) 123 enquadra-se o grupo das empresas que exercem as atividades de locação e corretagem de bens imóveis e as prestadoras de serviços enquadradas no § 5º-B do art. 18 da LC 123, sobre as quais incidem as alíquotas de 6,00%, para a menor faixa de receita até 17,42% para a de maior faixa, incluindo o Imposto sobre Serviços de Qualquer Natureza (ISS). Essas alíquotas reduzem-se para 4,00% até 12,42%, respectivamente, para as empresas de locação de bens imóveis, por não serem tributadas por esse imposto, uma vez que as alíquotas dele variam de um mínimo de 2,00% até um máximo de 5,00%. As parcelas das Contribuições Sociais variam entre o mínimo de 4,00% e o máximo de 7,83%. Os demais tributos são cobertos pela diferença. Assim, eles não têm participação no recolhimento das empresas enquadradas na primeira faixa. Nas faixas subsequentes, as diferenças que lhes são distribuídas vão de 1,42% a 4,59%. A tabela do Quadro 4.3 a seguir, é uma síntese do Anexo III da Lei Complementar (LC) 123, semelhante à do Quadro 4.2.

Quadro 4.3 *Tabela de faixas de receita e respectivos percentuais das empresas que exercem as atividades de corretagem e locação de bens imóveis e as prestadoras de serviços enquadradas no § 5º-B do art. 18 da LC 123.*

FAIXA (em R$1.000)	≤180	>180 ≤360	>360 ≤540	>540 ≤720	>720 ≤900	>900 ≤1.080	>1.080 ≤1.260	>1.260 ≤1.440	>1.440 ≤1.620	>1.620 ≤1.800
% Previdência	**4,00**	**4,00**	**4,07**	**4,47**	**4,52**	**4,92**	**4,97**	**5,03**	**5,37**	**5,42**
% Demais	2,00	4,21	6,19	6,79	6,94	7,50	7,57	7,65	8,18	8,26
SOMA	6,00	8,21	10,26	11,31	11,40	12,42	12,54	12,68	13,55	13,68
FAIXA (em R$1.000)	>1.800 ≤1.980	>1.980 ≤2.160	>2.160 ≤2.340	>2.340 ≤2.520	>2.520 ≤2.700	>2.700 ≤2.880	>2.880 ≤3.060	>3.060 ≤3.240	>3.240 ≤3.420	>3.420 ≤3.600
% Previdência	**5,98**	**6,09**	**6,19**	**6,30**	**6,40**	**7,41**	**7,50**	**7,60**	**7,71**	**7,83**
% Demais	8,95	8,97	9,01	9,05	9,08	9,44	9,48	9,53	9,56	9,59
SOMA	14,93	15,06	15,20	15,35	15,48	16,85	16,98	17,13	17,27	17,42

No Anexo IV da Lei Complementar (LC) 123 está o grupo formado pelas empresas que executam as atividades constantes do § 5º-C do art. 18 da LC 123. Porém, mesmo sendo enquadradas no Simples Nacional, elas não têm o benefício da tributação diferenciada das Contribuições Sociais, isto é, contribuem com as mesmas alíquotas (26,8% ou 27,8% ou 28,8% incidentes sobre a folha de salários) a que estão sujeitas as empresas não enquadradas no Simples Nacional. Elas terão as alíquotas destinadas aos demais tributos e contribuições, incluindo o ISS, variando de um mínimo de 4,50% a um máximo de 16,85%.

O Anexo V da Lei Complementar (LC) 123 abrange as empresas que executam as atividades enquadradas no § 5º-D do art. 18 da LC 123. As alíquotas de cada faixa de receita são subdivididas em oito e estabelecidas na razão inversa da participação da folha de salários na receita da empresa. Isto significa que quanto menor a participação da folha salarial maior é a alíquota. Cada faixa está dividida em oito níveis de participação da folha, quais sejam: <10%; ≤10% e <15%; ≤15% e <20%; ≤20% e <25%; ≤25% e <30%; ≤30% e <35%; ≤35% e <40% e ≥40%. Na menor faixa de receita (até R$ 180.000,00) as alíquotas variam de 17,50% (para menos de 10% de participação da folha salarial na receita) a 8,00% (para participação de 40% ou mais da folha salarial na receita) e, na maior faixa (de R$ 3.420.000,01 a R$ 3.600.000,00) a variação é de 22,90% a 17,18%. Tais empresas ainda terão a adição da alíquota do ISS.

O último grupo é constituído pelas empresas que executam as atividades elencadas no § 5º-I do art. 18 da LC 123 e as alíquotas, incluindo o ISS, variam de 16,93% a 22,45%, com a distribuição integral constante do Anexo VI da lei.

Como visto, as empresas comerciais e industriais e as prestadoras de serviços em algumas atividades enquadradas no Simples Nacional têm percentuais de Contribuições Sociais diferenciados em função do nível de faturamento e, com isso, o total global desses gastos com pessoal apresenta variação. Embora o percentual seja menor em relação às demais empresas que não gozam desse benefício, deve-se atentar para o fato de que a base de incidência é diferente. Nas empresas enquadradas no Simples Nacional estes percentuais incidem sobre a receita e nas demais empresas a incidência é sobre parte dela, que é a folha salarial.

Considerando as bases de incidência diferentes (de 4,00% a 22,90% nas enquadradas no Simples Nacional contra 26,80% a 28,80% nas demais), ao decidir sobre a opção mais vantajosa deve-se verificar qual é a parcela de remuneração do pessoal contida na receita para adotar a menos onerosa para a empresa.

Embora não se possa abster dos outros benefícios decorrentes do enquadramento no Simples Nacional, mas considerando-se apenas o custo de pessoal para efeito de comparação, é vantajoso para as empresas comerciais e industriais de pequeno porte enquadrarem-se no Simples Nacional quando a remuneração do seu pessoal contida na receita for maior que 15,97%, porque neste nível os valores são iguais para as comerciais e industriais enquadradas na faixa máxima do Simples Nacional e as demais, pois 4,6% de 100% é igual a 28,8% de 15,97%. Já para as locadoras de bens imóveis e as prestadoras de serviços constantes do § 5º-B do art. 18 da LC 123, em que o percentual sobre a receita na faixa máxima é maior (7,83%), só é vantajoso se a participação da folha de pessoal for maior do que 27,18% da receita, pois 7,83% de 100% é igual a 28,8% de 27,18%.

As empresas prestadoras de serviço das demais atividades podem estar em desvantagem ainda maior em relação àquelas tributadas pelo lucro presumido considerando os demais tributos, com isso requerendo estudo com mais rigor no momento de decidir sobre a alternativa mais benéfica a adotar.

Por exemplo, uma empresa com atividade constante do § 5º-D do art. 18 da LC 123, que é enquadrada no Anexo V, a alíquota menor é de 17,50%, sem incluir o ISS, se tiver uma folha de pessoal com valor menor do que 10% da receita. Optando em ser tributada pelo lucro presumido a alíquota é de 11,33%, não incluindo o ISS. Com essa opção sobraria 6,17% (17,50% - 11,33%) da sua receita para cobrir os encargos sociais sobre a sua folha. Supondo que a receita fosse de $ 100.000,00 e a folha de pessoal de $ 10.000,00, ao enquadrar no Simples Nacional essa empresa teria uma tributação de R$ 17.500,00 (17,50% x R$ 100.000,00), desconsiderando o ISS e se optasse pelo lucro presumido teria uma tributação de R$ 14.210,00, resultante de 11,33% de R$ 100.000,00 (receita), mais 28,80% de R$ 10.000,00 (folha de pessoal), com uma redução de R$ 3.290,00 em seu custo.

Conforme anteriormente observado, a base de incidência das Contribuições Sociais em algumas empresas enquadradas no Simples Nacional é a receita, enquanto a das não enquadradas é o gasto com pessoal, que é apenas parte daquela. Dessa maneira, quanto mais alta for a participação deste gasto no produto ou serviço, mais vantajoso será para a empresa optar pelo Simples Nacional, pois assim o valor relativo às Contribuições Sociais será menor do que pela alíquota normal. Ao contrário, quanto menor a participação do gasto com pessoal, menos vantajosa será a opção pelo Simples Nacional, pois o valor das Contribuições Sociais será maior do que pela alíquota normal. Exemplificando com dois bens (A e B) comercializados por empresa comercial ou industrial, enquadrada no Anexo I ou II, com o mesmo preço de venda ($ 200,00), porém com participação diferente do gasto com pessoal no valor dos mesmos.

A = Gasto de pessoal com participação de 10% no preço, totalizaria $ 20,00.

Alíquota Normal: 28,8% × $ 20,00 = $ 5,76 de Contribuições Sociais.

Alíquota Simples Nacional: 4,6% × \$ 200,00 = \$ 9,20 de Contribuições Sociais.

É desvantajoso optar pelo Simples Nacional, pois, mesmo com alíquota baixa (4,6%), a base de incidência é muito elevada (\$ 200,00), ao passo que pela tributação Normal, apesar da alíquota alta (28,8%), a base é muito baixa (\$ 20,00).

B = Gasto de pessoal com participação de 30% no preço, totalizaria \$ 60,00.

Alíquota Normal: 28,8% × \$ 60,00 = \$ 17,28 de Contribuições Sociais.

Alíquota Simples Nacional: 4,6% × \$ 200,00 = \$ 9,20 de Contribuições Sociais.

Nesta situação, é mais vantajosa a opção pelo Simples Nacional.

No caso das empresas locadoras de bens imóveis e das prestadoras de serviços nas atividades listadas no § 5º-B do art. 18 da LC 123 em que a alíquota da faixa máxima é 7,83%, o exemplo ficaria:

A = Participação de 10% no preço, o gasto relativo a pessoal totalizaria \$ 20,00.

Alíquota Normal: 28,80% × \$ 20,00 = \$ 5,76 de Contribuições Sociais.

Alíquota Simples Nacional: 7,83% × \$ 200,00 = \$ 15,66 de Contribuições Sociais.

É mais desvantajoso ainda optar pelo Simples Nacional, pois mesmo com alíquota baixa (7,83%), apesar de maior do que a das empresas do outro grupo (4,6%), a base de incidência continua a mesma e muito elevada (\$ 200,00), ao passo que pela tributação normal, apesar da alíquota alta (28,8%), a base é muito baixa (\$ 20,00).

B = Participação de 30% no preço, o gasto relativo a pessoal seria \$ 60,00.

Alíquota Normal: 28,80% × \$ 60,00 = \$ 17,28 de Contribuições Sociais.

Alíquota Simples Nacional: 7,83% × \$ 200,00 = \$ 15,66 de Contribuições Sociais.

Nesta situação, é mais vantajosa a opção pelo Simples Nacional, apesar de ter diminuído a diferença entre as duas situações.

Além das contribuições sociais de sua responsabilidade, incidentes sobre o valor total da folha de pagamento ou sobre o da receita, a empresa recolhe aos agentes arrecadadores o encargo de obrigação do empregado que ela deduz da sua remuneração. Tal encargo é a contrapartida do empregado à contribuição da empresa para custear o programa de previdência social e se resume ao item "a" do Quadro 4.1. Sua incidência se limita a um valor máximo definido pela legislação previdenciária, dividido em três faixas sobre as quais incidem os percentuais de 8%, 9% ou 11%, de acordo com a faixa de remuneração de cada empregado, sendo o menor percentual incidente sobre a menor faixa e o maior percentual sobre a maior faixa, limitada ao máximo de 10 salários de referência. Tal encargo não constitui custo para a empresa, uma vez que ela está recolhendo um valor do qual é apenas depositária temporariamente. Este custo, na verdade, é do empregado e engloba a sua remuneração total e, esta sim, é que se constitui no custo da empresa, do qual o encargo foi deduzido para a determinação do valor líquido a ser recebido pelo empregado.

h) PIS – Folha de pagamento 1,0%

O programa de integração social (PIS) incidente sobre a folha de pagamento é devido pelas entidades sem fins lucrativos, classificadas como isentas, imunes ou dispensadas, tais como universidades, condomínios de imóveis, organizações não governamentais, associações de classe, partidos políticos, entidades religiosas etc. Diferentemente das demais empresas, cuja contribuição é incidente sobre o faturamento, estas entidades contribuem com 1% sobre o valor bruto da folha de pagamento dos seus empregados. São exceções e foram citadas apenas como referência para aqueles que se depararem com a necessidade de determinar o custo desta classe de entidade.

4.4 Encargos trabalhistas

Consideram-se o décimo terceiro salário, as férias e o adicional das férias neste grupo por se constituírem em importâncias devidas pelas empresas aos seus empregados em função do trabalho prestado periodicamente e pagas em diversas épocas, segundo a ocorrência do evento que as provoca.

Para efeito de custos, tais encargos devem ser determinados periodicamente, sendo os períodos os mesmos da apuração de custos. Segundo a legislação fiscal brasileira, eles são dedutíveis, porém têm de ter a sua provisão registrada obrigatoriamente pela contabilidade das empresas, independentemente de haver ou não controle de custos implantado.

São classificadas como provisões e não obrigações porque, apesar de devidas pela empresa ao empregado, elas não têm data e valor definidos com exatidão no momento do provisionamento mensal. Tais dados são conhecidos com precisão para as férias, no gozo delas ou no momento da rescisão do contrato de trabalho, para o décimo terceiro salário no mês de dezembro, quando é paga a segunda parcela, ou no momento da rescisão do contrato de trabalho.

a) Décimo terceiro salário 8,33%

Este encargo corresponde a uma remuneração igual à do mês de dezembro do ano em curso ou do mês da rescisão do contrato de trabalho. Assim, o valor a ser provisionado mensalmente é determinado pela divisão de um mês por 12 meses, o que resulta em 8,33% do salário mensal dos empregados, inclusive o do período das férias. Deve ser considerado que, no regime de contratação por salário horário, o percentual diminui para 8,21%, uma vez que o empregado recebe um décimo terceiro salário equivalente a 30 dias para cada remuneração média anual de 365,25 dias. Vale lembrar que esta provisão deve ser atualizada sempre que ocorrer alteração salarial.

Como não existe fração de salário do mês para efeito de 1/12 do décimo terceiro salário, desconsideram-se as faltas, sendo a provisão o resultado da aplicação do percentual sobre o salário nominal. Ela será arredondada para um mês completo se o empregado estiver à disposição de empresa por 15 ou mais dias no mês e será abandonada caso o número de dias disponibilizados no mês, por faltas não justificadas, seja inferior a 15, considerando-se o mês calendário, ou seja, do primeiro ao último dia de cada mês. Assim, no mês de admissão, o empregado só fará jus a esta remuneração se ela ocorrer até o dia 14 para mês de 28 dias, até o dia 15 para mês de 29 dias, até o dia 16 para mês de 30 dias ou até o dia 17 para mês de 31 dias, e a provisão corresponderá a 1/12 do mês completo. Toda admissão após aquele dia dos meses respectivos provoca abandono deste mês para efeito de décimo terceiro salário e, consequentemente, não haverá provisão. Na demissão, o empregado fará jus a 1/12 do salário todo mês em que ela ocorrer após o dia 14.

Para efeito de exemplo, toma-se um empregado admitido no dia 10 de qualquer mês. Ele terá 1/12 do salário nominal mensal provisionado como décimo terceiro salário neste mês e em cada mês subsequente, até dezembro, quando terá seu valor completado e, após o pagamento, a provisão zerada. Se for despedido em 18 de março de qualquer ano seguinte, ele terá o saldo da provisão de décimo terceiro salário igual a 3/12 do salário atualizado, correspondente aos 2/12 dos meses completos (janeiro e fevereiro) e 1/12 do mês incompleto (março), porém com 15 dias ou mais (18) trabalhados. Caso este empregado tenha sido admitido no dia 20 em vez de no dia 10, não haveria provisão neste mês, mas apenas nos meses subsequentes e, se o seu desligamento tivesse ocorrido em 12 de março, a sua provisão corresponderia a 2/12 do salário, já que março seria abandonado, pois ele só trabalhou 12 dias no mês.

O pagamento deve ser efetuado em duas parcelas, sendo a primeira, que corresponde à metade do salário, efetuada entre os dias 1º de fevereiro e 30 de novembro e a segunda até o dia 20 de dezembro. A primeira parcela, de 50%, pode ser paga por ocasião das férias, sendo o empregado obrigado a fazer a solicitação por escrito até o mês de janeiro.

b) Férias...8,33%

Este encargo corresponde a um período de descanso de 30 dias, como se fosse uma ausência remunerada, após 12 meses completos de trabalho, chamado de período aquisitivo, sendo o período de férias considerado como dias trabalhados. O seu valor corresponde ao do salário vigente no período de gozo desse benefício. Assim, ele pode ser composto por uma parte com um valor e outra com outro, se houver reajuste salarial no período. Por ocasião do desligamento sem justa causa, por iniciativa tanto da empresa quanto do empregado, em qualquer época, é garantido ao empregado o recebimento das férias proporcionais, abandonada a fração menor que 15 dias. Assim, o percentual correspondente a este encargo seria de 8,21%, resultado de 30 dias de férias divididos por 365,25 dias que tem no ano, em média. Entretanto, o mercado definiu o percentual, simplificadamente, em 8,33%, como resultado da divisão de um mês de férias por 12 meses anuais de trabalho.

Os dias de gozo das férias têm de ocorrer nos 12 meses após o período aquisitivo e devem ser concedidos em um único período.

Em casos excepcionais eles podem ser fracionados em dois períodos, sendo um deles nunca inferior a 10 dias, não podendo ser aplicada essa prerrogativa aos empregados menores de 18 e maiores de 50 anos de idade. Ou seja, esses últimos têm de gozar as férias em um único período.

As faltas injustificadas ocorridas durante este período aquisitivo reduzem os dias de férias, conforme quadro a seguir e, nessas circunstâncias, a provisão deve ser recalculada.

Quadro 4.4 *Redução dos dias de férias por faltas.*

FALTAS NO PERÍODO AQUISITIVO					
FALTAS	Até 05	De 06 a 14	De 15 a 23	De 24 a 32	Mais de 32
FÉRIAS	30	24	18	12	0

O período de 30 dias de férias anuais se aplica ao empregado que tem jornada semanal maior que 25 horas. Aquele contratado sob o regime de tempo parcial terá direito às férias, na proporção a seguir.

Quadro 4.5 *Dias de férias para jornada de trabalho reduzida.*

JORNADA SEMANAL (em horas)	>22 e ≤25	>20 e ≤22	>15 e ≤20	>10 e ≤15	>05 e ≤10	Até 05
DIAS DE GOZO	18	16	14	12	10	8

O empregado contratado sob este regime que tiver mais de sete faltas injustificadas ao longo do período aquisitivo terá o período de férias reduzido à metade.

Semelhantemente ao item "a" anterior, não existe fração de mês para efeito de 1/12 das férias, sendo também arredondada para um mês completo a fração igual ou superior a 15 dias. A diferença é que seu efeito só pode ser observado na data do desligamento do empregado, tendo em vista que não se considera o mês calendário, mas sim a data do aniversário mensal. Exemplifica-se com uma admissão em qualquer data cujo mês à disposição da empresa se completa no mesmo dia do mês seguinte, até o 12º mês, quando ele completa o período aquisitivo e adquire o direito às férias, reiniciando o novo período aquisitivo a partir de então. Assim, um empregado admitido no dia 13 de qualquer mês e demitido sem justa causa no dia 20 do 5º mês subsequente fará jus a 4/12 do salário como férias proporcionais por ter completado quatro meses no dia 12, e os 8 dias trabalhados de 13 a 20 do 5º mês devem ser abandonados (menos de 15 dias); se a demissão ocorrer no dia 29 do mesmo mês (e não no dia 20), ele fará jus a 5/12 correspondentes aos 4/12 dos quatro meses completados no dia 12 e mais 1/12 correspondente aos 17 dias (maior ou igual a 15) trabalhados no período do dia 13 ao dia 29 (data do desligamento). Em outro exemplo, um empregado admitido no dia 20 de um mês e demitido no dia 10 do mês seguinte tem direito a 1/12 de férias, porque ele esteve à disposição da empresa por mais de 15 dias e, por outro lado, ele não tem direito ao décimo terceiro salário (item "a"), porque em cada um dos meses ele esteve à disposição menos de 15 dias.

Para o empregado que se afasta por doença ou acidente a legislação estabelece que o direito às férias é integral se ele trabalhou pelo menos seis meses no período aquisitivo. Caso o empregado tenha trabalhado menos de seis meses, perde o período e começa a contar outro novo a partir do dia seguinte ao da alta médica. Portanto, por doença ou acidente, não deve ser interrompida a constituição da provisão, pois, se o afastamento ocorreu após seis meses do início do período aquisitivo, o direito já está garantido, porque o empregado trabalhou seis meses. Por outro lado, se o afastamento se dá antes de completados os seis meses do período aquisitivo, é recomendado continuar a constituir a provisão, porque o afastamento pode ser inferior a seis meses. Quando atingir os seis meses de afastamento, a constituição será interrompida, estornando-se o saldo da provisão, correspondente ao período inferior aos seis meses ocorrido antes do afastamento por mais de seis meses.

Deve ser destacado que a legislação trabalhista permite ao empregado, optar pela conversão de 1/3 do seu período de gozo de férias anuais em abono pecuniário, o que significa, para férias de 30 dias, gozo de 20 dias e recebimento de 40 dias, sendo: 20 dias de férias, mais 10 dias de abono pecuniário das férias e mais os 10 dias de trabalho. Estes últimos 10 dias de remuneração, sobre os quais não incide o adicional constitucional (item "c"), não devem ser considerados como custo extra, já que eles são dias normais de trabalho que proporcionam produção e, assim, apropriados ou alocados às diferentes unidades de acumulação de custos. A opção do empregado pela conversão destes 10 dias em abono pecuniário tem de ser exercida até os últimos 15 dias que antecedem o término do período aquisitivo das férias, o que permite à empresa fazer o planejamento da necessidade exata de contratação da mão de obra substituta dos empregados em gozo de férias de 20 ou de 30 dias por ano de trabalho.

Quando a empresa deixa ultrapassar o segundo período aquisitivo das férias sem concedê-las, elas são devidas em dobro; o percentual do custo que isso representa não foi determinado porque é considerado um erro que não deve ser cometido e só foi aqui citado como advertência.

c) Adicional constitucional das férias...2,78%

Após a promulgação da Constituição de 1988, as regras então existentes referentes às férias permaneceram inalteradas; porém, pelo inciso XVII do art. 7º, as mesmas passaram a ser remuneradas com pelo menos 1/3 a mais do que o salário normal. Com isso, criou-se um custo adicional de 2,78%, denominado adicional constitucional das férias, correspondente a 1/3 do percentual de 8,33% que representa às férias.

Este encargo é derivado do anterior e se constitui de uma fração dele. Portanto, todos os requisitos, restrições e conceitos aplicados às férias se aplicam a ele.

O provisionamento desses dois subitens, da mesma forma que o do décimo terceiro salário, deve incidir também sobre a remuneração das próprias férias. Caso isto não ocorresse, a soma dos dois percentuais seria de 12,12%, como resultado da divisão de um mês de férias por 11 meses anuais de remuneração acrescida do 1/3 de adicional constitucional (item "c").

Deve-se lembrar que se o regime de remuneração for por hora, esses custos (b e c) deverão ser provisionados com outros percentuais, pois a remuneração anual será maior do que 12 meses, embora o custo continue sendo o mesmo. O divisor, neste caso, será 365,25 dias e não 12 meses, e o dividendo 30 dias. Como consequência, os percentuais dos dois encargos somarão 10,95%.

Considerando-se as situações mais comuns, este grupo soma 19,44%, conforme Quadro 4.6.

Quadro 4.6 *Resumo dos encargos trabalhistas.*

a) Décimo-terceiro salário	8,33%
b) Férias	8,33%
c) Adicional constitucional das férias	2,78%
Total	19,44%

4.5 Remunerações indiretas

As remunerações indiretas constituem-se de importâncias devidas pelas empresas a seus empregados e pagas em diversas épocas, segundo a ocorrência do evento que as provoca. Elas são resultantes de dispositivos da Constituição Federal e da legislação trabalhista e previdenciária, e podem ainda ocorrer em função de acordo, dissídio ou convenção coletivos de trabalho, ou mesmo por mera liberalidade das empresas. O direito a essas remunerações é adquirido após o cumprimento de certas obrigações contratuais e, portanto, não depende diretamente da contraprestação do serviço pelo empregado.

Para efeito de custos, tais remunerações devem ser determinadas periodicamente, sendo os períodos os mesmos da apuração de custos. Segundo a legislação fiscal brasileira, elas não são dedutíveis e não devem ser provisionadas contabilmente, pois o fato gerador não ocorreu. Elas devem ser consideradas apenas sob o aspecto gerencial. Entretanto, deve-se optar pela sua contabilização, deduzindo-as do lucro contábil em contrapartida de reservas.

Gerencialmente, os trabalhos de custos devem considerar sua totalidade; entretanto, algumas são específicas de cada empresa ou ocorrem diferentemente em cada uma delas, exigindo que as estruturas de custos sejam montadas de modo a atender a cada uma destas particularidades. Assim, serão relacionadas as mais importantes, cujos valores devem ser considerados para aplicações específicas, em grande número de empresas. A forma de cálculo utilizada e os percentuais definidos não devem ser encarados como finais e definitivos, mas simplesmente como metodologia que estimule o desenvolvimento de outras formas de cálculo para uso em diferentes situações. Tal metodologia deve ser entendida como um roteiro cuja adição ou supressão de alguns itens deve ser processada a fim de tornar este grupo de custos o mais verdadeiro frente a cada caso específico, pois a estrutura será diferente segundo cada objetivo. Assim, o percentual de cada item deve ser determinado em função das peculiaridades da empresa, da região onde ela se encontra etc.

Ao determinar o percentual que representa cada uma das remunerações indiretas há que se considerar a modalidade de apropriação e de controle dos custos da mão de obra. Existem situações que consideram a remuneração mensal do empregado já englobando vários encargos. Por exemplo, se a apuração de custos for de mão de obra cedida por períodos já com os valores mensais, e não por horas efetivamente despendidas, não há que se cogitar feriados, licenças legais e repouso semanal remunerado, pois os mesmos estão inclusos na remuneração mensal. Quando se tratar apenas das horas aplicadas à produção ou à execução das tarefas e o valor da hora for determinado dividindo-se o salário mensal por 220 horas, deve-se considerar o percentual total correspondente a todos os encargos. De outra forma, deverá se considerar o salário mensal dividido pela média de horas disponibilizáveis pelo empregado no período.

Considerando-se a jornada semanal de 44 horas prevista na Constituição Federal do Brasil (5-10-1988) e que o número médio anual de dias é 365,25, tem-se 52,1786 semanas por ano (365,25 ÷ 7) e 2.295,86 horas anuais (52,1786 semanas × 44 horas/semana). Abatendo-se deste total as horas correspondentes às férias, aos feriados e à média das licenças remuneradas, cujo cálculo detalhado está descrito em cada item específico a seguir, chega-se a uma quantidade média de horas disponibilizáveis pelo empregado de aproximadamente 2.000 por ano, correspondentes a 167 por mês ou 38 por semana. Este cálculo médio não é influenciado pelas jornadas de trabalho semanais diferenciadas, tanto as legais (mineiro de subsolo, telefonista = 36 horas) quanto as concedidas por liberalidade (várias empresas de serviço = 40 horas), tendo em vista que todas as remunerações indiretas teriam também redução proporcional, embora percentualmente eles possam, em alguns casos, aumentar.

Por suas características, as remunerações indiretas serão divididas em dois subgrupos. Um deles constituído pelas remunerações que sofrem incidência das contribuições sociais (grupo 4.3) e o outro por aqueles que não sofrem aquela incidência.

4.5.1 Remunerações com incidência das contribuições sociais (grupo 4.3)

Elas são constituídas pelos afastamentos legais e remunerados pelas empresas como se remunerações diretas fossem. Assim, sobre elas incidem todas as contribuições sociais.

a) Licença-paternidade 0,11%

Esta remuneração corresponde a cinco dias úteis de licença remunerada por ocasião de nascimento de filho, de acordo com o § 1º do art. 10 do Ato das Disposições Constitucionais Transitórias (ADCT), combinado com o art. 473 da Consolidação das Leis do Trabalho (CLT). Para a determinação do percentual que representa este custo, foram considerados:

- tempo médio de vida produtiva do empregado;
- taxa média de fecundidade da mulher brasileira;
- quantidade de dias de licença;
- ocorrência em dias úteis.

A partir de dados de 2010 da Fundação Instituto Brasileiro de Geografia e Estatística (IBGE), Correa[1] elaborou tabela de expectativa de vida economicamente ativa para faixa etária a partir de 15 até 60 anos, com intervalo de 5 em 5 anos. Considerando 25 anos como a idade média de ingresso no mercado de trabalho, a expectativa de vida útil é de 29,4 anos. Entretanto, devem ser consideradas, em cada empresa, a política de pessoal praticada, bem como a atividade a que o empregado é submetido. Algumas delas estabelecem limite de idade para manutenção do empregado e algumas atividades, que demandam maior esforço físico, não recomendam a manutenção do empregado após certa idade. Para o cálculo do percentual, será utilizada a média de 30 anos, independentemente dos fatores citados, e taxa de fecundidade de 1,72 filhos por mulher, embora devam ser usados outros índices mais representativos em cada caso específico, de acordo com a política de cada empresa.

A taxa média de fecundidade da mulher brasileira é dependente de diferentes fatores, como descrito adiante. Até por causa da melhora desses fatores, sua redução tem sido progressiva ao longo do tempo, caindo de 6,3 filhos por mulher em 1960 para 2,39 em 2000, decrescendo progressivamente até 1,72 em 2015, conforme projetado no gráfico abaixo publicado pela Fundação Instituto Brasileiro de Geografia e Estatística (IBGE), em 2013.

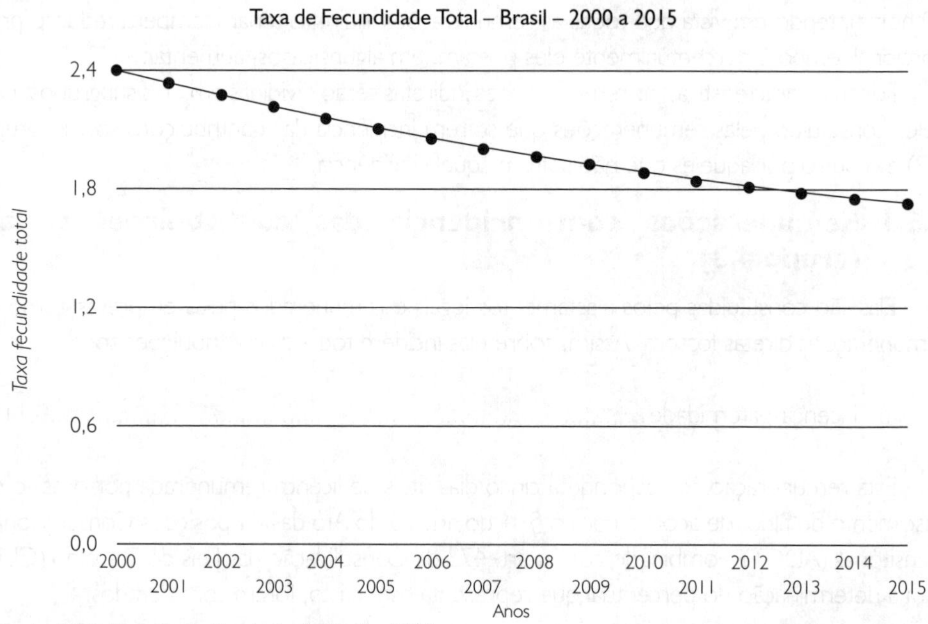

Fonte: IBGE. Projeção da População do Brasil – 2013.

Figura 4.1 *Projeção da taxa de fecundidade no Brasil.*

1 Correa, Charles Henrique. *Expectativa de Vida no Mercado de Trabalho Brasileiro*. Brasília: Trabalhos para Discussão 389 – Banco Central do Brasil, Jun 2015. p. 11.

Assim, com base nas médias de vida laborativa de 30 anos, de taxa de fecundidade de 1,72 filho por mulher, bem como na quantidade de dias de cada licença (5) e na sua ocorrência em dias úteis (5 em 7), o cálculo é o seguinte:

$$(1{,}72 \text{ licença} \times 5 \text{ dias} \div 30 \text{ anos}) : (365{,}25 \text{ dias / ano} \times 5 : 7) = 0{,}0010988 \text{ ou } 0{,}11\%$$

Esse percentual, resultante da média nacional e aplicado sobre o total anual de horas (2.295,86), indica que a empresa remunera, em média e por empregado, 2,52 horas por ano sem receber a contrapartida do trabalho.

Obviamente, este encargo é direito apenas dos empregados do sexo masculino, além de ser função da faixa etária e de condições socioeconômicas e religiosas, pois influenciam muito a renda *per capita* e a escolaridade dos empregados, em particular, e da população da região em que a empresa se localiza, em geral. Enquanto a mulher brasileira de família pobre (menos de ¼ do salário mínimo) tem, em média, 4,3 filhos, aquela das famílias de maior renda tem apenas 1,1 filho; por outro lado enquanto as mulheres que nunca frequentaram a escola têm 4,2 filhos, aquelas com 12 ou mais anos de estudo têm apenas 1 filho. Essas taxas variam também em cada região do país (1,75 no sudeste, 1,92 no sul, 1,93 no centro-oeste, 2,04 no nordeste e 2,51 no norte), segundo o mesmo estudo do IBGE.

A alternativa é realizar um estudo das condições existentes na empresa e na sua área de influência, considerando todos os fatores, e calcular o índice cujo número seja o mais próximo da realidade. Em seguida, levantar o percentual de salários dos empregados do sexo masculino sobre o total da folha e aplicar este sobre o índice encontrado, para definir o índice representativo da empresa. Outra alternativa é fazer incidir o percentual específico encontrado somente sobre os salários dos empregados do sexo masculino, para a constituição da reserva o mais próximo possível da realidade.

b) Licença médica 0,96%

O empregado afastado do trabalho, por doença ou acidente, adquire o direito ao auxílio-doença, que é um seguro previdenciário. Ele pode ser classificado como comum, se oriundo de doenças ou acidentes comuns e, acidentário, se a origem for doença ocupacional ou acidente de trabalho. Vale lembrar que o acidentário gera estabilidade no emprego por um ano após o término do benefício. O auxílio-doença é suportado pela Previdência Social somente a partir do 16º dia de afastamento, significando que a remuneração dos primeiros 15 dias é de responsabilidade da empresa, conforme determina o § 3º do Art. 60 da Lei nº 8.213, de 24/07/1991, "*durante os primeiros quinze dias consecutivos ao do afastamento da atividade por motivo de doença, incumbirá à empresa pagar ao segurado empregado o seu salário integral*".

Este benefício é dependente de observação das ocorrências médias em cada empresa, e as licenças concedidas são normalmente inferiores aos 15 dias, pois dependem do julgamento médico em cada caso. Como média geral no Brasil, considera-se que 35% dos empregados recorrem anualmente a este benefício (comum e acidentário), obtendo 10 dias de licença. Assim, o cálculo é o seguinte:

(10 dias ÷ 365,25 dias) 0,35 = 0,0095825 ou 0,96%

Esta remuneração indireta, de responsabilidade da empresa até os 15 primeiros dias, pode continuar onerando-a porque o empregado não perde o direito às férias e ao décimo terceiro salário até o sexto mês de afastamento, o que corresponde a um mês desses benefícios concedidos em períodos menores que 12 meses de produção, ou seja, a fração fica superior a 1/12.

c) Licença-nojo 0,08%

Corresponde a dois dias úteis de licença por motivo de falecimento de cônjuge, ascendente, descendente, irmão ou pessoa que esteja registrada como dependente do empregado na carteira de trabalho. Estimou-se a ocorrência de três eventos durante os 30 anos de vida produtiva média do brasileiro. A determinação do seu percentual é:

(3 licenças × 2 dias ÷ 30 anos) ÷ (365,25 dias/ano × 5 ÷ 7) = 0,0007666 ou 0,08%

d) Licença-gala 0,05%

Esta licença é de três dias úteis concedidos por ocasião do casamento. Com a instituição do divórcio, é possível haver mais de um casamento, tendo sido considerado 1,2 evento em média. A licença gala é influenciada pela faixa etária, pois os casamentos têm maior incidência entre 25 e 30 anos para os homens e entre 20 e 25 anos para as mulheres. Assim, as empresas que contratam pessoas muito jovens têm esta remuneração indireta onerada e, ao contrário, aquelas que contratam em idade superior a essas faixas têm um percentual menor, que incide indistintamente no salário de empregados de ambos os sexos. Seu percentual foi determinado conforme se segue:

(1,2 licença × 3 dias ÷ 30 anos) ÷ (365,25 dias/ano × 5 ÷ 7) = 0,0004600 ou 0,05%

e) Feriados 2,42%

De acordo com a legislação federal brasileira, essa remuneração indireta constitui-se de 12 feriados anuais, sendo oito[2] nacionais e quatro municipais, nestes incluída a sexta-feira santa.

---

2 1º de janeiro – Confraternização Universal
21 de abril – Tiradentes
1º de maio – Dia do Trabalho
7 de setembro – Independência do Brasil
12 de outubro – Nossa Senhora Aparecida (Padroeira do Brasil)
2 de novembro – Dia de Finados
15 de novembro – Proclamação da República
25 de dezembro – Natal

Além destes, existem outros criados por alguns Estados, que passaram a legislar sobre feriados. Tomando como exemplo o Estado Rio de Janeiro, foram criados os feriados de São Jorge (23 de abril) e da consciência negra – Zumbi (20 de novembro). Assim, o cálculo deve ser efetuado especificamente para o município onde a empresa se localiza, pois em alguns deles pode coincidir um feriado estadual na mesma data do municipal, sendo o caso do município do Rio de Janeiro cujos quatro feriados oficiais são o dia do padroeiro (20 de janeiro), a sexta-feira da paixão (data móvel), o dia de São Jorge (23 de abril) e o dia da consciência negra (20 de novembro), em que os dois últimos são também feriados estaduais.

Além dos feriados permanentes, outros são decretados eventualmente, como aconteceu no município do Rio de Janeiro por ocasião da visita do Papa Francisco realizada em 2013, da Copa do Mundo de Futebol em 2014 e das Olimpíadas em 2016, entre outros.

Considerando apenas os 12 feriados nacionais e municipais previstos na legislação federal, sabe-se que 11 deles podem cair em sábados, domingos ou nas férias. Por essa razão, foi determinada a proporção de 11 dias feriados considerando 335,25/365,25 e 5/7, que correspondem, respectivamente, aos dias trabalhados sem as férias em relação ao total do ano e aos cinco dias úteis em sete de cada semana. Com relação à sexta-feira santa que não coincidirá com sábados e domingos mas poderá coincidir com as férias, usou-se a mesma rotina, desprezando-se os 5/7. A fórmula é:

(11 dias × 335,25 dias ÷ 365,25 dias × 5 ÷ 7) ÷
335,25 dias = 0,021512 ou 2,15%

(1 dia × 335,25 dias ÷ 365,25 dias) ÷
335,25 dias = 0,002738 ou + 0,27%

Soma .... = 2,42%

O índice de 2,42% calculado para esta remuneração indireta pode aumentar significativamente se forem considerados os "feriados" criados por acordos, dissídios ou convenções coletivos de trabalho firmados por determinadas classes profissionais (industriário, comerciário, bancário, securitário etc.) ou ainda por hábitos e costumes de algumas cidades e regiões, tais como segunda-feira e terça-feira de carnaval, os meios expedientes da quarta-feira de cinzas, das vésperas do Natal, do Ano Novo e da sexta-feira da paixão, além de outros dias santificados. Cabe à empresa, para não contrariar os costumes do lugar e não onerar a sua produção, fazer compensações, aumentando a jornada de outros dias. O ideal é recalculá-los a cada ano em função do calendário e das ocorrências efetivas, utilizando nos parâmetros da fórmula os números mais representativos da empresa.

f) Licença para o serviço militar 0,08%

Foi considerada neste item a dispensa remunerada de um dia ao serviço para o alistamento militar e para apresentação anual à circunscrição do serviço militar durante os cinco anos seguintes ao desligamento. Assim, têm-se seis dias úteis de dispensa remunerada durante a vida laborativa dos empregados. O seu cálculo é determinado como se segue:

$$(6 \text{ licenças} \times 1 \text{ dia} \div 30 \text{ anos}) \div (365{,}25 \text{ dias/ano} \times 5 \div 7) = 0{,}0007666 \text{ ou } 0{,}08\%$$

Obviamente, esse percentual incide apenas sobre o salário do pessoal do sexo masculino com faixa etária até 25 anos, ou deve ser recalculado em função da participação da remuneração deste grupo em relação à remuneração total, semelhante à observação feita no item "a" – licença-paternidade.

g) Aviso prévio trabalhado..2,27%

O aviso prévio é a obrigação que o empregador tem de avisar ao empregado e este ao empregador da decisão de interromper o contrato de trabalho. Essa decisão deve ser comunicada a outra parte com uma antecedência de 8 dias se o regime de pagamento for semanal ou menor e de 30 dias se o regime for quinzenal ou mensal ou se decorridos mais de 12 meses do contrato, qualquer que seja a forma de pagamento. Pela Lei 12.506, de 11/10/2011 esses prazos são considerados para empregados com menos de 1 ano de trabalho na mesma empresa. Completado esse período, o aviso prévio será acrescido de 3 dias para cada ano trabalhado, até o limite de 20 anos que correspondem a 60 dias de acréscimo, totalizando, o máximo de 90 dias de antecedência. Significa que para empregado quinzenalista ou mensalista com menos de 11 meses o prazo do aviso é de 30 dias e, com mais de 11 meses é de 33 dias uma vez que os 30 dias de aviso completaria ou ultrapassaria 1 ano, tendo em vista que o período de aviso é equivalente ao trabalhado, seja ele efetivamente trabalhado ou indenizado. Já para o empregado semanalista, o limite para atingir um ano de vínculo e passar a 30 dias de aviso mais o acréscimo de 3 dias por ano subsequente é 358 dias, que somados aos 8 de aviso ultrapassa ou iguala o ano. Segue o quadro resumindo as diversas situações.

Quadro 4.7 *Dias de aviso prévio em função de tempo de serviço*

NÚMERO DE DIAS									
TEMPO DE SERVIÇO	EXPERIÊNCIA (≤90 dias)	>EXPER ≤334	>EXPER ≤335	>EXPER ≤356	>EXPER ≤357	>357 ≤693	>693 ≤1.058	CADA 365	≥7.210
SEMANAL	ZERO	8	8	8	33	33	36	+ 3	90
QUINZENAL ou MENSAL	ZERO	30	33	33	33	33	36	+ 3	90

O aviso prévio trabalhado corresponde a uma redução de duas horas da jornada diária durante o período (oito dias ou trinta dias), a partir da data da comunicação da demissão. Será considerada a média de uma demissão sem justa causa por cada ano de trabalho efetivo na empresa, apesar da possibilidade de existir empregado com muitos anos de emprego e empregado despedido antes de completar um ano. Na primeira hipótese, o custo deste encargo fica reduzido, tendo em vista que a cada ano subsequente o aviso é acrescido de 3 e não 30 dias; na segunda hipótese, ocorre o contrário, reduzindo mais significativamente se o regime de pagamento for semanal, uma vez que o período é de apenas 8 dias, conforme quadro 4.7 acima. Devem ser consideradas também as hipóteses de o empregado solicitar demissão ou provocar uma demissão por justa causa, que reduzem este encargo a zero. Enquadra-se neste caso o desligamento do empregado ao final do contrato de trabalho por prazo determinado; entretanto, deve-se considerar que seu desligamento antes do final do período estipulado provoca uma indenização correspondente a 50% do valor referente ao prazo a cumprir.

Como demonstrado no início desse tópico, o ano tem 52,1786 semanas (365,25 dias ÷ 7 dias) portanto, cada mês tem 4,35 semanas (52,1786 ÷ 12). Assim, se a jornada semanal for de cinco dias com 8 horas e 48 minutos cada, tem-se 10 horas de aviso prévio semanal, o que soma 43,5 horas (10 horas x 4,35 semanas) por mês, sendo o percentual de custo 2,06%, resultante de 43,5 ÷ (2.295,86 – 188,57). Se a jornada semanal for de seis dias, com 7 horas e 20 minutos cada, ou 8 horas de segunda a sexta-feira e 4 horas no sábado, tem-se 12 horas de aviso prévio semanal, o que soma 52,2 horas por mês (12 horas x 4,35 semanas) e o custo passa para 2,48%, resultante de 52,2 ÷ (2.295,86 – 188,57). Com a possibilidade de ocorrência das duas hipóteses (duas horas por dia com jornada semanal de cinco e de seis dias), será adotada a média aritmética simples dos dois valores, que resulta em 2,27%.

Apesar da adoção da média, o ideal é determinar o percentual adequado para ser utilizado por cada empresa em função da política de pessoal adotada e da rotatividade de sua mão de obra. Além disso, após completar o valor total correspondente ao aviso prévio de cada empregado ao completar o primeiro ano, o percentual deve ser recalculado, tendo em vista que nos anos subsequentes o número de dias de aviso por ano é 3 e não 30. Neste período o percentual passaria para 0,23% (10% de 2,27%), uma vez que 3 dias são exatamente 10% de 30. Após o vigésimo ano deve-se suspender o seu custeamento. Deve ser lembrado que, por ocasião de reajuste salarial, o valor acumulado será atualizado pelo mesmo índice do reajuste do salário.

Existem alguns tipos de atividade, ou simplesmente política de pessoal adotada por empresas, que não admitem a permanência do empregado demitido em atividade, ou seja, influenciando negativamente os demais empregados no ambiente de trabalho. Isto resulta num acréscimo substancial de custo, pois o aviso prévio é totalmente indenizado e o seu percentual corresponde a um mês em cada doze meses trabalhados, que é a rotatividade média estimada, resultando em 8,33% no primeiro ano e 0,83% nos subsequentes, analogamente a alternativa do aviso trabalhado. Nesta última hipótese, este encargo deve ser deslocado para o subgrupo 4.5.2, uma vez que as contribuições sociais (4.3), com exceção do FGTS, não incidem sobre o aviso prévio indenizado e não trabalhado.

O percentual do aviso prévio em cada empresa é dependente dos fatores de rotatividade do pessoal e de política de contratação e de demissão, fazendo com que as variações consequentes desses fatores provoquem variações no percentual global de todo o conjunto.

h) Repouso semanal remunerado...16,67%

Este encargo, que se constituía de oito horas semanais por cada 48 horas trabalhadas, teve o seu percentual mantido, pois, apesar da redução da jornada semanal de 48 para 44 horas pela Constituição de 1988, a sua proporção ficou sendo de 7,333 horas dentro da nova jornada, o que resulta nos mesmos 16,67%. Significa que o repouso semanal remunerado é sempre 1/6 da jornada trabalhada, qualquer que seja a quantidade de horas que compõe esta jornada, seja ela normal ou extraordinária.

Este subgrupo soma 22,64%, conforme o Quadro 4.8.

Quadro 4.8 *Resumo das remunerações indiretas com incidência do grupo 4.3.*

a) Licença-paternidade	0,11%
b) Licença médica	0,96%
c) Licença-nojo	0,08%
d) Licença-gala	0,05%
e) Feriados	2,42%
f) Licença para o serviço militar	0,08%
g) Aviso prévio trabalhado	2,27%
h) Repouso semanal remunerado	16,67%
Total	**22,64%**

4.5.2 Remunerações sem incidência das contribuições sociais (grupo 4.3)

Elas constituem os eventos remuneratórios sobre os quais não incidem as contribuições sociais.

a) Aviso prévio indenizado 6,54%

Já comentado e calculado em 4.5.1 – item **g**, este encargo está aqui determinado pela diferença entre o seu percentual integral (8,33%), estabelecido para a rotatividade média de um ano, e a parcela correspondente ao aviso prévio trabalhado (2,27%), aplicando-se sobre o resultado (6,06%) os 8% do FGTS, que é a única contribuição social incidente sobre o mesmo.

Deve ser lembrado que a legislação assegura a projeção do aviso prévio indenizado no cálculo do 13° salário e das férias indenizadas.

b) Adicional na rescisão sem justa causa 3,20%

Esta remuneração corresponde a 40% sobre o saldo da conta do Fundo de Garantia do Tempo de Serviço (FGTS) do empregado dispensado pela empresa sem justa causa. O objetivo é a proteção ao emprego contra a despedida arbitrária ou sem justa causa. Este encargo não ocorre nos casos de dispensa por justa causa e de solicitação de dispensa pelo próprio empregado. Assim, ele depende da política de pessoal da empresa. Considerando-se todas as dispensas sem justa causa, ele seria 40% de 8%, que resultaria em 3,20%. Nos casos de dispensa do empregado por ocorrência de força maior que impeça a continuidade do nível de produção da empresa, a multa cairia de 40% para 20%, reduzindo o adicional para 1,60%.

c) Contribuição Social na rescisão sem justa causa 0,80%

A fim de repor as perdas nas contas do FGTS relativas às reformas do sistema monetário nacional procedidas em 1989 e 1990, foi estabelecida esta contribuição correspondente a 10% incidentes sobre o saldo da conta de FGTS nas dispensas imotivadas do trabalho. Considerando-se todas as dispensas sem justa causa, este encargo seria 10% de 8%, que resultaria em 0,80%. Esta remuneração indireta não beneficia o empregado que a provoca, mas aqueles que possuíam saldo na conta do FGTS naquela ocasião.

Vale ressaltar que após 10 anos de recolhimento dessa contribuição as perdas nas contas do FGTS foram repostas conforme informação da Caixa Econômica Federal (Of nº 038/2012). Entretanto, apesar de o poder legislativo aprovar a sua extinção, em 23/07/2013 o executivo vetou o projeto por entender que haveria impacto no desenvolvimento de programa social e o legislativo manteve o veto.

d) Indenização adicional na rescisão 0,69%

Continua em vigor o dispositivo legal que obriga as empresas ao pagamento de um salário adicional quando a dispensa sem justa causa ocorrer em prazo menor do que os 30 dias da data-base para reajuste dos salários da categoria. Semelhantemente ao aviso prévio indenizado, a determinação desta remuneração indireta depende do índice de rotatividade na empresa. Considerando que sua ocorrência só pode se dar em um dos doze meses do ano, isto é, aquele que antecede o mês da data-base da categoria à qual pertence o empregado, e que a rotatividade média da mão de obra na empresa é de um ano, pode-se estimar o seu valor como sendo 1/12 do salário mensal dividido por 12 meses, já que ele tem o mesmo valor deste (30 dias), porém só pode ocorrer em um mês específico entre os doze de todo o ano. O seu cálculo é:

$$8{,}33\% \div 12 = 0{,}69\% \text{ ou } 1/12 \times 1/12 = 0{,}0069444 \text{ ou } 0{,}69\%$$

O total deste subgrupo soma 11,23%, conforme o Quadro 4.9.

Quadro 4.9 *Resumo das remunerações indiretas sem incidência do grupo 4.3.*

a) Aviso-prévio indenizado	6,54%
b) Adicional na rescisão sem justa causa	3,20%
c) Contribuição Social na rescisão sem justa causa	0,80%
d) Indenização adicional na rescisão	0,69%
Total	**11,23%**

O total das remunerações indiretas com e sem incidência do grupo 4.3 está demonstrado no Quadro 4.10 e soma 33,87%, considerando o período de aviso prévio trabalhado. Se ele for indenizado, o percentual totalizará 33,39%:

Quadro 4.10 *Total das remunerações indiretas com e sem incidência do grupo 4.3.*

Resumo das remunerações indiretas com incidência do grupo 4.3	22,64%
Resumo das remunerações indiretas sem incidência do grupo 4.3	11,23%
Total	**33,87%**

4.6 Benefícios concedidos

Os benefícios concedidos pelas empresas aos seus empregados são resultantes de liberalidade, proporcionando-lhes condições que suprem as deficiências do serviço público, em alguns casos. Em outros casos, os benefícios resultam do cumprimento de dispositivos legais, podendo ainda ocorrer em função de acordo, dissídio ou convenção coletivos de trabalho. Na prática, para muitos empregados, eles podem se constituir em complementação salarial, dada a relevância dos mesmos em relação aos baixos salários percebidos.

O percentual destes benefícios deve ser determinado de acordo com cada empresa, sendo os períodos os mesmos da apuração de custos. Segundo a legislação fiscal brasileira, eles são dedutíveis, desde que fornecidos indistintamente e sem exceção a todos os empregados, devendo ser provisionados contabilmente.

Alguns destes benefícios são específicos de cada empresa ou ocorrem diferentemente em cada uma delas, exigindo que as estruturas de custos sejam montadas de modo a atender a cada uma destas particularidades. Assim, deverão ser seguidas as mesmas observações das remunerações indiretas, sendo os cálculos aqui efetuados apenas ilustrativamente, para estabelecerem um roteiro que sirva para utilização em situações reais em cada empresa.

a) Vale transporte 11,60%

Este benefício é previsto em lei e corresponde efetivamente ao valor despendido pelo empregado no deslocamento da residência para o trabalho e deste para a residência, por meios normais e populares de transporte. O seu valor depende de cada região e do número de meios de transporte necessário. Portanto, a sua variação é muito grande, dependendo do salário de cada empregado e da distância percorrida. A empresa é ressarcida do dispêndio com este benefício concedido até o limite de 6% do salário do empregado.

Para ilustração, tomou-se como exemplo três empregados ("A", "B" e "C") de uma empresa no centro de uma grande cidade, todos eles com o salário de $ 1.000,00. O empregado "A" utiliza diariamente duas passagens (ida e volta) em um modal, no valor de $ 8,00 (2 x $ 4,00); o empregado "B" duas passagens (ida e volta) em dois modais, no valor de $ 16,00 (2 x 2 x $ 4,00) e o empregado "C" três passagens (ida e volta) em três modais, no valor de $ 24,00 (2 x 3 x $ 4,00). Os custos deles representam, respectivamente, 11,6%, 29,2% e 46,4% do salário, conforme demonstrado no Quadro 4.11.

Quadro 4.11 *Custo de transporte de empregado*

EMPREGADO	Nº DE MODAIS	CUSTO/ VIAGEM	CUSTO/ DIA	CUSTO/ MÊS	SALÁRIO	DESCONTO	CUSTO ($)	CUSTO (%)
A	1	4,00	8,00	176,00	1.000,00	60,00	116,00	11,6
B	2	4,00	16,00	352,00	1.000,00	60,00	292,00	29,2
C	3	4,00	24,00	528,00	1.000,00	60,00	468,00	46,8

Deve ser ressaltado que alguns municípios subsidiam o transporte coletivo através do sistema de bilhete único, reduzindo consideravelmente esse custo, embora ainda elevado e diferenciado em função da quantidade de modais utilizados pelo empregado em seu itinerário.

Como demonstrado, são percentuais amplamente díspares. O benefício do empregado B onera a empresa em percentual uma vez e meia ($ 292,00 *versus* $ 116,00) superior ao empregado A e o C em três vezes ($ 464,00 *versus* $ 116,00), fazendo com que muitas empresas estejam rejeitando candidatos com o valor do vale-transporte muito elevado.

O exemplo demonstra ser este benefício um custo muito particular de cada empresa. Para a composição do exemplo será considerado o percentual de 11,60% incidentes sobre a folha de pagamentos, uma vez que além de a maioria dos empregados estarem na situação de uso apenas de um modal (11,60%), existem empregados com salário maior que não utilizam esse benefício por não compensar, tendo em vista que os 6% do salário permitidos a descontar é um valor igual ou maior que o custo.

b) Assistência à saúde..28,00%

É outro benefício concedido pelas empresas espontaneamente ou por negociação sindical. Ele é muito diferenciado em cada empresa. Algumas concedem ao empregado(a), cônjuge e filhos menores, outras só ao empregado(a), podendo ainda descontar parte do custo. O desconto deve ser sempre instituído para evitar a integração ao salário no momento do cálculo das verbas rescisórias, podendo ter reflexo também nas contribuições sociais.

Supondo que um dos empregados exemplificados no *item a – vale-transporte* – tenha esposa e três filhos menores. A empresa contrata um plano de saúde popular com valor mensal de $ 70,00 por beneficiário e o concede a todos que aderirem e autorizarem o desconto de 20% do custo. O percentual acima está calculado como segue:

5 × 70,00 = 350,00 (valor do plano)

20% × 350,00 = 70,00 (desconto – custo do empregado)

diferença = 280,00 (custo da empresa = 28,00% do salário)

c) Vale-refeição..26,40%

Cabem os mesmos comentários do item anterior com a diferença apenas no número de beneficiários, que é apenas um.

Admitindo que o valor razoável de uma refeição popular e saudável é em torno de $ 15,00. Assim, em 22 dois dias úteis no mês, tem-se um custo de $ 330,00. Descontando-se 20%, resultaria em um custo para a empresa de $ 264,00, correspondentes a 26,4%, considerando-se o salário de $ 1.000,00.

Considerem que algumas empresas concedem o vale-alimentação ou cesta básica, concomitante com o vale-refeição, o que onera ainda mais o custo da sua mão de obra.

d) Assistências, ajudas e abonos diversos

Este item corresponde a outros benefícios que podem ser concedidos, em condições semelhantes aos demais. Em algumas categorias profissionais, esses benefícios podem ser conseguidos através de acordos, contratos e dissídios coletivos de trabalho, embora algumas empresas o concedam por simples liberalidade. Apenas como citação, podem ser relacionadas as assistências dentária e farmacêutica; os auxílios relativos a moradia; o seguro de vida; a complementação salarial nas licenças médicas; a gratificação de retorno de férias; os prêmios por tempo de serviço, participação nos lucros, gratificação de balanço; e outros.

Eles são menos comuns e tão diferenciados, que foi deixado a cargo de cada interessado calculá-los nos casos específicos, já que a sistemática a ser utilizada em cada um deles encontrará correspondência e similaridade nos demais itens determinados nos grupos anteriores. Considerem que os últimos citados devem integrar o grupo das remunerações diretas.

Deixou-se de tratar o Programa de Integração Social (PIS) sobre o faturamento, encargo que, apesar de totalmente desvinculado do salário dos empregados de uma empresa com fins lucrativos, se destina à integração social do trabalhador, sendo, portanto, um benefício para ele. Outro item que merece referência é a Contribuição para Financiamento da Seguridade Social (Cofins), como o anterior, também incidente sobre o faturamento e destina-se a complementar a receita da Previdência Social, revertendo-se em benefícios e serviços concedidos aos empregados.

O subgrupo 4.6 totaliza 66,00% da remuneração dos empregados de acordo com os exemplos e critérios utilizados, e está sintetizado no Quadro 4.12.

Quadro 4.12 *Resumo dos benefícios concedidos.*

Item	%
a) Vale transporte	11,60%
b) Assistência à saúde	28,00%
c) Vale refeição	26,40%
d) Assistências, ajudas e abonos diversos	–
Total	**66,00%**

4.7 Incidências recíprocas

Alguns grupos do conjunto de custo de mão de obra sofrem influência de outros, de acordo com as características e a determinação da legislação. Devido à forma de incidência, este item foi subdivido em dois.

4.7.1 Incidências sobre a licença-maternidade

Apesar de o dispêndio com esta licença ser de responsabilidade da Previdência Social, a empresa arca com o custo das contribuições sociais e das férias com o adicional constitucional sobre a licença. Assim, será definido o percentual sobre a licença, que se constitui em custo das empresas.

De forma análoga à licença-paternidade, admitindo 1,72 licença de 120 dias durante a vida laborativa da empregada, tem-se:

1,72 licença × 120 dias ÷ (30 anos × 365,25 dias/ano) = 0,0188364 ou 1,88% (custo da previdência).

Aplicando sobre este percentual as contribuições sociais de 34,8%, 35,8% ou 36,8% e as férias mais o adicional das férias de 11,11%, tem-se:

a) Risco leve [1,88%% × (11,11% + 34,8%)] 0,86%
b) Risco médio [1,88% × (11,11% + 35,8%)] 0,88%
c) Risco grave [1,8,8% × (11,11% + 36,8%)] 0,90%

Deve-se utilizar o percentual das contribuições sociais (34,8%, 35,8% ou 36,8%), ajustado pelo fator acidentário de prevenção (FAP).

Cabem aqui todas as considerações feitas na licença-paternidade.

4.7.2 Incidências sobre encargos trabalhistas e remunerações indiretas

Sobre os Encargos Trabalhistas elencados no grupo 4.4 e sobre as Remunerações Indiretas constituídas pelo subgrupo 4.5.1 incidem as Contribuições Sociais nos percentuais de 34,8%, 35,8% ou 36,8%, resultando nos seguintes acréscimos, de acordo com o risco de acidente de cada empresa:

a) Risco leve [34,8% × (19,44% + 22,64%)] 14,64%
b) Risco médio [35,8% × (19,44% + 22,64%)] 15,06%
c) Risco grave [36,8% × (19,44% + 22,64%)] 15,49%

Deve se considerar a alteração dos percentuais das contribuições sociais em função da incidência do FAP.

As férias não gozadas (integrais ou proporcionais), bem como os dez dias do abono constitucional das mesmas, indenizados por ocasião da rescisão do contrato de trabalho não sofrem a incidência das Contribuições Sociais (grupo 4.3).

Considerando-se a contribuição adicional do Sesi/Senai nas indústrias com mais de 500 empregados e as alíquotas adicionais no seguro de acidente nas empresas cujas atividades provocam aposentadorias especiais, os percentuais referentes às Contribuições Sociais podem sofrer outros acréscimos significativos. Por outro lado, a aplicação do fator acidentário de prevenção pode provocar tanto acréscimo como redução daqueles percentuais.

Há que se ter muito cuidado e um grande senso analítico para determinar-se corretamente todos os componentes do custo de mão de obra, levando-se sempre em consideração a finalidade da sua determinação e o regime de pagamento da empresa, já que muitos deles, tais como feriados, repouso semanal remunerado, licenças remuneradas etc., estão incluídos no salário normal do empregado, em se tratando de remuneração direta mensal.

O percentual total do conjunto de custos não integrantes da remuneração direta que incide sobre a folha de pagamentos variará de empresa para empresa, não só devido às peculiaridades de cada um deles, à complexidade de seu cálculo e das diferentes formas pelas quais eles podem ocorrer, mas também porque muitas empresas concedem variados benefícios espontaneamente. Além disso, podem ser estabelecidos por acordo, dissídio ou convenção coletivos outros benefícios que não foram estudados por não serem de uso generalizado, conforme já exemplificados no item "d" do grupo 4.6, anterior.

Totalizando cada grupo, conforme Quadro 4.13, verifica-se que eles podem ultrapassar 170% do valor da remuneração direta dos empregados. Entretanto, é necessário ter muita cautela quando da citação do percentual total dos custos incidentes sobre a remuneração direta, não os generalizando porque, como já referido, eles não significam 170% de um salário mensal, mas sim este percentual sobre as horas apropriadas quando considerado o salário-hora obtido pela divisão do salário mensal por 220 horas, nas quais estão incluídos férias, feriados, repousos semanais e licenças legais. Levando-se em conta apenas as horas mensais disponibilizadas (167), não devem ser considerados no cálculo o subitem "b" do grupo 4.4 (férias) e todos os do subgrupo 4.5.1, constituídos pelos afastamentos legais remunerados.

Quadro 4.13 *Resumo geral dos custos de mão de obra, além dos salários.*

QUADRO	GRUPO	RISCO DE ACIDENTE (%)		
		LEVE	MÉDIO	GRAVE
4.1	4.3 – Contribuições sociais (*)	34,80	35,80	36,80
4.6	4.4 – Encargos trabalhistas	19,44	19,44	19,44
4.8	4.5.1 – Remunerações indiretas com incidência de 4.3	22,64	22,64	22,64
4.9	4.5.2 – Remunerações indiretas sem incidência de 4.3	11,23	11,23	11,23
4.11	4.6 – Benefícios concedidos	66,00	66,00	66,00
-	4.7.1 – Incidências recíprocas sobre a licença-maternidade	0,86	0,88	0,90
-	4.7.1 – Incidências recíprocas sobre encargos trabalhistas e remunerações indiretas	14,64	15,06	15,49
-	**Total geral**	**169,61**	**171,05**	**172,50**

(*) Considerar as alterações dos percentuais em função da incidência do FAP.

4.8 Considerações gerais sobre custo da mão de obra

Tomando como exemplo um empregado que recebe remuneração direta mensal de $ 1.100,00 por 220 horas legais por mês, chega-se ao valor horário de $ 5,00, que, adicionado dos 170% não referentes aos custos dela, passa para $ 13,50 por hora. Ao apropriar-se a totalidade das horas disponíveis (167 em média), tem-se um custo de $ 2.254,50 como resultado de $ 13,50/h × 167 h. De outra forma, se a remuneração direta mensal for dividida por 167 horas disponíveis para obter-se $ 6,59 por hora, os custos não referentes à remuneração direta terão um percentual menor (± 105%), pois vários deles estão incluídos no salário-hora maior. Nas empresas que não estão sujeitas a todos eles, mas apenas aos legais, exclusive os benefícios, este percentual baixa significativamente até um limite mínimo de 61%, considerando os obrigatórios 34,80% das contribuições sociais, mais os 19,44% dos encargos trabalhistas, com 6,76% da incidência dos primeiros sobre os últimos.

Esses percentuais indicam a magnitude e a relevância deste grupo de custos, sugerindo o cuidado com que deve ser tratado. Já que são determinados por um percentual sobre a remuneração direta do pessoal, esses custos podem ser subdivididos em direto e indireto, conforme incidam sobre a mão de obra direta ou indireta.

Nos trabalhos relacionados a orçamento, deve ser considerada a forma de pagamento da mão de obra para se determinar o percentual adequado de encargos incidentes, tendo em vista que alguns deles já estão incluídos no salário mensal do empregado, devendo ser excluídos do total os percentuais correspondentes aos mesmos. Se a determinação for sobre horas efetivamente trabalhadas, deverá ser utilizada para custo a taxa integral quando o valor da hora for determinado dividindo-se o salário mensal por 220 horas.

Como custo de mão de obra direta entende-se aquele cujos valores são apropriáveis a cada tipo específico de trabalho ou de função de custo ou de unidade de acumulação de custo, ou seja, identificado a cada objeto de custeio. É o operário que se ocupa por período de tempo definido elaborando exclusivamente um tipo de produto ou executando uma função específica de custo.

Como custo de mão de obra indireta entende-se aquele cujos valores são comuns a vários tipos diferentes de produto ou a funções diferentes de custo. É o caso do supervisor ocupado na supervisão de operários que executam tarefas diferentes ou de operários que fabricam produtos diferentes, ao mesmo tempo, sem possibilidade de segregação das horas despendidas em cada um deles, considerando-se que a unidade de acumulação de custos seja tarefa ou produto. A mesma classificação poderia ter o salário do operário que ficou em treinamento e afastado da produção, bem como daquele que em determinado período permaneceu ocioso, ou seja, não teve suas horas apropriadas a um dos tipos diferentes de produto no período. Deve-se esclarecer que caso estendam-se por períodos prolongados, apesar de continuarem classificados como indiretos, esses afastamentos deixam de ser tratados como custos e passam a ter o tratamento das despesas.

4.9 Formulários

Para apuração e controle do custo de pessoal, da mesma forma que para o custo de material, utilizam-se formulários, mormente quando se trata do controle sobre mão de obra relacionada à elaboração de bens e serviços. São apresentados alguns modelos de uso generalizado e sugeridos outros que, em algumas circunstâncias, podem ser mais adequados.

4.9.1 Cartão de ponto

De acordo com o § 2º do art 74 da Consolidação das Leis do Trabalho – CLT, "para os estabelecimentos de mais de dez trabalhadores será obrigatória a anotação da hora de entrada e de saída, em registro manual, mecânico ou eletrônico".

Assim, o Cartão de Ponto é uma forma de controle da frequência do pessoal, que dá suporte para a confecção das Folhas de Pagamento e também pode servir como recibo de pagamento de salário. Esse formulário ainda permite a indicação do número de horas disponíveis em cada setor da empresa, no período, para fins de estudos comparativos e determinação de índices. Nas empresas em que se apuram custos de cada órgão, este formulário pode servir para apropriação dos custos da mão de obra. Da mesma forma, se cada órgão produzir apenas um tipo de produto, ele possibilitará a apropriação do custo da mão de obra aplicada sobre cada produto, sem apresentar distorções significativas. De uso generalizado, o Cartão de Ponto apresenta em sua parte superior os seguintes dados relacionados com o empregado:

a) horário da jornada diária de trabalho;
b) número de registro ou de matrícula na empresa;
c) nome;
d) função;
e) setor (órgão) de lotação.

Nos sistemas informatizados de confecção de Folhas de Pagamento, o item "b" pode consistir em um código que contenha não só o número de registro, mas também a função e o setor de lotação do empregado, englobando os três itens "b", "d" e "e". Está ainda na parte superior do Cartão de Ponto o período (mês ou semana) que o mesmo abrange. A parte inferior é dividida em linhas e colunas. Naquelas, registram-se os dias do período; nestas, apresentam-se, na ordem: entrada e saída da jornada matinal, entrada e saída da jornada da tarde, entrada e saída da jornada extraordinária e observações; esta última coluna serve para anotar faltas, número de horas extras etc. O Cartão de Ponto pode ser mensal ou semanal, de acordo com o regime de pagamento adotado pela empresa. Ambos os modelos assemelham-se muito, já que seu anverso constitui-se dos mesmos dados descritos anteriormente, diferenciando-se apenas na parte inferior e colunada que, no Cartão de Ponto mensal (Figura 4.2), contém espaço para marcação dos dias da primeira quinzena do mês, e no Cartão de Ponto semanal (Figura 4.3), contém espaço apenas para os sete dias da semana.

No verso do Cartão de Ponto mensal, a parte inferior tem a mesma constituição do anverso, isto é, linhas para marcação dos dias da segunda quinzena, e as mesmas colunas. A parte superior apresenta espaço para anotação da quantidade e dos valores unitário e total de horas normais, de horas extraordinárias, do repouso semanal remunerado, do salário-família, além de espaço para outros tipos de remuneração e espaço para a soma; a seguir, aparecem os descontos (previdência social e outros), o total dos descontos e o saldo ou salário líquido a receber.

O verso do Cartão de Ponto semanal não se destina a marcações. Nele registram-se o mês, a semana e o ano abrangidos; na segunda linha, tem-se o nome e número de registro do empregado; a seguir há espaço para as mesmas anotações da parte superior do verso do Cartão de Ponto mensal, no que se refere a remuneração e descontos.

Anverso

Horário	

Nº ____________

Nome ____________
Função ____________
Setor ____________
Mês ____________

1ª quinzena

Dias	Manhã		Tarde		Extra		Obs.
	Entrada	Saída	Entrada	Saída	Entrada	Saída	
1							
2							
3							
4							
5							
6							
7							
8							
9							
10							
11							
12							
13							
14							
15							

Observações

Verso

	Horas	A $	Totais
Normais			$
D. Rem.			$
Extras			$
Salário-família			$
			$

Soma $
Previdência Social $
Total do desconto $
Saldo a receber $

Dias	Manhã		Tarde		Extra		Obs.
	Entrada	Saída	Entrada	Saída	Entrada	Saída	
16							
17							
18							
19							
20							
21							
22							
23							
24							
25							
26							
27							
28							
29							
30							
31							

Recebi o acima mencionado

____
Assinatura do empregado

Figura 4.2 *Cartão de ponto mensal.*

Anverso

Horário ______ | ______ | ______

Nome ____________________

Função ____________________

Semana terminada em ___/___/___

Dias	Manhã		Tarde		Extra		Obs.
	Entrada	Saída	Entrada	Saída	Entrada	Saída	
Dom.							
Seg.							
Ter.							
Qua.							
Qui.							
Sex.							
Sáb.							

Verso

Mês ______ Semana ______ Ano ______

Nome e Número ____________________

	Nº Horas	Salário-hora	Importância
Ordinárias			
Extraordinárias			
Desc. Semanal			
Feriados			
Bonificação			
Total			
Descontos:			
Previdência Social			
Imposto de Renda			
Contribuição Sindical			
Líquido a pagar			$

Recebi a importância supra correspondente aos meus vencimentos da semana finda em ___/___/___

Data ______ Assinatura ______

Figura 4.3 *Cartão de ponto mensal.*

4.9.2 Cartão de mão de obra

O Cartão de Mão de obra (Figura 4.4) controla o período de trabalho de cada operário em cada "Ordem de Produção", "Ordem de Serviço", "Produto" ou "Centro de Custo", vale dizer em cada "Unidade de Acumulação de Custo". Sua forma é semelhante à do Cartão de Ponto mensal, possuindo 16 linhas no verso e outras 15 no anverso.

Nome

Função Matr.

Lotação

Data	Tempo			OP – OS CC – Prod.
	Início	Término	Total	

Apontador	Supervisor

Figura 4.4 *Cartão de mão de obra.*

Cada vez que inicia e encerra sua participação na elaboração de um produto, de uma ordem de produção, de um serviço ou de uma tarefa, o empregado marca a hora, fazendo o mesmo em outra tarefa. Assim, ele registra seu tempo despendido em cada participação que tiver na mesma tarefa, sendo necessário um relógio para marcação do cartão em cada setor, ou o supervisor deverá fazer sempre a anotação do horário para posteriormente englobar tudo em um relatório de apuração de custo de mão de obra. A utilização desse sistema no Brasil começou a declinar na década de 1960 pelas dificuldades apresentadas e passou a ter seu uso muito limitado, restringindo-se apenas a empresas em que a área de trabalho é pequena, tais como oficinas e pequenas fábricas. Mesmo em pequenos locais de trabalho, esse sistema ocasiona grande consumo de material (cartões) e grande valor imobilizado (relógios para marcação dos cartões), e está praticamente extinto.

4.9.3 Relatório periódico de apropriação de mão de obra

Em áreas de trabalho muito extensas com equipes de operários bem definidas, como na construção civil e em grandes obras, o Relatório Periódico de Apropriação de Mão de obra (Figura 4.5) é muito útil e prático por englobar várias funções com diversos operários em cada função, proporcionando economia de material de expediente (cartões) e de imobilizações (relógios de marcação de cartão de mão de obra). Permite o melhor aproveitamento da mão de obra, evitando a perda de tempo com anotações ou marcações individualizadas no cartão de mão de obra toda vez que o operário iniciar, terminar ou interromper uma tarefa. Além dessas vantagens, o Relatório Periódico de Apropriação de Mão de obra permite ao responsável pela coordenação dos trabalhos a realocação de elementos da equipe para outras tarefas mais importantes em qualquer momento da jornada; o controle da mão de obra utilizada em relação à disponível, no dia, pela comparação com o Setor de Controle de Frequência; a avaliação da eficiência da mão de obra e da supervisão, pela comparação da produtividade das equipes.

Os resumos desses relatórios, juntamente com os demais dados de custos, constituem os mapas de apuração de custos que servirão para orçamento de obras futuras, planejamento de desembolso de recursos e custo global por setor, por tarefa, por unidade, por obra etc.

Quando ocorrem modificações generalizadas de salário, quer por convenções, dissídios ou acordos coletivos, quer por liberalidade da empresa, deve ser interrompida a acumulação de Total-horas na data do evento e reiniciada a apropriação da mão de obra como se a tarefa estivesse iniciando-se naquela data. Ao final da execução da tarefa, deverá ser acrescentada nova folha que acumule os dados das linhas Total-horas e Custo total das últimas folhas após cada interrupção, incluindo os dados da folha correspondente ao término da apropriação. Se a modificação salarial não for generalizada, mas somente em poucas funções, é possível a continuação da acumulação do Total-horas, já que a função com salário alterado passa a ser tratada como se fosse uma nova função. Encerra-se a acumulação de horas na função com o salário antigo e inicia-se o registro de horas na função com o novo salário.

Nas economias altamente inflacionárias em que a proteção ao poder aquisitivo dos salários necessita de mecanismos de reajuste salarial muito frequentes, deve-se alterar o Relatório Periódico de Apropriação de Mão de obra. Para tanto, devem-se criar linhas extras de total-horas e de custo total, permitindo a não acumulação das horas e custos do período com o novo salário às horas e aos custos dos anteriores, ficando os dados de cada um deles perfeitamente segregados. Essas linhas extras manterão os dados congelados até a data do reajuste, que serão considerados ao final da apropriação no último relatório.

Relatório Semanal de Apropriação de Mão de Obra Nº ______
Tarefa: ______________________ Fl.: ______
Unidade: ______________________
Código: ______________________ Período: ___/___/___ a ___/___/___

Data/função																Total	
Semana	Mês	Q	Horas	Q	Horas	Q	Horas	Q	Horas	Q	Horas	Q	Horas	Q	Horas	Q	Horas
Transporte																	
Segunda																	
Terça																	
Quarta																	
Quinta																	
Sexta																	
Sábado																	
Domingo																	
Total de horas																	
Salário-hora																	
Custo total																	

Figura 4.5 *Relatório semanal de apropriação de mão de obra.*

Sempre que for utilizado mais de um empregado na mesma função, mas com salários diferentes, a função deverá ser tratada como se fossem funções diferentes. Para facilitar a utilização do Relatório Periódico de Apropriação de Mão de obra, é necessária a adoção de uma política salarial com salários padronizados na empresa e grande conscientização dos Supervisores. O formulário é preenchido diariamente pelo Apropriador de Custos após coletar dados pelo menos duas vezes no expediente matinal e outras duas no expediente da tarde. Dependendo da concentração dos locais de execução, um Apropriador, sempre com a colaboração dos Supervisores, pode apropriar os custos de 20 tarefas diferentes utilizando até 400 operários aproximadamente.

4.9.4 Folha diária de apropriação de mão de obra

Este formulário é mais uma alternativa para apropriação da mão de obra de um setor. No formulário anterior, apropriam-se os funcionários alocados na execução de uma tarefa, quer em setores diferentes, quer em um mesmo setor. Nesse formulário (Figura 4.6), a apropriação abrange a totalidade das horas disponíveis de um setor e as apropria a cada centro de custo para o qual o setor está prestando serviço.

Para fins de apropriação, a expressão *centro de custo* pode ser substituída pelas expressões *tarefa, ordem de produção, ordem de serviço, produto, processo produtivo, frente de trabalho* etc.

No final de cada dia, apura-se o número de horas do setor aplicado em cada centro de custo (linha 21), e na linha seguinte (22) é efetuado o rateio das horas não aplicadas, totalizando na linha 23 o número de horas alocado a cada centro de custo. Na última linha (25), obtém-se o total de horas acumulado até o dia, após transportar para a linha 24 o total acumulado (linha 25) constante do formulário do dia anterior. Sabendo-se, no final do período, o custo total de mão de obra do setor, basta dividir proporcionalmente esse custo pelo total de horas alocado a cada centro de custo para obter o custo de cada um deles.

Pode haver variação muito acentuada na remuneração de cada empregado do setor e ocorrer de um usuário requerer os profissionais com maior e outro usuário os de menor remuneração. Nesse caso, o segundo seria penalizado com um custo superior às suas necessidades, enquanto o primeiro se beneficiaria com um custo menor. Para corrigir esta distorção e obter maior precisão na apropriação, é possível, com pequena modificação no formulário, melhorar o nível de informação. Veja a Figura 4.7, que apresenta o valor do custo de cada empregado alocado a cada centro de custo em cada dia, dispensando a divisão do custo total do setor pelo número de horas de cada centro de custo no final do período.

Muitas variações podem ser utilizadas com base nos exemplos aqui descritos, e cada uma delas cumpre melhor o objetivo a ser alcançado na apropriação de custo mais adequada a cada caso.

Setor
Denominação: ____________________
Código: ____________________

Data: ____/____/____

Nº	Empregados		Centro de custo							Horas não aplicadas	Observações
	Matrícula	Nome									
1											
2											
3											
4											
5											
6											
7											
8											
9											
10											
11											
12											
13											
14											
15											
16											
17											
18											
19											
20											
21	Total apropriado										
22	Rateio das horas não aplicadas									–	
23	Total alocado									–	
24	Transporte do dia anterior									–	
25	Total acumulado										

Figura 4.6 *Folha diária de apropriação de mão de obra.*

Setor
Denominação: ______________
Código: ______________

Data: ___/___/___

Nº	Empregados		Salário-hora		Centro de custo					Horas não aplicadas	Obser-vações
	Matrícula	Nome									
1				Q $							
2				Q $							
3				Q $							
4				Q $							
5				Q $							
6				Q $							
7				Q $							
8	Total apropriado			Q $							
9	Rateio das horas não aplicadas			Q $						–	
10	Total alocado			Q $						– –	
11	Transporte do dia anterior			Q $						– –	
12	Total acumulado			Q $						– –	

Figura 4.7 *Folha diária de apropriação de mão de obra.*

4.10 Lançamentos contábeis

Raciocinando sobre a mão de obra tarefeira, isto é, aquela que só tem direito a receber pagamento como contrapartida de alguma tarefa executada, é fácil compreender os lançamentos. Nessa hipótese, debita-se a conta "Produtos em Elaboração", ou "Produtos em Fabricação", ou "Produção em Andamento" ou qualquer outro título com a mesma função, e credita-se a conta "Caixa", ou "Bancos", ou "Bens Numerários" ou "Depósitos Bancários a Vista" se o pagamento foi efetuado no período de apropriação do custo. Caso o pagamento não se tenha efetivado no período, será creditada uma conta de obrigação que deverá ter um título compatível, tal como "Salários a Pagar", "Mão de obra a Pagar", ou "Obrigações com Pessoal" etc.

Raramente a mão de obra é exclusivamente tarefeira, e é comum ela ser assalariada. Nesse caso, ela fica à disposição da empresa por um valor contratado no período, quer seja aplicada, quer fique ociosa. Assim, para melhor compreensão dos lançamentos contábeis, deve-se raciocinar que a mão de obra comporta-se como se fosse um material, com a diferença de este poder permanecer armazenado até sua aplicação na produção, enquanto a mão de obra, quando não aplicada, perde-se.

Entende-se que a mão de obra é adquirida pela empresa ao empregado e fica à disposição para ser requisitada, como se fosse um material para aplicação na produção. Aquela que foi adquirida ("armazenada"), mas não requisitada para aplicação na produção até o final do período é denominada mão de obra ociosa, que se perdeu e deve ser classificada como custo indireto. Por essa linha de conduta, a mão de obra é adquirida e debita-se a conta "Mão de obra" ou "Mão de obra Disponível" como se fosse um depósito de horas de mão de obra, e credita-se a conta "Caixa" ou "Bancos" se foi paga no período, ou "Mão de obra a Pagar", caso não se tenha efetuado o pagamento no período. Aquela que foi apropriada como se tivesse sido requisitada para aplicação na produção acarreta um débito nas contas específicas de "Produtos em Elaboração" e crédito na conta "Mão de obra" ou "Mão de obra Disponível". No final do período, o saldo desta última conta deve ser eliminado, já que, na realidade, não se armazena mão de obra de um período para o outro. Após o rateio efetuado de acordo com uma das formas referidas no Capítulo 5, procede-se ao lançamento do valor que constitui o saldo, debitando-se os valores a serem alocados nas contas "Produtos em Elaboração" e credita-se a conta "Mão de obra Disponível", zerando-a e anexando as planilhas de rateio à ficha de lançamento como documento contábil.

O lançamento pode ser feito diretamente, debitando-se "Produtos em Elaboração" e creditando-se "Caixa" ou "Salários a Pagar", sem passar pela conta transitória "Mão de obra Disponível". Entretanto, a outra alternativa melhora o entendimento dos leigos em contabilidade, em função de sua analogia com os lança-mentos de materiais, e ainda possibilita detectar a eficiência da utilização da mão de obra, pois se o saldo da conta "Mão de obra Disponível" no final do período for muito elevado, significa que pode existir uma estrutura de pessoal (supervisão) muito pesada, ou que está havendo uma ociosidade muito alta, servindo como alerta para uma análise do fato. Após a análise e concluindo-se que uma parcela deste saldo é constituída por supervisão e ociosidade normais e pouco significativas, pode ser alocada como custo do período; entretanto, se forem anormais e relevantes, a parcela do saldo deve ser segregada e mantida na conta para ser levada ao resultado, dando-lhe tratamento de despesa sem passar pelo custo.

4.11 Exemplos práticos

4.11.1 Exercício resolvido nº 1

Considerando-se que cada empregado trabalha oito horas diárias em uma tarefa e que no final do período foram executadas 280 unidades da mesma, foi elaborado o Relatório Semanal de Apropriação de Mão de obra conforme o Quadro 4.15, preenchido com base nos dados apropriados constantes do Quadro 4.14:

Quadro 4.14 *Dados de mão de obra apropriada.*

FUNÇÕES	SALÁRIO-HORA	Nº DE EMPREGADOS OCUPADOS					
		SEG.	TER.	QUA.	QUI.	SEX.	SÁB.
1. Montador	3,00	8	10	12	6	4	–
2. Soldador	2,80	3	3	6	3	2	1
3. Mecânico	2,90	1	–	2	–	–	–
4. Carpinteiro	2,00	1	1	–	–	–	–
5. Pintor	2,20	–	–	2	4	4	1
6. Ajudante Montador	1,50	8	10	12	6	4	–
7. Ajudante Soldador	1,40	2	2	3	1	1	1
Total	–	23	26	37	20	15	3

Quadro 4.15 *Relatório semanal de apropriação de mão de obra.*

Relatório Semanal de Apropriação de Mão de Obra Nº *01/01*

Tarefa: ***Montagem de tubulação de aço carbono de 16"*** Fl.: *1*

Unidade: ***Destilação primária de petróleo***

Código: ***058/1110 – 021/06852–16*** Período: ***5/Y/X1 a 11/Y/X1***

Data/função		Montador		Soldador		Mecânico		Carpinteiro		Pintor		Aj. Montador		Aj. Soldador		Total	
Semana	Mês	Q	Horas	Q	Horas	Q	Horas	Q	Horas	Q	Horas	Q	Horas	Q	Horas	Q	Horas
Transporte		–	–	–	–	–	–	–	–	–	–	–	–	–	–	–	–
Segunda	*05*	*8*	*64,0*	*3*	*24,0*	*1*	*8,0*	*1*	*8,0*	–	–	*8*	*64,0*	*2*	*16,0*	*23*	*184,0*
Terça	*06*	*10*	*80,0*	*3*	*24,0*	–	–	*1*	*8,0*	–	–	*10*	*80,0*	*2*	*16,0*	*26*	*208,0*
Quarta	*07*	*12*	*96,0*	*6*	*48,0*	*2*	*16,0*	–	–	*2*	*16,0*	*12*	*96,0*	*3*	*24,0*	*37*	*296,0*
Quinta	*08*	*6*	*48,0*	*3*	*24,0*	–	–	–	–	*4*	*32,0*	*6*	*48,0*	*1*	*8,0*	*20*	*160,0*
Sexta	*09*	*4*	*32,0*	*2*	*16,0*	–	–	–	–	*4*	*32,0*	*4*	*32,0*	*1*	*8,0*	*15*	*120,0*
Sábado	*10*	–	–	*1*	*8,0*	–	–	–	–	*1*	*8*	–	–	*1*	*8,0*	*3*	*24,0*
Domingo	*11*	–	–	–	–	–	–	–	–	–	–	–	–	–	–	–	–
Total de horas		*320,0*		*144,0*		*24,0*		*16,0*		*88,0*		*320,0*		*80,0*		*922,0*	
Salário-hora		*3,00*		*2,80*		*2,90*		*2,00*		*2,20*		*1,50*		*1,40*		–	
Custo total		*960,00*		*403,20*		*69,60*		*32,00*		*193,60*		*480,00*		*112,00*		*2.250,40*	

Preenchido corretamente o formulário, foram obtidos os seguintes resultados:

a) custo total da mão de obra aplicada: $ 2.250,40;
b) custo da mão de obra por unidade de tarefa executada: $ 8,04 (resultante do custo total dividido pela quantidade de tarefa executada);
c) quantidade total de horas de mão de obra aplicada: 992;
d) quantidade de horas por unidade de tarefa executada: 3,54 (resultante da quantidade total de horas trabalhadas dividida pela quantidade de tarefa executada), ou transformando: 3 horas, 32 minutos e 24 segundos.

4.11.2 Exercício resolvido nº 2

Considerado como folha de continuação da tarefa do exercício anterior, o formulário do Quadro 4.17 foi preenchido com os dados apropriados no período constantes do Quadro 4.16. Foram executadas 250 unidades de tarefa na semana, acumulando nos dois períodos 530 unidades.

Quadro 4.16 *Dados de mão de obra apropriada.*

FUNÇÕES	SALÁRIO-HORA	Nº DE EMPREGADOS OCUPADOS					
		SEG.	TER.	QUA.	QUI.	SEX.	SÁB.
1. Montador	3,00	5	5	2	–	–	
2. Soldador	2,80	–	10	1	5	–	
3. Mecânico	2,90	–	–	–	–	–	
4. Carpinteiro	2,00	–	–	–	–	1	
5. Pintor	2,20	10	20	15	4	2	
6. Ajudante Montador	1,50	5	5	2	–	–	
7. Ajudante Soldador	1,40	–	10	–	10	–	
Total	–	20	50	20	19	3	

Quadro 4.17 *Relatório de apropriação de mão de obra.*

Relatório Semanal de Apropriação de Mão de Obra — Nº *01/01*

Tarefa: ***Montagem de tubulação de aço carbono de 16"*** — Fl.: 2

Unidade: ***Destilação primária de petróleo***

Código: ***058/1110 – 021/06852-16*** — Período: ***12/Y/X1 a 18/Y/X1***

Data/função		Montador		Soldador		Mecânico		Carpinteiro		Pintor		Aj. Montador		Aj. Soldador		Total	
Semana	Mês	Q	Horas	Q	Horas	Q	Horas	Q	Horas	Q	Horas	Q	Horas	Q	Horas	Q	Horas
Transporte		–	320,0	–	144,0	–	24,0	–	16,0	–	88,0	–	320,0	–	80,0	–	992,0
Segunda	12	5	40,0	–	–	–	–	–	–	10	80,0	5	40,0	–	–	20	160,0
Terça	13	5	40,0	10	80,0	–	–	–	–	20	160,0	5	40,0	10	80,0	50	400,0
Quarta	14	2	16,0	1	8,0	–	–	–	–	15	120,0	2	16,0	–	–	20	160,0
Quinta	15	–	–	5	40,0	–	–	–	–	4	32,0	–	–	10	80,0	19	152,0
Sexta	16	–	–	–	–	–	–	1	8,0	2	16,0	–	–	–	–	3	24,0
Sábado	17	–	–	–	–	–	–	–	–	–	–	–	–	–	–	–	–
Domingo	18	–	–	–	–	–	–	–	–	–	–	–	–	–	–	–	–
Total de horas		416,0		272,0		24,0		24,0		496,0		416,0		240,0		1.888,0	
Salário-hora		3,00		2,80		2,90		2,00		2,20		1,50		1,40		–	
Custo total		1.248,0		761,60		69,60		1.091,20		1.091,20		624,0		336,0		4.178,40	

Após o preenchimento correto do formulário, os resultados nos dois períodos passaram para:

a) custo total de mão de obra aplicada: $ 4.178,40;
b) custo da mão de obra por unidade de tarefa executada: $ 7,88;
c) quantidade total de horas de mão de obra aplicada: 1.888;
d) quantidade de horas por unidade de tarefa executada: 3,56 ou 3 horas, 33 minutos e 36 segundos.

Analisando o primeiro período e o acumulado até o segundo, verifica-se que houve redução no custo de cada unidade executada em função de aplicação, no segundo período, de mão de obra menos qualificada e com custo menor, já que o rendimento decresceu, embora consumindo-se mais tempo por unidade executada do que no primeiro período.

4.11.3 Exercício resolvido nº 3

Determinar os saldos das contas Provisão para o Décimo-terceiro Salário e Provisão para Férias no dia 30-11-X1, considerando-se um empregado admitido em 1º-5-X1 com um salário mensal de $ 300,00 numa empresa que concede anualmente, em 1º-9, reajuste integral de 9%.

Considerando-se que sobre o valor da provisão das férias também é feita provisão do adicional sobre as mesmas e não se considerando as provisões das contribuições sociais (grupo 4.3), sobre esses encargos, tem-se:

Salário em 30-11-X1	=	$ 300,00 × 1,09	=	$ 327,00
Provisão para 13º salário	=	7/12 × $ 327,00	=	$ 190,75
Provisão para férias	=	7/12 [$ 327,00 + (1/3 × $ 327,00)]	=	
	=	$ 190,75 + $ 63,58	=	$ 254,33

Observar que as provisões das contribuições sociais sobre essas provisões devem ser efetuadas e seus valores seriam, supondo risco leve de acidente, sem influência do FAP (34,8%):

Sobre o 13º Salário:	34,8% × 190,75 = $ 66,38
Sobre as Férias:	34,8% × 254,33 = $ 88,51

4.11.4 Exercício resolvido nº 4

Uma empresa concede reajuste integral de 5% sobre o último salário em 1º-7 de cada ano a todo empregado que, naquela data, tinha pelo menos seis meses de serviço. Qual o valor a ser pago a título de 13º salário e de férias, incluindo o adicional constitucional, a um empregado desligado em 10-7-X1 (data de cessação dos direitos), se ele foi admitido com o salário de $ 1.000,00 em 18-5-X0 e se foram pagos os direitos que lhe eram devidos em 31-12-X0?

Salário atualizado em 1º-7-X1 = $ 1.000,00 × 1,00 (1º-7-X0 = menos de 6 meses) × 1,05 (1º-7-X1) = $ 1.050,00

Até 31-12-X0 foi-lhe pago o 13º salário

De 1º-1-X1 até 30-6-X1 = 6/12

De 1º-7-X1 até 10-7-X1 = 0/12 (menos de 15 dias)

Soma = 6/12

Valor do 13º salário = 6/12 × $ 1.050,00 = $ 525,00

De 18-5-X0 até 18-5-X1 = 12/12

De 18-5-X1 até 18-6-X1 = 1/12

De 18-6-X1 até 10-7-X1 = 1/12 (mais de 15 dias)

Soma = 14/12

Valor das férias = 14/12 ($ 1.050,00 + 1/3 × $ 1.050,00)

(14/12 ($ 1.050,00 + $ 350,00) = 14/12 × $ 1.400,00 = $ 1.633,33

Resumo

Conceituado o custo de pessoal, ele foi segregado em cinco grupos de acordo com suas características, para melhor entendimento. A parcela de qualquer deles que pode ser apropriada a cada unidade de acumulação de custos no momento de sua ocorrência foi classificada como direta e a outra parcela, que não pode ser apropriada e deve ser alocada através de um critério de rateio, foi classificada como indireta. Quanto à formação ou à classificação para tomada de decisão, a mão de obra direta é classificada como custo variável e a mão de obra indireta como custo fixo, embora possam ocorrer situações, conforme já comentado no Capítulo 2, em que estas classificações tornem-se um pouco mais complexas.

Os cinco grupos foram designados por (i) Remunerações Diretas, envolvendo os salários, comissões, gratificações, adicionais e abonos, (ii) Contribuições Sociais, o conjunto de valores de recolhimento às entidades de assistência e previdência sociais, além do FGTS, num percentual aproximado de 36% incidente sobre a folha de pagamentos dos empregados, cuja variação está sujeita ao tipo de atividade da empresa; (iii) Encargos Trabalhistas, que compreendem o décimo terceiro salário e as férias com o adicional; (iv) Remunerações Indiretas, que englobam uma série de valores cujo percentual varia significativamente de acordo com diversos fatores, desde o índice de rotatividade, passando pela renda *per capita*, escolaridade, conceitos econômicos e religiosos, até a faixa etária do pessoal empregado; e (v) Benefícios Concedidos, podendo ser citados o vale transporte, a assistência à saúde e o vale refeição, para ficar nestes três, apenas.

Alguns desses encargos são recursos monetários que beneficiam diretamente os empregados em épocas próprias, como o Fundo de Garantia do Tempo de Serviço (FGTS); as férias, com o adicional constitucional; o décimo terceiro salário; o aviso prévio indenizado; o adicional na rescisão sem justa causa; e a indenização adicional na rescisão.

O montante desses custos pode ultrapassar em muito o valor despendido com os salários e ordenados, dependendo do nível salarial, dos benefícios oferecidos, da quantidade de horas disponibilizadas que foi considerada, além de vários outros fatores.

Contabilmente, os encargos podem ser classificados como obrigações, provisões e reservas, conforme a situação de cada um deles. Aqueles com valor e data de quitação conhecidos são obrigações; os que não possuem essas características, ou uma delas, mas já ocorreram, são provisões; e os demais, apenas com risco potencial de ocorrer, são reservas.

Foi enfatizada a necessidade de atualização dos valores provisionados como consequência de reajustes concedidos aos empregados.

Foram exemplificados e descritos vários formulários de controle e apropriação de custo de pessoal, como sugestão para o desenvolvimento de outros mais bem adaptados às condições e de acordo com as exigências e necessidades de cada empresa.

Lançamentos contábeis foram sugeridos para registrar os fatos que envolvem mão de obra, bem como os títulos que devem ser usados em cada conta.

O capítulo encerra-se com exemplos práticos resolvidos e uma série de exercícios propostos com o gabarito ao final.

Exercícios propostos

1. É classificada como mão de obra direta, quando se está apurando custo em nível de tipo diferente de produto:

   A Toda aquela existente na empresa.
   B Toda aquela disponível para aplicação na produção.
   C Apenas aquela apropriada a cada produto.
   D Apenas aquela alocada a cada produto, por rateio.

2. Classifica-se como mão de obra indireta, quando se está apurando custo em nível de tipo diferente de produto:

   A Toda aquela existente na empresa.
   B Toda aquela disponível para aplicação na produção.
   C Apenas aquela apropriada a cada produto.
   D Apenas aquela alocada a cada produto, por rateio.

3. O conjunto dos custos não integrantes das remunerações diretas que está relacionado à mão de obra direta pode ser classificado como:

   A Fixo e direto.
   B Fixo e indireto.
   C Variável e direto.
   D Variável e indireto.

4. Os custos de pessoal são compostos por cinco grupos. O primeiro deles é constituído por remunerações diretas e os demais, pelas contribuições sociais, encargos trabalhistas, remunerações indiretas e benefícios concedidos. Quanto à apuração ou ao objeto de custeio, o primeiro deles é classificado como custo:

A	Direto e os demais como indireto.	C	Direto ou indireto e os demais também.
B	Indireto e os demais como direto.	D	Todas as alternativas.

5. Os custos de pessoal comuns a diferentes tipos de bem e os específicos de cada tipo de bem são classificáveis, quanto à apuração ou ao objeto de custeio, em:

A	Diretos e indiretos, respectivamente.	C	Diretos, ambos.
B	Indiretos e diretos, respectivamente.	D	Indiretos, ambos.

6. Analisando apenas sob o aspecto das Contribuições Sociais, o enquadramento no Regime Especial Unificado de Apuração de Tributos e Contribuições devidos pelas Microempresas e Empresas de Pequeno Porte (Simples Nacional) é mais vantajoso quando a participação dos gastos com pessoal no preço do produto ou serviço é proporcionalmente:

A	Mais alta.	C	Média.
B	Mais baixa.	D	Indiferente.

7. Analisando apenas sob o aspecto das Contribuições Sociais, as empresas enquadradas na última faixa (4,60% da receita) do Regime Especial Unificado de Apuração de Tributos e Contribuições devidos pelas Microempresas e Empresas de Pequeno Porte (Simples Nacional), com risco leve de acidente de trabalho (26,8% da remuneração do pessoal), obtêm economia se a participação da remuneração do pessoal no preço de venda do produto for:

A	Maior do que 17,164%.	C	Maior do que 15,472%.
B	Menor do que 17,164%.	D	Menor do que 15,463%.

8. A remuneração das horas de um operário é normalmente apropriada como custo direto de um objeto de apuração de custo. Entretanto, parcela dela pode ser classificada como custo indireto se corresponder a:

A	Ociosidade em parte do período.	C	Alternativas "a" e "b" acima.
B	Não comparecimento à empresa	D	Nenhuma das alternativas.

9. A mão de obra excedente e não utilizada na elaboração de bens e serviços deve ser classificada como custo indireto e é:

A	Alocada aos mesmos por rateio.	C	De pequeno valor e desprezada.
B	Não considerada como custo.	D	Alternativas "b" e "c".

10. Considere que a empresa Movelaria Artud S.A. fabrica seis móveis diferentes (cadeira, mesa e carteira, tanto em aço quanto em madeira) e apura os custos de cada móvel separadamente. Um marceneiro, que só trabalha com móveis de madeira, tem custo de $ 20,00 por hora e jornada semanal de 44 horas. Destas, 12 foram apropriadas à cadeira de madeira, 15 à mesa de madeira, 14 à carteira de madeira e 3 horas ficaram ociosas na semana. O total do custo direto e do indireto desse operário aplicado sobre esses produtos de madeira são, respectivamente:

A $ 880,00 e $ zero.
B $ 820,00 e $ 60,00.
C $ 540,00 e $ 340,00.
D $ 440,00 e $ 440,00.

11. Se a administração da empresa da questão anterior resolvesse abandonar a apuração de custo de cada um dos seis produtos separadamente e o fizesse apenas dos dois conjuntos móveis de madeira e móveis de aço, com os mesmos dados, o total do custo direto e do indireto desse operário aplicado sobre o conjunto de móveis de madeira são, respectivamente:

A $ 880,00 e $ zero.
B $ 820,00 e $ 60,00.
C $ 540,00 e $ 340,00.
D $ 440,00 e $ 440,00.

12. O total do conjunto dos custos não integrantes das remunerações diretas que incide sobre a mão de obra depende, entre outros, do seguinte fator na empresa:

A Faixa etária dos empregados.
B Proporção da mão de obra masculina na empresa.
C Nível de escolaridade dos empregados.
D Todas as alternativas.

13. O total do conjunto dos custos não integrantes das remunerações diretas que incide sobre a mão de obra depende, entre outros, do seguinte fator na empresa:

A Proporção de mão de obra feminina na empresa.
B Quantidade produzida no período.
C Tipo de sociedade, se anônima ou limitada.
D Todas as alternativas.

14. O total do conjunto dos custos não integrantes das remunerações diretas que incide sobre a mão de obra depende, entre outros, do seguinte fator na empresa:

A Tipo de atividade.
B Nível de renda dos empregados.
C Índice de rotatividade de pessoal.
D Todas as alternativas.

15. De acordo com a legislação federal, no Brasil só existem 12 feriados. Entretanto, os hábitos e costumes criaram outros "feriados", tais como a segunda-feira e a terça-feira de carnaval, os meios expedientes da quarta-feira de cinzas, das vésperas do Natal, do Ano Novo e da sexta-feira da Paixão, além de outros dias santificados. As empresas deverão tomar a seguinte providência:

A Conceder esses "feriados" de hábitos e costumes e recalcular o custo aumentado que esse encargo representa.
B Compensar esses "feriados", aumentando a jornada de outros dias, mantendo o mesmo custo desse encargo.
C Contrariar os hábitos e costumes e não conceder dispensa nesses "feriados".
D Todas as alternativas.

16. Nos trabalhos de orçamento em que o total conjunto dos custos não integrantes das remunerações diretas é encarado como um percentual que engloba todos eles para incidência sobre o custo de pessoal, o percentual a ser utilizado é:

A	Maior para o salário mensal orçado.	C	Menor para o salário mensal orçado.
B	Menor para o salário horário orçado.	D	Igual para os salários horário e mensal.

17. As horas de um operário normalmente apropriadas como custo direto podem ser, ao contrário, classificadas como custo indireto num sistema de apuração de custo, se o operário:

A	Ficar ocioso em parte do período.	C	Não comparecer à empresa.
B	Produzir concomitantemente produtos diferentes em função das características do processo produtivo.	D	Todas as alternativas.

18. O formulário Cartão de Ponto, além de servir para outros controles, pode servir também para:

A	Base de confecção da folha de pagamento.	C	Apropriação da mão de obra nas pequenas empresas.
B	Indicar o número de horas disponíveis em cada setor da empresa.	D	Todas as alternativas.

19. Nas empresas em que os empregados de cada setor podem ocupar-se da produção de diferentes tipos de bens, o formulário Cartão de Ponto é utilizado para:

A	Controlar a frequência do pessoal.	C	Controlar o número de unidades de bem que cada empregado produziu.
B	Apropriar a mão de obra aplicada na produção de cada tipo diferente de bem.	D	Indicar os diferentes setores da empresa envolvidos na produção de cada tipo diferente de bem.

20. O Relatório Periódico de Apropriação de Mão de obra é um formulário que apresenta nítidas vantagens sobre o Cartão de Mão de obra, mormente considerando-se:

A	Áreas de trabalho muito extensas.	C	Que o registro pode ser feito pelo próprio operário.
B	Pequenas fábricas e oficinas.	D	Muitas "ordens" diferentes trabalhadas na mesma jornada de trabalho pelo mesmo operário.

21. Quando existe alteração salarial de um dos operários de uma das funções participantes de uma equipe cuja tarefa ainda não foi encerrada, o Apropriador de Custos deverá adotar o seguinte procedimento com relação ao Relatório Periódico de Apropriação de Mão de obra:

A	Abrir novo relatório sem acumular as horas dos relatórios anteriores.	C	Usar mais uma coluna do relatório para aquele funcionário, considerando-o como se fosse uma nova função.
B	Considerar o salário daquele operário sem alteração até que a tarefa seja encerrada.	D	Exigir a transferência daquele operário para outra tarefa onde já existem outros na mesma função com o mesmo salário.

Quadro 4.18 *Apontamento de mão de obra.*

FUNÇÕES	SALÁRIO-HORA	Nº DE EMPREGADOS OCUPADOS						
		2ª	3ª	4ª	5ª	6ª	SÁB.	TOTAL
Encarregado de sondagem	$ 10,00	3	3	2	2	1	–	11
Sondador "A"	$ 8,50	3	2	5	4	2	1	17
Sondador "B"	$ 7,50	4	6	2	5	3	2	22
Auxiliar de sondagem	$ 5,00	8	7	5	10	3	5	38
Ajudante de sondagem	$ 4,00	6	7	9	2	4	2	30
Servente	$ 3,00	20	15	18	14	13	10	90

Com os dados do Quadro 4.18, preencher o relatório seguinte (Quadro 4.19), considerando oito horas de jornada diária de trabalho desempenhada por cada operário e 200 metros de sondagem rotativa executada no período.

Quadro 4.19 *Relatório semanal de apropriação de mão de obra.*

Relatório Semanal de Apropriação de Mão de Obra Nº ______
Tarefa: ______________________ Fl.: ____
Unidade: ______________________
Código: ______________________ Período: __/__/__ a __/__/__

Data/função																Total	
Semana	Mês	Q	Horas	Q	Horas	Q	Horas	Q	Horas	Q	Horas	Q	Horas	Q	Horas	Q	Horas
Transporte																	
Segunda																	
Terça																	
Quarta																	
Quinta																	
Sexta																	
Sábado																	
Domingo																	
Total de horas																	
Salário-hora																	
Custo total																	

22. Após o preenchimento do Quadro 4.19, determinaram-se como total de horas e de custo de mão de obra apropriada no período os valores:

A 208 horas e $ 7.996,00.
B 720 horas e $ 2.160,00.
C 1.664 horas e $ 7.996,00.
D 1.664 horas e $ 6.280,00.

23. O custo total e o número de horas despendidas no período pelos Sondadores do Quadro 4.19 foram:

A $ 2.476,00 e 312 horas.
B $ 2.840,00 e 480 horas.
C $ 2.476,00 e 480 horas.
D $ 2.840,00 e 312 horas.

24. Considerando o Quadro 4.19, o tempo despendido por cada unidade de tarefa (metro de sondagem) executada no período foi:

A 8 horas, 19 minutos e 12 segundos.
B 8 horas e 32 minutos.
C 10 horas e 24 minutos.
D 2 horas, 18 minutos e 36 segundos.

25. Considerando o Quadro 4.19, o custo da mão de obra por unidade de tarefa executada no período foi:

A $ 4,81.
B $ 11,11.
C $ 0,83.
D $ 39,98.

26. Sem considerar qualquer influência de evolução tecnológica, para uma produção de 300 metros de sondagem, o Quadro 4.19 deveria apresentar, respectivamente, os totais de horas trabalhadas pelo Sondador "A" e pelo Sondador "B" como sendo:

A 272 horas e 264 horas.
B 204 horas e 352 horas.
C 272 horas e 352 horas.
D 204 horas e 264 horas.

27. Na hipótese apresentada no exercício anterior, o total de horas e o custo total de mão de obra de toda a equipe seriam:

A 1.664 horas e $ 11.994,00.
B 2.496 horas e $ 11.994,00.
C 1.820 horas e $ 11.994,00.
D 2.496 horas e $ 7.996,00.

28. Sem considerar qualquer influência da evolução tecnológica, se a mesma produção (200 m) do Quadro 4.19 fosse executada em outra semana em que houvesse um reajuste geral de 25% nos salários de toda a equipe, o custo total seria de:

A $ 7.996,00.
B $ 9.995,00.
C $ 11.994,00.
D $ 17.991,00.

Quadro 4.20 *Apontamento de mão de obra.*

FUNÇÕES	SALÁRIO-HORA	Nº DE EMPREGADOS OCUPADOS						
		2ª	3ª	4ª	5ª	6ª	SÁB.	TOTAL
Encarregado de sondagem	$ 10,00	3	3	2	2	2	–	12
Sondador "A"	$ 9,00	5	4	4	3	3	2	21
Sondador "B"	$ 7,50	6	6	5	5	5	3	30
Auxiliar de sondagem	$ 5,00	8	7	7	6	6	6	40
Ajudante de sondagem	$ 4,00	8	8	6	6	6	6	40
Servente	$ 3,00	25	17	20	18	15	15	110

29. Após o preenchimento do Quadro 4.21 com os dados do Quadro 4.20, que é continuação da tarefa anterior e teve 250 metros executados, determinaram-se como total de horas e de custo de mão de obra apropriada acumulada nos dois períodos os valores:

A 1.664 horas e $ 4.276,00.

B 3.688 horas e $ 6.240,00.

C 2.160 horas e $ 17.788,00.

D 3.688 horas e $ 17.788,00.

Quadro 4.21 *Relatório semanal de apropriação de mão de obra.*

Relatório Semanal de Apropriação de Mão de Obra Nº _____

Tarefa: ____________________ Fl.: _____

Unidade: ____________________

Código: ____________________ Período: __/__/__ a __/__/__

Data/função																Total	
Semana	Mês	Q	Horas	Q	Horas	Q	Horas	Q	Horas	Q	Horas	Q	Horas	Q	Horas	Q	Horas
Transporte																	
Segunda																	
Terça																	
Quarta																	
Quinta																	
Sexta																	
Sábado																	
Domingo																	
Total de horas																	
Salário-hora																	
Custo total																	

30. O custo total e o número de horas despendidas nos dois períodos pelos Sondadores e acumulados no Quadro 4.21 foram:

A $ 4.276,00 e 408 horas.

B $ 5.788,00 e 584 horas.

C $ 5.788,00 e 720 horas.

D $ 6.116,00 e 416 horas.

31. Considerando o Quadro 4.21, o tempo despendido por unidade de tarefa (metro de sondagem) executada nos dois períodos foi:

A 7,90 horas ou 7 horas e 54 minutos.
B 14,75 horas ou 14 horas e 45 minutos.
C 8,10 horas ou 8 horas e 6 minutos.
D 8,20 horas ou 8 horas e 12 minutos.

32. Considerando o Quadro 4.21, o custo da mão de obra por unidade de tarefa (metro de sondagem) executada apenas no segundo período foi:

A $ 37,95.
B $ 39,53.
C $ 71,15.
D $ 39,17.

33. Supondo-se que no sábado do 2º período a jornada foi encerrada no meio do expediente, o Quadro 4.21 apresentaria os seguintes valores de total de horas e custo total nos dois períodos:

A 1.976 e $ 9.131,00.
B 3.560 e $ 17.775,20.
C 3.560 e $ 17.230,00.
D 1.844 e $ 8.894,00.

34. Despendendo 580 horas, um profissional executou 2.000 unidades de uma tarefa, ganhando $ 9,00 por hora. Não se considerando a influência do desenvolvimento tecnológico, para executar 3.000 unidades da mesma tarefa numa data em que o reajuste salarial do período foi de 20%, esse profissional deverá despender:

A 870 horas e perceber $ 9.396,00 pela tarefa.
B 580 horas e perceber $ 7.830,00 pela tarefa.
C 580 horas e perceber $ 11.745,00 pela tarefa.
D 870 horas e perceber $ 6.264,00 pela tarefa.

35. Um profissional executou 1.500 unidades de uma tarefa em 350 horas de trabalho, ganhando $ 5,00 por hora. Não se considerando a influência do desenvolvimento tecnológico, para a execução de 1.200 unidades da mesma tarefa numa data em que o reajuste salarial do período foi de 50%, esse profissional deverá despender:

A 280 horas e perceber $ 1.400,00 pela tarefa.
B 280 horas e perceber $ 2.100,00 pela tarefa.
C 350 horas e perceber $ 5.250,00 pela tarefa.
D 350 horas e perceber $ 8.750,00 pela tarefa.

36. Um profissional executou 2.300 unidades de uma tarefa em 300 horas de trabalho, ganhando $ 60,00 por hora. Não se considerando a influência do desenvolvimento tecnológico, para a execução de 6.900 unidades da mesma tarefa numa data em que o reajuste salarial do período foi de 100%, esse profissional deverá despender:

A 900 horas e perceber $ 108.000,00 pela tarefa.
B 600 horas e perceber $ 72.000,00 pela tarefa.
C 900 horas e perceber $ 54.000,00 pela tarefa.
D 600 horas e perceber $ 108.000,00 pela tarefa.

37. Em determinada data, foram realizadas 4.500 unidades de uma tarefa cujo resumo do Relatório de Apropriação de Mão de obra está no Quadro 4.22:

Quadro 4.22 *Resumo do relatório de apropriação de mão de obra.*

FUNÇÃO	MONTADOR	SOLDADOR	AJUDANTE MONTADOR	AJUDANTE SOLDADOR	TOTAL
Total de horas	1.120	2.300	1.400	2.600	7.420
Salário-hora	5,00	4,00	2,50	2,00	–
Custo total	5.600,00	9.200,00	3.500,00	5.200,00	23.500,00

Desconsiderando-se a influência do desenvolvimento tecnológico e preenchido o resumo do relatório que fornecerá os dados para o orçamento de execução de 6.750 unidades dessa mesma tarefa em outra data cujos salários deverão evoluir 30% no período, os totais de horas e de custo a serem previstos serão:

A 14.469 horas e $ 45.825,00.

B 11.130 horas e $ 45.825,00.

C 14.469 horas e $ 30.550,00.

D 11.130 horas e $ 30.550,00.

38. Em determinada data, foram produzidas 5.600 unidades de uma tarefa cujo resumo do Relatório de Apropriação de Mão de obra está no Quadro 4.23:

Quadro 4.23 *Resumo do relatório de apropriação de mão de obra.*

FUNÇÃO	MONTADOR	SOLDADOR	AJUDANTE MONTADOR	AJUDANTE SOLDADOR	TOTAL
Total de horas	1.448	2.680	1.930	3.520	9.578
Salário-hora	3,00	2,50	2,00	1,50	–
Custo total	4.344,00	6.700,00	3.860,00	5.280,00	20.184,00

Desconsiderando-se a influência do desenvolvimento tecnológico e preenchido o resumo do relatório que fornecerá os dados para o orçamento de execução de 14.000 unidades dessa mesma tarefa em outra data cujos salários deverão evoluir 40% no período, os totais de horas e de custo a serem previstos serão:

A 23.945 horas e $ 70.644,00.

B 33.523 horas e $ 70.644,00.

C 23.945 horas e $ 50.460,00.

D 33.523 horas e $ 50.460,00.

A apropriação da mão de obra direta aplicada na execução de 120 unidades de uma tarefa em maio do ano de X0 apresentou o resumo do Quadro 4.24:

Quadro 4.24 *Resumo do relatório de apropriação de mão de obra.*

FUNÇÃO	TÉCNICO DE SONDAGEM	SONDADOR	AUXILIAR DE SONDAGEM	SERVENTE	TOTAL
Total de horas	140	235	785	1.620	2.780
Salário-hora	12,00	8,00	4,00	2,50	–
Custo total	1.680,00	1.880,00	3.140,00	4.050,00	10.750,00

Salário mínimo:

Maio do ano X0 = $ 130,00

Maio do ano X1 = $ 151,00

Maio do ano X2 = $ 180,00

Maio do ano X3 = $ 210,00

Maio do ano X4 = $ 234,00

39. Considerando os dados anteriores como os de uma empresa que reajusta o salário de seu pessoal na mesma proporção e época do reajuste do salário-mínimo, para executar 360 unidades da mesma tarefa em maio do ano X4, não se considerando a influência do desenvolvimento tecnológico, a empresa deveria apresentar um custo de mão de obra direta total por unidade igual a:

A $ 161,25.
B $ 483,75.
C $ 268,75.
D $ 29,86.

40. Considerando todos os dados iniciais do exercício 39, além das horas das outras funções, o total de horas de Servente necessário para executar 200 unidades da mesma tarefa em maio do ano X1, não se considerando o desenvolvimento tecnológico, será de:

A 1.128 horas.
B 2.700 horas.
C 4.633 horas.
D 3.136 horas

41. Considerando todos os dados iniciais do exercício 39 para executar 156 unidades da mesma tarefa em maio de X3, não se considerando a influência do desenvolvimento tecnológico, deveria ser apresentado um custo de mão de obra direta total por unidade igual a:

A $ 144,71.
B $ 188,13.
C $ 260,48.
D $ 116,46.

42. Considerando todos os dados iniciais do exercício 39, o total de horas de Técnico de Sondagem necessário para executar 204 unidades da mesma tarefa, não se considerando o desenvolvimento tecnológico, será de:

A 182 horas.
C 238 horas.

B 287 horas.

D 330 horas.

43. Considerando todos os dados do exercício 39, o total de horas de Sondador necessário para executar 360 unidades da mesma tarefa, não se considerando o desenvolvimento tecnológico, será de:

A 650 horas.

B 270 horas.

C 354 horas.

D 705 horas.

44. Considerando todos os dados do exercício 39, o total de horas despendido pela equipe para a execução de cada unidade de tarefa (metro de sondagem), em qualquer época, não havendo influência tecnológica, é de:

A 23 horas e 17 minutos.

B 23 horas e 10 minutos.

C 29 horas, 51 minutos e 40 segundos.

D 7 horas, 43 minutos e 20 segundos.

45. A apropriação da mão de obra tarefeira na produção, quando o pagamento for efetuado no mesmo período, provoca o seguinte lançamento contábil:

A Produtos em Elaboração
a Produtos Acabados.

B Produtos em Elaboração
a Caixa.

C Caixa
a Produtos em Elaboração.

D Produtos em Elaboração
a Obrigações com Pessoal.

46. Na questão anterior, se a empresa não efetuasse o pagamento do pessoal dentro do mês, o lançamento correto seria:

A Produtos em Elaboração
a Produtos Acabados.

B Produtos em Elaboração
a Caixa.

C Caixa
a Produtos em Elaboração.

D Produtos em Elaboração
a Obrigações com Pessoal.

47. A mão de obra excedente e não utilizada na produção deve ser classificada como custo indireto e é:

A Alocada à produção por rateio.

B Não considerada como custo.

C De pequeno valor e desprezada.

D Simplesmente abandonada.

48. Uma empresa concede reajuste salarial semestralmente a seus empregados em 1º-1 e em 1º-7 de cada ano, com base em 5% integrais incidentes sobre o último salário e efetua a contabilização na data efetiva em que cada fato ocorre. Qual o valor da Provisão para Décimo-terceiro Salário sem a incidência das Contribuições Sociais em 20-4-X1, relativa a um empregado que foi admitido em 20-4-X0, com salário de $ 800,00 mensais, se já foi pago o que lhe era devido em 31-12-X0?

A $ 955,50.

B $ 800,00.

C $ 294,00.

D $ 220,50.

49. Qual o valor da Provisão para Férias na empresa do exercício anterior, na mesma data, incluindo o adicional constitucional, porém sem as Contribuições Sociais, referente a outro empregado admitido em 10-5-X0, com o salário de $ 1.200,00, e se nunca lhe foi concedido esse benefício pela empresa?

A $ 1.617,00.
B $ 1.764,00.
C $ 1.323,00.
D $ 1.212,75.

50. Considerando que a empresa do exercício 48 está enquadrada no risco médio de acidente de trabalho, o valor da Provisão para Contribuições Sociais sobre Férias referente àquele empregado, na mesma data, será de:

A $ 631,61.
B $ 578,89.
C $ 473,63.
D $ 434,46.

51. Uma empresa concede reajuste salarial semestralmente a seus empregados em 1º-1 e em 1º-7 de cada ano, com base em 6% integrais incidentes sobre o último salário e efetua a contabilização na data efetiva em que o fato ocorre. Qual o valor da Provisão para Décimo-terceiro Salário, sem a incidência das Contribuições Sociais, em 14-2-X1, relativa a um empregado que foi admitido em 25-5-X0 com salário de $ 600,00 mensais, se já foi pago o que lhe era devido em 31-12-X0?

A $ 505,62.
B $ 449,44.
C $ 112,36.
D $ 56,18.

52. Qual o valor da Provisão para Férias, na mesma data, incluindo o adicional constitucional, porém sem a incidência das Contribuições Sociais, na empresa do exercício anterior, referente a outro empregado admitido em 18-8-X0 com o salário de $ 360,00 e se nunca lhe foi concedido esse benefício pela empresa?

A $ 190,00.
B $ 202,25.
C $ 254,40.
D $ 269,66.

53. Considerando que a empresa do exercício 51 está enquadrada no risco grave de acidente de trabalho, o valor da Provisão para Contribuições Sociais sobre Décimo-terceiro Salário referente àquele empregado, na mesma data, será de:

A $ 21,12.
B $ 20,39.
C $ 20,96.
D $ 19,83.

54. Sem considerar as Contribuições Sociais de recolhimento mensal incidentes sobre férias, o saldo da conta "Provisão para Férias com Adicional Constitucional" no dia 30-11-X1 referente aos empregados Fulano, admitido em 1º-12-X0 com o salário de $ 900,00, Sicrano, admitido em 1º-6-X1 com salário de $ 1.200,00 e Beltrano, admitido em 1º-9-X1 com o salário de $ 1.800,00, tendo a empresa concedido um reajuste de 5% sobre os salários de 31-8-X1 para vigorar a partir de 1º-9-X1 será de:

A $ 2.025,00.
C $ 2.700,00.

B $ 2.047,00. D $ 2.730,00.

55. Sem considerar as Contribuições Sociais de recolhimento mensal incidentes sobre o Décimo terceiro Salário, qual o saldo da conta "Provisão para o Décimo terceiro Salário" no dia 30-11-X1, referente aos empregados do exercício anterior:

A $ 1.784,00. C $ 2.025,00.
B $ 1.946,25. D $ 2.047,50.

56. Se o empregado Sicrano do exercício 54 tivesse sido admitido no dia 20-6-X1 e não no dia 1º, o saldo da conta "Provisão para Férias com Adicional Constitucional" daquela empresa, na mesma data, teria sido de:

A $ 2.560,00. C $ 1.946,25.
B $ 2.025,00. D $ 1.784,06.

57. Nas mesmas circunstâncias do exercício 56, o saldo da conta "Provisão para Décimo terceiro Salário" teria sido de:

A $ 1.338,05. C $ 1.841,25.
B $ 1.456,00. D $ 1.946,25.

58. O saldo da conta "Contribuições Sociais sobre a Provisão de Férias" do exercício 56, considerando risco leve de acidente de trabalho, será de:

A $ 677,30. C $ 704,70.
B $ 620,25. D $ 890,88.

59. O saldo da conta "Contribuições Sociais sobre a Provisão de Décimo terceiro Salário" do exercício 57, considerando risco grave de acidente de trabalho, será de:

A $ 712,22. C $ 535,81.
B $ 677,58. D $ 492,40.

Suponha que uma empresa esteja realizando uma licitação para utilizar cinco profissionais do sexo feminino, com salário mensal de $ 3.300,00, cada. Um consultor, analisando as propostas recebidas dos licitantes, indicará os itens que devem ser considerados na proposta, assinalando com um "x" na coluna correspondente da tabela a seguir.

Observar que o licitante "I" está cotando por folha de pagamento mensal da equipe, desconsiderando as ausências remuneradas (férias, licenças, feriados etc.), ou seja, sem substituição e o licitante "II" está cobrando por hora efetivamente trabalhada (apropriada ao contrato e igual ao salário mensal de $ 3.300,00/220 horas = $ 15,00/hora). Considere que os licitantes "I" e "II" possam se enquadrar no Simples Nacional e se constituam nos licitantes "III" e "IV", oferecendo as mesmas condições.

Quadro 4.25 *Itens de remunerações não diretas.*

ENCARGO/BENEFÍCIO	"I"	"II"	"III"	"IV"
a) Grupo das Contribuições Sociais (34,8%, 35,8% ou 36,8%)				
b) Contribuições Sociais com base na receita (% da receita)				
c) Apenas o FGTS do Grupo das Contribuições Sociais (8%)				
d) Décimo terceiro salário				
e) Férias sem adicional constitucional				
f) Adicional constitucional (1/3 das férias)				
g) Licença-paternidade				
h) Licença médica				
i) Licença-nojo/gala				
j) Feriados				
k) Licença para o serviço militar				
l) Repouso semanal remunerado				
m) Adicional na rescisão sem justa causa (50% do FGTS)				
n) Adicional na rescisão (menos de 30 dias da data-base)				
o) Vale transporte inferior a $ 120,00 por mês				

60. Após o preenchimento do Quadro 4.25, o contratante deve aceitar dos licitantes I e II os percentuais correspondentes aos itens:

A "a", "d", "f" e "g".
B "g", "h", "i" e "m".
C "a", "d", "m" e "n".
D "f", "k", "m" e "o".

61. Após o preenchimento do Quadro 4.25, o contratante deve aceitar de todos os licitantes os percentuais correspondentes aos itens:

A "d", "f", "m" e "n".
B "f", "g", "m" e "n".
C "f", "g", "h" e "n".
D Todas as alternativas.

62. Após o preenchimento do Quadro 4.25, o contratante deve aceitar os percentuais correspondentes aos itens "g", "h" e "o" dos licitantes:

A I, II e III.
B I, III e IV.
C II, III e IV.
D Nenhuma das alternativas.

63. Caso a equipe do licitante I e II do Quadro 4.25 seja obrigada a trabalhar em atividade que provoque aposentadoria precoce, com 25, 20 ou 15 anos de contribuição, o grupo que terá seu percentual aumentado é o dos(as):

A Contribuições sociais.
B Encargos trabalhistas.
C Remunerações indiretas.
D Benefícios concedidos.

64. Caso a equipe do licitante I e II do Quadro 4.25 seja obrigada a trabalhar em atividade perigosa, o adicional de periculosidade (30% da remuneração) incidirá sobre o grupo dos(as):

A Contribuições sociais.
B Benefícios concedidos.
C Remunerações indiretas.
D Todas as alternativas.

Solução dos exercícios propostos

1 (C)	12 (D)	23 (A)	34 (A)	45 (B)	56 (A)
2 (D)	13 (A)	24 (A)	35 (B)	46 (D)	57 (C)
3 (C)	14 (D)	25 (D)	36 (A)	47 (A)	58 (C)
4 (C)	15 (B)	26 (D)	37 (B)	48 (C)	59 (B)
5 (B)	16 (B)	27 (B)	38 (A)	49 (A)	60 (C)
6 (A)	17 (A)	28 (B)	39 (A)	50 (B)	61 (A)
7 (A)	18 (D)	29 (D)	40 (B)	51 (D)	62 (D)
8 (C)	19 (A)	30 (C)	41 (A)	52 (C)	63 (A)
9 (A)	20 (A)	31 (D)	42 (C)	53 (B)	64 (A)
10 (B)	21 (C)	32 (D)	43 (D)	54 (C)	
11 (A)	22 (C)	33 (C)	44 (B)	55 (B)	

5

CUSTOS GERAIS

5.1 Conceituação

Os Gastos Gerais são definidos no Capítulo 1 como os que não se classificam como de material ou de pessoal, embora alguns destes, cujo valor seja pouco expressivo, possam classificar-se, na prática, como gerais. Os que estão ligados às áreas de elaboração de bens e serviços podem ser subdivididos em custos gerais fabris – os ocorridos nas áreas de fabricação da empresa – e em custos gerais não fabris – aqueles que, embora não ocorridos nas áreas de fabricação propriamente ditas, ocorrem nos departamentos de administração, de apoio e auxiliares da produção e são indispensáveis ao funcionamento harmonioso da atividade-fim da empresa.

Além dos custos gerais, fabris ou não fabris, os gastos gerais englobam também um grupo expressivo denominado contabilmente como despesa, e que está dissociado das atividades de elaboração de bens e serviços. Tal dissociação pode, por vezes, rotular a despesa como improdutiva, mas não deve, no entanto, torná-la menos importante: este rótulo indica tão somente que as despesas são gastos não ligados às atividades de produção. Como cita Mott,[1] de que valeria toda a produção do mundo se não houvesse as atividades de vendas e de administração das demais atividades indispensáveis a uma organização e que consomem recursos?

Verifica-se que a atividade completa de uma empresa é suportada pela totalidade dos gastos incorridos sob a forma de custos ou de despesas, e que sua produção não é dependente apenas dos custos de material e de pessoal, mas também dos custos gerais fabris e dos não fabris. Entendem-se os primeiros custos gerais como os gastos despendidos em limpeza, depreciação, conservação, manutenção e supervisão da área de fabricação, além da energia elétrica e demais utilidades; os segundos são os despendidos com vigilância, transporte de pessoal, salário do pessoal auxiliar, de administração, de apoio, de planejamento e de controle da produção, bem como os referentes a depreciações de prédios, móveis e utensílios da área não fabril, porém ligados às atividades de produção. As despesas são as não ligadas à elaboração de bens e serviços e compreendem as vendas e a administração geral.

Os Custos Gerais de uma empresa são classificados como indiretos, em sua maioria. Pois poucos deles, além dos custos de material e de pessoal, podem ser classificados como diretos. Mesmo assim existem custos, como os mencionados nos Capítulos 3 e 4, que são classificados como custos indiretos (matéria-prima indireta e mão de obra indireta), embora não sejam classificados como custos gerais.

Uma unidade de acumulação de custos ou um objeto de custeio é a célula ("depósito") que recebe todos os gastos para a execução de alguma tarefa, e que possibilita determinar tais gastos isoladamente, conforme a responsabilidade exclusiva de cada célula. Os custos diretos têm definidas as células que os estão recebendo, no momento de sua ocorrência. Já os custos indiretos, que ocorrem generalizadamente e às vezes ao mesmo tempo nas diversas unidades de acumulação de custos, apresentam grande problema na alocação de suas parcelas em cada uma das unidades de acumulação, tanto gerencialmente quanto sob o aspecto puramente contábil.

---

1 MOTT, Graham. *Contabilidade para não contadores*. São Paulo: Makron Books do Brasil, 1996. p. 107.

Até a década de 1960, os custos indiretos tinham pouca participação no conjunto dos custos totais das utilidades, além de as empresas terem pouca diversificação em sua linha de produção. Assim, os rateios por bases pouco adequadas, bem como a utilização de um número reduzido delas (horas de mão de obra e horas de máquina) para ratear vários custos indiretos englobadamente, não provocavam grandes distorções no custo final de cada unidade de acumulação de custos. A participação dos custos indiretos ganhou uma dimensão muito grande após essa época, necessitando de maior precisão em sua alocação aos diferentes objetos de custeio. Isso ocorreu em função dos seguintes fatores:

a) aumento crescente de sua participação no valor total dos custos;
b) necessidade da diversificação da produção, pois era necessário manter o poder de competição das empresas;
c) demanda pelo conhecimento dos custos das atividades auxiliares e de apoio à produção;
d) utilização gerencial da apuração dos recursos aplicados nas atividades não ligadas à produção de bens e serviços, ou seja, das despesas.

Imagine a diversidade de entidades, suas áreas de atuação, a variedade de atividades e o número de objetos de custeio daí resultante. As públicas podem atuar como reguladoras, fiscalizadoras, assistenciais, beneficentes, financiadoras, pesquisadoras, prestadoras de diversos serviços; as privadas desenvolvem atividades nas áreas de ensino, consultoria, elaboração de produtos, execução de serviços. Dentro de cada área de atuação existem diversas unidades de acumulação de custos, pois os órgãos, processos, serviços, produtos, clientes e canais de distribuição dos quais se deseja apurar custos são muito diversificados. O efeito multiplicador dessa diversificação é muito grande e, consequentemente, a dificuldade de alocação das parcelas dos custos indiretos também. A alocação é feita por rateio e é dependente de uma análise detalhada de cada custo indireto e das condições em que ele ocorre, bem como da utilização que será feita de sua apuração.

5.2 Critérios de rateio

Com raras exceções, os custos gerais são classificados como custos indiretos, sejam eles fixos, variáveis ou mistos. Assim, serão tratados neste capítulo os critérios que podem ser usados para rateio dos mesmos. Os custos indiretos são apurados no final do período pelo total de cada um deles, sem atribuição a cada produto ou função de custo diferente. Para distribuir as parcelas do custo indireto a cada um dos diferentes tipos de produtos que foram fabricados, a cada um dos serviços executados, ou a cada uma das diferentes Unidades de Acumulação de Custos, é necessário efetuar o rateio.

Horngren, Foster e Datar[2] citam quatro critérios dominantes que norteiam o rateio dos custos indiretos, a saber:

2 HORNGREN, Charles T.; FOSTER, George; DATAR, Srikant M. *Cost accounting*: a managerial emphasis. New Jersey: Prentice Hall, 2000.

a) **causa e efeito** – preconiza a utilização de variáveis que provocam o consumo dos recursos, ou seja, quanto maior o resultado obtido, maiores os recursos aplicados. Esse critério apresenta alta correlação (próxima de 1) entre o custo indireto e o dado utilizado como base de alocação e é naturalmente aplicado nos custos indiretos variáveis, embora alguns custos indiretos fixos possam ter grande correlação com dados variáveis. A matéria-prima indireta em função da quantidade obtida dos diferentes produtos, observando-se a equivalência entre eles, tanto em volume quanto em peso; e a parcela variável dos gastos com aluguéis em *shopping centers*, em função do volume de vendas e na mesma proporção delas, podem ser citadas como exemplos desse critério de rateio;
b) **benefícios recebidos** – a distribuição é feita em função dos benefícios recebidos por unidades de acumulação de custos, resultando em uma relação causal. Porém, a correlação é fraca, tendo em vista que as variações de volume não provocam alterações equivalentes no custo. Esse critério é utilizado para custos indiretos fixos e pode ser exemplificado pela despesa de uma campanha publicitária genérica, que deve ser distribuída pelo acréscimo de venda obtido em cada uma das unidades que compõem o conjunto, embora o acréscimo não ocorra na mesma proporção da frequência da campanha, e pelo aluguel mensal de um imóvel, que deve ser distribuído pela área real ocupada, independentemente do volume de atividade no período;
c) **equidade ou imparcialidade** – é um critério baseado na negociação entre partes interessadas e enfatiza muito mais o acordo do que os aspectos técnicos. Um exemplo do uso desse critério é a quantidade de energia elétrica estabelecida por estimativa de cada parte interessada e usuária para ser por ela consumida. Com base nesse acordo, a quantidade total de energia é contratada com a empresa distribuidora, e os valores são correspondentes às quantidades orçadas atribuídos a cada parte interessada, independentemente do consumo real;
d) **capacidade de suportar** – por este critério, os custos são alocados em função da capacidade de absorvê-los, ou seja, quanto maior a margem de lucro ou o preço de venda de um objeto de custeio, tanto maior será a parcela do custo a ele atribuído.

Entre os critérios que norteiam o rateio dos custos indiretos, causa e efeito e benefícios recebidos são os mais utilizados e apresentam os resultados mais próximos da realidade, devendo, portanto, ser preferidos.

Não é possível, por exemplo, determinar a parcela do custo indireto "aluguel de um galpão" pertencente a cada um dos produtos durante sua ocorrência se nesse galpão são elaborados diversos produtos diferentes e o contrato de aluguel é estabelecido por período e não por volume de produção. Só no final do período é que o valor do aluguel periódico pode ter suas parcelas distribuídas pelos diferentes produtos que consumiram aquele custo.

Rateio é uma divisão proporcional pelos valores componentes de uma base. Esses valores devem estar distribuídos pelos diferentes produtos ou funções dos quais se deseja apurar o custo, devendo ser conhecidos e estar disponíveis no final do período de apuração. Entre as bases disponíveis, elege-se a considerada como a melhor para o custo que será rateado em função da afinidade entre os dois, por se supor que o custo tem correlação direta com a base escolhida. A melhor base de rateio para determinado custo é aquela em que se supõe que o custo ocorra na mesma proporção ou muito próximo dela, ou seja, o custo indireto deve guardar estreita correlação com os dados escolhidos como base de rateio.

O critério utilizado na escolha da melhor base de rateio para cada custo não deve mascarar o resultado ou o desempenho de um produto em detrimento de outro, mas expressar que a escolha foi justa para todos os envolvidos, independentemente do resultado obtido quando comparado com o preço de venda praticado. A definição da base de rateio a ser usada em cada custo não deve visar à melhora do desempenho de um ou outro produto ou serviço, mas a sua distribuição com justiça por cada um deles, independentemente do resultado. Isso não significa que a análise para aceitação de uma encomenda não considere outros fatores. Por exemplo, uma consultoria a ser realizada em uma cidade fora da sede considerará os gastos de viagem na formação de seu preço. Se surge a possibilidade de outro serviço no mesmo local e na mesma época, é evidente que no preço deste deve ser considerado que o gasto com a passagem aérea já está coberto pelo primeiro serviço, embora tecnicamente se deva alocar apenas 50% para cada um deles.

Vale lembrar que a experiência e o conhecimento do processo produtivo da empresa são atributos que auxiliam sobremaneira o profissional encarregado do rateio de custos. Assim, é indispensável a participação dos responsáveis por cada área envolvida e deve ser perseguido o consenso da maioria deles.

Cumprida a primeira etapa do processo, que é a escolha do dado que servirá como base, procede-se ao rateio propriamente dito. Uma das formas de obtenção da proporcionalidade é por meio de quocientes. Eles são obtidos dividindo-se o valor do custo indireto pelo total da base, devendo ser usado o maior número possível de casas decimais. Multiplicando-se o quociente de rateio pelo valor do dado da base referente a cada produto ou função, obtém-se a parcela do custo indireto atribuível ao respectivo produto ou função. A soma de todas as parcelas do custo indireto atribuídas aos diferentes produtos ou funções deve ser igual ao total que foi rateado. Caso isso não ocorra (por imprecisão no arredondamento do quociente de rateio), deve ser feita a aproximação no produto ou função que recebeu a maior parcela.

A título de exercitação, foram listados no Quadro 5.1 alguns custos e dados que podem estar disponíveis no final do período de apuração de custos e que podem ser usados como base de rateio.

É relevante lembrar que nos exemplos apresentados e nas escolhas feitas deve ser considerada a ausência de detalhes que possam representar maior certeza na adequabilidade da decisão. Assim, o critério de seleção das bases mais adequadas levou em consideração o que ocorre mais comumente no maior número de empresas e admitiu a apuração de custos em cada um dos produtos de uma indústria. Apesar disso, procurou-se justificar cada escolha e, quando aplicável, foram apresentadas alternativas mais adequadas a casos específicos.

Na apuração dos custos dos serviços, a linha de raciocínio é a mesma, estendendo-se ao rateio de despesas e até aos gastos globais de setores distintos.

Quadro 5.1 *Custos e dados apurados.*

CUSTOS INDIRETOS	DADOS DISPONÍVEIS PARA BASES DE RATEIO
1. Matéria-prima indireta	Área ocupada
2. Supervisão da produção	Potência das máquinas a combustão
3. Combustíveis de máquinas	Valor da mão de obra direta
4. Energia elétrica (força)	Preço de venda
5. Depreciações	Nº de horas apropriadas
6. Material de limpeza industrial	Quantidade produzida
7. Energia elétrica (iluminação)	Valor do imobilizado
8. Supervisão de manutenção	Nº de empregados diretos
9. Aluguéis de imóveis	Valor da matéria-prima direta
10. Salários do almoxarifado	Peso da produção
11. Gastos de restaurante	Potência das máquinas elétricas
12. Transporte de pessoal	Valor da produção
13. Gastos com movimentação interna de matéria-prima	Quantidade de requisições de material
	Volume da produção
14. Material de higiene pessoal	Valor das vendas
15. Aluguéis de equipamentos	Rotatividade dos estoques

1. **Matéria-prima indireta** – O material, como já explicado anteriormente, necessita atender a algumas condições para ser caracterizado como custo indireto. Tais condições são, entre outras, o tamanho da empresa, o planejamento da produção, a característica do sistema de produção. Entretanto, quando o material se caracteriza como custo indireto, o dado que melhor serve como base de rateio é o valor da matéria-prima direta, porque se entende que sua aplicação nos diferentes produtos é função do consumo de matéria-prima direta. Isso não significa que a utilização desse dado como a melhor base para aquele custo deva ser feita sem outras preocupações analíticas. Veja, por exemplo, o verniz, que pode ser classificado como matéria-prima indireta numa pequena fábrica de bancos, cadeiras, carteiras e mesas de madeira, cuja matéria-prima direta é a madeira e cujo valor consumido é normalmente proporcional à área que deve ser envernizada. É evidente que nesse caso o dado "valor da matéria-prima direta" serve perfeitamente como base de rateio. Suponha agora que, por característica do sistema de produção, ou por exigência do mercado consumidor, o produto banco de madeira é comercializado sem o envernizamento e, portanto, considerado como produto acabado neste estágio. Assim, apesar de o valor da matéria-prima direta continuar sendo a melhor base de rateio para esse custo, ela deve ser ajustada eliminando-se a parcela correspondente ao produto banco e reduzindo seu total. O rateio deve ser efetuado por esta base ajustada em função dos valores correspondentes aos três outros produtos (cadeira, carteira e mesa), já que o produto banco não consome esta matéria-prima indireta e consequentemente não deve participar de qualquer parcela de seu valor aplicado no período, pois a matéria-prima indireta teve aplicação apenas nos três outros produtos. Outras condições podem ainda alterar a aplicação ou a escolha da base, tais como: acabamento em fórmica para a tampa da mesa e para o apoio de braço da carteira; utilização de

madeira mais e menos nobre em cada móvel, com valor diferenciado em cada um deles; número diferente de demãos de verniz em cada móvel. Se o modelo desses diferentes móveis for padronizado e a engenharia de produção definir, em cada um deles, a área a ser envernizada e a quantidade de demãos a ser aplicada, pode ser facilmente quantificada a área envernizada no período com os dados citados e, nesse caso, a correlação com o custo indireto verniz é muito próxima de 1

2. **Supervisão da produção** – Apesar de pertencer ao Capítulo 4 – Custo de Pessoal –, por ser um custo normalmente classificado como custo indireto, a supervisão da produção é tratada neste capítulo e caracteriza-se pela remuneração paga ou devida ao pessoal que chefia um grupo de pessoas. Se todas as pessoas sob a supervisão de outra se ocuparem da produção de apenas um tipo de produto ou de uma função de custo, a supervisão é classificada como custo direto (ver Capítulo 2 – Classificação dos Custos) e terá seu custo apropriado diretamente a este produto ou a esta função de custo.

   O que ocorre mais comumente é o Supervisor encarregar-se de empregados ocupados na produção de tipos diferentes de bens ou de funções diferentes de custos e, neste caso, como custo indireto, necessita de um dado para servir de base de rateio. A melhor base de rateio para esse custo é o valor da mão de obra direta que foi apropriada a cada tipo de produto diferente ou a cada função diferente de custo. A razão dessa escolha é supor-se que, à medida que absorve mais mão de obra direta, o produto ou função de custo também requer mais supervisão, ou seja, o custo de supervisão guarda estreita correlação com o custo da mão de obra direta.

   Por que a preferência pelo valor apropriado e não pelo número de empregados ou de horas da mão de obra direta? Porque a utilização do valor considera os diferentes níveis de supervisão. Um empregado com remuneração maior requer uma supervisão mais bem remunerada. Um empregado de menor nível requer uma supervisão com remuneração menor. A opção pela quantidade de horas ou de empregados não estaria considerando esta diferenciação, razão pela qual o valor da mão de obra direta é mais adequado para base de rateio deste custo.

3. **Combustíveis de máquinas** – O dado, entre os disponíveis, que melhor serve como base de rateio deste custo é "potência das máquinas a combustão" porque, quanto mais potente for a máquina, mais combustível ela deve consumir, ou seja, o consumo de combustível é função da potência de cada máquina e, naturalmente, do tempo de utilização. Para a adoção dessa base de rateio, é necessário que cada máquina seja utilizada na produção de um único tipo de produto e, neste caso, não é muito difícil controlar o consumo de combustível de cada uma delas e transformar este custo em direto, porque o combustível consumido pela máquina é medido exclusivamente para um tipo de produto. Para esse custo ser classificado como indireto, o abastecimento das diversas máquinas deve partir de um depósito (tanque) comum a todas elas, sem possibilidade prática de medir cada abastecimento.

   Outra condição é a máquina fabricar produtos diferentes em que o abastecimento não possa ser medido na aplicação a cada produto. Nesse caso, outro dado deve ser usado como base de rateio, podendo ser quantidade produzida para produtos semelhantes, ou, se diferentes, efetuar uma ponderação a partir da equivalência da quantidade de trabalho requerida por cada um deles em relação a um padrão ou utilizar outro fator para a equivalência e determinar uma nova base.

Imagine a máquina usada por uma indústria de bebidas para engarrafar produtos diferentes em garrafas do mesmo formato (altura e diâmetro). Essa máquina executa o mesmo movimento para engarrafar cada unidade de produto e, como consequência, consome a mesma quantidade de combustível em cada garrafa cheia. A melhor base de rateio para o custo do combustível consumido por esta máquina é a quantidade produzida de cada tipo de produto. É evidente que o dado "potência das máquinas" não serve como base de rateio, primeiro porque é apenas uma máquina ocupada na produção de diferentes produtos e a potência é uma só, sendo impossível a segregação da potência referente a cada produto, e segundo porque, mesmo sendo várias máquinas utilizadas, o consumo de combustível é igual por cada unidade produzida. Se os produtos forem embalados em recipiente de formato diferente (altura e diâmetro) e até de volume diferente (500 ml, 1000 ml e 2000 ml), faz-se a equivalência multiplicando-se a quantidade de cada um deles pelo respectivo volume, determinando-se o volume total de cada tipo e do conjunto, e utiliza-se este novo dado (volume da produção) como base de rateio. Mesmo nesta última hipótese (recipientes de tamanho e volume diferentes) se a máquina puder ser ajustada de modo que o cursor execute o mesmo movimento no mesmo espaço, a quantidade produzida continua sendo o melhor dado a ser usado como base de rateio desse custo indireto.

4. **Energia elétrica (força)** – O dado mais indicado para a base de rateio é a "potência das máquinas elétricas". Valem para esse custo todos os comentários e conclusões sobre o custo anterior porque ambos possuem as mesmas características. Além disso, devem ser também observados os comentários feitos na seção 7 adiante.
5. **Depreciações** – O "valor do imobilizado" é o dado que melhor serve como base de rateio deste custo, tendo em vista que a depreciação é consequência do valor de aquisição do imobilizado. Existem várias formas para determiná-la, porém, em todas elas o valor de aquisição é a base, pois a depreciação representa a parcela daquele valor que é aplicada na execução das tarefas em cada período. Assim, o valor de aquisição do imobilizado guarda estreita correlação com a depreciação. Portanto, existindo um bem que é utilizado exclusivamente na elaboração de um produto ou serviço, sua depreciação será um custo direto dele e não necessita de rateio. O uso desse dado justifica-se quando, apesar de haver bens imobilizados exclusivos de um tipo de produto ou serviço, existem outros imobilizados comuns, e o valor da depreciação está englobado pelo total. Por outro lado, na maioria das vezes o bem imobilizado não é exclusivo de um produto ou de uma função de custo, o que dificulta a obtenção do valor da parcela que está ocupada em cada produto ou função. Nesse caso, analisam-se as características de cada produto, a fim de compatibilizá-los numa só unidade. Se a diferenciação entre elas não for significativa, usa-se direta-

mente a quantidade produzida como base de rateio. Em caso contrário, usando-se pesos diferenciados para cada um deles, faz-se a ponderação das quantidades produzidas de cada um e usa-se a quantidade equivalente obtida como base de rateio desse custo, semelhantemente ao citado para o custo de combustíveis de máquinas.

6. **Material de limpeza industrial** – O dado mais adequado para ser usado como base de rateio desse custo é a área ocupada. Podem outros fatores influenciar, como por exemplo produto com maior ou menor índice de sujidade, obrigando o analista de custo a utilizar um fator diferenciado de grau de dificuldade na limpeza. Essas mesmas considerações podem ser aplicadas nos gastos com limpeza de áreas comerciais.

   O salário do pessoal da limpeza segue o mesmo raciocínio para escolha da base de rateio.

7. **Energia elétrica (iluminação)** – Área ocupada é o dado mais adequado para base de rateio deste custo, porque quanto maior for a área ocupada na fabricação de um produto, mais energia elétrica será consumida para sua iluminação. O ideal é colocar medidores individuais nas máquinas e áreas ocupadas na produção de cada tipo de produto e fazer o rateio do custo total de energia elétrica (força e iluminação) pelo consumo real de cada um. Mas tal procedimento normalmente não é possível, obrigando a utilização de outros dados e até a conversão de alguns dados em outros. Quando a conta de energia elétrica é única, tanto para a iluminação como para o acionamento das máquinas, devemos separar estas parcelas de consumo utilizando o seguinte critério prático: a carga de iluminação correspondente a determinado setor ou produto será o número total de lâmpadas multiplicado por sua potência expressa em watt (W) ou quilowatt (kW), multiplicado ainda pelo número de horas de funcionamento, uma vez que energia é potência ou trabalho realizado em determinado período de tempo, e assim obter a quantidade de energia consumida em iluminação expressa em quilowatt-hora (kWh); a carga das máquinas ou equipamentos correspondente a determinado setor, produto ou serviço será o somatório da potência de cada um dos equipamentos expressa em cavalo-vapor (cv) ou *horse-power* (HP), sendo 1 cv = 0,986 HP, multiplicado ainda pelo número de horas de funcionamento, obtendo-se a quantidade de energia consumida pelas máquinas e equipamentos em cavalo-vapor hora (cvh). Para efeito de rateio, utilizamos algumas simplificações, mas vale observar que em instalações industriais a energia é cobrada com base na potência aparente kVA (quilovolt-ampère), que na prática é sempre maior que a potência ativa kW (quilowatt). A diferença entre kWs e kVAs é apresentada nas contas de energia por meio de um coeficiente denominado fator de potência, que deverá ser o mais próximo possível da unidade, pois quanto mais próximo, mais otimizado estará sendo o consumo de energia e menor será a taxa cobrada pelas concessionárias. Levantadas as quantidades instaladas de quilowatt-hora e de cavalo-vapor e considerados os tempos de utilização, converte-se uma na outra, pois cada cv equivale a 0,7355 kW e, de acordo com as máquinas ocupadas na produção de um tipo de produto ou serviço e com as lâmpadas que iluminam sua área,

podem-se determinar os números do dado que servirá melhor como base de rateio deste custo.

Essa equivalência deve ser utilizada na separação da quantidade de energia consumida pela produção e pela administração, uma vez que a primeira é custo e gera crédito de tributos a compensar na venda dos produtos e a segunda é despesa que não gera tal benefício.

As tarifas diferenciadas do horário de "pique de consumo" e de consumo acima da demanda contratada têm o mesmo tratamento daquelas do horário normal, a não ser quando a tarefa tiver de ser executada exclusivamente naquele horário ou quando ocorrer uma produção excedente, que certamente provocará um consumo acima da energia contratada. O tratamento, nesses casos, é o mesmo da mão de obra em jornada extraordinária, comentado no Capítulo 4.

8. **Supervisão de manutenção** – Este custo deve ser rateado pelo valor da mão de obra de manutenção apropriada nas Ordens de Serviço abertas para atender às necessidades de manter em condições de operação todos os bens do imobilizado. Como normalmente cada bem é utilizado em mais de um produto ou serviço, deverá ser seguida a sistemática utilizada para o custo "depreciações".
9. **Aluguéis de imóveis** – Usa-se como base de rateio para este custo o dado "área ocupada", considerando-se que o valor do aluguel é por uma área e, portanto, o produto que ocupa a maior área recebe a maior parcela do custo, e o que ocupa a menor área recebe a menor parcela do custo do aluguel.

   Ao analisar os termos dos contratos de aluguel, pode-se encontrar outro dado mais adequado para utilização. Um exemplo disso é o aluguel de loja em *shopping center* em que o valor do aluguel é normalmente estabelecido em função do valor das vendas. Nesse caso, deve-se utilizar esse dado, embora outros possam ser considerados para aumentar a correlação entre o dado e o custo, pois um produto pode apresentar baixo valor de vendas e ocupar muito espaço e vice-versa, tendo em vista a rotatividade dos estoques.
10. **Salários do almoxarifado** – Devem ser rateados pela quantidade de requisições de material emitidas para atender ao suprimento de matéria-prima necessária à elaboração dos diversos produtos e serviços.
11. **Gastos de restaurante** – A base de rateio será o dado "número de empregados diretos", porque se considera que quanto maior o número de empregados ocupados diretamente na produção de um produto, maior será a parcela do custo de alimentação incidente sobre ele.
12. **Transporte de pessoal** – É usado o mesmo dado do custo anterior como base de rateio para este custo, porque os custos aplicados nos veículos (próprios ou alugados) para transporte do pessoal são função do número de empregados diretos.
13. **Gastos com movimentação interna de matéria-prima** – O dado que melhor serve como base de rateio é o "peso da produção", que pode ser obtido multiplicando-se a quantidade produzida pelo peso unitário. Quanto mais pesada a produção, maior é esse gasto, embora em casos de produtos muito volumosos e pouco pesados, a

movimentação da matéria-prima seja função do volume movimentado e, então, o dado que servirá de base de rateio será "volume da produção" no período.

14. **Material de higiene pessoal** – Assim como para o material de limpeza industrial, a área ocupada continua sendo o melhor dado para base de rateio deste custo? Evidentemente, não. Nessa situação, o melhor dado para base de rateio passa a ser o número de horas apropriadas, sendo as da mão de obra direta as que servirão de base para o consumo pelo pessoal ocupado na elaboração de bens e serviços, e as das outras atividades para o consumo pelo pessoal ocupado nelas, pois quanto mais tempo é despendido, mais ocorre o consumo desse gasto. Em empresas que não controlam o empenho de horas, pode-se usar o número de empregados.
15. **Aluguéis de equipamentos** – Este custo deve ter sua base de rateio definida em função da utilização do equipamento, bem como da forma de contratação. Com a difusão do arrendamento mercantil, muitos equipamentos são alugados em vez de comprados. O dado que pode servir para base de rateio é potência das máquinas se cada uma delas for exclusiva de um produto e o contrato abranger várias máquinas. Se a mesma máquina for utilizada por produtos ou serviços diferentes, pode-se usar a quantidade produzida, observando as ponderações comentadas nas seções "3 – Combustíveis de máquinas", "4 – Energia elétrica (força)" e "5 – Depreciações".

As análises e os comentários citados significam que devem ser considerados todos os aspectos relevantes. Só após conhecer o processo produtivo e a forma de ocorrência de cada custo é que deve ser eleito o melhor dado a ser usado como base de rateio de um custo indireto.

Função de custos significa unidade de acumulação de custos e, como tal, pode representar um órgão da organização funcional da empresa, uma tarefa, uma atividade, uma ordem de produção, uma ordem de serviço, um processo produtivo e até um produto, além de outros. Nesta obra, são feitas referências a funções diferentes de custos e a tipos diferentes de produtos como se fossem coisas distintas. Na verdade, os produtos e os serviços constituem-se nas mais simples unidades de acumulação de custos. O objetivo de separar os custos que ocorrem em nível de órgãos, chamados funções, daqueles custos que ocorrem nos próprios produtos ou serviços é a necessidade do conhecimento dos custos de cada órgão para que se possa determinar a responsabilidade de seu controle numa ação conjugada com o controle orçamentário. Assim, mesmo que seja determinado o custo de cada função que não seja produto ou serviço, tanto por apropriação direta quanto por rateio, os custos de cada uma dessas funções deverão sofrer novos rateios para ser alcançado o objetivo final, que é a apuração de custo de cada tipo diferente de produto ou serviço.

Nessa linha de raciocínio, mesmo que o custo seja consequência de funções de apoio ou de administração da produção, o rateio é feito sobre os produtos ou serviços que são elaborados se não houver interesse no objetivo citado anteriormente.

5.3 Formas de rateio

Diversas formas de rateio são empregadas, todas elas baseadas na divisão proporcional. A maioria delas é muito simples, realizada por meio da utilização de cálculos bastante elementares; a minoria delas, entretanto, necessita de cálculos mais complexos, normalmente quando existem participações recíprocas que envolvem muitas funções.

5.3.1 Rateio direto

É a forma mais simples. Faz uso de cálculos elementares e é amplamente utilizada. Pode-se afirmar que, num primeiro estágio, qualquer sistema de controle de custo é obrigado a utilizar essa forma de rateio para alocar as parcelas dos custos indiretos a cada uma das funções de acumulação.

Como o próprio título indica, trata-se de uma forma *direta* de segregar os recursos consumidos pelos principais objetos de custeio em determinado estágio de sua ocorrência, sejam eles os diferentes produtos, serviços, processos, atividades, tarefas, setores etc. Só após esse estágio é possível optar por outra forma para os rateios subsequentes até descarregar nas funções principais. Tal forma consiste na distribuição direta das parcelas do custo em cada uma das funções principais do estágio final de sua execução (produto, serviço, processo produtivo) dos quais se deseja apurar custo, seja ele um custo específico ou um conjunto deles acumulado em uma função de apoio às principais. O conjunto de custos das funções de apoio é distribuído às funções principais sem considerar os recursos consumidos entre si.

Podem ser citados como exemplos o custo indireto de energia elétrica para iluminação da fábrica, que deve ser rateado diretamente em cada uma das diferentes funções que utilizam este recurso, sejam elas auxiliares da produção, sejam os próprios produtos ou serviços elaborados, proporcionalmente em função da área ocupada; o gasto total do setor de Almoxarifado, que deve ser rateado pelo número de requisições atendidas para aplicação em cada processo produtivo diferente; os gastos dos diversos setores de apoio, que deverão ser rateados diretamente nas funções de produção – setores, produtos, serviços, cada um deles utilizando o dado mais adequado.

5.3.2 Rateio em cascata

Também denominado rateio "passo a passo" ou "sequencial", o rateio em cascata leva em consideração a transferência dos custos dos vários órgãos de apoio para os demais até acumulá-los nas funções principais. Esquematicamente, por essa forma de rateio, as funções são listadas na primeira linha, formando as colunas do quadro de rateios, e os gastos – sejam eles individualizados ou em conjunto, formando o total de cada função – são listados na primeira coluna, constituindo as linhas. Essa forma é conveniente para a empresa apurar os gastos de cada função após o recebimento das parcelas rateadas de outras funções, antes de acumulá-los em cada tipo de produto ou serviço. Esse procedimento permite conhecer os valores de cada uma das funções após receber as parcelas transferidas das que lhes antecedem na hierarquia dos gastos.

A ordenação das funções na primeira linha pode apresentar-se de modos diferentes. No primeiro deles, a primeira coluna aloca a função de apoio que recebe percentualmente a menor quantidade de serviço das demais, seguida das outras funções na mesma ordem de importância até a que menos cede recursos, terminando nas funções operacionais (produtos, serviços). No segundo deles, a sistemática é a mesma, e a ordenação é estabelecida pelo valor absoluto e não pela percentagem. Essa ordenação é estabelecida pelo número de horas de máquinas alocado, pela quantidade de mão de obra apropriada, ou pelos valores correspondentes. No terceiro deles, a ordem é simplesmente da função mais genérica para a mais específica. Os custos seguem a mesma ordem das funções, ou seja, do conjunto de custos do órgão que menos recebe recursos para o do que mais recebe, ou do custo individualizado mais genérico para o mais específico, ou do órgão mais genérico para o mais específico, independentemente do percentual ou do valor cedido. Os dois primeiros modos dependem do controle de algum dado para definir a ordem do menor para o maior recebedor de recursos, podendo ser exemplificado por horas de máquina e de mão de obra ou dos valores correspondentes, quilowatt-hora consumido ou instalado etc. O terceiro modo para estabelecimento da ordem não exige esse controle. Após uma simples acumulação apenas dos próprios gastos em cada órgão, por apropriação ou rateio sob a forma direta, basta um consenso entre os gestores na definição da ordem, tornando sua utilização mais simples, menos onerosa e com ampla possibilidade de aplicação em todos os órgãos, inclusive os administrativos e comerciais, e por empresas de qualquer porte, inclusive as microempresas.

Na forma de rateio em cascata, por qualquer dos modos de ordenação dos órgãos e dos custos, uma vez efetuada a alocação do custo de um dos órgãos de apoio, ele fica zerado e não ocorre mais retorno. Se a administração deseja apurar os gastos de todas as funções da empresa sob o conceito gerencial, sem distinção entre despesas e custos, ela montará seu demonstrativo a partir da função que mais cede recursos – ou a mais genérica (por exemplo: Diretoria) – para a que menos cede recursos, até aquelas que apenas recebem – ou a mais específica (por exemplo: produtos "A", "B", "C" e "D" ou serviços "X", "Y" e "Z" elaborados pela empresa). Todos os gastos são listados a partir da segunda linha, começando com o mais genérico (por exemplo: honorários ou gastos da Diretoria) e terminando com o mais específico (por exemplo: matéria-prima direta ou gastos do Departamento de Fabricação).

Por essa forma de rateio, a soma dos gastos específicos de cada função, quando existe mais de uma, é rateada tomando-se como base os valores das colunas seguintes existentes na mesma linha, e as parcelas obtidas são somadas aos valores existentes em cada coluna (funções) dessa linha. Em seguida, o novo valor da próxima coluna será rateado pelos valores da linha nas demais colunas. Esses valores são somados aos já existentes na linha e que serviram de base de rateio. O novo valor da coluna seguinte será rateado pelos valores das colunas restantes na linha, e assim sucessivamente, até que todos os gastos se concentrarão nas últimas colunas, correspondentes às últimas funções (produtos "A", "B", "C" e "D", serviços "X", "Y" e "Z" ou outras funções de elaboração de bens e serviços).

Se o objetivo da administração é restringir-se apenas aos custos, a sistemática é a mesma, porém as funções serão limitadas às de produção (fabris e não fabris) e os gastos se limitarão aos custos, ou seja, àqueles que se referem à elaboração de produtos e serviços. Nesse caso, o exemplo citado não poderia começar por Diretoria como a função mais genérica, mas por

Administração de Produção, e o gasto deveria começar por Honorários da Diretoria de Produção e não Honorários de Diretoria (todas).

5.3.3 Rateio recíproco

Esta forma considera a distribuição dos gastos dos serviços executados por cada órgão de apoio nos dois sentidos, isto é, cada um deles tanto pode ceder quanto receber recursos do outro. Exceção deve ser feita aos órgãos principais, pois eles apenas recebem custos dos órgãos de apoio, razão pela qual o aumento do número de órgãos principais não aumenta o volume de cálculos nem os torna mais complexos, uma vez que as equações só envolvem os órgãos de apoio para determinar o valor de seus custos após receber e ceder os transferidos reciprocamente de um para outro. A hipótese é que um órgão como Diretoria de Produção despende recursos dirigindo todos os demais órgãos de sua área, porém também os recebe de vários deles: a Manutenção repara os equipamentos e instalações usados por ela e pela Informática e esta, por sua vez, disponibiliza o uso de programas, sistemas e redes tanto para a Diretoria quanto para a manutenção, ocorrendo o mesmo com vários outros órgãos de apoio, estabelecendo uma interligação muito grande de rateios recíprocos. Analogamente a todas as maneiras de apuração de custos, a acumulação dos gastos em cada órgão é feita por apropriação (diretos) e por alocação (indiretos). Essa alocação inicial deve obrigatoriamente ser feita por rateio na forma direta e, eventualmente, por utilização da técnica de cenários.

De maneira semelhante à forma de rateio anterior, essa também utiliza a distribuição proporcional dos gastos de cada setor de apoio com base em um dado representativo, e a primeira etapa, após o estabelecimento da proporcionalidade, é montar um sistema de equações que envolvem os diversos órgãos. Quando a quantidade de órgãos de apoio é pequena, um sistema de equações pelos métodos matemáticos de adição ou subtração e substituição determinaria os novos valores dos custos totais de cada um dos órgãos de apoio após a alocação recíproca, como pode ser observado no exercício 4, resolvido no final do capítulo. Verifica-se que os custos recíprocos totais apresentam valores maiores que os custos reais porque, além destes, eles incorporam uma parcela dos custos dos outros órgãos que lhes prestam serviços e são, por isso, chamados de custos artificiais do órgão de apoio. Quando a quantidade dos órgãos de apoio aumenta, o número de equações também aumenta e os cálculos tornam-se mais trabalhosos, como pode ser verificado no exercício resolvido número 5, que é semelhante ao de número 4, apenas com o acréscimo de uma função de apoio. Se a quantidade de órgãos aumenta ainda mais, os cálculos tornam-se mais complexos e outros métodos matemáticos, tais como matriz e programação linear, devem ser usados. Porém, eles despendem tempo e maior conhecimento de cálculos, e sua utilização só é viabilizada hoje em dia devido ao desenvolvimento da informática. Após essa alocação recíproca, o rateio é concentrado nas funções principais da mesma maneira que nas formas anteriores, conforme exemplificado nos exercícios resolvidos nºs 4 e 5. Deve-se considerar que essas dificuldades inibem o uso dessa forma de rateio e privilegiam as demais, e a forma direta é a mais utilizada.

5.3.4 Outras formas de rateio

Similarmente à forma de rateio direto, podem ser utilizadas taxas predeterminadas de custos indiretos em função dos custos diretos, devendo sua aplicação ser adotada após razoável período de utilização de uma das outras citadas. A técnica de cenários, que envolve toda a supervisão da empresa, é outra forma que pode ser utilizada para definir percentuais de alocação dos custos dos órgãos de apoio aos órgãos principais.

5.4 Lançamentos contábeis

Os Custos Gerais, que se subdividem em Fabris e Não Fabris, devem ser debitados em cada uma das contas específicas dos "Custos Gerais" e creditados nas contas "Contas a Pagar" ou "Depreciações Acumuladas" e outras, considerando-se todas as obrigações que não sejam salários, encargos sociais e materiais.

Nas apropriações, debita-se cada um dos "Produtos em Elaboração" ou dos "Serviços em Execução" ou cada uma das funções específicas de custo, e creditam-se as contas específicas de "Custos Gerais" pelas requisições ou destinações diretas de cada custo.

Os custos gerais que são indiretos serão rateados no final do período por um dos critérios comentados, e suas parcelas serão atribuídas aos diversos produtos ou serviços em elaboração ou às diversas funções de custos com os mesmos lançamentos mencionados no parágrafo anterior. Assim, todas as contas específicas de custos gerais terão seus saldos anulados por contrapartidas de lançamentos a débito na conta "Produtos em Elaboração" ou "Serviços em Execução", a não ser as contas que possuam estoques não consumidos no período, tais como combustíveis e lubrificantes.

No Capítulo 2, consideraram-se como custo todos os recursos, sob qualquer forma, consumidos durante a produção e que devem agregar-se monetariamente ao produto em elaboração e transformar-se em produto acabado, ou ao serviço em execução e transformar-se em serviço executado. Nesse caso, os lançamentos dos custos gerais classificados como fabris ou não fabris obedecerão aos critérios descritos anteriormente.

Foi mostrado ainda no Capítulo 2 que, em virtude de considerar-se uma continuidade uniforme de produção da empresa, alguns gastos não ligados aos setores de produção (despesas) não devem ser agregados aos produtos em elaboração ou ao serviço em execução, mas levados direta e integralmente para resultados, quer a produção do período fosse vendida integralmente ou não. Nesse caso, seria possível usar os mesmos critérios para os lançamentos anteriormente descritos, apropriando-se e rateando-se apenas os custos gerais, fabris ou não fabris, aos setores de elaboração de bens e serviços propriamente ditos e aos setores de administração e de apoio à produção, e lançando a débito na conta "Produtos em Elaboração" ou "Serviços em Execução" com crédito nas respectivas contas de custos gerais.

Na apuração de resultados dos períodos (ver Capítulo 6) é que as contas do grupo de despesas serão encerradas contra a conta de Lucros e Perdas ou Apuração de Resultados.

5.5 Exemplos práticos

5.5.1 Exercício resolvido nº 1

Na forma de rateio direto, exemplifica-se com o valor de aluguel mensal de $ 5.000,00 por um galpão onde se fabricam três produtos diferentes: o produto "A" ocupa uma área de 250 m^2, o "B" uma de 150 m^2 e o "C" uma de 600 m^2. Para determinar as parcelas dos $ 5.000,00 atribuíveis a cada um dos produtos, elegendo-se esse dado como base de rateio, somam-se as áreas ocupadas por cada um deles e divide-se o total do custo a ser rateado por essa soma, obtendo-se o quociente de rateio. Ao multiplicar esse coeficiente pela área ocupada por cada produto, obtêm-se as parcelas do custo atribuíveis a cada um dos produtos. Numericamente, tem-se:

"A"		"B"		"C"			
250 m^2	+	150 m^2	+	600 m^2	=	1.000 m^2	(área total)
$ 5.000,00 ÷		1.000 m^2	=	$	5,00/m^2		
$ 5,00/m^2 ×		250 m^2	=	$	1.250,00		(Produto "A")
$ 5,00/m^2 ×		150 m^2	=	$	750,00		(Produto "B")
$ 5,00/m^2 ×		600 m^2	=	$	3.000,00		(Produto "C")
Total:		1.000 m^2	=	$	5.000,00		(Empresa)

A rotina exposta é repetida para cada custo indireto até o último, usando-se a base mais adequada para cada um deles. Em seguida, serão somadas todas as parcelas alocadas a cada produto ou a cada ordem de produção ou a cada objeto de custeio, como será demonstrado no Capítulo 6.

5.5.2 Exercício resolvido nº 2

Considerando-se apuração gerencial, isto é, incluindo as despesas, o Quadro 5.2 apresenta os custos ocorridos em um período, nos diversos órgãos de uma empresa.

Para avaliar os gastos totais (custos e despesas) influenciando os diversos produtos, os gastos das funções não referentes à produção devem ser alocados aos dois produtos A e B, usando a forma de rateio direto e, após consenso dos gestores, as seguintes bases: total dos custos dos dois produtos (A e B) para a função Diretoria; salários e mão de obra para a função Departamento Administrativo; e aluguéis e movimentação interna de material para a função Departamento Comercial, preenchendo o Quadro 5.3.

Quadro 5.2 *Custos para rateio.*

CUSTOS	FUNÇÕES					
	DIRETORIA	DEP. ADM.	DEP. COM.	PRODUTOS		TOTAL
				"A"	"B"	
Honorários	5.000,00	–	–	–	–	5.000,00
Aluguéis	200,00	400,00	600,00	1.000,00	2.000,00	4.200,00
Salários	500,00	3.080,00	1.920,00	300,00	500,00	6.300,00
Movimentação interna de material	–	–	510,00	1.220,00	2.770,00	4.500,00
Mão de obra	–	–	–	1.500,00	3.500,00	5.000,00
Matéria-prima	–	–	–	6.000,00	9.000,00	15.000,00
Total dos custos	5.700,00	3.480,00	3.030,00	10.020,00	17.770,00	40.000,00

Quadro 5.3 *Rateio dos custos do Quadro 5.2 pela forma direta.*

ALOCAÇÃO DE CUSTOS	FUNÇÕES					
	DIRETORIA	DEP. ADM.	DEP. COM.	PRODUTOS		TOTAL
				"A"	"B"	
Total por função	5.700,00	3.480,00	3.030,00	10.020,00	17.770,00	40.000,00
Diretoria (10.020/27.790, 17.770/27.790)	(5.700,00)	–	–	2.055,00	3.645,00	0,00
Dep. Administrativo (1.800/5.800, 4.000/5.800)	–	(3.480,00)	–	1.080,00	2.400,00	0,00
Dep. Comercial (2.220/6.990, 4.770/6.990)	–	–	(3.030,00)	962,00	2.068,00	0,00
Total dos custos	0,00	0,00	0,00	14.177,00	25.883,00	40.000,00

Descrição da forma de rateio usada:

Diretoria – conforme determinado, somam-se os custos totais dos dois produtos "A" e "B" antes da distribuição dos gastos das demais funções, apurando-se $ 27.790,00 e rateia-se o valor da função Diretoria ($ 5.700,00) em função das parcelas de cada produto ($ 10.020,00 do produto "A" e $ 17.770,00 do "B").

Departamento Administrativo – adota-se o procedimento anterior, utilizando a base recomendada para esta função, que foi a soma de salários e mão de obra ($ 5.800,00, sendo $ 1.800,00 de "A" e $ 4.000,00 de "B").

Departamento Comercial – mesmo procedimento, utilizando a base recomendada: aluguéis e movimentação interna de material ($ 6.990,00, sendo $ 2.220,00 de "A" e $ 4.770,00 de "B").

5.5.3 Exercício resolvido nº 3

Ratear os mesmos custos do Quadro 5.2 usando a forma em cascata e, com base nos valores dos gastos das funções subsequentes, preencher o Quadro 5.4.

Quadro 5.4 *Rateio dos custos do Quadro 5.2 pela forma em cascata.*

ALOCAÇÃO DE CUSTOS	FUNÇÕES					
	DIRETORIA	DEP. ADM.	DEP. COM.	PRODUTOS "A"	PRODUTOS "B"	TOTAL
Total por função	5.700,00	3.480,00	3.030,00	10.020,00	17.770,00	40.000,00
Diretoria	(5.700,00)	578,00	504,00	1.665,00	2.953,00	0,00
Soma 1	0,00	4.058,00	3.534,00	11.685,00	20.723,00	40.000,00
Dep. Administrativo	–	(4.058,00)	399,00	1.319,00	2.340,00	0,00
Soma 2	–	0,00	3.933,00	13.004,00	23.063,00	40.000,00
Dep. Comercial	–	–	(3.933,00)	1.418,00	2.515,00	0,00
Total dos custos	–	–	0,00	14.422,00	25.578,00	40.000,00

Descrição da forma de rateio usada:

Diretoria – a soma dos custos dessa função ($ 5.700,00) foi rateada pelas demais colunas da linha ($ 40.000,00 – $ 5.700,00 = $ 34.300,00). O valor a ser rateado ($ 5.700,00) é dividido pela soma remanescente das demais colunas da linha ($ 34.300,00), obtendo-se o quociente de rateio 0,1662. Esse quociente multiplica os valores das parcelas que compõem o total ($ 34.300,00), obtendo-se a distribuição do custo da Diretoria por todas as demais funções. Os valores do rateio são somados com os valores da linha anterior resultando na soma 1, que sofrerá o segundo rateio.

Departamento Administrativo – este rateio consiste na distribuição dos valores acumulados nesta função, já com a parcela da função anterior, pelas demais funções. Assim, o valor de $ 4.058,00 é rateado proporcionalmente pelos valores restantes na linha, que somam $ 35.942,00. Em seguida, procede-se à soma 2, que é formada pelos valores da soma 1 com os rateios desta função.

Departamento Comercial – os valores acumulados nesta função ($ 3.933,00), após o rateio da função anterior, serão rateados pelos valores que compõem as colunas correspondentes aos produtos "A" e "B" ($ 36.067,00). Após este último rateio, somam-se os custos da linha anterior, alcançando-se a soma final dos custos totais aplicados aos produtos "A" e "B", tanto por rateio como por apropriação.

Por essa forma, é necessário apurar os gastos de cada função (os diretos por apropriação e os indiretos por alguma forma de rateio) e, em seguida, efetuar o rateio a cada função subsequente. A soma de cada função de apoio é indireta em relação às outras funções. Os rateios são efetuados sucessivamente, linha após linha, eliminando os valores das colunas da esquerda pela distribuição dos seus gastos às colunas seguintes da direita. A ordenação adotada partiu das funções mais genéricas para as mais específicas; porém, seria possível ordenar da função que menos recebe para a que mais recebe recursos, pois, considerando-se os valores absolutos, a ordem seria a mesma. Tais rateios são efetuados após a alocação de todos os gastos específicos de cada função até alcançar as colunas dos custos diretos, quando se obtêm os gastos totais acumulados em cada produto.

5.5.4 Exercício resolvido nº 4

Para facilitar a compreensão da forma recíproca de rateio sem maiores envolvimentos matemáticos, a Diretoria e o Departamento Administrativo foram considerados como uma única função (Administração), reduzindo o total de funções do Quadro 5.2 para quatro, com os respectivos valores de $ 9.180,00; $ 3.030,00; $ 10.020,00 e $ 17.770,00. De acordo com os dados observados, os tempos foram distribuídos da seguinte maneira:

Administração (AD):	25% para comercialização 30% para o produto "A" 45% para o produto "B"	Comercialização (CM):	10% para administração 30% para o produto "A" 60% para o produto "B"

Com base nesses dados, determinar o custo acumulado no produto "A" e no "B" pela forma de rateio recíproco.

As equações são:

$AD = \$\,9.180{,}00 + 0{,}10\,CM$ (1)

$CM = \$\,3.030{,}00 + 0{,}25\,AD$ (2)

Resolvendo a equação (1), tem-se:

$AD = \$\,9.180{,}00 + 0{,}10\,(\$\,3.030{,}00 + 0{,}25\,AD)$

$AD = \$\,9.180{,}00 + \$\,303{,}00 + 0{,}025\,AD$

$0{,}975\,AD = \$\,9.483{,}00$

$AD = \$\,9.726{,}15$

Substituindo AD na equação (2), tem-se:

$CM = \$\,3.030{,}00 + 0{,}25 \times \$\,9.726{,}15$

$CM = \$\,3.030{,}00 + \$\,2.431{,}54$

$CM = \$\,5.461{,}54$

Os valores da administração (*AD*) e da comercialização (*CM*) determinados são os custos recíprocos totais, também chamados de artificiais porque são maiores do que os custos reais. Com base neles, monta-se o quadro de rateios seguinte (5.5), chegando-se aos custos finais das funções produto "A" e produto "B".

Quadro 5.5 *Rateio dos custos do Quadro 5.2 pela forma recíproca com quatro funções.*

<table>
<tr><th rowspan="3">ALOCAÇÃO DE CUSTOS</th><th colspan="5">FUNÇÕES</th></tr>
<tr><th rowspan="2">ADMINISTRAÇÃO</th><th rowspan="2">COMERCIA-LIZAÇÃO</th><th colspan="2">DEPTOS. OPERACIONAIS</th><th rowspan="2">TOTAL</th></tr>
<tr><th>PRODUTO "A"</th><th>PRODUTO "B"</th></tr>
<tr><td>Antes do rateio recíproco</td><td>9.180,00</td><td>3.030,00</td><td>10.020,00</td><td>17.770,00</td><td>40.000,00</td></tr>
<tr><td>Administração (0,25; 0,30; 0,45)</td><td>(9.726,00)</td><td>2.431,00</td><td>2.918,00</td><td>4.377,00</td><td>0,00</td></tr>
<tr><td>Comercialização (0,10; 0,30; 0,60)</td><td>546,00</td><td>(5.461,00)</td><td>1.638,00</td><td>3.277,00</td><td>0,00</td></tr>
<tr><td>Total dos custos</td><td>0,00</td><td>0,00</td><td>14.576,00</td><td>25.424,00</td><td>40.000,00</td></tr>
</table>

5.5.5 Exercício resolvido nº 5

Após a solução dos gastos do Quadro 5.2 apenas com quatro funções, voltamos às cinco funções originais para demonstrar o acréscimo de cálculos.

Considerando os valores de $ 5.700,00 para Diretoria (*DI*), $ 3.480,00 para o Departamento Administrativo (*AD*) e os valores inalterados para os demais departamentos, ou seja, $ 3.030,00 para o Departamento Comercial (*CM*), $ 10.020,00 para o Produto "A" (*PA*) e $ 17.770,00 para o Produto "B" (*PB*), determinar os valores acumulados em *PA* e *PB* após os rateios de todas as funções de apoio pela forma recíproca e admitindo-se os tempos distribuídos da seguinte maneira:

Diretoria:	Administrativo:	Comercial:
10% para *AD*	15% para *DI*	10% para *DI*
30% para *CM*	25% para *CM*	20% para *AD*
25% para *PA*	20% para *PA*	60% para *PA*
35% para *PB*	40% para *PB*	10% para *PB*

As equações são:

$$DI = \$\,5.700{,}00 + 0{,}15\,AD + 0{,}10\,CM \quad (1)$$

$$AD = \$\,3.480{,}00 + 0{,}10\,DI + 0{,}20\,CM \quad (2)$$

$$CM = \$\,3.030{,}00 + 0{,}30\,DI + 0{,}25\,AD \quad (3)$$

a) Resolvendo a equação (1) com a substituição de *AD* pela equação (2), tem-se:

$DI = \$\ 5.700{,}00 + 0{,}15\ (\$\ 3.480{,}00 + 0{,}10\ DI + 0{,}20\ CM) + 0{,}10\ CM$

$DI = \$\ 5.700{,}00 + \$\ 522{,}00 + 0{,}015\ DI + 0{,}03\ CM + 0{,}10\ CM$

$0{,}985\ DI = \$\ 6.222{,}00 + 0{,}13\ CM$

$DI = \$\ 6.316{,}75 + 0{,}132\ CM$ (4)

b) Resolvendo a equação (2) com a substituição de *DI* pela equação (4), tem-se:

$AD = \$\ 3.480{,}00 + 0{,}10\ (\$\ 6.316{,}75 + 0{,}132\ CM) + 0{,}20\ CM$

$AD = \$\ 3.480{,}00 + \$\ 631{,}68 + 0{,}0132\ CM + 0{,}20\ CM$

$AD = \$\ 4.111{,}68 + 0{,}2132\ CM$ (5)

c) Resolvendo a equação (3) com a substituição de *DI* pela equação (4) e *AD* pela equação (5), tem-se:

$CM = \$\ 3.030{,}00 + 0{,}30\ (\$\ 6.316{,}75 + 0{,}132\ CM) + 0{,}25\ (\$\ 4.111{,}68 + 0{,}2132\ CM)$

$CM = \$\ 3.030{,}00 + \$\ 1.895{,}03 + 0{,}0396\ CM + \$\ 1.027{,}92 + 0{,}0533\ CM$

$0{,}9071\ CM = \$\ 5.952{,}62$

$\boxed{CM = \$\ 6.562{,}62}$

d) Substituindo o valor de *CM* em (4) tem-se o valor de *DI* e em (5) tem-se o de *AD*, como segue:

$DI = \$\ 6.316{,}75 + 0{,}132 \times \$\ 6.562{,}62$

$\boxed{DI = \$\ 7.183{,}02}$

$AD = \$\ 4.111{,}68 + 0{,}2132 \times \$\ 6.562{,}62$

$\boxed{AD = \$\ 5.510{,}83}$

e) O quadro de distribuição com os valores finais dos produtos "A" e "B" estão no Quadro 5.6:

Quadro 5.6 *Rateio dos custos do Quadro 5.2 pela forma recíproca, com cinco funções.*

ALOCAÇÃO DE CUSTOS	FUNÇÕES					
	DI	AD	CM	PA	PB	TOTAL
Antes do rateio recíproco	5.700,00	3.480,00	3.030,00	10.020,00	17.770,00	40.000,00
Diretoria (0,10; 0,30; 0,25; 0,35)	(7.183,00)	718,00	2.155,00	1.796,00	2.514,00	0,00
Administração (0,15; 0,25; 0,20; 0,40)	827,00	(5.511,00)	1.378,00	1.102,00	2.204,00	0,00
Comercial (0,10; 0,20; 0,60; 0,10)	656,00	1.313,00	(6.563,00)	3.938,00	656,00	0,00
Total dos custos	0,00	0,00	0,00	16.856,00	23.144,00	40.000,00

Resumo

Conceituados os gastos gerais como os que não se classificam como de material ou de pessoal, os mesmos foram subdivididos em custos fabris e não fabris – se eles ocorrem respectivamente nas atividades fabris propriamente ditas ou nas de apoio à fabricação – e em despesas, se eles estão completamente dissociados das atividades de elaboração de bens e serviços.

Embora uma minoria desses gastos possa classificar-se como direta e variável, a maioria esmagadora classifica-se como indireta e fixa, razão pela qual os critérios e as formas de rateio são estudados neste capítulo.

Foi evidenciada a evolução da participação dos custos indiretos no custo total dos bens e serviços após a década de 1960 e, como consequência, passou-se a utilizar dados menos generalistas como base de rateio. Isso resultou no desenvolvimento de novas técnicas, com a utilização de bases mais adequadas e específicas para cada custo.

A diversificação da produção, a necessidade de conhecer e mensurar o custo das atividades de apoio e a utilização dos dados de custos nas decisões gerenciais contribuíram sobremaneira para tal evolução do estudo dos custos indiretos.

Os critérios "causa e efeito", "benefícios recebidos", "equidade ou imparcialidade" e "capacidade de suportar" são explicados e exemplificados.

Diversas formas de rateio são explicadas e aplicadas em exemplos para fixação do entendimento. Foram descritas as formas direta, em cascata (ou passo a passo) e recíproca.

São listados diversos custos indiretos, e escolhido o dado mais adequado, entre tantos outros, para ratear cada custo sob a forma direta de rateio, com comentário sobre alternativas mais adequadas em casos específicos.

São descritos os débitos e os créditos que são efetuados em cada conta para registrar as operações mais comuns, terminando o capítulo com alguns exercícios resolvidos e uma série deles propostos.

Exercícios propostos

1. Os custos gerais fabris são os gastos gerais que ocorrem nas áreas de:

A	Elaboração de bens e serviços.	C	Apoio à produção.
B	Administração da produção.	D	Auxílio à produção.

2. Os custos gerais não fabris são os gastos gerais que ocorrem nas áreas de:

A	Administração da produção.	C	Auxílio à produção.
B	Apoio à produção.	D	Todas as alternativas.

3. Os custos gerais fabris são os gastos gerais que devem ser:

A	Apropriados a cada tipo de produto ou função diferente de custo.	C	Apropriados a um único tipo de produto ou função de custo, entre vários.
B	Apurados englobadamente sem apropriação específica a cada tipo de produto ou função diferente de custo.	D	Abandonados, por não ocorrerem nos setores de produção da empresa.

4. Custos gerais não fabris são os gastos gerais que devem ser:

A	Apropriados a cada tipo de produto ou função diferente de custo.	C	Apropriados a um único tipo de produto ou função de custo, entre vários.
B	Apurados englobadamente sem apropriação específica a cada tipo de produto ou função diferente de custo.	D	Abandonados, por não ocorrerem nos setores de produção da empresa.

5. Pode-se considerar como unidade de acumulação de custos ou objeto de custeio, ou seja, a célula que recebe custos e na qual se deseja acumulá-los:

A	Lote de produtos, ordem de serviço, área de elaboração.	C	Tarefa específica, atividade definida, processo produtivo.
B	Tipo de produto, ordem de produção, setor da empresa.	D	Todas as alternativas.

6. Até a década de 1960, os custos indiretos eram geralmente rateados pela quantidade de horas de mão de obra e/ou de máquina apropriadas à produção, tendo em vista a:

A	Pequena distorção provocada pela escolha indevida da base de rateio.	C	Pouca participação de seu valor no custo total.
B	Pouca diversificação da produção.	D	Todas as alternativas.

7. Os maiores cuidados na alocação das parcelas dos custos indiretos após a década de 1960 foram resultantes de:

A	Aumentos crescentes da participação dos custos indiretos nos custos totais.	C	Distorções maiores em função de escolha indevida da base de rateio.

B Diversificação dos produtos e serviços executados.

D Todas as alternativas.

8. Os custos indiretos são apurados por seu valor total no final do período e têm suas parcelas distribuídas às diferentes funções por:

A Apropriação direta a cada uma das funções.

B Rateio, utilizando um dado adequado como base.

C Alocação aleatória.

D Decisão unilateral de um dos responsáveis.

9. Dos critérios que norteiam o rateio dos custos indiretos, os que são mais utilizados e apresentam resultados mais próximos da realidade são:

A Causa e efeito e benefícios recebidos.

B Benefícios recebidos e equidade ou imparcialidade.

C Equidade ou imparcialidade e capacidade de suportar.

D Capacidade de suportar e causa e efeito.

10. O critério "causa e efeito", que norteia o rateio dos custos indiretos, é o mais recomendado para o custo:

A Fixo.

B Variável.

C Fixo e variável.

D Nenhuma das alternativas.

11. O critério "equidade ou imparcialidade", que norteia o rateio dos custos indiretos, é baseado em:

A Negociação entre partes.

B Diferenciação de preço.

C Variabilidade do custo.

D Alta correlação entre o dado e o custo.

12. O rateio é uma divisão proporcional por uma base que deve guardar estreita correlação com o custo e ter valores:

A Conhecidos em algumas das funções de custo.

B Conhecidos nas funções de custos, genericamente.

C Conhecidos em cada uma das funções de custo.

D Desconhecidos em cada uma das funções de custo.

13. Qualquer que seja o critério utilizado para a escolha da base de rateio de um custo, ele deve:

A Mascarar o resultado ou o desempenho de um produto.

B Expressar justiça na escolha.

C Desprezar a experiência e o conhecimento do processo produtivo.

D Dispensar a participação dos responsáveis pelas áreas envolvidas.

14. Quando o órgão de classe dos produtores de laranja veicula uma publicidade nos meios de divulgação para estimular seu consumo, o valor despendido deve ser gerencialmente rateado entre os produtores, com base em:

A Número de empregados diretos na lavoura.
B Área cultivada.
C Número de pés plantados.
D Número de caixas colhidas.

15. Três amigos resolvem alugar uma casa de campo, constituída de um grande quarto com capacidade para 15 pessoas, sala, cozinha e banheiro. Com os três amigos ocupando a casa, o aluguel deve ser rateado por:

A Peso dos amigos.
B Número de cômodos da casa.
C Número de lâmpadas da casa.
D Partes iguais para cada amigo.

16. Os gastos com alimentação referentes ao exercício anterior são efetuados por meio de um caixa único e devem ser rateados por:

A Peso dos amigos.
B Número de cômodos da casa.
C Número de bocas existentes no fogão.
D Partes iguais para cada amigo.

17. Informações adicionais sobre o exercício 15 indicaram que o amigo A levou dois convidados (A1 e A2); o amigo B, três convidados (B1, B2 e B3); e o amigo C, nenhum convidado. Nessas circunstâncias e usando o critério de rateio "benefícios recebidos", o custo do aluguel deverá ser rateado por número de:

A Amigos, em partes iguais.
B Convidados.
C Ocupantes (amigos e convidados).
D Bocas existentes no fogão.

18. Admitindo-se que a casa ocupada pelos amigos e seus convidados do exercício 17 tenha 3 quartos com 20 m², cada um deles ocupado pelo grupo familiar, sala com 35 m², cozinha com 25 m² e banheiro com 10 m², num total de 130 m², o rateio do aluguel, pelo mesmo critério, deverá ser feito por número de:

A Amigos, em partes iguais.
B Ocupantes (amigos e convidados).
C Bocas existentes no fogão.
D Amigos, a área correspondente aos quartos; e de ocupantes, a outra.

19. Nas circunstâncias do exercício 17, os gastos com alimentação devem ser rateados pelo número de:

A Amigos.
B Convidados.
C Ocupantes (amigos e convidados).
D Bocas do fogão.

20. Entre os dados a seguir, o que melhor serve como base para ratear o custo de alimentação do pessoal ocupado na produção de bens e serviços diferentes e usando o critério de rateio "benefícios recebidos", é:

A Número de empregados diretos.
B Valor de mão de obra direta.
C Número de homens/hora.
D Quantidade produzida.

21. O gasto com a propaganda veiculada numa página de jornal abrangendo produtos diferentes e usando o critério de rateio "benefícios recebidos", deve ser rateado por:

A Quantidade produzida.
B Número de empregados diretos.
C Peso da produção.
D Área ocupada.

22. O custo da energia elétrica consumida por uma máquina que coloca tampas em garrafas do mesmo tamanho (altura e diâmetro) usadas por tipos de bebidas diferentes e usando o critério de rateio "benefícios recebidos", deve ser rateado por:

A Quantidade produzida.
B Número de empregados diretos.
C Área ocupada.
D Potência da máquina.

23. Quando se transportam produtos acabados diferentes na mesma carga, a melhor base de rateio para o valor despendido com fretes e carretos é:

A Quantidade produzida.
B Peso dos produtos vendidos.
C Capacidade das máquinas.
D Área ocupada.

24. Quando as máquinas utilizadas na produção têm diferentes potências e são aplicadas individualmente na fabricação de cada produto, a melhor base para rateio do custo variável e indireto de energia elétrica de acionamento das máquinas é:

A Potência das máquinas.
B Área ocupada.
C Valor de aquisição das máquinas.
D Número de empregados diretos.

25. O custo do material de higiene pessoal usado pelo pessoal ocupado na elaboração de bens e serviços deve ser rateado por:

A Quantidade produzida.
B Número de horas apropriadas.
C Peso da produção.
D Área ocupada.

26. O custo de energia elétrica consumida na iluminação da área de elaboração de bens e serviços , usando o critério de rateio "benefícios recebidos", deve ser rateado por:

A Potência das máquinas.
B Área ocupada.
C Número de empregados diretos.
D Peso da produção.

27. O custo do aluguel do imóvel ocupado na elaboração de diferentes bens e serviços, usando o mesmo critério, deve ser rateado por:

A Potência das máquinas.
B Área ocupada.
C Número de empregados diretos.
D Peso da produção.

28. O custo do combustível consumido pelos ônibus de propriedade da empresa e que transportam os empregados ocupados na elaboração de bens e serviços, usando o mesmo critério, deve ser rateado por:

A Potência das máquinas.
B Área ocupada.
C Número de empregados diretos.
D Peso da produção.

29. Se os ônibus do exercício anterior forem alugados e não forem de propriedade da empresa, o custo do aluguel deve ser rateado por:

A Potência das máquinas.
B Área ocupada.
C Número de empregados diretos.
D Peso da produção.

30. O custo do combustível consumido pelo veículo de transporte pessoal do chefe da elaboração dos diferentes produtos e serviços deve ser rateado por:

A Potência das máquinas.
B Área ocupada.
C Número de empregados.
D Valor de aquisição das máquinas.

31. O custo da energia elétrica consumida pela máquina que coloca rótulo de papel com a mesma dimensão em cada garrafa (2/3 de litro) dos diferentes produtos deve ser rateado por:

A Quantidade de rótulos colocados.
B Quantidade produzida.
C Volume da produção (quantidade de litros ou de hectolitros).
D Todas as alternativas.

32. Das formas de rateio, a mais simples, que utiliza cálculos elementares e é mais amplamente aplicada, é a do rateio:

A Direto.
B Em cascata, ou passo a passo.
C Recíproco.
D Baseado em cenários.

33. Das formas de rateio, a de uso obrigatório em qualquer sistema de controle de custos, até para se usar outra forma posteriormente, é a do rateio:

A Direto.
B Em cascata, ou sequencial.
C Recíproco.
D Por taxas predeterminadas.

34. O rateio da energia elétrica consumida na iluminação pela área ocupada está suportado pela forma de rateio:

A Direto.
B Em cascata, ou sequencial.
C Recíproco.
D Todas as alternativas.

35. A forma de rateio em cascata ou passo a passo, para ser utilizada necessita listar cada função no quadro de rateios, na ordem:

A Da que cede menos recursos para a que cede mais.
C Alfabética.

B Da que cede mais recursos para a que cede menos.

D Qualquer.

36. Na forma de rateio em cascata, que permite conhecer o custo de cada uma das funções após o rateio dos valores de cada função anterior no quadro dos rateios, os custos e as funções deverão ser relacionados em:

A Qualquer ordem.

B Ordem do mais genérico para o mais específico, tanto custos quanto funções.

C Ordem do mais específico para o mais genérico, tanto custos quanto funções.

D Ordem do mais genérico para o mais específico, apenas os custos.

37. Na forma de rateio em cascata, a distribuição dos valores de cada coluna é feita tomando-se como base de rateio os valores ou índices das funções das colunas subsequentes:

A Da mesma linha.

B De qualquer linha.

C Da linha posterior.

D Da linha anterior.

38. Na forma de rateio em cascata, no quadro dos rateios, deverão ser relacionados(as) na ordem do(a) mais genérico(a) para o(a) mais específico(a):

A Apenas os custos e as funções em ordem inversa.

B Apenas as funções e os custos em ordem inversa.

C Tanto os custos quanto as funções.

D Apenas os custos e as funções em qualquer ordem.

39. Na forma de rateio em cascata, no quadro dos rateios, deverão ser relacionados(as) na ordem do(a) mais específico(a) para o(a) mais genérico(a):

A Apenas os custos e as funções em ordem inversa.

B Apenas as funções e os custos em ordem inversa.

C Tanto os custos quanto as funções.

D Nenhuma das alternativas.

40. Para estabelecer o ordenamento das funções começando pela que recebe menor para a que recebe maior quantidade de serviços das demais, a fim de efetuar o rateio em cascata ou sequencial, usa-se o:

A Número de horas de máquinas alocado.

B Número de horas de mão de obra apropriado.

C Valor da mão de obra apropriado.

D Todas as alternativas.

41. A modalidade de ordenação das funções da mais para a menos genérica requer a utilização do controle de dados de:

A Mão de obra.

B Máquinas.

C Quilowatt-hora.

D Nenhuma das alternativas.

42. A modalidade de ordenação das funções da mais para a menos genérica requer a utilização de:

A Consenso dos gestores.
B Número de horas de máquinas.
C Número de horas de mão de obra.
D Valor da mão de obra.

43. Dos três modos de ordenação das funções da mais para a menos genérica, a que apresenta as características de mais simples, menos onerosa e com ampla possibilidade de utilização é a estabelecida por:

A Percentagem de um dado.
B Valor absoluto de um dado.
C Consenso dos gestores.
D Nenhuma das alternativas.

44. A forma de rateio recíproco considera a distribuição dos gastos dos serviços executados por cada órgão na ordem dos:

A Mais genéricos para os mais específicos.
B Mais específicos para os mais genéricos.
C Dois sentidos.
D Todas as alternativas.

45. Para a determinação do valor do custo recíproco total de cada função de apoio que será distribuído entre todas as outras, o uso manual do método de cálculo matemático para resolução do sistema de equações "por substituição" só é viável quando a quantidade das funções de apoio for:

A Pequena e a das funções principais também.
B Grande e a das funções principais também.
C Pequena e a das funções principais grande.
D Pequena e a das funções principais grande ou pequena.

46. Quantidade elevada de funções de apoio exige muito conhecimento de cálculos matemáticos e dispêndio de tempo para utilização da forma de rateio:

A Direto.
B Em cascata.
C Recíproco.
D Por técnica de cenários.

47. Na ocorrência dos custos gerais, antes do rateio à produção, deve ser registrado o seguinte lançamento:

A Custos Gerais ou Custos Indiretos de Fabricação
a Produtos em Elaboração.

B Custos Gerais ou Custos Indiretos de Fabricação
a Contas a Pagar.

C Contas a Pagar
a Depreciações Acumuladas.

D Produtos em Elaboração
a Custos Gerais ou Custos Indiretos de Fabricação.

48. Na aplicação dos custos gerais na produção, após o rateio, o lançamento usado será:

A	Custos Gerais ou Custos Indiretos de Fabricação a Produtos em Elaboração.	C	Contas a Pagar a Depreciações Acumuladas.
B	Custos Gerais ou Custos Indiretos de Fabricação a Contas a Pagar.	D	Produtos em Elaboração a Custos Gerais ou Custos Indiretos de Fabricação.

Quadro 5.7 *Quadro de gastos indiretos e dados para rateio.*

GASTOS (CUSTO/DESPESA) INDIRETOS	DADOS
a ( ) Gastos com restaurante interno	(1) Quantidade produzida
b ( ) Propaganda veiculada em uma página de revista abrangendo diversos produtos	(2) Potência das máquinas elétricas
	(3) Nº de empregados
c ( ) Energia elétrica consumida por máquina que coloca tampa em garrafas do mesmo tamanho, com diferentes produtos	(4) Potência das máquinas a combustão
	(5) Peso da produção
	(6) Área ocupada
d ( ) Material de higiene pessoal usado na empresa	(7) Valor de aquisição do imobilizado
	(8) Valor da mão de obra direta
e ( ) Energia elétrica consumida para iluminação	(9) Volume da produção
f ( ) Energia elétrica consumida pelas máquinas, sendo cada uma exclusiva de um produto	(10) Valor da matéria-prima direta
	(11) Quantidade de requisições de material emitidas
g ( ) Aluguel de imóvel ocupado pela fábrica	
h ( ) Material de embalagem de expedição	(12) Área de floresta devastada
i ( ) Depreciações	(13) Quantidade de veículos de passageiro
j ( ) Matéria-prima indireta	
k ( ) Supervisão	
l ( ) Gastos do almoxarifado	
m ( ) Aluguel de ônibus para transporte do pessoal	
n ( ) Combustíveis de máquinas	
o ( ) Supervisão de manutenção	
p ( ) Gastos com movimentação interna de matéria-prima	

Após correlacionar cada gasto (custo/despesa) indireto da coluna da esquerda com o dado mais adequado da coluna da direita do Quadro 5.7, com base na forma de rateio direto, e usando o critério de rateio "benefícios recebidos", responder aos exercícios de números 49 a 52. Observar que um mesmo dado pode ocorrer em mais de um gasto.

49. Os dados mais adequados para ratear os gastos (custos/despesas) indiretos "a", "b", "c" e "d", são respectivamente os de números:

A	3, 1, 1 e 6.	C	9, 6, 7 e 6.
B	8, 10, 2 e 3.	D	3, 6, 1 e 3.

50. Os dados mais adequados para ratear os gastos (custos/despesas) indiretos "e", "f", "g" e "h", são respectivamente os de números:

A 6, 2, 6 e 9.
B 9, 2, 9 e 1.
C 6, 1, 9 e 9.
D 6, 7, 6 e 11.

51. Os dados mais adequados para ratear os gastos (custos/despesas) indiretos "i", "j", "k" e "l" são respectivamente os de números:

A 7, 10, 1 e 3.
B 2, 1, 3 e 10.
C 7, 10, 8 e 11.
D 7, 9, 8 e 10.

52. Os dados mais adequados para ratear os gastos (custos/despesas) indiretos "m", "n", "o" e "p", são respectivamente os de números:

A 3, 4, 11 e 5.
B 3, 4, 8 e 5.
C 5, 1, 10 e 8.
D 1, 2, 3 e 4.

Uma empresa acumulou os dados constantes do Quadro 5.8 abaixo. Após preencher seus espaços convenientemente pela forma de rateio direto e usando o critério de rateio "benefícios recebidos", responder aos exercícios de números 53 a 57.

Quadro 5.8 *Rateio dos custos indiretos pela forma direta.*

ITENS	PRODUTOS			TOTAL
	A	B	C	
1. Matéria-prima direta	10.000,00	30.000,00	60.000,00	100.000,00
2. Mão de obra direta	20.000,00	40.000,00	20.000,00	80.000,00
3. Salário do pessoal de limpeza da área	....	....	....	15.000,00
4. Salário do supervisor dos produtos A e B	....	....	....	12.000,00
5. Salário do supervisor do produto C	....	....	....	6.000,00
6. Aluguel dos veículos de transporte do pessoal	....	....	....	10.000,00
7. Combustível consumido por máquina de embalar produtos que têm a mesma forma e tamanho	....	....	....	5.000,00
8. Energia elétrica usada para iluminação	....	....	....	2.400,00
9. Quantidade produzida	1.000 un.	2.500 un.	1.500 un.	5.000 un.
10. Valor das imobilizações	60.000,00	40.000,00	100.000,00	200.000,00
11. Área ocupada	30 m²	40 m²	50 m²	120 m²
12. Peso da produção	15 t	50 t	85 t	150 t
13. Número de empregados	6	9	5	20
14. Preço de venda	50,00	50,00	100,00	....
15. Volume da produção	100 m³	250 m³	150 m³	500 m³

53. O custo indireto "salário do pessoal de limpeza da área", após rateado, apresentou os seguintes valores, respectivamente:

A $ 4.500,00; $ 6.750,00 e $ 3.750,00.

B $ 3.750,00; $ 7.500,00 e $ 3.750,00.

C $ 3.750,00; $ 5.000,00 e $ 6.250,00.

D $ 1.500,00; $ 5.000,00 e $ 8.500,00.

54. O custo indireto "salário do supervisor dos produtos A e B", após rateado, apresentou os seguintes valores, respectivamente:

A $ 3.000,00; $ 6.000,00 e $ 3.000,00.

B $ 1.200,00; $ 3.600,00 e $ 7.200,00.

C $ 4.000,00; $ 8.000,00 e zero.

D $ 3.430,00; $ 8.570,00 e zero.

55. O custo indireto "aluguel dos veículos de transporte do pessoal", após rateado, apresentou os seguintes valores, respectivamente:

A $ 3.000,00; $ 4.500,00 e $ 2.500,00.

B $ 2.000,00; $ 5.000,00 e $ 3.000,00.

C $ 1.000,00; $ 3.333,00 e $ 3.667,00.

D $ 2.500,00; $ 3.333,00 e $ 4.167,00.

56. O custo indireto "combustível consumido por máquina de embalar produtos que têm a mesma forma e tamanho", após rateado, apresentou os seguintes valores, respectivamente:

A $ 1.000,00; $ 2.500,00 e $ 1.500,00.

B $ 1.500,00; $ 2.250,00 e $ 1.250,00.

C $ 1.250,00; $ 1.250,00 e $ 2.500,00.

D $ 500,00; $ 1.500,00 e $ 3.000,00.

57. O custo indireto "energia elétrica usada para iluminação", após rateado, apresentou os seguintes valores, respectivamente:

A $ 600,00; $ 800,00 e $ 1.000,00.

B $ 600,00; $ 600,00 e $ 1.200,00.

C $ 720,00; $ 480,00 e $ 1.200,00.

D $ 720,00; $ 1.080,00 e $ 600,00.

Uma empresa acumulou os dados constantes do Quadro 5.9. Após preencher seus espaços convenientemente pela forma de rateio direto e usando o critério de rateio "benefícios recebidos", responder aos exercícios, de números 58 a 69, considerando AP (Administração da Produção), CP (Controle da Produção), AL (Almoxarifado), MN (Manutenção), PA (Produto "A") e PB (Produto "B") e PC (Produto "C").

Quadro 5.9 *Rateio dos custos indiretos pela forma direta.*

ITENS	FUNÇÕES							TOTAL
	APOIO				PRINCIPAL			
	AP	CP	AL	MN	PA	PB	PC	
1. Matéria-prima direta	–	–	–	–	15.000,00	35.000,00	50.000,00	100.000,00
2. Mão de obra direta	–	–	–	–	20.000,00	40.000,00	60.000,00	120.000,00
3. Matéria-prima indireta	–	–	–	–				20.000,00
4. Supervisão de produção	–	–	–	–				36.000,00
5. Aluguéis de imóveis								10.000,00
6. Depreciações								4.000,00
7. Transporte de pessoal								20.000,00
8. Energia elétrica p/ iluminação								5.000,00
9. Energia elétrica p/ máquinas								15.000,00
10. Quantidade produzida (un.)	–	–	–	–	5.000	12.000	16.000	33.000
11. Valor do imobilizado ($)	20.000,00	10.000,00	40.000,00	80.000,00	100.000,00	350.000,00	200.000,00	800.000,00
12. Potência instalada (cv)	30	20	100	250	400	1.000	1.200	3.000
13. Área ocupada (m²)	150	50	400	200	300	600	800	2.500
14. Nº de empregados (un.)	20	2	8	10	30	50	80	200
15. Venda a $ 15,00/m (un.)	–	–	–	–	5.000	10.000	15.000	30.000

58. Após a distribuição, o custo "matéria-prima indireta" apresentou as seguintes parcelas nos produtos "A", "B" e "C", respectivamente:

A $ 3.000,00; $ 7.000,00 e $ 10.000,00.

B $ 3.125,00; $ 6.875,00 e $ 10.000,00.

C $ 2.850,00; $ 6.068,00 e $ 11.082,00.

D $ 3.000,00; $ 8.000,00 e $ 9.000,00.

59. Após a distribuição, o custo "supervisão de produção" apresentou as seguintes parcelas nos produtos "A", "B" e "C", respectivamente:

A $ 5.400,00; $ 12.600,00 e $ 18.000,00.

B $ 6.000,00; $ 12.000,00 e $ 18.000,00.

C $ 6.000,00; $ 13.200,00 e $ 16.800,00.

D $ 8.640,00; $ 11.520,00 e $ 15.840,00.

60. Após a distribuição, o custo "aluguéis de imóveis" apresentou as seguintes parcelas nos produtos "A", "B" e "C", respectivamente:

A $ 1.200,00; $ 2.400,00 e $ 3.200,00.

B $ 1.538,00; $ 5.385,00 e $ 3.077,00.

C $ 1.765,00; $ 3.529,00 e $ 4.706,00.

D $ 2.400,00; $ 3.200,00 e $ 4.400,00.

61. Após a distribuição, o custo "aluguéis de imóveis" apresentou as seguintes parcelas nas funções de apoio AP, CP, AL e MN, respectivamente:

A $ 1.875,00; $ 625,00; $ 5.000,00 e $ 2.500,00.

C $ 5.000,00; $ 500,00; $ 2.000,00 e $ 2.500,00.

B $ 600,00; $ 200,00; $ 1.600,00 e $ 800,00.

D $ 1.000,00; $ 100,00; $ 400,00 e $ 500,00.

62. Após a distribuição, o custo "depreciações" apresentou as seguintes parcelas nos produtos "A", "B" e "C", respectivamente:

A $ 600,00; $ 1.000,00 e $ 1.600,00.

B $ 750,00; $ 1.250,00 e $ 2.000,00.

C $ 500,00; $ 2.000,00 e $ 1.500,00.

D $ 500,00; $ 1.750,00 e $ 1.000,00.

63. Após a distribuição, o custo "depreciações" apresentou as seguintes parcelas nas funções de apoio AP, CP, AL e MN, respectivamente:

A $ 2.000,00; $ 200,00; $ 800,00 e $ 1.000,00.

B $ 750,00; $ 250,00; $ 2.000,00 e $ 1.000,00.

C $ 100,00; $ 50,00; $ 200,00 e $ 400,00.

D $ 533,00; $ 267,00; $ 1.067,00 e $ 2.133,00.

64. Após a distribuição, o custo "transporte de pessoal" apresentou as seguintes parcelas nos produtos "A", "B" e "C", respectivamente:

A $ 2.308,00; $ 8.077,00 e $ 4.615,00.

B $ 3.000,00; $ 7.000,00 e $ 10.000,00.

C $ 3.000,00; $ 5.000,00 e $ 8.000,00.

D $ 3.750,00; $ 6.250,00 e $ 10.000,00.

65. Após a distribuição, o custo "transporte de pessoal" apresentou as seguintes parcelas nas funções de apoio AP, CP, AL e MN, respectivamente:

A $ 2.000,00; $ 200,00; $ 800,00 e $ 1.000,00.

B $ 10.000,00; $ 1.000,00; $ 4.000,00 e $ 5.000,00.

C $ 1.000,00; $ 2.500,00; $ 3.000,00 e $ 1.500,00.

D $ 300,00; $ 200,00; $ 1.000,00 e $ 2.500,00.

66. Após a distribuição, o custo "energia elétrica para iluminação" apresentou as seguintes parcelas nos produtos "A", "B" e "C", respectivamente:

A $ 600,00; $ 1.200,00 e $ 1.600,00.

B $ 882,00; $ 1.765,00 e $ 2.353,00.

C $ 769,00; $ 1.923,00 e $ 2.308,00.

D $ 938,00; $ 1.562,00 e $ 2.500,00.

67. Após a distribuição, o custo "energia elétrica para iluminação" apresentou as seguintes parcelas nas funções de apoio AP, CP, AL e MN, respectivamente:

A $ 300,00; $ 100,00; $ 800,00 e $ 400,00.

B $ 938,00; $ 312,00; $ 2.500,00 e $ 1.250,00.

C $ 2.500,00; $ 250,00; $ 1.000,00 e $ 1.250,00.

D $ 667,00; $ 333,00; $ 1.333,00 e $ 2.667,00.

68. Após a distribuição, o custo "energia elétrica para máquinas" apresentou as seguintes parcelas nos produtos "A", "B" e "C", respectivamente:

A) $ 2.000,00; $ 5.000,00 e $ 6.000,00.

B) $ 1.800,00; $ 3.600,00 e $ 4.800,00.

C) $ 2.308,00; $ 5.769,00 e $ 2.308,00.

D) $ 2.308,00; $ 8.077,00 e $ 4.615,00.

69. Após a distribuição, o custo "energia elétrica para máquinas" apresentou as seguintes parcelas nas funções de apoio AP, CP, AL e MN, respectivamente:

A) $ 1.125,00; $ 750,00; $ 3.750,00 e $ 9.375,00.

B) $ 900,00; $ 300,00; $ 2.400,00 e $ 1.200,00.

C) $ 2.813,00; $ 937,00; $ 7.500,00 e $ 3.750,00.

D) $ 150,00; $ 100,00; $ 500,00 e $ 1.250,00.

70. Considerou-se que os dados do Quadro 5.9, após o rateio dos custos indiretos pela forma de rateio direto e usando o critério de rateio "benefícios recebidos", apresentaram os totais constantes da primeira linha do Quadro 5.10 acumulados em cada função. Preencher os espaços, utilizando a forma de rateio em cascata e ordenando as funções da mais para a menos genérica para acumular custos apenas nas funções principais (arredondar para inteiros nos rateios).

Quadro 5.10 *Rateio dos custos do Quadro 5.9 pela forma em cascata.*

ALOCAÇÃO DE CUSTOS	FUNÇÕES							TOTAL
	APOIO				PRINCIPAL			
	AP	CP	AL	MN	PA	PB	PC	
Total por função	3.150,00	650,00	3.900,00	3.850,00	51.300,00	109.350,00	157.800,00	330.000,00
Administração da Produção (AP)								
Soma 1								
Controle da Produção (CP)								
Soma 2								
Almoxarifado (AL)								
Soma 3								
Manutenção (MN)								
Total dos custos								

Os valores totais acumulados nos produtos "A", "B" e "C" são, respectivamente:

A) $ 53.160,00; $ 113.317,00 e $ 163.523,00.

B) $ 53.138,00; $ 113.287,00 e $ 163.575,00.

C) $ 55.100,00; $ 113.250,00 e $ 161.650,00.

D) $ 55.100,00; $ 115.000,00 e $ 160.000,00.

71. Utilizando a forma de rateio direto para ratear os diversos custos indiretos e somando-se os custos diretos, foram acumulados os valores totais nas funções de apoio – Administração e Controle da Produção (AC), Almoxarifado (AL), Manutenção (MN) – e nas funções principais

– Produto "A" (PA), Produto "B" (PB) e Produto "C" (PC) – os valores constantes da primeira linha do Quadro 5.11. Considerando que Administração e Controle da Produção despende 10% de seu tempo em AL, 15% em MN, 20% em PA, 25% em PB e 30% em PC; que o Almoxarifado despende 5% de seu tempo em AC, 10% em MN, 30% em PA, 25% em PB e 30% em PC; e que a Manutenção despende 4% de seu tempo em AC, 6% em AL, 25% em PA, 30% em PA e 35% em PC, preencher o quadro, usando a forma de rateio recíproco:

Quadro 5.11 *Rateio dos custos pela forma de rateio recíproco.*

ALOCAÇÃO DE CUSTOS	FUNÇÕES						
	APOIO			PRINCIPAL			TOTAL
	AC	AL	MN	PA	PB	PC	
Antes do rateio recíproco	10.000,00	5.000,00	15.000,00	50.000,00	100.000,00	120.000,00	300.000,00
Administração e Controle – AC ( )							
Almoxarifado – AL ( )							
Manutenção – MN ( )							
Total do custo							

Após o rateio recíproco, os valores acumulados nos produtos "A", "B" e "C" são, respectivamente:

A $ 58.697,00; $ 109.762,00 e $ 131.541,00.

B $ 60.000,00; $ 105.000,00 e $ 135.000,00.

C $ 58.600,00; $ 109.803,00 e $ 131.598,00.

D $ 65.000,00; $ 105.000,00 e $ 130.000,00.

72. Considere que a empresa Movelaria Artud S.A. fabrica seis móveis diferentes (cadeira, mesa e carteira, tanto em aço quanto em madeira). O funileiro, que só trabalha no setor de móveis de aço, tem custo de $ 8,00 por hora e jornada mensal de 160 horas. Das 124 classificadas como diretas, 70 foram apropriadas à cadeira, 40 à mesa e 14 à carteira, ficando 36 ociosas no mês e, portanto, classificadas como indiretas. Após o rateio adequado destas últimas aos três produtos, eles deverão receber as parcelas respectivas de:

A $ 722,58, $ 412,90 e $ 144,52.

B $ 434,00, $ 248,00 e $ 86,80.

C $ 162,58, $ 92,90 e $ 32,52.

D $ 126,00, $ 72,00 e $ 25,20.

73. Considerando os dados da empresa anterior, o marceneiro, que só trabalha com móveis de madeira, tem custo de $ 20,00 por hora e jornada semanal de 44 horas. Destas, 12 foram apropriadas à cadeira, 15 à mesa, 14 à carteira e 3 ficaram ociosas na semana e, portanto, classificadas como indiretas. Após o rateio adequado destas últimas aos três produtos, eles deverão receber as parcelas respectivas de:

A $ 16,36, $ 20,45 e $ 19,09.

C $ 240,00, $ 300,00 e $ 280,00.

B $ 17,56, $ 21,95 e $ 20,49.

D $ 257,56, $ 321,95 e $ 300,49.

Solução dos exercícios propostos

1 (A)	12 (C)	23 (B)	34 (A)	45 (D)	51 (C)	57 (A)	68 (A)
2 (D)	13 (B)	24 (A)	35 (B)	46 (C)	52 (B)	58 (A)	69 (D)
3 (B)	14 (D)	25 (B)	36 (B)	47 (B)	53 (C)	59 (B)	70 (A)
4 (B)	15 (D)	26 (B)	37 (A)	48 (D)	54 (C)	60 (A)	71 (A)
5 (D)	16 (D)	27 (B)	38 (C)	49 (D)	55 (A)	61 (B)	72 (C)
6 (D)	17 (C)	28 (C)	39 (D)	50 (A)	56 (A)	62 (D)	73 (B)
7 (D)	18 (D)	29 (C)	40 (D)	46 (C)	57 (A)	63 (C)	
8 (B)	19 (C)	30 (C)	41 (D)	47 (B)	58 (A)	64 (C)	
9 (A)	20 (A)	31 (D)	42 (A)	48 (D)	59 (B)	65 (A)	
10 (B)	21 (D)	32 (A)	43 (C)	49 (D)	60 (A)	66 (A)	
11 (A)	22 (A)	33 (A)	44 (C)	50 (A)	56 (A)	67 (A)	

6

APURAÇÃO DE CUSTOS

6.1 Conceituação

A Apuração de Custos consiste em sua acumulação em cada tipo de unidade ou função diferente de acumulação de custo cujo valor se deseja conhecer.

Antes do estabelecimento de qualquer sistema de controle, deve-se definir de quais unidades se deseja apurar custos. Se a apuração é de toda a empresa, o controle é bastante simples, e é suficiente a demonstração normal de resultados, não necessitando preocupar-se com a classificação dos custos quanto à apuração (direto ou indireto). Bastam as classificações quanto à natureza (plano de contas) – para classificar os custos correta e consistentemente sob o aspecto contábil – e quanto à formação (fixo ou variável) – desejando-se fazer algumas análises gerenciais simples. Apurando-se os custos dos diversos órgãos da empresa, aumenta-se o nível dos controles. Nesse caso, há que se preocupar também com a classificação quanto à apuração, a fim de possibilitar a alocação das parcelas dos custos indiretos aos diversos órgãos. Com esse nível de apuração, aumenta-se a variedade das análises, proporcionando maior segurança nas decisões. À medida que as unidades de acumulação de custos tornam-se mais analíticas, chegando-se aos níveis de produto, de serviço e de tarefa, o controle passa a ser mais complexo, trabalhoso e oneroso. Em compensação, aumenta mais ainda a variedade das análises, bem como sua utilidade para a tomada de decisões gerenciais baseadas em informações mais completas. Entretanto, a relação entre custo e benefício deve ser avaliada na implantação do plano de controle, ou seja, não deve ser selecionado para execução aquele que gere mais informações detalhadas e que, em contrapartida, requeira um volume de recursos necessários, não só para implementá-lo, mas também para mantê-lo, que seja incompatível com o porte da empresa. É recomendado lembrar, nesses casos, que "a cerca não deve exigir mais recursos para a sua instalação do que o valor do terreno que ela protegerá".

A determinação do custo unitário resulta da divisão do custo total acumulado pela quantidade da produção obtida, uma vez que tal quantidade seja constituída por unidades do mesmo tipo e que sejam padronizadas quanto à forma e tamanho. Quando não são obtidas unidades padronizadas, é necessário o conhecimento da relação existente entre elas para se chegar a um valor equivalente a um dos tipos, tomado como padrão. No caso de produtos finais com tamanhos diferentes, mas com a mesma estrutura de custo, isto é, os custos dos diferentes componentes mantêm a mesma proporção, é fácil chegar à quantidade equivalente de cada um deles, correlacionando o volume dos diversos produtos diferentes com o volume de um deles tomado como padrão. No caso de produtos apresentados em estados físicos diferentes, como, por exemplo, os combustíveis derivados do petróleo (produção de gás e de outros derivados líquidos como a gasolina), deve-se adotar uma forma de conversão de modo que se mantenha uma unidade de medida uniforme. Pode-se ponderar pelo tempo de permanência de cada um deles no sistema de processamento, ou por outros fatores, sendo comum usar o poder calorífico para que se possa comparar um produto com outro. Evidentemente, quando a conversão não é necessária, basta acumular-se custo em cada um dos diferentes produtos.

Os capítulos precedentes dividem os custos em três espécies diferentes: de material, de pessoal e gerais. Em todas as espécies são encontrados custos que podem ser classificados como diretos ou indiretos, embora possa ocorrer predominância de uma classe sobre a outra em cada uma das espécies.

a) Os custos de material são predominantemente classificados como diretos. Só podem ser classificados como indiretos poucos tipos de materiais, e ainda assim em determinadas circunstâncias de produção e tipos de atividade. Nesses casos, são denominados material indireto ou matéria-prima indireta.
b) Os custos de pessoal têm menor predominância de custos diretos do que os de material, embora a maior parcela deles se concentre nesta classe. Só se classificam como custos indiretos a supervisão da mão de obra direta que está elaborando mais de um produto ou serviço diferente ou executando mais de uma função de acumulação de custo e a mão de obra que não pode ser apropriada a alguma função específica de acumulação de custo por estar ociosa ou ocupada em atividades genéricas como limpeza, controle, movimentação de materiais etc.
c) Os custos gerais, em sua maioria, são classificados como custos indiretos, embora alguns deles possam ser classificados como diretos no caso de serem específicos de uma função de custos ou de determinado produto ou serviço, ou de serem facilmente apropriáveis a uma função de custo, produto ou serviço.

O material é adquirido do fornecedor e depositado no Almoxarifado da empresa, onde pode ser encontrado um estoque remanescente do final do período anterior, que constitui o estoque inicial do período. A esse estoque inicial se juntarão as aquisições do período para formarem o estoque de material disponível para aplicação. Desse estoque são requisitadas e, portanto, retiradas para utilização as quantidades constantes das Notas de Movimentação de Material (Requisições de Material) preenchidas pelos usuários. O saldo não requisitado e remanescente no Almoxarifado no final do período constitui o estoque final do período, que, por sua vez, é o estoque inicial do período seguinte. O material requisitado, valorado de acordo com o método de valoração utilizado na empresa, constituirá o custo do material apropriado nas diferentes funções de custo ou nos diferentes tipos de produtos em elaboração.

Os custos de pessoal, compostos pelos valores referentes aos gastos com os recursos humanos da empresa, são representados pela folha de pagamentos e por seus respectivos encargos sociais, além de outros encargos que não estão relacionados a ela. Os valores representados pelos custos de pessoal podem ser resumidos como mão de obra disponível, funcionando como se fosse um "depósito" de mão de obra, do qual é requisitada aquela necessária à execução das diversas tarefas e apropriada a cada função específica de custo ou a cada tipo de produto em elaboração. A mão de obra apropriada constitui-se na mão de obra direta. O restante não apropriado, quer por ociosidade, quer por utilização em diversas funções ou em diversos produtos diferentes, sem possibilidade de apropriação a cada um deles especificamente, constituirá a mão de obra indireta e terá seu total alocado por rateio aos diferentes produtos ou funções de acumulação de custo no final do período.

Os custos gerais, que se constituem de todos os demais custos que não sejam de material ou de pessoal, têm uma parcela classificável como custo direto, e, portanto, apropriável diretamente às diferentes funções de acumulação de custo, e outra parcela, a maior, classificável como custo indireto e não apropriável. Essa parcela será, da mesma maneira que a mão de obra não apropriada, alocada por rateio aos diferentes produtos ou funções de acumulação de custo no final do período.

Após a apuração de todos os custos (apropriação dos diretos e alocação dos indiretos), formam-se os custos do período aplicados nos produtos em elaboração ou nos serviços em execução. Estes, ao chegarem ao local da execução, encontram um saldo de custos remanescentes do período anterior, denominado estoque final de produtos ou de serviços em elaboração, que se constitui no **estoque inicial de produtos ou serviços em elaboração** do período. Os custos do período adicionados a eles formarão o total do período, que se transformará no custo da produção acabada ou do serviço executado e no estoque final de produtos ou de serviços em elaboração do período.

A produção acabada do período será transferida para o depósito de produtos acabados e incorporada ao estoque inicial de produtos acabados, constituído pelo saldo remanescente do período anterior. A reunião dos produtos acabados que chegam ao depósito com os que aí já se encontravam forma o estoque de produtos acabados disponível para venda, que, quando não abrange a totalidade do que está disponível, deixa um saldo denominado **estoque final de produtos acabados** no período e constituirá o estoque inicial de produtos acabados do período seguinte.

A apuração dos custos para fins de determinação de resultados pode ser efetuada por diferença, utilizando a metodologia aplicada no Capítulo 2 para classificação dos custos quanto ao estágio de sua ocorrência. O fluxograma da apuração dos custos (Figura 6.1) apresenta uma visão gráfica da sequência normal dos custos, que facilitará seu entendimento.

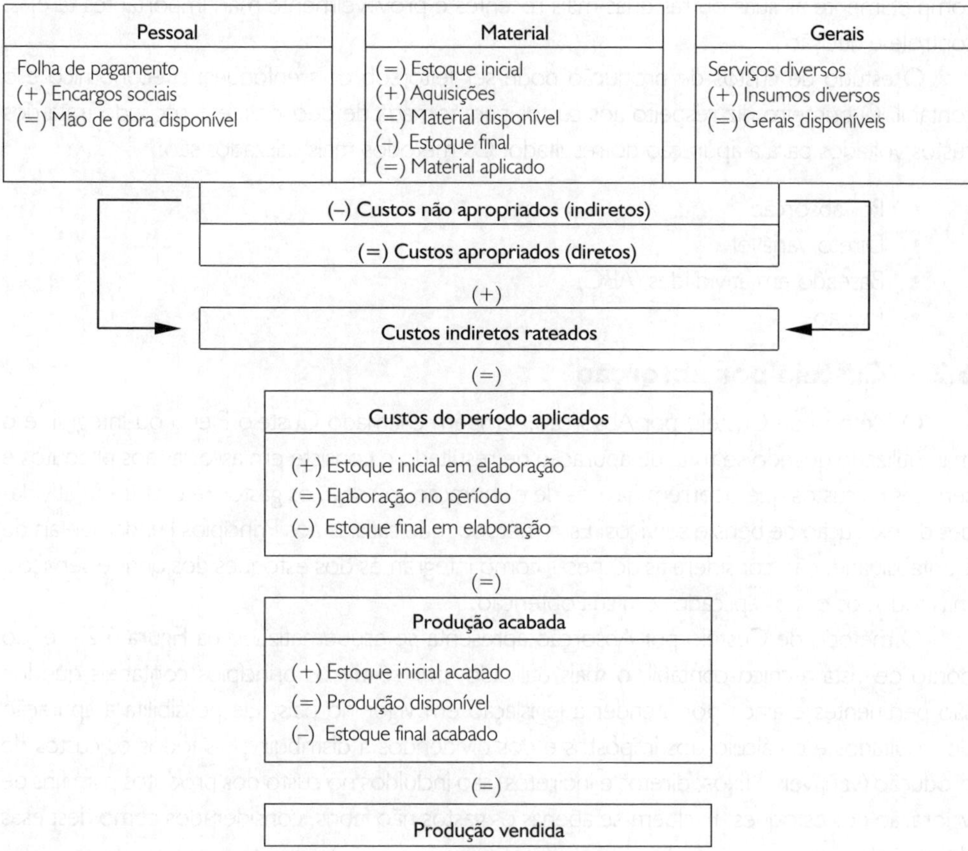

Figura 6.1 *Fluxograma da apuração dos custos.*

6.2 Métodos de custeio

Uma parcela significativa da literatura contábil considera que a Contabilidade de Custos surgiu durante a Revolução Industrial, tendo como principal objetivo registrar os custos de modo a capacitar o administrador a avaliar os inventários e, consequentemente, determinar mais corretamente o resultado do período. Nessa época, apenas os custos diretos eram agregados ao produto, sendo os gastos gerais de fabricação levados diretamente para resultado. No início do século XX, deu-se a flexibilização do princípio de se registrar exclusivamente os custos diretos nos produtos, admitindo-se o emprego de taxas predeterminadas para alocação das parcelas de custos indiretos. Nesse sentido, a Contabilidade de Custos passa a ter um novo objetivo: auxiliar o administrador na tomada de decisão. Segundo Martins,[1] "a Contabilidade de Custos nasceu da Contabilidade Financeira, quando da necessidade de se avaliar estoques na indústria, tarefa essa que era fácil na empresa típica da era mercantilista. Seus princípios derivam dessa finalidade primeira e, por isso, nem sempre conseguem entender

1 MARTINS, Eliseu. *Contabilidade de custos*. 8. ed. São Paulo: Atlas, 2001.

completamente as suas outras duas mais recentes e provavelmente mais importantes tarefas: controle e decisão".

O estudo de custos de produção pode ser feito sob dois enfoques: o econômico e o contábil. O primeiro diz respeito aos custos para tomada de decisões, e o segundo trata dos custos voltados para a apuração do resultado. Os métodos mais utilizados são:

- Por absorção
- Direto/variável
- Baseado em atividades (ABC)
- Padrão

6.2.1 Custeio por absorção

O Método de Custeio por Absorção, também chamado Custeio Pleno ou Integral, é o mais utilizado quando se trata de apuração de resultado e consiste em associar aos produtos e serviços os custos que ocorrem na área de elaboração, ou seja, os gastos referentes às atividades de execução de bens e serviços. Esse método, que satisfaz aos Princípios Fundamentais de Contabilidade, não considera as despesas como integrantes dos estoques dos bens e serviços, mas todos os custos aplicados em sua obtenção.

O método de Custeio por Absorção apresenta-se esquematizado na Figura 6.2 e é, do ponto de vista técnico-contábil, o mais utilizado, por seguir os princípios contábeis que lhe são pertinentes e ainda por atender à legislação em vigor no país. Ele possibilita a apuração de resultados e o cálculo dos impostos e dos dividendos a distribuir, pois todos os custos de produção (variáveis e fixos; diretos e indiretos) são incluídos no custo dos produtos para fins de valoração dos estoques. Excluem-se apenas os gastos não fabris, considerados como despesas do período.

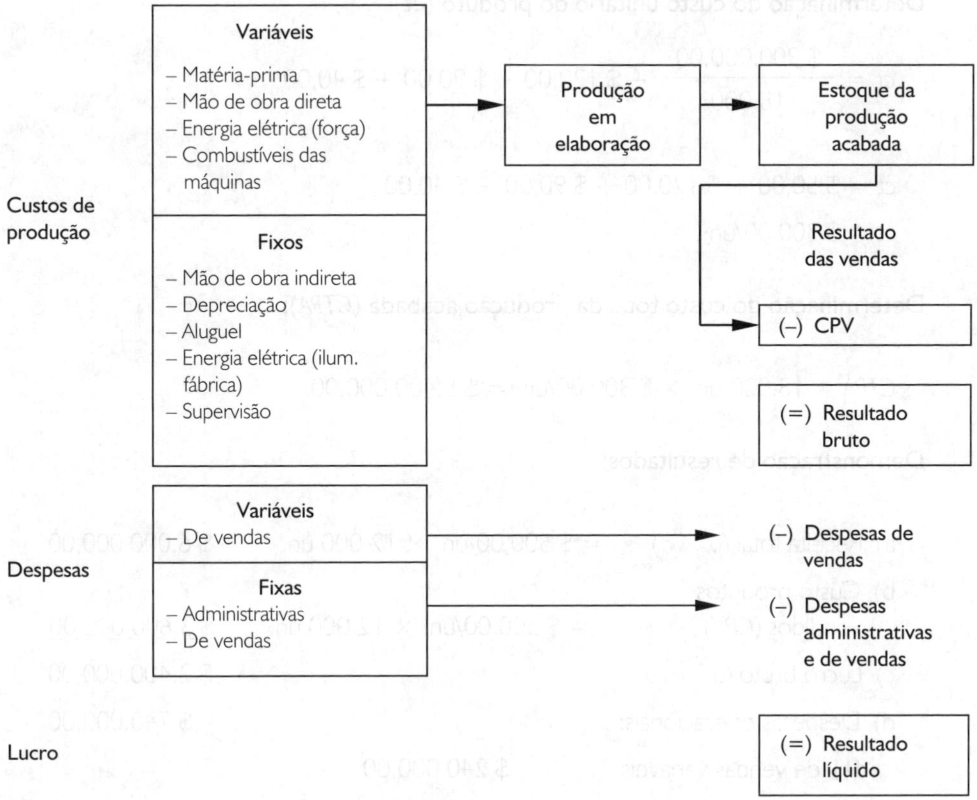

Figura 6.2 *Quadro esquemático do custeio por absorção.*

Pode-se exemplificar esse método com uma empresa que produz normalmente 18.000 unidades de um produto em um período, tendo vendido 12.000 delas ao preço de $ 500,00, e apresentou os dados constantes do Quadro 6.1.

Quadro 6.1 *Dados de custos.*

Matéria-prima direta	$ 120,00/un.	Custos fixos	$ 900.000,00
Mão de obra direta	$ 90,00/un.	Despesas de vendas variáveis	$ 240.000,00
Custos indiretos variáveis	$ 40,00/un.	Despesas de vendas fixas	$ 180.000,00
		Despesas administrativas fixas	$ 320.000,00

Considerando que não havia estoque inicial e desconsiderando os impostos, determinam-se os valores do estoque e do lucro no final do período, como segue:

Determinação do custo unitário do produto (*ct*):

$$ct = \frac{\$\ 900.000,00}{18.000} + \$\ 120,00 + \$\ 90,00 + \$\ 40,00$$

$$ct = \$\ 50,00 + \$\ 120,00 + \$\ 90,00 + \$\ 40,00$$

$$ct = \$\ 300,00/\text{un.}$$

Determinação do custo total da produção acabada (*CTPA*):

$$CTPA = 18.000\ \text{un.} \times \$\ 300,00/\text{un.} = \$\ 5.400.000,00$$

Demonstração de resultados:

a) Receita total ($p \times q$)	= $ 500,00/un. × 12.000 un.		$ 6.000.000,00
b) Custo produtos vendidos (*CPV*)	= $ 300,00/un. × 12.000 un.		$ 3.600.000,00
c) Lucro bruto ($a - b$)			$ 2.400.000,00
d) Despesas operacionais:			$ 740.000,00
d1) de vendas variáveis		$ 240.000,00	
d2) de vendas fixas		$ 180.000,00	
d3) administrativas fixas		$ 320.000,00	
e) Lucro operacional			$ 1.660.000,00

Apuração do estoque final:

$$EF = EI + CTPA - CPV$$

$$EF = 0 + \$\ 5.400.000,00 - \$\ 3.600.000,00$$

$$EF = \$\ 1.800.000,00$$

Representado por 6.000 unidades acabadas e não vendidas ao custo unitário de $ 300,00.

6.2.2 Custeio direto ou variável

A Contabilidade Industrial surgiu com a necessidade de atribuir valores aos fatores de produção utilizados no processo fabril e para gerar informações para a tomada de decisão.

Em relação ao objetivo da avaliação de inventários, a solução encontrada ficou conhecida como "custeio por absorção" ou "custeio pleno", que considera todos os custos diretos e indiretos, quer sejam fixos ou variáveis, como integrantes do produto. Esse método, porém, não atendia às necessidades das empresas no sentido de oferecer informações que auxiliassem na tomada de decisões estratégicas, notadamente num contexto de alta competitividade entre empresas, tendo em vista que os custos diretos se comportavam como variáveis e os indiretos como fixos, o que levaria ao conceito de que o novo método de custeio chamado "direto" se ocuparia exclusivamente dos custos diretos, dando aos custos indiretos tratamento de despesas e levando-os integralmente para o resultado do período. Na verdade, esse errôneo conceito surge do próprio título – custeio direto – divulgado nos Estados Unidos no ano de 1936, por Jonathan N. Harris, e mais difundido a partir da Segunda Guerra Mundial em função do desenvolvimento industrial ocorrido nesse período.

Com a evolução dos processos de elaboração de bens e serviços, o comportamento dos custos diretos deixou de ser exclusivamente variável e o dos indiretos de ser fixo, tornando inadequado o título original. Assim, deve ser entendido que o custeio direto seria mais bem intitulado por custeio variável, uma vez que envolve todos os custos variáveis, quer sejam diretos ou indiretos, necessários à obtenção de produto ou serviço, englobando, portanto, não só matéria-prima e mão de obra direta, mas também os custos indiretos proporcionais ao volume de produto ou serviço obtidos, além das despesas variáveis. Observa-se, portanto, que, se o produto ou serviço não for elaborado ou prestado, todos os gastos dispensáveis são considerados pelo método do custeio direto, e pode-se concluir que o custeio seria mais bem intitulado como "custeio variável".

Em oposição ao custeio direto ou variável, apresenta-se o custeio pleno ou por absorção, que considera, além dos custos variáveis, também os fixos.

O custeio direto é baseado na margem de contribuição, conceituada como a diferença entre o total da receita e a soma de custos e despesas variáveis, e possui a faculdade de tornar bem mais facilmente visível a potencialidade de cada produto para absorver custos fixos e proporcionar lucro. A margem de contribuição mostra como cada um desses produtos contribui para, primeiramente, amortizar os custos e despesas fixos e, depois, formar propriamente o lucro. O conceito de margem de contribuição é associado à identificação do custo imediatamente "emergente" quando se inicia a atividade de venda. É, pois, o custo que varia de acordo com o volume vendido, ou seja, o que surge em função da ocorrência efetiva da atividade e que se chama "variável", possibilitando o cálculo da margem.

O lucro marginal, ou contribuição marginal, renda marginal, margem direta, contribuição de cobertura ou receita marginal, sinônimos de margem de contribuição, só se converterá propriamente em lucro ou prejuízo depois que forem deduzidos os custos e despesas fixos, que, dependendo de seu valor, determinarão um resultado final positivo ou negativo. Se forem menores que o lucro marginal, será, finalmente, apurado lucro, e, ao contrário, se forem maiores, será apurado prejuízo.

A margem de contribuição unitária é o valor que cada unidade de determinado produto proporciona à empresa e resulta da diferença entre seu preço e os recursos necessários para a realização de sua venda, sejam eles custos ou despesas. A fim de exemplificar numericamente a margem de contribuição unitária, imaginou-se uma empresa que comercializa três tipos diferentes de produto ("X", "Y" e "Z"), como a seguir:

Quadro 6.2 *Valores unitários de custos, preço e margem de contribuição.*

PRODUTO	CUSTOS/DESPESAS VARIÁVEIS ($)			PREÇO DE VENDA ($)	MARGEM DE CONTRIBUIÇÃO ($)
	DIRETOS	INDIRETOS	SOMA		
X	2.400,00	460,00	2.860,00	5.200,00	2.340,00
Y	3.000,00	600,00	3.600,00	6.000,00	2.400,00
Z	3.200,00	2.000,00	5.200,00	8.000,00	2.800,00

No Quadro 6.2, verifica-se que cada unidade dos produtos "X", "Y" e "Z" contribui respectivamente com $ 2.340,00, $ 2.400,00 e $ 2.800,00, valores estes que não representam lucro, mas a margem de contribuição, pois os custos/despesas fixos não foram ainda considerados. Observa-se que o produto "Z" é o que apresenta maior margem de contribuição em valor absoluto por unidade, embora o valor absoluto não seja o mais relevante na maioria das análises, como será visto no Capítulo 7.

As margens de contribuição unitárias multiplicadas pelas quantidades vendidas de cada um dos produtos constituem as margens de contribuição totais de cada um deles, e o somatório dessas resulta na margem de contribuição total da empresa.

Como exemplo, será considerado que o nível normal de produção e de vendas no período é de 100, 50 e 25 unidades dos produtos "X", "Y" e "Z", respectivamente. Multiplicando-se esses volumes pelos demais dados do Quadro 6.2, obtêm-se os valores totais, conforme Quadro 6.3:

Quadro 6.3 *Valores totais de custos, receita e margem de contribuição.*

PRODUTO	CUSTOS/DESPESAS VARIÁVEIS ($)			RECEITA ($)	MARGEM DE CONTRIBUIÇÃO ($)
	DIRETOS	INDIRETOS	SOMA		
X	240.000,00	46.000,00	286.000,00	520.000,00	234.000,00
Y	150.000,00	30.000,00	180.000,00	300.000,00	120.000,00
Z	80.000,00	50.000,00	130.000,00	200.000,00	70.000,00
Total	470.000,00	126.000,00	596.000,00	1.020.000,00	424.000,00

Sem considerar os custos e despesas fixos de cada produto, tanto os diretos quanto os indiretos, que serão rateados, conclui-se que o produto "X", com menor margem de contribuição unitária, é o que proporciona maior margem de contribuição total para a empresa, tendo em vista seu maior volume. Para se alcançar o resultado final, apurando lucro ou prejuízo, é necessário considerar os custos/despesas fixos e abatê-los da margem de contribuição.

O conceito do custeio direto surgiu pelo fato de as empresas terem seus custos fixos, isto é, os custos de sua estrutura, independentes do nível de produção efetiva e pela principal necessidade de cada produto ou serviço de gerar recursos acima de seus custos e despesas variáveis, sendo o excesso, por menor que seja, uma contribuição para absorver custos e despesas fixos. Por esse conceito, a administração das empresas deixa de preocupar-se com o montante do lucro final para preocupar-se com o da margem de contribuição total, que se materializa, geralmente, com a maximização da margem de contribuição de cada produto ou serviço.

Sob o aspecto de custeio direto, os custos e despesas fixos são considerados como prejuízo, porque, caso esteja parada (sem produção), a empresa não estará gerando receita nem custos e despesas variáveis, mas continuará apresentando gastos fixos, o que proporcionaria, naquele instante, resultado negativo. Assim, a preocupação primeira deve ser maximizar a margem de contribuição, que resulta na maior capacidade de absorção de custos e de despesas fixos e de geração de lucro.

O Método do Custeio Direto ou Variável veio fornecer à administração as respostas para suas perguntas mais frequentes, sobretudo as referentes a preços de venda, volumes de produção e de vendas, descontinuidade de produtos etc. O custeio direto ou variável é de extrema utilidade e amplamente utilizado na determinação da viabilidade econômico-financeira de um empreendimento, na elaboração de orçamento flexível (ou variável) e do gráfico do ponto de equilíbrio, bem como na análise do lucro marginal.

O método do custeio variável tem como características fundamentais:

a) não fazer distinção entre custo e despesa;
b) segregar os custos e despesas que variam com o volume daqueles que não sofrem esse tipo de influência;
c) tratar os custos gerais fixos de produção como custos do período e não do produto, excluindo-os do valor da produção em andamento e dos estoques de produtos acabados e levando-os para o resultado do período como se fossem despesas;
d) atribuir aos produtos apenas os custos que se alteram com o volume;
e) determinar a margem de contribuição, abatendo das vendas os custos e despesas variáveis;
f) proporcionar lucro bruto ou direto maior do que pelo Custeio por Absorção;
g) apresentar lucro final menor do que no Custeio por Absorção quando as vendas forem menores do que a produção do período, ou seja, existência de estoques não vendidos;
h) igualar o lucro final ao apurado pelo Custeio por Absorção quando a produção for igual às vendas, ou seja, sem estoques no final do período;
i) possibilitar a comparação dos custos dos produtos em bases unitárias, independentemente do volume de produção;
j) facilitar o desenvolvimento da relação custo/lucro /volume;
k) facilitar a elaboração e o controle de orçamentos;
l) possibilitar a determinação e o controle de padrões;
m) fornecer mais instrumentos de controle gerencial.

Como pode ser visualizado esquematicamente na Figura 6.3, por esse método são atribuídos ao custo dos produtos fabricados somente os custos variáveis, dispensando aos custos fixos o mesmo tratamento dado às despesas, já que a maioria deles ocorre periodicamente.

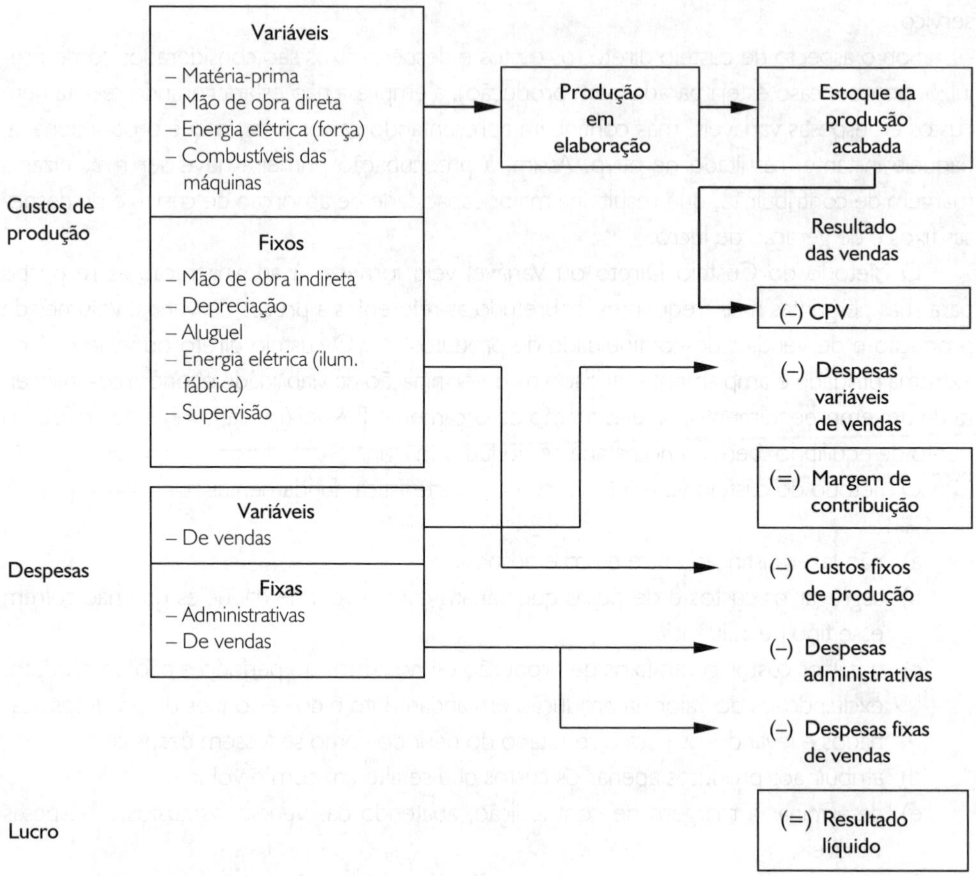

Figura 6.3 *Quadro esquemático do custeio direto.*

Para evidenciar as diferenças entre os dois métodos de custeio, o mesmo exercício resolvido na seção 6.2.1 será resolvido pelo Custeio Direto.

Determinação do custo unitário do produto (*ct*):

$ct = \$ 120{,}00 + \$ 90{,}00 + \$ 40{,}00$

$ct = \$ 250{,}00/\text{un.}$

Determinação do custo total da produção acabada (*CTPA*):

$CTPA = 18.000 \text{ un.} \times \$ 250{,}00/\text{un.}$

$CTPA = \$ 4.500.000{,}00$

Demonstração de resultados:

a) Receita total ($p \times q$)	= \$ 500,00/un. × 12.000 un.		\$ 6.000.000,00
b) Custo produtos vendidos ($ct \times q$)	= \$ 250,00/un. × 12.000 un.		\$ 3.000.000,00
c) Lucro bruto ($a - b$)			\$ 3.000.000,00
d) Despesas operacionais:			
d1) de vendas variáveis		\$ 240.000,00	
e) Margem de contribuição ($c - d1$)			\$ 2.760.000,00
d2) de vendas fixas		\$ 180.000,00	
d3) de administração fixa		\$ 320.000,00	
f) Custos fixos			\$ 900.000,00
g) Lucro final ($e - d2 - d3 - f$)			\$ 1.360.000,00

Apuração do estoque final:

$$EF = EI + CTPA - CPV$$

$$EF = 0 + \$\,4.500.000{,}00 - \$\,3.000.000{,}00$$

$$EF = \$\,1.500.000{,}00$$

Representado por 6.000 unidades acabadas e não vendidas ao custo unitário de \$ 250,00.

6.2.3 Custeio baseado em atividades (ABC)

O método de Custeio Baseado em Atividades (ABC – abreviatura do inglês "*Activity Based Costing*") originou-se da tentativa de melhorar a qualidade da informação contábil para a tomada de decisões, principalmente com relação à produtividade da força de trabalho e à definição do *mix* ideal de produção. Embora sem a atual denominação, o conceito desse método surgiu na década de 1960, como resultado de uma pesquisa realizada pela General Electric com o objetivo de desenvolver uma metodologia que melhorasse a informação para gerenciar seus custos indiretos. Esse método atribui aos objetos de custeio – produtos, serviços, clientes etc. – todos os custos e despesas, sendo os diretos por apropriação e os indiretos rastreados por direcionadores de custos. Não pode ser utilizado para apuração de impostos nem distribuição de dividendos, tendo em vista ser ele um método exclusivamente gerencial, que considera a totalidade dos gastos (custos e despesas) do período e os confronta com as receitas potenciais, ou seja, as correspondentes ao total da produção de bens e serviços.

O núcleo de interesse do Custeio Baseado em Atividades é o grupo dos gastos indiretos, independentemente de ser composto por custos ou despesas, fixos ou variáveis. O tratamento dado aos custos diretos é semelhante ao dispensado ao Custeio por Absorção, ou seja, apropriação aos objetos de custos, sejam eles produtos, serviços, clientes, setores, processos, órgãos, independentemente de estarem relacionados à produção ou à administração. Entende-se que todos os recursos são despendidos nas atividades e estas, por sua vez, são consumidas pelos objetos de custos, o que possibilita a análise de cada objeto de custo após a mensuração dos gastos de todas as atividades, sejam eles referentes à produção ou à administração.

O custeio baseado em atividades (ABC) pode ser representado pelo quadro da Figura 6.4.

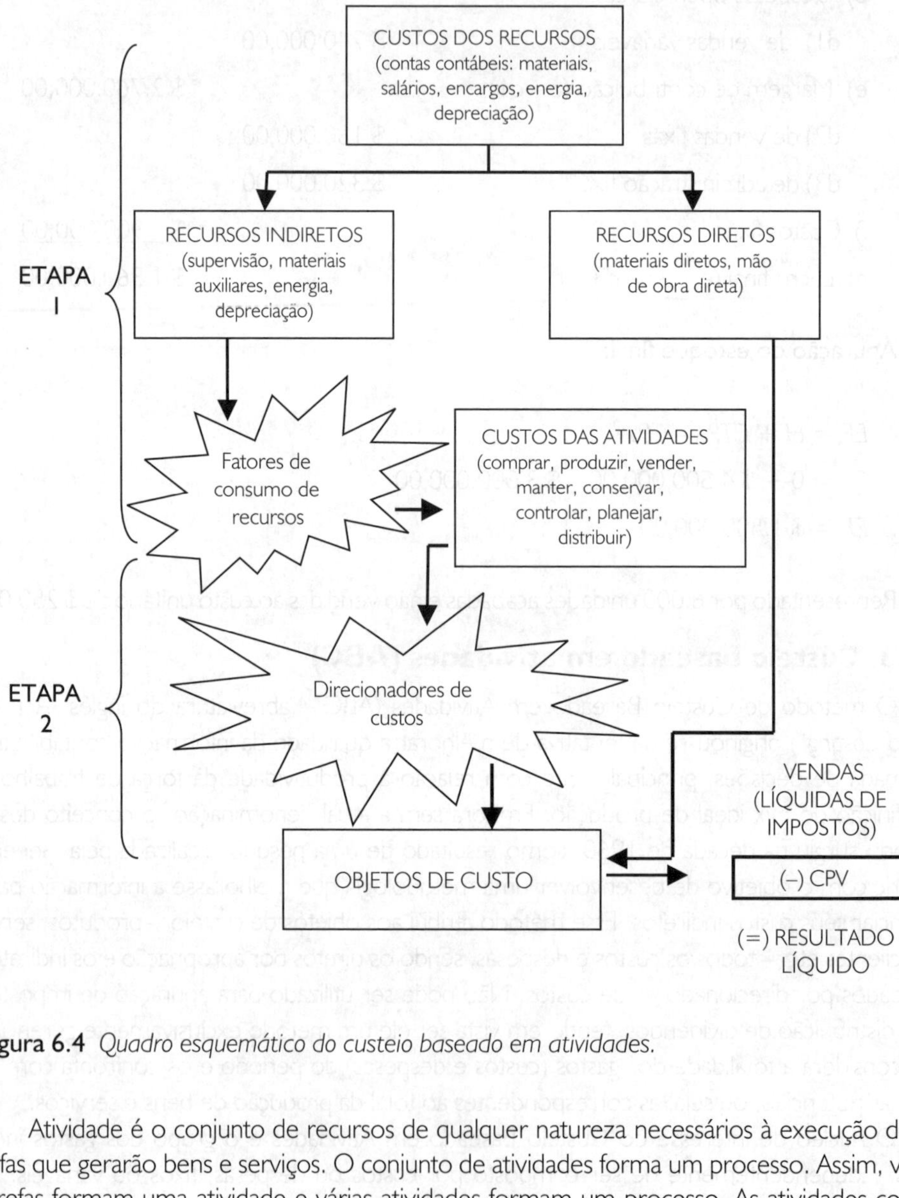

Figura 6.4 *Quadro esquemático do custeio baseado em atividades.*

Atividade é o conjunto de recursos de qualquer natureza necessários à execução de tarefas que gerarão bens e serviços. O conjunto de atividades forma um processo. Assim, várias tarefas formam uma atividade e várias atividades formam um processo. As atividades consomem os recursos, representados por pessoal, materiais, equipamentos, instalações; os objetos de custos consomem atividades, representadas por comprar materiais, movimentar materiais, programar a produção, administrar a produção, elaborar produtos, executar serviços, divulgar a empresa, vender serviços, distribuir produtos, receber pagamento, efetuar pagamento etc. Os recursos são alocados às atividades por rastreamento por meio dos direcionadores de primeiro estágio ou de fatores de consumo de recursos, e as atividades são consumidas pelos objetos de custos em função dos direcionadores de segundo estágio ou simplesmente de direcionadores de custos.

Os dados utilizados como base de rateio dos custos indiretos (Capítulo 5) podem ser os mesmos usados como direcionadores de custos ou fatores de consumo. A grande diferença entre rastreamento e rateio é que, no primeiro caso, o grau de detalhe é maior, significando dizer que *rastrear* é *ratear* minuciosamente. É como se o rateio se aplicasse sempre a um grande grupo de custos indiretos diferentes (gastos gerais de fabricação, por exemplo) e, utilizando-se de um único dado, distribuísse suas parcelas pelas diversas unidades de acumulação de custos; e o rastreamento, por sua vez, tratasse cada custo separadamente e então distribuísse suas parcelas. Vale dizer que no rateio não seria dispensada maior atenção à relação que deve existir entre o custo e o dado que lhe servirá de base para a divisão proporcional, e no rastreamento esta relação é imprescindível.

6.2.4 Custeio-padrão

Evitando um enfoque mais profundo sobre o assunto, uma vez que as obras especializadas abrangem seus mínimos detalhes, e sem aprofundar as polêmicas sobre sua aplicação, o sistema de custo-padrão será aqui abordado apenas para não deixar o leitor e o estudante frustrados pela omissão. A aplicação do custo-padrão apresenta uma resistência muito grande por parte dos profissionais, tendo em vista a grande ocorrência de variações entre os padrões determinados e os dados reais, provocando aumento dos lançamentos contábeis para registrar os fatos ocorridos. Apesar disso, o custo-padrão é de grande utilidade na determinação dos orçamentos e dos preços de venda dos produtos e serviços antes de se efetivar sua elaboração. Assim, o custo-padrão é a determinação antecipada dos componentes do produto e do serviço, em quantidade e valor, apoiada na utilização de dados de várias fontes, com validade para determinado espaço de tempo. Entre as fontes de dados, destacam-se os custos históricos, a engenharia de produção, os estudos de tempos e de movimentos etc. É de grande valia para o estabelecimento dos padrões o conhecimento e a utilização dos custos históricos para posteriores comparações, objetivando a apuração das diferenças.

Estabelecem-se padrões para materiais, mão de obra e custos indiretos e, após a produção, apuram-se as diferenças respectivas, que podem ser favoráveis ou desfavoráveis, tanto de quantidade quanto de valor. Para o estabelecimento dos padrões relativos a materiais, devem ser considerados todos os fatores passíveis de modificações, destacando-se a especificação, a quantidade, o preço, a taxa de aproveitamento, as perdas naturais etc. Para mão de obra, os padrões devem ser estabelecidos considerando-se o tempo de execução de cada etapa, o período médio de tempo improdutivo, a taxa horária de cada componente da equipe, as alterações salariais etc. No método de custeio-padrão, deve-se preferir o tipo de remuneração por tarefa, uma vez que ele proporciona maior estabilidade nos valores atribuídos à produção, com a consequente maior eficiência.

O estabelecimento do padrão para os custos indiretos é o mais difícil, tendo em vista a variedade de seus componentes, inclusive pela grande parcela de custos fixos existentes. Portanto, este componente é o que demanda maior período de observação para se chegar ao padrão ideal. Normalmente, usam-se como base as horas de mão de obra direta, o valor da mão de obra direta, as horas de máquinas, o valor do material direto, a quantidade de material direto ou ainda combinações de alguns deles, tais como custo direto de produção.

A utilização do custeio-padrão requer a existência de contas que registrem essas diferenças, uma vez que a programação da produção já determina, previamente, por meio dos padrões estabelecidos, as quantidades e os valores que serão utilizados tanto nas aquisições quanto nas aplicações. Assim, as contas normais, que serão utilizadas neste capítulo, são debitadas e creditadas por valores padronizados, e as diferenças em relação aos números reais são registradas nas contas de variações, a débito ou a crédito, conforme cada caso.

6.3 Sistemas de apuração de custos

A estrutura adotada pelas empresas para a elaboração de bens e serviços e para a sua comercialização, assim como a forma final em que eles são oferecidos ao cliente, são os principais fatores determinantes do sistema de apuração de custos mais adequado para ser utilizado, uma vez que o resultado pode ter existência física (produto) ou ser simplesmente um serviço.

6.3.1 Sistema de apuração de custos por produto

Este sistema é usado nas empresas que produzem diferentes tipos de bens independentemente de encomenda do cliente, isto é, a produção é inicialmente destinada para estoque e, posteriormente, comercializada. Trata-se geralmente de produtos padronizados, produzidos em grandes quantidades e em linha específica, de modo que os custos diretos de cada um deles tornem-se facilmente segregáveis.

Nesse sistema de produção, o cliente só participa indiretamente por ser um dos componentes do mercado global de consumidores do produto e, portanto, um agente incentivador de melhorias constantes do mesmo.

A apuração é feita sobre cada tipo diferente de produto, apropriando-se os custos diretos e alocando-se, no final do período, parcelas dos indiretos, por meio de rateio. Assim, o custo da matéria-prima direta aplicada sobre um tipo de produto é determinado pela soma dos valores de todas as requisições feitas ao almoxarifado para aplicação específica no mesmo, com redução dos valores referentes às devoluções da matéria-prima requisitada em excesso. Do mesmo modo, o custo da mão de obra direta é determinado pela soma dos valores resultantes da apropriação da mão de obra aplicada sobre esse tipo de produto. A parcela de cada custo indireto atribuível a tal tipo de produto é resultante de seu rateio pela base mais adequada, no final do período.

Como esse sistema de apuração é utilizado em produtos padronizados quanto à forma, tamanho, peso, qualidade etc., o custo unitário é determinado dividindo-se o custo total pela quantidade equivalente produzida. Significa que, optando-se pelo grupamento de produtos similares, porém não padronizados, será obtido um custo unitário de unidades diferentes que deverão sofrer ajuste para expressar melhor a realidade. Mais detalhes sobre produção equivalente serão vistos no item 6.5, adiante.

6.3.2 Sistema de apuração de custos por ordem de produção

Muito semelhante ao sistema anterior, o sistema de apuração de custos por ordem de produção é utilizado nas empresas que produzem sob encomenda do cliente. O conjunto de itens que podem compor uma ordem de produção tem especificações bem definidas pelo cliente, ou seja, o produto final já está comercializado antes de ser fabricado.

Por esse sistema, os custos têm seus valores determinados da mesma forma que no sistema anterior, e a acumulação dos custos é feita sobre cada ordem de produção, que pode englobar vários produtos iguais ou diferentes para formar um conjunto, embora seja possível a abertura de ordem de produção para a elaboração de lotes distintos de produtos padronizados.

6.3.3 Sistema de apuração de custos por ordem de serviço

Este sistema possui as mesmas características do anterior, sendo que a principal diferença é o fornecimento do material pelo cliente, quando se tratar de um bem tangível que será transformado. É muito utilizado em empresas que não transformam bens, e o uso do material restringe-se apenas aos auxiliares.

Caracteriza-se pelo fornecimento apenas do serviço e, em consequência, a acumulação dos custos é feita em cada ordem de serviço diferente. Além dos custos de transformação, podem ser acumulados os valores dos materiais cuja aplicação seja necessária. Em outras palavras, a apuração de custos por ordem de serviço pode incluir custo de materiais aplicados que são, entretanto, de valor pouco significativo ou substitutos de outros defeituosos; esses materiais não sofrem transformações e são simplesmente aplicados no lugar de outros, sendo comumente denominados peças de reposição.

Ordens de serviço podem ser utilizadas internamente nas empresas que utilizam órgãos auxiliares para prestarem serviços aos principais e outros. São exemplos os órgãos de manutenção que prestam serviços de reparos em órgãos de elaboração de bens e a outros órgãos.

6.3.4 Sistema de apuração de custos por processo

O sistema de apuração de custos por processo é usado nas empresas cujo sistema de produção necessita que os produtos passem por setores (processos) independentes de produção até chegar ao estado final de produto acabado.

Esse sistema é utilizado nas empresas de produção contínua ou em linha de produção, isto é, produção de unidades padronizadas que recebem quantidades equivalentes de material, mão de obra e custos gerais, resultando em unidades idênticas produzidas em massa. Ele é muito semelhante ao sistema de apuração por produto, sendo que neste sistema os produtos passam obrigatoriamente por vários processos e, em alguns casos, um processo pode elaborar componentes diferentes sem que se consigam segregar os custos diretos.

Por esse sistema, os custos são acumulados por processos ou por centros de elaboração ou de custos, diferentemente dos outros sistemas, em que os custos são acumulados em cada produto ou ordem, independentemente dos órgãos de elaboração pelos quais seja necessário passar até chegar à fase final de fabricação.

Existem vários tipos de processo produtivo, que podem ser distinguidos como sequenciais, paralelos e seletivos, embora eles possam ocorrer simultaneamente.

No tipo **sequencial**, o produto é continuamente transferido de um processo para outro, até o último, quando é considerado produto acabado e transferido para o depósito. É o tipo utilizado nas indústrias de cimento, de açúcar, de bebidas, de medicamentos e outras.

No tipo **paralelo**, mais de um produto é elaborado por meio de uma ou de mais de uma fase de processos independentes, que podem ser operadas simultaneamente ou não. Adotam esse tipo de processo produtivo as indústrias que, utilizando matéria-prima inicial ou mais de uma, obtêm, durante o processo, vários produtos diferentes. É o caso da indústria de combustíveis – em que o petróleo entra em processamento e origina simultaneamente os vários produtos (gasolina, óleo diesel, óleo combustível, gás, asfalto etc.) – ou o caso da indústria de beneficiamento e conservação de alimentos – em que as frutas e os vegetais são processados e enlatados em linhas paralelas, podendo haver intermitência de acordo com as diferentes épocas de safra e a flexibilidade das instalações.

No tipo **seletivo**, existem fases para vários produtos sem que todos os produtos passem, necessariamente, por todas as fases. É o caso da indústria de beneficiamento de castanhas, em que toda a matéria-prima entra em processamento (pré-aquecimento, remoção da casca), mas só parte entra no forno para torrar, tendo em vista a existência de mercados tanto para a castanha torrada como para a castanha apenas cozida e descascada.

No sistema de produção contínua, não é necessária a utilização de ordem de produção. Os custos são acumulados em cada centro de custo (órgão) e a produção é determinada segundo a previsão de vendas, a capacidade de estocagem e a disponibilidade de matéria-prima.

Independentemente do sistema adotado, a apuração de custos não apresenta diferenças consideráveis, a não ser o fato de alguns custos indiretos por um sistema poderem tornar-se diretos se usados outros sistemas. Assim, a acumulação dos custos é feita em cada unidade de acumulação de custos (produto, ordem de produção, ordem de serviço ou processo produtivo), e os custos são posteriormente divididos pela quantidade produzida para que o custo unitário do produto seja determinado. Neste momento, começa a diferença entre o sistema de apuração de custos por processo e os demais. No sistema por processo, os custos são acumulados em cada centro pelos quais os produtos podem passar. Em razão disso, deve-se conhecer muito bem os processos produtivos para determinar os custos de quais processos incidem sobre quais produtos diferentes.

Normalmente, na produção por processo, o produto final de uma linha de produção apresenta unidades idênticas, que, por sua vez, são diferentes de outras unidades idênticas de outra linha. Entretanto, esses dois produtos diferentes podem ser originários de uma mesma linha de produção numa fase anterior de processamento. Nesse caso, deve-se fazer a equivalência entre os tipos diferentes para chegar ao custo por unidade ou, o que é mais indicado por satisfazer às diferentes condições, deve-se transferir o custo do centro de processamento comum para os centros específicos, utilizando o conceito de preço de transferência pelo custo total, e a quantidade transferida entra no processo seguinte como se fosse matéria-prima adquirida de terceiros.

6.4 Exemplos práticos

Nos Capítulos 3 e 4, demonstrou-se a apropriação de custos de material (matéria-prima direta) e de pessoal (mão de obra direta), e no Capítulo 5, foram apresentadas as formas de rateio de diversos custos indiretos.

Neste capítulo, serão resolvidos exercícios que englobam os aspectos dos três capítulos anteriores e os diversos sistemas de apuração. Por simplificação, está sendo aplicado apenas um tipo de material (matéria-prima direta), quando, na prática, sabe-se que vários materiais (matérias-primas diretas) diferentes podem ser aplicados em cada produto, ordem de produção, processo produtivo (centro de custo) ou ordem de serviço.

6.4.1 Exercício resolvido nº 1

Foram apurados, no final de um ciclo produtivo, os dados constantes dos Quadros 6.4 e 6.5:

1. Material (Matéria-prima Direta)

Quadro 6.4 *Movimentação de material.*

DATA	MOVIMENTAÇÃO	QDE.	VALOR UNITÁRIO
01/04	Saldo anterior (Estoque Inicial)	600	60,00
02/04	Compra para estoque	500	64,40
06/04	Compra para estoque	400	65,00
08/04	Aplicação em "A"	700	–
10/04	Compra para estoque	200	66,80
12/04	Aplicação em "B"	600	–
15/04	Compra para estoque	400	67,60
17/04	Devolução (parte) da Requisição de 12/04	200	–
20/04	Aplicação em "A"	500	–
26/04	Compra para estoque	500	68,40
27/04	Aplicação em "B"	600	–
30/04	Aplicação em "A"	300	–

2. Pessoal (Mão de obra Direta)

Quadro 6.5 *Dados de pessoal.*

FUNÇÕES	SALÁRIO-HORA	DATA										
		08	09	10	12	13	15	20	22	27	29	30
		QUANTIDADE DE EMPREGADOS APLICADOS*										
Marceneiro	30,00	30	20	10	40	20	20	20	20	10	10	20
Carpinteiro	22,00	40	30	–	60	40	–	40	30	–	20	10
Ajudante de marceneiro	18,00	30	20	10	40	20	10	20	10	10	10	20
Ajudante de carpinteiro	16,00	40	20	10	60	20	20	40	20	20	20	10
Lustrador	20,00	–	10	20	–	20	20	10	20	10	10	10
Estofador	28,00	–	20	10	–	10	30	20	20	20	10	10
Aplicação		A	A	A	B	B	B	A	A	B	B	A
* Considerar oito horas de trabalho diário por empregado.												

As denominações "A" e "B" devem ser entendidas como diferentes tipos de produto, ordens de produção, ordens de serviço, ou centros de custo.

3. Material (Matéria-prima Indireta) 32.424,00

4. Pessoal (Mão de obra Indireta) 27.420,00

5. Depreciações 1.920,00

6. Energia elétrica 27.000,00

7. Transporte interno de materiais e produtos 28.000,00

8. Outros dados

	"A"	"B"	TOTAL
8.1 Quantidade Produzida (un)	1.000	1.500	2.500
8.2 Valor do Imobilizado ($)	4.200.000,00	5.400.000,00	9.600.000,00
8.3 Peso da Produção (kg)	10.000	30.000	40.000
8.4 Consumo de Energia (kw)	12.000,00	24.000,00	36.000,00

Utilizando o sistema Médio para valoração dos materiais, apropriando os custos diretos (Matéria-prima Direta e Mão de obra Direta) e alocando convenientemente as parcelas dos custos indiretos pela forma de rateio direta (item 3 por item 1; 4 por 2; 5 por 8.2; 6 por 8.4; e 7 por 8.3), determina-se o custo total acumulado em cada um dos produtos, que, dividido pela respectiva quantidade produzida, resulta no custo final unitário de "A" e de "B".

Sabe-se que o custo de material (Matéria-prima Direta) aplicado deve ser obtido pela soma de todas as **Notas de Movimentação de Material** (Requisições de Material); entretanto, por simplificação, ele será apurado na própria **Ficha de Controle de Estoque**, anotando na linha correspondente a cada saída onde o material foi aplicado.

Quadro 6.6 *Ficha de controle de estoque.*

FICHA DE CONTROLE DE ESTOQUE									
DATA	ENTRADAS			SAÍDAS			SALDO		VALOR MÉDIO
	QDE.	VALOR UNIT.	VALOR TOTAL	QDE.	VALOR UNIT.	VALOR TOTAL	QDE.	VALOR TOTAL	
01/04							600	36.000,00	60,00
02/04	500	64,40	32.200,00				1.100	68.200,00	62,00
06/04	400	65,00	26.000,00				1.500	94.200,00	62,80
08/04			(A)	700	62,80	43.960,00	800	50.240,00	62,80
10/04	200	66,80	13.360,00				1.000	63.600,00	63,60
12/04			(B)	600	63,60	38.160,00	400	25.440,00	63,60
15/04	400	67,60	27.040,00				800	52.480,00	65,60
17/04			(B)	(200)	63,60	(12.720,00)	1.000	65.200,00	65,20
20/04			(A)	500	65,20	32.600,00	500	32.600,00	65,20
26/04	500	68,40	34.200,00				1.000	66.800,00	66,80
27/04			(B)	600	66,80	40.080,00	400	26.720,00	66,80
30/04			(A)	300	66,80	20.040,00	100	6.680,00	66,80

Quadro 6.7 *Mapa de apuração de custo de material.*

MAPA DE APURAÇÃO DE CUSTO DE MATERIAL					
DATA	ORDEM DE PRODUÇÃO OU DE SERVIÇO OU PROCESSO PRODUTIVO OU PRODUTO				TOTAL
	"A"	"B"	–	–	
08/04	43.960,00				43.960,00
12/04		38.160,00			38.160,00
17/04		(12.720,00)			(12.720,00)
20/04	32.600,00				32.600,00
27/04		40.080,00			40.080,00
30/04	20.040,00				20.040,00
Total	96.600,00	65.520,00			162.120,00

Quadro 6.8 *Relatório de apropriação de mão de obra – Ramo nº 01.*

RELATÓRIO DE APROPRIAÇÃO DE MÃO DE OBRA – RAMO Nº 01															
TAREFA: ELABORAÇÃO DE "A" UNIDADE: FÁBRICA "A" CÓDIGO: 1110/15 – "A" 1000												FL. Nº 01 PERÍODO: 02/04 A 30/04			
FUNÇÃO / DIA		MARCENEIRO		CARPINTEIRO		AJUDANTE DE MARCENEIRO		AJUDANTE DE CARPINTEIRO		LUSTRADOR		ESTOFADOR		TOTAL	
MÊS	SEM	QDE.	HORA	QDE.	HORA	QDE.	HORA	QDE.	HORA	QDE.	HORA	QDE.	HORA	QDE.	HORA
Transporte			–		–		–		–		–		–		–
08	2ª	30	240	40	320	30	240	40	320		–		–	140	1120
09	3ª	20	160	30	240	20	160	20	160	10	80	20	160	120	960
10	4ª	10	80		–	10	80	10	80	20	160	10	80	60	480
20	Sáb.	20	160	40	320	20	160	40	320	10	80	20	160	150	1200
22	2ª	20	160	30	240	10	80	20	160	20	160	20	160	120	960
30	3ª	20	160	10	80	20	160	10	80	10	80	10	80	80	640
Total/Horas			960		1.200		880		1.120		560		640		5.360
Salário/Hora			30,00		22,00		18,00		16,00		20,00		28,00		–
Valor Total			28.800,00		26.400,00		15.840,00		17.920,00		11.200,00		7.920,00		118.080,00

Quadro 6.9 *Relatório de apropriação de mão de obra – Ramo nº 02.*

RELATÓRIO DE APROPRIAÇÃO DE MÃO DE OBRA – RAMO Nº 02															
TAREFA: ELABORAÇÃO DE "B" UNIDADE: FÁBRICA "B" CÓDIGO: 110/15 – "B" 1000												FL. Nº 01 PERÍODO: 12/04 A 29/04			
DIA \ FUNÇÃO		MARCENEIRO		CARPINTEIRO		AJUDANTE DE MARCENEIRO		AJUDANTE DE CARPINTEIRO		LUSTRADOR		ESTOFADOR		TOTAL	
MÊS	SEM	QDE.	HORA	QDE.	HORA	QDE.	HORA	QDE.	HORA	QDE.	HORA	QDE.	HORA	QDE.	HORA
Transporte			–		–		–		–		–		–		–
12	6ª	40	320	60	480	40	320	60	480		–		–	200	1600
13	Sáb.	20	160	40	320	20	160	20	160	20	160	10	80	130	1040
15	2ª	20	160		–	10	80	20	160	20	160	30	240	100	800
27	6ª	10	80		–	10	80	20	160	10	80	20	160	70	560
29	2ª	10	80	20	160	10	80	20	160	10	80	10	80	80	640
Total/horas			800		960		720		1.120		480		560		4.640
Salário/hora			30,00		22,00		18,00		16,00		20,00		28,00		–
Valor total			24.000,00		21.120,00		12.960,00		17.920,00		9.600,00		15.680,00		101.280,00
Unidade: Fábrica "B"															

Execução dos rateios dos custos indiretos:

Regra: Seleciona-se, entre os disponíveis, o dado que melhor serve como base de rateio para cada custo indireto (seleção prévia). Divide-se cada valor a ser rateado pelo valor total de cada base de rateio selecionada, obtendo-se os quocientes de rateio. Esses quocientes, multiplicados pelos respectivos componentes de cada base, fornecem as parcelas dos custos indiretos.

– Matéria-prima Indireta – base de rateio: Valor da Matéria-prima Direta

32.424,00 ÷ 162.120,00 = 0,2 ×	{	96.600,00 = 19.320,00	"A"
		65.520,00 = 13.104,00	"B"
		162.120,00 = 32.424,00	Total

– Mão de obra Indireta – base de rateio: Valor da Mão de obra Direta

27.420,00 ÷ 219.360,00 = 0,125 ×	{	118.080,00 = 14.760,00	"A"
		101.280,00 = 12.660,00	"B"
		219.360,00 = 27.420,00	Total

– Depreciações – base de rateio: Valor do Imobilizado

1.920,00 ÷ 9.600.000,00 = 0,0002 ×	{	4.200.000,00 = 840,00	"A"
		5.400.000,00 = 1.080,00	"B"
		9.600.000,00 = 1.920,00	Total

– Energia Elétrica – base de rateio: Consumo de Energia

27.000,00 ÷ 36.000,00 = 0,75 ×	{	12.000,00 = 9.000,00	"A"
		24.000,00 = 18.000,00	"B"
		36.000,00 = 27.000,00	Total

– Transporte dos Produtos – base de rateio: Peso da Produção

28.000,00 ÷ 40.000,00 = 0,7 ×	{	10.000,00 = 7.000,00	"A"
		30.000,00 = 21.000,00	"B"
		40.000,00 = 28.000,00	Total

Quadro 6.10 *Resumo de apuração de custo.*

MAPA RESUMO DE APURAÇÃO			
ITENS	"A"	"B"	TOTAL
1. Matéria-prima Direta	96.600,00	65.520,00	162.120,00
2. Mão de obra Direta	118.080,00	101.280,00	219.360,00
3. Matéria-prima Indireta	19.320,00	13.104,00	32.424,00
4. Mão de obra Indireta	14.760,00	12.660,00	27.420,00
5. Depreciações	840,00	1.080,00	1.920,00
6. Energia Elétrica	9.000,00	18.000,00	27.000,00
7. Transporte dos Produtos	7.000,00	21.000,00	28.000,00
Custo total*	265.600,00	232.644,00	498.244,00
Custo unitário**	265,60	155,10	–

* Custo total é obtido pela soma de todos os custos apropriados e rateados, apresentados em cada coluna.

** Custo unitário é obtido pela divisão do custo total pela quantidade produzida de cada produto.

Lançamentos contábeis

De acordo com o sistema de apuração de custos adotado pela empresa, o plano de contas deve possuir um elenco de contas com nomenclatura adequada para melhor especificar o que entra em fabricação. No sistema de apuração de custos por produto, as contas devem ser designadas por "Produtos em Elaboração – A", "Produtos em Elaboração – B" etc. No sistema de apuração de custos por ordem de serviço ou por ordem de produção, as designações das contas devem ser "Ordem em Execução – A", "Ordem em Execução – B" etc. No sistema de apuração de custos por processo produtivo, as contas devem ter as designações "Produção em Processo – A", "Produção em Processo – B" etc. Outras denominações podem ser utilizadas, desde que sejam adequadas ao sistema de apuração de custos adotado. Neste exercício, como não foi especificado o sistema em uso, será utilizada a designação de "Fabricação em Andamento", que serve para qualquer dos sistemas utilizados.

Está sendo considerado que as contas que estão recebendo apenas lançamentos a crédito agora tenham sido debitadas por valores que suportem esses lançamentos.

Lançamentos Contábeis no Diário

	Débito	Crédito
1 – Fabricação em Andamento "A"	96.600,00	
a Matéria-prima Direta – Estoque		96.600,00
Fabricação em Andamento "B"	65.520,00	
a Matéria-prima Direta – Estoque		65.520,00

ou

	Débito	Crédito
Diversos		
a Matéria-prima Direta – Estoque		162.120,00
Fabricação em Andamento – "A"	96.600,00	
Fabricação em Andamento – "B"	65.520,00	

	Débito	Crédito
2 – Fabricação em Andamento – "A"	118.080,00	
a Mão de obra Direta		118.080,00
Fabricação em Andamento – "B"	101.280,00	
a Mão de obra Direta		101.280,00

ou

	Débito	Crédito
Diversos		
a Mão de obra Direta		219.360,00
Fabricação em Andamento – "A"	118.080,00	
Fabricação em Andamento – "B"	101.280,00	

	Débito	Crédito
3 – Fabricação em Andamento – "A"	50.920,00	
a Custos Indiretos de Fabricação		50.920,00
Fabricação em Andamento – "B"	65.844,00	
Custos Indiretos de Fabricação		65.844,00

ou

Diversos		
a Custos Indiretos de Fabricação		116.764,00
Fabricação em Andamento – "A"	50.920,00	
Fabricação em Andamento – "B"	65.844,00	

Além das alternativas apresentadas (lançamentos de primeira e de segunda fórmulas), pode ser efetuado apenas um lançamento de quarta fórmula, como segue:

Diversos		
a Diversos		
Fabricação em Andamento – "A"		265.600,00
Matéria-prima Direta	96.600,00	
Mão de obra Direta	118.080,00	
Custos Indiretos de Fabricação	50.920,00	
Fabricação em Andamento – "B"		232.644,00
Matéria-prima Direta	65.520,00	
Mão de obra Direta	101.280,00	
Custos Indiretos de Fabricação	65.844,00	
a Matéria-prima Direta – Estoque		162.120,00
Fabricação de "A"	96.600,00	
Fabricação de "B"	65.520,00	
a Mão de obra Direta		219.360,00
Fabricação de "A"	118.080,00	
Fabricação de "B"	101.280,00	
a Custos Indiretos de Fabricação	116.764,00	
Fabricação de "A"	50.920,00	
Fabricação de "B"	65.844,00	

Ao terminar o ciclo produtivo, toda a fabricação que estava em andamento transformou-se em produtos acabados, já que no final do período não existia fabricação em andamento.

Eles foram transferidos da área de fabricação para o depósito de produtos acabados. Os lançamentos foram:

Produtos Acabados – "A" – Estoque	265.600,00	
a Fabricação em Andamento – "A"		265.600,00
1.000 unidades transferidas a $ 265,60		
Produtos Acabados – "B" – Estoque	232.644,00	
a Fabricação em Andamento – "B"		232.644,00
1.500 unidades transferidas a $ 155,10		

Considerando que não havia estoque inicial e como não houve venda no período, as contas de Produtos Acabados – Estoque – terminaram com os saldos das transferências. Caso houvesse ocorrido venda no período, a conta Custo dos Produtos Vendidos seria debitada, e as contas de Produtos Acabados – Estoque – seriam creditadas. Portanto, seus saldos ficariam reduzidos dos valores correspondentes às quantidades que foram vendidas, porém, ao valor de custo.

Completando o exercício, suponha uma venda de 800 unidades de "A" ao preço unitário de $ 500,00 e de 1.000 unidades de "B" ao preço unitário de $ 200,00, no final do período. Seriam efetuados os seguintes lançamentos referentes às quantidades que foram vendidas, respeitando-se porém o valor de custo para as contas Custo dos Produtos Vendidos e Estoque de Produtos Acabados e o valor de venda para as contas Clientes e Vendas:

Lançamentos Contábeis no Diário

Clientes	600.000,00	
a Vendas		600.000,00
Pela venda de 800 unidades de "A" a $ 500,00	400.000,00	
Pela venda de 1.000 unidades de "B" a $ 200,00	200.000,00	
Custo dos Produtos Vendidos	212.480,00	
a Produtos Acabados – "A" – Estoque		212.480,00
Pela requisição de 800 unidades para venda		
Custo dos Produtos Vendidos	155.100,00	
a Produtos Acabados – "B" – Estoque		155.100,00
Pela requisição de 1.000 unidades para venda		

ou

Custo dos Produtos Vendidos	367.580,00	

a Diversos		
a Produtos Acabados – "A" – Estoque		212.480,00
a Produtos Acabados – "B" – Estoque		155.100,00
Resultado do Período	367.580,00	
a Custo dos Produtos Vendidos		367.580,00
Vendas	600.000,00	
a Resultado do Período		600.000,00

Os lançamentos nas fichas ou livro Razão estão demonstrados a seguir, com os respectivos saldos apurados.

As contas Matéria-prima Direta, Mão de obra Direta e Custos Indiretos de Fabricação, que são de natureza devedora, terminaram o período com saldo credor porque não foram considerados, neste exercício, os lançamentos a débito que teriam sido efetuados anteriormente (ver Capítulos 3, 4 e 5).

As duas contas de Produção em Andamento não possuíam saldo inicial, porque foi considerado o início da produção nesse período. Elas terminaram com saldo zero, porque toda a produção iniciada no período foi terminada no próprio período e, portanto, transferida para o depósito de produtos acabados.

Lançamentos Contábeis no Razão

Matéria-prima Direta

*	96.600,00 (1)
	65.520,00 (2)
	162.120,00

Mão de obra Direta

*	118.080,00 (1)
	101.280,00 (2)
	219.360,00

Custos Indiretos de Fabricação

*	50.920,00 (1)
	65.844,00 (2)
	116.764,00

Fabricação em Andamento – A

(1) 96.600,00	265.600,00 (3)
(1) 118.080,00	
(1) 50.920,00	
ø	

* Os saldos estão credores em virtude de não terem sido considerados os lançamentos a débito efetuados previamente.

Fabricação em Andamento – B

(2) 65.520,00	232.644,00 (4)
(2) 101.280,00	
(2) 65.844,00	
ø	

Produtos Acabados – A – Estoque

(3) 265.600,00	212.480,00 (6)
53.120,00	

Produtos Acabados – B – Estoque

Débito	Crédito
(4) 232.644,00	155.100,00 (8)
77.544,00	

Clientes

Débito	Crédito
(5) 600.000,00	
600.000,00	

Vendas

Débito	Crédito
(11) 600.000,00	600.000,00 (5)
ø	

Custo dos Produtos Vendidos

Débito	Crédito
(6) 212.480,00 (8) 155.100,00	367.580,00 (10)
ø	

Resultado do Período

Débito	Crédito
(10) 367.580,00	600.000,00 (11)
	232.420,00 (12)

As duas contas de Produtos Acabados também não possuíam saldo inicial, mas terminaram com saldo no final do período porque não foram vendidas todas as unidades produzidas no período.

A conta Clientes terminou o período com saldo, porque as vendas não foram recebidas e o lucro foi apurado pelas transferências dos saldos das contas Vendas e Custo dos Produtos Vendidos, em contrapartida da conta Resultado do Período.

O fluxograma dos lançamentos contábeis sintetizados pode ser visualizado na Figura 6.5.

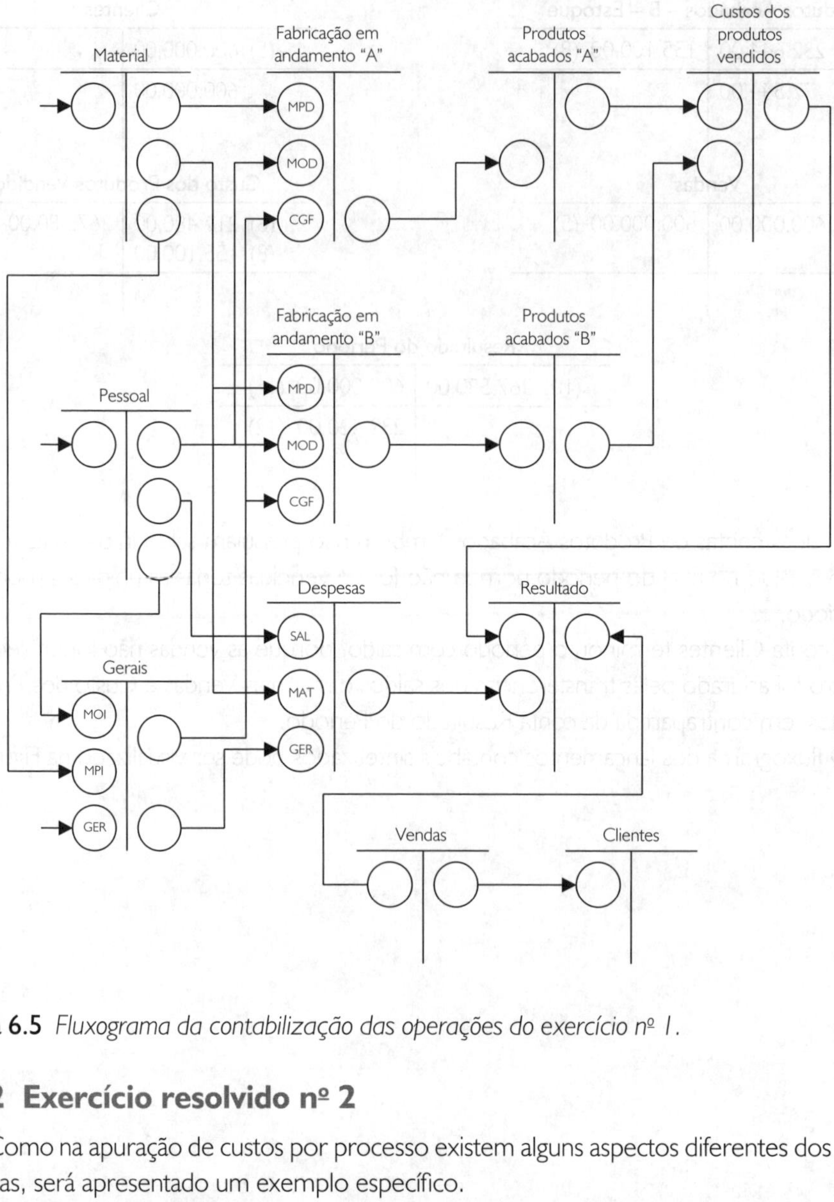

Figura 6.5 *Fluxograma da contabilização das operações do exercício nº 1.*

6.4.2 Exercício resolvido nº 2

Como na apuração de custos por processo existem alguns aspectos diferentes dos outros sistemas, será apresentado um exemplo específico.

No final de um ciclo produtivo, foram apurados os seguintes dados num sistema de produção de três tipos de tijolos:

Processo nº 1

Matéria-prima Direta	5.000.000,00
Mão de obra Direta	10.000.000,00
Custos Indiretos (já rateados)	7.500.000,00

Custo Total do Processo	22.500.000,00

Processo nº 2A

Matéria-prima Direta	1.000.000,00
Mão de obra Direta	5.000.000,00
Custos Indiretos (já rateados)	1.000.000,00
Custo Total do Processo	7.000.000,00

Processo nº 2B

Matéria-prima Direta	750.000,00
Mão de obra Direta	3.750.000,00
Custos Indiretos (já rateados)	500.000,00
Custo Total do Processo	5.000.000,00

Processo nº 2C

Matéria-prima Direta	500.000,00
Mão de obra Direta	2.350.000,00
Custos Indiretos (já rateados)	400.000,00
Custo Total do Processo	3.250.000,00

Processo nº 3

Matéria-prima Direta	300.000,00
Mão de obra Direta	1.200.000,00
Custos Indiretos (já rateados)	525.000,00
Custo Total do Processo	2.025.000,00

Produção Acabada (em mil unidades)

Tijolo Tipo "A"	1.000
Tijolo Tipo "B"	500
Tijolo Tipo "C"	250

Salvo diferenças ocasionadas por escala de produção, decisão de fluxo produtivo e outras razões, aqui será considerado um processo produtivo do tipo como a seguir descrito.

Descrição dos Processos

1. **Mistura** – Este processo é constituído de uma masseira onde é colocada a argila, que é umedecida com água. Possui também um misturador que, além de misturar a argila já umedecida para dar homogeneidade à massa, possibilita que lhe sejam colocados aditivos para aumentar o poder de agregação.

2. **Modelagem** – Consiste na colocação da massa, já misturada, em fôrmas, modelando os tijolos nos três tipos diferentes. Esse processo divide-se nos subprocessos 2A, 2B e 2C, conforme mostra a Figura 6.6.

3. **Cozimento** – Consiste no cozimento dos tijolos em forno e é considerado como o último processo de produção do tijolo propriamente dito, já que desse estágio o tijolo sai direto para a venda.

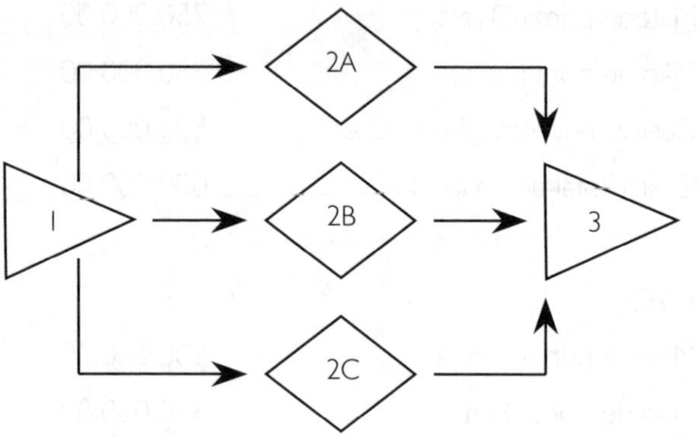

Figura 6.6 *Fluxograma de produção.*

Sequência dos Custos

No processo 1, as matérias-primas, a mão de obra direta e os custos indiretos são comuns aos três produtos (Tijolo A – 10 × 20 × 20, Tijolo B – 10 × 20 × 30 e Tijolo C – 10 × 20 × 40), todos com a mesma espessura (10 cm) e altura (20 cm), variando apenas o comprimento, cujas medidas são respectivamente 20 cm, 30 cm e 40 cm. Nesse caso, os custos de matéria-prima direta e de mão de obra direta, custos diretos do processo 1, são custos indiretos em relação aos produtos "A", "B" e "C" para efeito de apuração de custos. Esses dois custos, juntamente com os demais custos indiretos, formam os custos de produção do processo 1, que deverão ser alocados a cada tipo de tijolo, usando-se como base de rateio o tamanho e a quantidade, já que todos os custos (diretos ou indiretos em relação ao processo) são indiretos em relação a cada produto. Por exemplo, utilizando o tamanho para matéria--prima direta, pode-se afirmar que o produto "A" (20 cm de comprimento) vale 1 e serve de base; o produto "B" (30 cm de comprimento) vale 1,5 em relação à base (produto "A"); e o produto "C" (40 cm de comprimento) vale 2 em relação à base. Esses números (1 – 1,5 – 2) são denominados fatores de ponderação. A quantidade produzida para cada tipo de produto deverá ser multiplicada por seu fator de ponderação, para obter-se a quantidade equivalente ao produto escolhido como base.

Nos subprocessos 2A, 2B e 2C, os custos são específicos para cada um dos três produtos, uma vez que é possível apropriar os custos aplicados em cada um dos subprocessos separadamente.

No processo 3, os custos devem ser alocados a cada produto em função também do tamanho e, portanto, com base no método de absorção de custo igual ao do processo 1. Esse procedimento é consequência de os produtos estarem misturados no forno, ou seja, numa mesma fornada são processados os três produtos.

Para a solução do problema, determina-se a quantidade de tijolos produzidos de cada tipo, equivalente a um único tipo tomado como base, de acordo com o Quadro 6.11:

Quadro 6.11 *Determinação da equivalência de produção.*

TIPO	TAMANHO	FATOR DE PONDERAÇÃO	QUANTIDADE (MIL)	
			PRODUZIDA	EQUIVALENTE
A	10 × 20 × 20	1,0	1.000	1.000
B	10 × 20 × 30	1,5	500	750
C	10 × 20 × 40	2,0	250	500
Total	–	–	1.750	2.250

Custo unitário do processo 1 (Cm) =

= Custo total do processo ÷ Quantidade equivalente

$$Cm = \frac{22.500.000,00}{2.250} = 10.000,00 \text{ (tipo-base – A)}$$

Transferência dos custos do processo 1 para os processos 2A, 2B e 2C

$$10.000 \times \begin{cases} 1.000 = 10.000.000,00 \text{ para o processo 2A} \\ 750 = 7.500.000,00 \text{ para o processo 2B} \\ 500 = 5.000.000,00 \text{ para o processo 2C} \end{cases}$$

$$22.500.000,00 \text{ total transferido}$$

Custo unitário do processo 3 (mesmo critério do processo 1)

$$Cm = \frac{2.025.000,00}{2.250} = 900,00 \text{ (tipo-base – A)}$$

Transferência dos custos do processo 3 para os processos 2A, 2B e 2C

$$900{,}00 \times \begin{cases} 1.000 = 900.000{,}00 & \text{para o processo 2A} \\ 750 = 675.000{,}00 & \text{para o processo 2B} \\ 500 = 450.000{,}00 & \text{para o processo 2C} \end{cases}$$
$$2.025.000{,}00 \quad \text{total transferido}$$

Nos três subprocessos 2, cada custo é exclusivo de cada tipo de tijolo, porque cada processo só produz um tipo. Como as parcelas do 1º e do 3º processos foram transferidas para cada um deles, tornando-se também exclusivas de cada processo, a divisão é feita pela quantidade produzida e não pela quantidade equivalente, para se chegar ao custo unitário (cm) de cada um dos subprocessos da fase 2.

Custo unitário dos processos 2 = (Custo total do processo + Custos transferidos dos processos 1 e 3) ÷ Quantidade produzida

$$CmA = \frac{7.000.000{,}00 + 10.000.000{,}00 + 900.000{,}00}{1.000} = \$\ 17.900{,}00/\text{mil}$$

$$CmB = \frac{5.000.000{,}00 + 7.500.000{,}00 + 675.000{,}00}{500} = \$\ 26.350{,}00/\text{mil}$$

$$CmC = \frac{3.250.000{,}00 + 5.000.000{,}00 + 450.000{,}00}{250} = \$\ 34.800{,}00/\text{mil}$$

Como visto na apuração de custos por processo, o custo unitário de cada produto é formado pelo custo total do processo exclusivo, adicionado às parcelas de custos dos outros processos não exclusivos, dividido pela quantidade produzida. Pode ser adotada a solução da soma dos custos unitários do produto em cada um dos processos pelos quais o produto passou, mas essa sistemática só é válida quando toda a produção iniciada em cada um dos processos transforma-se em produto acabado, ou seja, não existe produção em processo (em andamento) no final do período.

Quadro 6.12 *Resumo de apuração.*

CUSTOS	"A"	"B"	"C"	TOTAL
Processo 1	10.000.000,00	7.500.000,00	5.000.000,00	22.500.000,00
Processo 2	7.000.000,00	5.000.000,00	3.250.000,00	15.250.000,00
Processo 3	900.000,00	675.000,00	450.000,00	2.025.000,00
Total	**17.900.000,00**	**13.175.000,00**	**8.700.000,00**	**39.775.000,00**
Unitário	17.900,00	26.350,00	34.800,00	–

Neste exercício, em que foi adotada a apuração de Custos por Processo, as contas de fabricação serão designadas por "Produção em Processo – 1", "Produção em Processo – 2A", "Produção em Processo – 2B", "Produção em Processo – 2C" e "Produção em Processo – 3".

Lançamentos Contábeis no Diário

1 – Produção em Processo – 1	22.500.000,00	
a Diversos		
a Matéria-prima Direta		5.000.000,00
a Mão de obra Direta		10.000.000,00
a Custos Indiretos de Fabricação		7.500.000,00
2 – Produção em Processo – 2A	7.000.000,00	
a Diversos		
a Matéria-prima Direta		1.000.000,00
a Mão de obra Direta		5.000.000,00
a Custos Indiretos de Fabricação		1.000.000,00
3 – Produção em Processo – 2B	5.000.000,00	
a Diversos		
a Matéria-prima Direta		750.000,00
a Mão de obra Direta		3.750.000,00
a Custos Indiretos de Fabricação		500.000,00
4 – Produção em Processo – 2C	3.250.000,00	
a Diversos		
a Matéria-prima Direta		500.000,00
a Mão de obra Direta		2.350.000,00
a Custos Indiretos de Fabricação		400.000,00
5 – Produção em Processo – 3	2.025.000,00	
a Diversos		
a Matéria-prima Direta		300.000,00
a Mão de obra Direta		1.200.000,00
a Custos Indiretos de Fabricação		525.000,00

6 – Produção em Processo – 2A	10.900.000,00	
a Diversos		
a Produção em Processo – 1		10.000.000,00
a Produção em Processo – 3		900.000,00
7 – Produção em Processo – 2B	8.175.000,00	
a Diversos		
a Produção em Processo – 1		7.500.000,00
a Produção em Processo – 3		675.000,00
8 – Produção em Processo – 2C	5.450.000,00	
a Diversos		
a Produção em Processo – 1		5.000.000,00
a Produção em Processo – 3		450.000,00

Os lançamentos de 1 a 5 são comuns, e os de 6 a 8 são as transferências de custos dos dois processos (1 e 3) que elaboram produtos diferentes para os processos 2A, 2B e 2C, que por sua vez elaboram produtos específicos. Agora, serão feitos os lançamentos que representam as transferências dos produtos acabados para o depósito. Toda a produção foi transferida, porque está-se admitindo a não existência de produção em processo no final do período.

9 – Produtos Acabados – "A" – Estoque	17.900.000,00	
a Produção em Processo – 2A		
1.000 unidades transferidas a $ 17.900,00/un.		17.900.000,00
10 – Produtos Acabados – "B" – Estoque	13.175.000,00	
a Produção em Processo – 2B		
500 unidades transferidas a $ 26.350,00/un.		13.175.000,00
11 – Produtos Acabados – "C" – Estoque	8.700.000,00	
a Produção em Processo – 2C		
250 unidades transferidas a $ 34.800,00/un.		8.700.000,00

Para completar o exercício, serão admitidas vendas, no final do período, de 1.000 unidades de "A" ao preço unitário de $ 25.000,00, de 400 unidades de "B" ao preço unitário de $ 40.000,00 e de 250 unidades de "C" ao preço unitário de $ 50.000,00. Os lançamentos serão efetuados até a apuração de resultado do período:

12 – Clientes 53.500.000,00
a Vendas 53.500.000,00
Pela efetivação das seguintes vendas:
1.000 unidades de "A" a $ 25.000,00/un. = 25.000.000,00
400 unidades de "B" a $ 40.000,00/un. = 16.000.000,00
250 unidades de "C" a $ 50.000,00/un. = 12.500.000,00

13 – Custos dos Produtos Vendidos 37.140.000,00
a Diversos
a Produtos Acabados – "A" – Estoque
Pela requisição de 1.000 unidades para venda 17.900.000,00
a Produtos Acabados – "B" – Estoque
Pela requisição de 400 unidades para venda 10.540.000,00
a Produtos Acabados – "C" – Estoque
Pela requisição de 250 unidades para venda 8.700.000,00

14 – Resultado do Período 37.140.000,00
a Custo dos Produtos Vendidos
Pela apuração do resultado do período 37.140.000,00

15 – Vendas 53.500.000,00
a Resultado do Período
Pela apuração do resultado do período 53.500.000,00

Lançamentos Contábeis no Razão

Matéria-prima Direta

	5.000.000,00 (1)
	1.000.000,00 (2)
	750.000,00 (3)
	500.000,00 (4)
	300.000,00 (5)
	7.550.000,00 *

Mão de obra Direta

	10.000.000,00 (1)
	5.000.000,00 (2)
	3.750.000,00 (3)
	2.350.000,00 (4)
	1.200.000,00 (5)
	22.300.000,00 *

Custos Indiretos de Fabricação

	7.500.000,00 (1)
	1.000.000,00 (2)
	500.000,00 (3)
	400.000,00 (4)
	525.000,00 (5)
	9.925.000,00 *

Produção em Processo – 1

(1) 22.500.000,00	10.000.000,00 (6)
	7.500.000,00 (7)
	5.000.000,00 (8)
ø	

* Os saldos credores das contas Matéria-prima Direta, Mão de obra Direta e Custos Indiretos de Fabricação são consequência da omissão dos lançamentos das operações ocorridas anteriormente (ver Capítulos 3, 4 e 5).

Produção em Processo – 2A

(2) 7.000.000,00	17.900.000,00 (9)
(6) 10.900.000,00	
ø	

Produção em Processo – 2B

(3) 5.000.000,00	13.175.000,00 (10)
(7) 8.175.000,00	
ø	

Produção em Processo – 2C

(4) 3.250.000,00	8.700.000,00 (11)
(8) 5.450.000,00	
ø	

Produção em Processo – 3

(5) 2.025.000,00	900.000,00 (6)
	675.000,00 (7)
	450.000,00 (8)
ø	

Produtos Acabados – A – Estoque

(9) 17.900.000,00	17.900.000,00 (13)
ø	

Produtos Acabados – B – Estoque

(10) 13.175.000,00	10.540.000,00 (13)
(16) 2.635.000,00	

Produtos Acabados – C – Estoque

(11) 8.700.000,00	8.700.000,00 (13)
ø	

Clientes

(12) 53.500.000,00	
53.500.000,00	

Vendas	
(15) 53.500.000,00	53.500.000,00 (12)
ø	

Custo dos Produtos Vendidos	
(13) 37.140.000,00	37.140.000,00 (14)
ø	

Resultado do Período	
(14) 37.140.000,00	53.500.000,00 (15)
	16.360.000,00

Foi considerado o início da produção neste período, razão por que todas as contas estão sem saldo inicial. As contas "Produtos Acabados – A – Estoques" e "Produtos Acabados – C – Estoques" terminaram o período com saldo zero, porque toda a quantidade produzida de cada um dos produtos foi vendida no período. O fluxograma dos lançamentos contábeis pode ser visualizado na Figura 6.7:

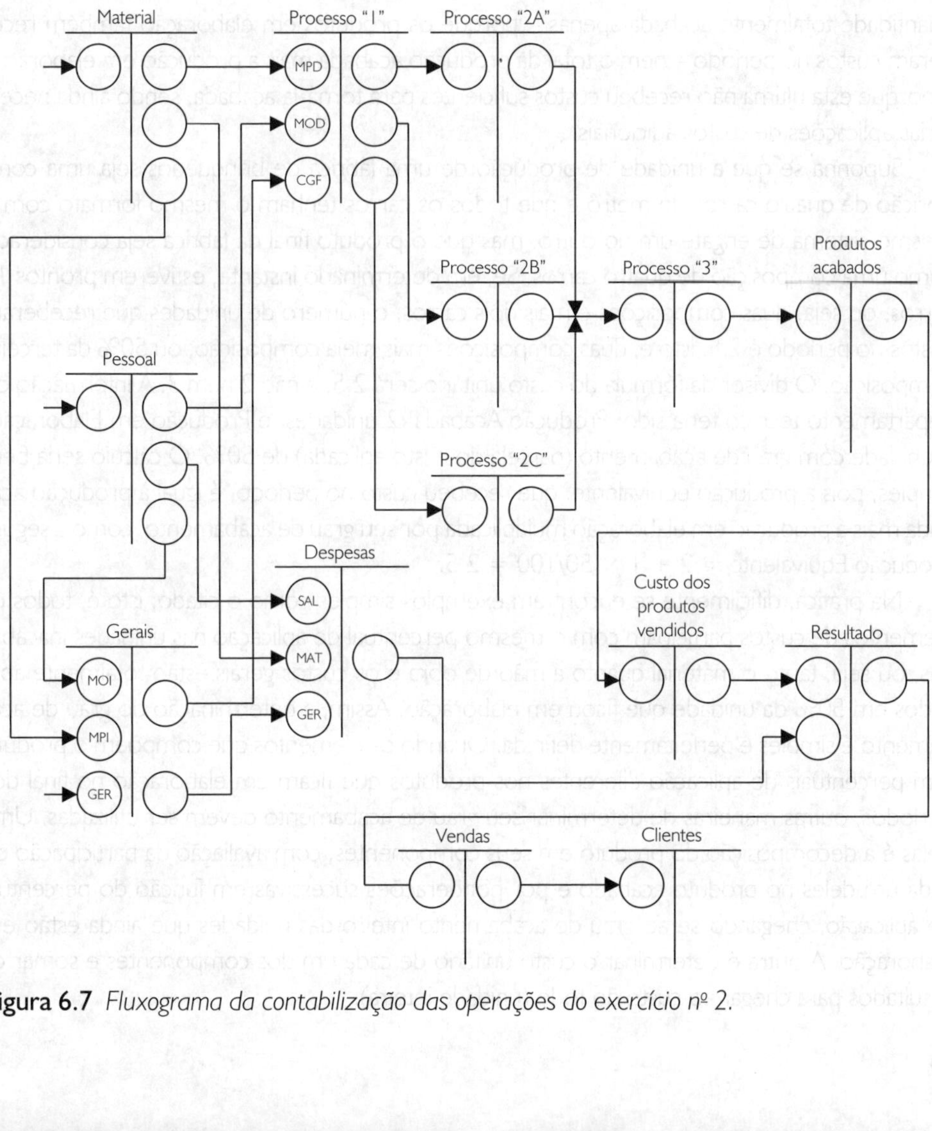

Figura 6.7 *Fluxograma da contabilização das operações do exercício nº 2.*

6.5 Produção equivalente

Até aqui foi examinada a determinação do custo unitário dos produtos que iniciam e terminam seu processo produtivo dentro de um período determinado. Isso dificilmente ocorre na prática; o que em geral se verifica é o término do período produtivo com alguns produtos em elaboração e o início do período seguinte também com produtos em elaboração. Serão vistos, então, os três outros casos que se podem apresentar: sem produção em elaboração inicial e com produção em elaboração final; com produção em elaboração inicial e com produção em elaboração final; e com produção em elaboração inicial e sem produção em elaboração final.

A fim de determinar a quantidade de unidades que receberam custo no período, calcula-se a quantidade equivalente de unidades prontas, com base no grau de acabamento das unidades em elaboração. Para tanto, necessita-se de parecer apresentado pelo departamento técnico, informando em que grau de acabamento encontram-se as unidades de produtos em elaboração, tendo em vista que o divisor da fórmula do custo unitário não pode ser nem a quantidade totalmente acabada apenas – porque os produtos em elaboração também receberam custos no período – nem o total da produção acabada mais a produção em elaboração – porque esta última não recebeu custos suficientes para torná-la acabada, sendo ainda necessárias aplicações de custos adicionais.

Suponha-se que a unidade de produção de uma fábrica de brinquedos seja uma composição de quatro carros de metrô e que todos os carros tenham o mesmo formato com o mesmo sistema de engate um no outro, mas que o produto final da fábrica seja considerado como uma composição de quatro carros. Se, em determinado instante, estiverem prontos 10 carros, ou seja, duas composições e mais dois carros, o número de unidades que receberam custos no período é 2,5, isto é, duas composições mais meia composição, ou 50% da terceira composição. O divisor da fórmula do custo unitário será 2,5, e não 2 nem 3. A informação do departamento técnico teria sido: Produção Acabada: 2 unidades; e Produção em Elaboração: 1 unidade com grau de acabamento (parcela do custo aplicada) de 50%. O cálculo seria bem simples, pois a produção equivalente, que recebeu custo no período, é igual à produção acabada mais a produção em elaboração multiplicada por seu grau de acabamento, como a seguir: Produção Equivalente $= 2 + 1 \times 50/100 = 2{,}5$.

Na prática, dificilmente se encontram exemplos simples como o citado, isto é, todos os elementos de custos participam com o mesmo percentual de aplicação nas unidades inacabadas, ou seja, tanto o material quanto a mão de obra e os custos gerais estão totalmente aplicados em 50% da unidade que ficou em elaboração. Assim, a determinação do grau de acabamento é simples e perfeitamente definida. Quando os elementos que compõem o produto têm percentuais de aplicação diferentes nos produtos que ficam em elaboração no final dos períodos, outras maneiras de determinar seu grau de acabamento devem ser utilizadas. Uma delas é a decomposição do produto em seus componentes, com avaliação da participação de cada um deles no produto acabado e por ponderações sucessivas em função do percentual de aplicação, chegando-se ao grau de acabamento inteiro das unidades que ainda estão em elaboração. A outra é determinar o custo unitário de cada um dos componentes e somar os resultados para chegar ao custo do todo (unidade inteira).

6.5.1 Exercício resolvido nº 3

Considerando os dados do Quadro 6.13 e que a produção teve início no primeiro período, determinar o custo unitário do produto, o custo total da produção acabada e em elaboração no final de cada período, e efetuar os lançamentos no Diário e no Razão.

Quadro 6.13 *Dados de custos e de produção.*

DADOS	PERÍODO		
	PRIMEIRO	SEGUNDO	TERCEIRO
1. Matéria-prima Direta	16.000.000,00	30.000.000,00	20.000.000,00
2. Mão de obra Direta	10.000.000,00	21.000.000,00	12.000.000,00
3. Custos Indiretos de Fabricação	4.210.000,00	9.240.000,00	4.150.000,00
4. Total dos Custos	**30.210.000,00**	**60.240.000,00**	**36.150.000,00**
5. Produção no Final			
5.1 Acabada	10.000 un.	18.000 un.	15.000 un.
5.2 Em Elaboração	2.000 un.	5.000 un.	–
5.2.1 Grau de Acabamento	30%	60%	–

Este é o exemplo mais simples, com os três elementos de custo aplicados na produção em elaboração com o mesmo percentual no período.

PRIMEIRO PERÍODO:

Produção Equivalente = 10.000 un. + 2.000 un. × 30/100

= 10.000 un. + 600 un. = 10.600 un.

$$Cm = \frac{30.210.000,00}{10.600} = \$\ 2.850,00/un$$

Custo total da produção acabada:

10.000 un. × $ 2.850,00/un. = $ 28.500.000,00

Custo total da produção em elaboração:

2.000 un. × 30/100 × $ 2.850,00/un. = $ 1.710.000,00

Lançamentos Contábeis no Diário

1.1 – Produtos em Elaboração 30.210.000,00
a Diversos
a Matéria-prima Direta 16.000.000,00
a Mão de obra Direta 10.000.000,00
a Custos Indiretos de Fabricação 4.210.000,00
Pela utilização dos recursos de produção

1.2 – Produtos Acabados – Estoques 28.500.000,00
a Produtos em Elaboração 28.500.000,00
Pela transferência de 10.000 unidades
elaboradas a $ 2.850,00/un.

SEGUNDO PERÍODO:

Produção Equivalente = 18.000 un. + 5.000 un. × 60/100
= 18.000 un. + 3.000 un. = 21.000 un.

Custo transferido do período anterior = $ 1.710.000,00
Custo aplicado no período $ 60.240.000,00
Custo total $ 61.950.000,00

$$Cm = \frac{61.950.000,00}{21.000} = \$\ 2.950,00/\text{un.}$$

Custo total da produção acabada:
18.000 un. × $ 2.950,00/un. = $ 53.100.000,00

Custo total da produção em elaboração:
5.000 un. × 60/100 × $ 2.950,00/un. = $ 8.850.000,00

Lançamentos Contábeis no Diário

2.1 – Produtos em Elaboração 60.240.000,00
a Diversos
a Matéria-prima Direta 30.000.000,00
a Mão de obra Direta 21.000.000,00

a Custos Indiretos de Fabricação 9.240.000,00

Pela utilização dos recursos de produção

2.2 – Produtos Acabados – Estoques 53.100.000,00

a Produtos em Elaboração 53.100.000,00

Pela transferência de 18.000 unidades elaboradas a $ 2.950,00/un.

TERCEIRO PERÍODO:

Produção Equivalente	=	15.000 un. + 0 = 15.000 un.
Custo transferido do período anterior	=	$ 8.850.000,00
Custo aplicado no período		$ 36.150.000,00
Custo total		$ 45.000.000,00

$$Cm = \frac{45.000.000,00}{15.000} = \$\ 3.000,00/\text{un.}$$

Custo total da produção acabada:

15.000 un. × $ 3.000,00/un. =
$ 45.000.000,00

Custo total da produção em elaboração:
ZERO

Lançamentos Contábeis no Diário

3.1 – Produtos em Elaboração 36.150.000,00

a Diversos

a Matéria-prima Direta 20.000.000,00

a Mão de obra Direta 12.000.000,00

a Custos Indiretos de Fabricação 4.150.000,00

Pela utilização dos recursos de produção

3.2 – Produtos Acabados – Estoques 45.000.000,00

a Produtos em Elaboração 45.000.000,00

Pela transferência de 15.000 unidades elaboradas a $ 3.000,00/un.

Lançamentos Contábeis no Razão

Matéria-prima Direta

Débito	Crédito
*	16.000.000,00 (1.1)
	30.000.000,00 (2.1)
	20.000.000,00 (3.1)
	66.000.000,00

Mão de obra Direta

Débito	Crédito
*	10.000.000,00 (1.1)
	21.000.000,00 (2.1)
	12.000.000,00 (3.1)
	43.000.000,00

Custos Indiretos de Fabricação

Débito	Crédito
*	4.210.000,00 (1.1)
	9.240.000,00 (2.1)
	4.150.000,00 (3.1)
	17.600.000,00

Produtos em Elaboração

Débito	Crédito
(1.1) 30.210.000,00	28.500.000,00 (1.2)
1.710.000,00	
(2.1) 60.240.000,00	53.100.000,00 (2.2)
8.850.000,00	
(3.1) 36.150.000,00	45.000.000,00 (3.2)
∅	

Produtos Acabados – Estoques

Débito	Crédito
(1.2) 28.500.000,00	
(2.2) 53.100.000,00	
(3.2) 45.000.000,00	
126.600.000,00	

* Ocorreram débitos prévios que suportaram esses créditos.

Esta solução foi obtida utilizando-se o método Médio também no estoque de produtos em elaboração, pois acumulou-se ao custo do período aquele aplicado sobre as unidades inacabadas do período anterior e dividiu-o pela quantidade acabada mais o equivalente das que ficaram em elaboração.

Pelos métodos Peps e Ueps, os resultados são diferentes, tendo em vista a segregação do custo unitário de cada período e a ordem (Primeiro ou Último) que deve ser considerada na movimentação dos estoques. Assim, a sistemática de cálculo deve ser alterada, ou seja, os custos de um período não devem ser transferidos para o seguinte, e as quantidades equivalentes devem ser subtraídas. Com isso, é necessário subdividir a produção em unidades que foram iniciadas e terminadas no período em apenas terminadas e em apenas iniciadas. As 10.000, 18.000 e 15.000 unidades acabadas deverão ser subdivididas conforme demonstrado no Quadro 6.14:

Quadro 6.14 *Detalhamento do acabamento da produção.*

MÉTODO	PRODUÇÃO	1º PERÍODO	2º PERÍODO	3º PERÍODO
Peps	Acabada do período anterior	–	2.000 × 70%	5.000 × 40%
	Acabada do período atual	10.000	16.000	10.000
	Acabada total	10.000	18.000	15.000
	Em elaboração – período anterior	–	(2.000 × 30%)	(5.000 × 60%)
	Em elaboração – período atual	2.000 × 30%	5.000 × 60%	–
	Equivalente	10.600	20.400	12.000
Ueps	Acabada do período atual	10.000	18.000	15.000
	Em elaboração – período anterior	–	2.000 × 30%	(5.000 × 30%/60%)
	Em elaboração – período atual	2.000 × 30%	3.000 × 60%	–
	Em elaboração – total	2.000 × 30%	5.000 × 30%/60%	–
	Equivalente	10.600	20.400	12.000

A solução pelo método Peps é:

PRIMEIRO PERÍODO:

Igual ao obtido pelo método Médio, ou seja:

Custo unitário (*Cm*) = $ 2.850,00/un.

Custo total da produção acabada (*CTPA*) = $ 28.500.000,00

Custo total da produção em elaboração (*CTPE*) = $ 1.710.000,00

Lançamentos Contábeis no Diário

1.1 – Produtos em Elaboração 30.210.000,00

a Diversos 30.210.000,00

1.2 – Produtos Acabados – Estoques 28.500.000,00

a Produtos em Elaboração 28.500.000,00

SEGUNDO PERÍODO:

Produção Equivalente = 2.000 un. × 70/100 + 16.000 un. + 5.000 un. × 60/100

= 1.400 un. + 16.000 un. + 3.000 un.

= 20.400 un.

$$Cm = \frac{60.240.000,00}{20.400} = 2.952,94/\text{un.}$$

Custo total da produção acabada

1º Período:	600 un. × $ 2.850,00/un.	=	$ 1.710.000,00
2º Período:	17.400 un. × $ 2.952,94/un.	=	$ 51.381.156,00
TOTAL		=	$ 53.091.156,00

Custo total da produção em elaboração

2º Período: 3.000 un. × $ 2.952,94/un. = $ 8.858.844,00 *

* Erro de arredondamento, apurado o saldo por diferença.

As mudanças nos lançamentos são apenas nos valores do item 2.2, que passam para 18.000 unidades, sendo 600 a $ 2.850,00/un. e 17.400 a $ 2.952,94/un., totalizando $ 53.091.156,00.

Lançamentos Contábeis no Diário

2.1 – Produtos em Elaboração	60.240.000,00	
a Diversos		60.240.000,00
2.2 – Produtos Acabados – Estoques	53.091.156,00	
a Produtos em Elaboração		53.091.156,00

TERCEIRO PERÍODO:

Produção Equivalente = 5.000 un. × 40/100 + 10.000 un. + ø

= 2.000 un. + 10.000 un. = 12.000 un.

$$Cm = \frac{36.150.000,00}{12.000} = \$ \, 3.012,50/\text{un.}$$

Custo total da produção acabada

2º Período:	3.000 un. × $ 2.952,94/un.	=	$ 8.858.844,00 *
3º Período:	12.000 un. × $ 3.012,50/un.	=	$ 36.150.000,00
TOTAL		=	$ 45.008.844,00

* Erro de arredondamento, apurado o saldo por diferença.

Custo total da produção em elaboração: ZERO

Lançamentos Contábeis no Diário

3.1 – Produtos em Elaboração 36.150.000,00

a Diversos 36.150.000,00

3.2 – Produtos Acabados – Estoques 45.008.844,00

a Produtos em Elaboração 45.008.844,00

Com relação aos lançamentos contábeis no Razão, as alterações ocorrerão nos itens 2.2 e 3.2 das contas Produtos em Elaboração e Produtos Acabados – Estoques, respectivamente, cujos valores estarão subdivididos, e o estoque de produtos, composto como demonstrado a seguir:

1º Período				
10.000 un.	×	$ 2.850,00/un.	=	$ 28.500.000,00
2º Período				
600 un.	×	$ 2.850,00/un.	=	$ 1.710.000,00
2º Período				
17.400 un.	×	$ 2.952,94/un.	=	$ 51.381.156,00
3º Período				
3.000 un.	×	$ 2.952,94/un.	=	$ 8.858.844,00
3º Período				
12.000 un.	×	$ 3.012,50/un.	=	$ 36.150.000,00
43.000 un.				$ 126.600.000,00

Lançamentos Contábeis no Razão

Produtos em Elaboração

Débito	Crédito
(1.1) 30.210.000,00	28.500.000,00 (1.2)
1.710.000,00	
60.240.000,00	
	1.710.000,00 (2.2)
	51.381.156,00 (2.2)
(3.2) 8.858.844,00	8.858.844,00 (3.2)
(3.1) 36.150.000,00	36.150.000,00 (3.2)
ø	

Produtos Acabados – Estoques

Débito	Crédito
(1.2) 28.500.000,00	
(2.2) 1.710.000,00	
(2.2) 51.381.156,00	
(3.2) 8.858.844,00	
(3.2) 36.150.000,00	
126.600.000,00	

A solução pelo método Ueps é:

PRIMEIRO PERÍODO:

Resultados iguais aos obtidos pelos dois métodos utilizados anteriormente. Ver resumos dos números transcritos na solução pelo método Peps.

SEGUNDO PERÍODO:

Produção Equivalente = 18.000 un. + 2.000 un. × 30/100 + 3.000 un. × 60/100
= 18.000 un. + 600 un. + 1.800 un.
= 20.400 un.

$$Cm = \frac{60.240.000{,}00}{20.400} = \$\ 2.952{,}94/\text{un.}$$

Custo total da produção acabada

2º Período: 18.000 un. × $ 2.952,94/un. = $ 53.152.920,00

Custo total da produção em elaboração

1º Período:	600 un. × $ 2.850,00/un.	=	$ 1.710.000,00	
1º/2º Período:	600 un. × $ 2.952,94/un.	=	$ 1.771.770,00	*
2º Período:	1.800 un. × $ 2.952,94/un.	=	$ 5.315.310,00	*
TOTAL	3.000 un.	=	$ 8.797.080,00	

* Erro de arredondamento, apurado o saldo por diferença.

Como na solução pelo método Peps, as mudanças ocorrerão nos valores do mesmo lançamento, que passará para 18.000 unidades, totalizando $ 53.152.920,00.

Lançamentos Contábeis no Diário

2.1 – Produtos em Elaboração	60.240.000,00	
a Diversos		60.240.000,00
2.2 – Produtos Acabados – Estoques	53.152.920,00	
a Produtos em Elaboração		53.152.920,00

TERCEIRO PERÍODO:

Produção Equivalente = 15.000 un. – (2.000 un. × 30/100 + 2.000 un. × 30/100 + 3.000 un. × 60/100)
= 15.000 un. – 5.000 un. × 60/100

= 15.000 un. – 3.000 un. = 12.000 un.

$$Cm = \frac{36.120.000,00}{12.000} = \$\,3.012,50/\text{un.}$$

Custo total da produção acabada

3º Período:	12.000 un. × $ 3.012,50/un.	=	$ 36.150.000,00
2º Período:	1.800 un. × $ 2.952,94/un.	=	$ 5.315.310,00 *
2º/1º Período:	600 un. × $ 2.952,94/un.	=	$ 1.771.770,00 *
1º Período:	600 un. × $ 2.850,00/un.	=	$ 1.710.000,00
TOTAL	15.000 un.	=	$ 44.947.080,00

As mudanças nos lançamentos contábeis são as mesmas anteriormente referidas, ficando inicialmente com 12.000 unidades a $ 3.012,50/un., 2.400 unidades a $ 2.952,94/un. e, por último, 600 unidades a $ 2.850,00/un. Valem todas as observações feitas no uso do método Peps para os lançamentos no Razão e na composição do estoque, com os seguintes valores:

Composição do estoque de produtos acabados:

1º Período:	10.000 un. × $ 2.850,00/un.	=	$ 28.500.000,00
2º Período:	18.000 un. × $ 2.952,94/un.	=	$ 53.152.920,00
3º Período:	12.000 un. × $ 3.012,50/un.	=	$ 36.150.000,00
3º Período:	2.400 un. × $ 2.952,94/un.	=	$ 7.087.080,00
3º Período:	600 un. × $ 2.850,00/un.		$ 1.710.000,00
TOTAL	43.000 un.	=	$ 126.600.000,00

Lançamentos Contábeis no Razão de Estoques

Produtos em Elaboração

Débito	Crédito
(1.1) 30.210.000,00	28.500.000,00 (1.2)
1.710.000,00	
(2.1) 60.240.000,00	53.152.920,00 (2.2)
(3.2) 8.797.080,00	
(3.1) 36.150.000,00	44.947.080,00 (2.2)
Ø	

Produtos Acabados – Estoques

Débito	Crédito
(1.2) 28.500.000,00	
(2.2) 53.152.920,00	
81.652.920,00	
(3.2) 36.150.000,00	
(3.2) 7.087.080,00	
(3.2) 1.710.000,00	
126.600.000,00	

Verificou-se que, como não houve venda nos três períodos e no final do terceiro período não havia produtos em elaboração, o valor do saldo da conta Produtos Acabados é igual à soma das aplicações nos três períodos, totalizando $ 126.600.000,00 por qualquer dos três métodos. Se houvesse venda de produtos em algum dos períodos ou em todos eles, sem esgotar o estoque, seria obtido valor diferente no saldo das contas Produtos Acabados e Resultado do Período.

Assim, será verificado como ficará o resultado com vendas de 8.000, 19.000 e 15.500 unidades no final de cada período, respectivamente, ao preço unitário de $ 4.000,00. Está-se considerando o valor da matéria-prima direta aplicada como sendo o mesmo por qualquer dos sistemas de valoração de material (Peps, Ueps ou Médio). Na verdade, os valores totais por um dos métodos não serão os mesmos obtidos pelo outro se existirem unidades em estoque a valores unitários diferentes.

1º) PELO MÉTODO MÉDIO

PRIMEIRO PERÍODO:

Cálculos

Produtos acabados no período

(10.000 unidades × $ 2.850,00/un.)	28.500.000,00
– Custo dos produtos vendidos	
(8.000 unidades × $ 2.850,00/un.)	22.800.000,00
= Saldo final de produtos acabados	
(2.000 unidades × $ 2.850,00/un.)	5.700.000,00

Venda

(8.000 unidades × $ 4.000,00/un.)	32.000.000,00
– Custo dos produtos vendidos	22.800.000,00
= Resultado do período	
(8.000 unidades × $ 1.150,00/un.)	9.200.000,00

Lançamentos Contábeis no Diário

1.1 – Custo dos Produtos Vendidos	22.800.000,00	
a Produtos Acabados – Estoques		22.800.000,00
Pela requisição de 8.000 unidades a $ 2.850,00/un. para venda		
1.2 – Clientes	32.000.000,00	
a Vendas		32.000.000,00
Pela venda de 8.000 unidades a $ 4.000,00/un.		

1.3 – Vendas 32.000.000,00
a Resultado do Período 32.000.000,00
Pela apuração de resultado no período

1.4 – Resultado do Período 22.800.000,00
a Custo dos Produtos Vendidos 22.800.000,00
Pela apuração de resultado no período

SEGUNDO PERÍODO:

Cálculos

Saldo inicial de produtos acabados
(2.000 unidades × $ 2.850,00/un.) 5.700.000,00
\+ Produtos acabados no período
(18.000 unidades × $ 2.950,00/un.) 53.100.000,00
= Total de produtos acabados
(20.000 unidades × $ 2.940,00/un.)* 58.800.000,00
– Custo dos produtos vendidos
(19.000 unidades × $ 2.940,00/un.) 55.860.000,00
= Saldo final de produtos acabados
(1.000 unidades × $ 2.940,00/un.) 2.940.000,00

Venda
(19.000 unidades × $ 4.000,00/un.) 76.000.000,00
– Custo dos produtos vendidos 55.860.000,00
= Resultado do período
(19.000 unidades × $ 1.060,00/un.) 20.140.000,00
\+ Resultado do período anterior 9.200.000,00
= Resultado acumulado no período 29.340.000,00

* Valor médio obtido pela divisão de $ 58.800,00 por 20.000 unidades.

Lançamentos Contábeis no Diário

2.1 – Custo dos Produtos Vendidos 55.860.000,00
a Produtos Acabados – Estoques 55.860.000,00
Pela requisição de 19.000 unidades a $ 2.940,00/un. para venda

2.2 – Clientes	76.000.000,00	
a Vendas		76.000.000,00
Pela venda de 19.000 unidades a $ 4.000,00/un.		

2.3 – Vendas	76.000.000,00	
a Resultado do Período		76.000.000,00
Pela apuração de resultado no período		

2.4 – Resultado do Período	55.860.000,00	
a Custo dos Produtos Vendidos		55.860.000,00
Pela apuração de resultado no período		

TERCEIRO PERÍODO:

Cálculos

Saldo inicial de produtos acabados	
(1.000 unidades × $ 2.940,00/un.)	2.940.000,00
+ Produtos acabados no período	
(15.000 unidades × $ 3.000,00/un.)	45.000.000,00
= Total de produtos acabados	
(16.000 unidades × $ 2.996,25/un.)*	47.940.000,00
– Custo dos produtos vendidos	
(15.500 unidades × $ 2.996,25/un.)	46.441.875,00
= Saldo final de produtos acabados	
(500 unidades × $ 2.996,25/un.)	1.498.125,00
Venda	
(15.500 unidades × $ 4.000,00/un.)	62.000.000,00
– Custo dos produtos vendidos	46.441.875,00
= Resultado do período	
(15.500 unidades × $ 1.003,75/un.)	15.558.125,00
+ Resultado do período anterior	29.340.000,00
= Resultado acumulado no período	44.898.125,00

* Valor médio obtido pela divisão de $ 47.940.000,00 por 16.000 unidades.

Lançamentos Contábeis no Diário

3.1 – Custo dos Produtos Vendidos 46.441.875,00

a Produtos Acabados – Estoques 46.441.875,00

Pela requisição de 15.500 unidades a $ 2.996,25/un. para venda

3.2 – Clientes 62.000.000,00

a Vendas 62.000.000,00

Pela venda de 15.500 unidades a $ 4.000,00/un.

3.3 – Vendas 62.000.000,00

a Resultado do Período 62.000.000,00

Pela apuração de resultado no período

3.4 – Resultado do Período 46.441.875,00

a Custo dos Produtos Vendidos 46.441.875,00

Pela apuração de resultado no período

Lançamentos Contábeis no Razão

Produtos Acabados – Estoques

Débito	Crédito
* 28.500.000,00	22.800.000,00 (1.1)
5.700.000,00 * 53.100.000,00	55.860.000,00 (2.1)
2.940.000,00	46.441.875,00 (3.1)
* 45.000.000,00	
1.498.125,00	

Clientes

Débito	Crédito
(1.2) 32.000.000,00 (2.2) 76.000.000,00	
108.000.000,00 (3.2) 62.000.000,00	
170.000.000,00	

Custo dos Produtos Vendidos

Débito	Crédito
(1.1) 22.800.000,00	22.800.000,00 (1.4)
(2.2) 55.860.000,00	55.860.000,00 (2.4)
(3.1) 46.441.875,00	46.441.875,00 (3.4)
ø	

Vendas

Débito	Crédito
(1.3) 32.000.000,00	32.000.000,00 (1.2)
(2.3) 76.000.000,00	76.000.000,00 (2.2)
(3.3) 62.000.000,00	62.000.000,00 (3.2)
ø	

* Saldo das operações lançadas na primeira parte do exercício.

Resultado do Período

Débito	Crédito
(1.4) 22.800.000,00	32.000.000,00
(2.4) 55.860.000,00	9.200.000,00
	76.000.000,00 (2.3)
(3.4) 46.441.875,00	29.340.000,00
	62.000.000,00 (3.3)
	44.898.125,00

2º) PELO MÉTODO PEPS

PRIMEIRO PERÍODO:

Igual ao primeiro período pelo método Médio, incluindo cálculos e lançamentos, porque não existe estoque inicial de produtos acabados nesse período. Assim, como o valor unitário do estoque é o mesmo, qualquer que seja o método de valoração aplicado, os resultados são iguais.

SEGUNDO PERÍODO:

Cálculos

Saldo inicial de produtos acabados		
(2.000 unidades × $ 2.850,00/un.)		5.700.000,00
+ Produtos acabados no período		
(600 unidades × $ 2.850,00/un.)	1.710.000,00	
(17.400 unidades × $ 2.952,94/un.)	51.381.156,00	53.091.156,00
= Total de produtos acabados		58.791.156,00
– Custo dos produtos vendidos		
(2.600 unidades × $ 2.850,00/un.)	7.410.000,00	
(16.400 unidades × $ 2.952,94/un.)	48.428.216,00	55.838.216,00
= Saldo final de produtos acabados		
(1.000 unidades × $ 2.952,94/un.)		2.952.940,00

Venda

(19.000 unidades × $ 4.000,00/un.)		76.000.000,00
– Custo dos produtos vendidos		55.838.216,00
= Resultado do período		
(2.600 unidades × $ 1.150,00/un.)	2.990.000,00	
(16.400 unidades × $ 1.047,06/un.)	17.171.784,00	20.161.784,00

+ Resultado do período anterior	9.200.000,00
= Resultado acumulado no período	29.361.784,00

Lançamentos Contábeis no Diário

2.1 – Custo dos Produtos Vendidos	55.838.216,00	
a Produtos Acabados – Estoques		55.838.216,00

Pela requisição de 19.000 unidades para venda, sendo 2.600 a $ 2.850,00/un. e 16.400 a $ 2.952,94/un.

2.2 – Clientes	76.000.000,00	
a Vendas		76.000.000,00

Pela venda de 19.000 unidades a $ 4.000,00/un.

2.3 – Vendas	76.000.000,00	
a Resultado do Período		76.000.000,00

Pela apuração de resultado no período

2.4 – Resultado do Período	55.838.216,00	
a Custo dos Produtos Vendidos		55.838.216,00

Pela apuração de resultado no período

TERCEIRO PERÍODO:

Cálculos

Saldo inicial de produtos acabados		
(1.000 unidades × $ 2.952,94/un.)		2.952.940,00
+ Produtos acabados no período		
(3.000 unidades × $ 2.952,94/un.)	8.858.844,00*	
(12.000 unidades × $ 3.012,50/un.)	36.150.000,00	45.008.844,00
= Total de produtos acabados		47.961.784,00
– Custo dos produtos vendidos		
(4.000 unidades × $ 2.952,94/un.)	11.811.784,00*	
(11.500 unidades × $ 3.012,50/un.)	34.643.750,00	46.455.534,00
= Saldo final de produtos acabados		
(500 unidades × $ 3.012,50/un.)		1.506.250,00
Venda		
(15.500 unidades × $ 4.000,00/un.)		62.000.000,00

* Saldo apurado por diferença.

– Custo dos produtos vendidos		46.455.534,00
= Resultado do período		
(4.000 unidades × $ 1.047,06/un.)	4.188.216,00	
(11.500 unidades × $ 987,50/un.)	11.356.250,00	15.544.466,00
+ Resultado acumulado no período anterior		29.361.784,00
= Resultado acumulado no período		44.906.250,00

Lançamentos Contábeis no Diário

3.1 – Custo dos Produtos Vendidos	46.455.534,00	
a Produtos Acabados – Estoques		46.455.534,00

Pela requisição de 15.500 unidades para venda, sendo 4.000 a $ 2.952,94/un. e 11.500 a $ 3.012,50/un.

3.2 – Clientes	62.000.000,00	
a Vendas		62.000.000,00

Pela venda de 15.500 unidades a $ 4.000,00/un.

3.3 – Vendas	62.000.000,00	
a Resultado do Período		62.000.000,00

Pela apuração de resultado no período

3.4 – Resultado do Período	46.455.534,00	
a Custo dos Produtos Vendidos		46.455.534,00

Pela apuração de resultado no período

Lançamentos Contábeis no Razão

Produtos Acabados – Estoques

Débito	Crédito
* 28.500.000,00	22.800.000,00 (1.1)
5.700.000,00	5.700.000,00 (2.1)
1.710.000,00	1.710.000,00 (2.1)
* 51.381.156,00	48.428.216,00 (2.1)
2.952.940,00	2.952.940,00 (3.1)
* 8.858.844,00	8.858.844,00 (3.1)
* 36.150.000,00	34.643.750,00 (3.1)
1.506.250,00	

Clientes

Débito	Crédito
(1.2) 32.000.000,00	
(2.2) 76.000.000,00	
108.000.000,00	
(3.2) 62.000.000,00	
170.000.000,00	

Nota: Não foram considerados os lançamentos de impostos.

* Saldo das operações lançadas na primeira parte do exercício.

Vendas

Débito	Crédito
(1.3) 32.000.000,00	32.000.000,00 (1.2)
(2.3) 76.000.000,00	76.000.000,00 (2.2)
(3.3) 62.000.000,00	62.000.000,00 (3.2)
	ø

Custo dos Produtos Vendidos

Débito	Crédito
(1.1) 22.800.000,00	22.800.000,00 (1.4)
(2.1) 55.838.216,00	55.838.216,00 (2.4)
(3.1) 46.455.534,00	46.455.534,00 (3.4)
	ø

Resultado do Período

Débito	Crédito
(1.4) 22.800.000,00 (2.4) 55.838.216,00	32.000.000,00 (1.3) 9.200.000,00 76.000.000,00 (2.3)
(3.4) 46.455.534,00	29.361.784,00 62.000.000,00 (3.3)
	44.906.250,00

3º) PELO MÉTODO UEPS

PRIMEIRO PERÍODO:

Igual ao primeiro período pelo método Médio, incluindo cálculos e lançamentos, conforme explanação feita quando da resolução pelo método Peps.

SEGUNDO PERÍODO:

Cálculos

Saldo inicial de produtos acabados

(2.000 unidades × $ 2.850,00/un.)		5.700.000,00
+ Produtos acabados no período		
(18.000 unidades × $ 2.952,94/un.)		53.152.920,00
= Total de produtos acabados		58.852.920,00
– Custo dos produtos vendidos		
(18.000 unidades × $ 2.952,94/un.)	53.152.920,00	
(1.000 unidades × $ 2.850,00/un.)	2.850.000,00	56.002.920,00
= Saldo final de produtos acabados		
(1.000 unidades × $ 2.850,00/un.)		2.850.000,00

Venda

(19.000 unidades × $ 4.000,00/un.)	76.000.000,00
– Custo dos produtos vendidos	56.002.920,00
= Resultado do período	

(18.000 unidades × $ 1.047,06/un.)	18.847.080,00	
(1.000 unidades × $ 1.150,00/un.)	1.150.000,00	19.997.080,00
+ Resultado do período anterior*		9.200.000,00
= Resultado acumulado no período		29.197.080,00

* Saldos das operações lançadas na primeira parte do exercício.

Lançamentos Contábeis no Diário

2.1 – Custo dos Produtos Vendidos	56.002.920,00	
a Produtos Acabados – Estoques		56.002.920,00
Pela requisição de 19.000 unidades para venda, sendo 18.000 a $ 2.952,94/un. e 1.000 a $ 2.850,00/un.		
2.2 – Clientes	76.000.000,00	
a Vendas		76.000.000,00
Pela venda de 19.000 unidades a $ 4.000,00/un.		
2.3 – Vendas	76.000.000,00	
a Resultado do Período		76.000.000,00
Pela apuração de resultado no período		
2.4 – Resultado do Período	56.002.920,00	
a Custo dos Produtos Vendidos		56.002.920,00
Pela apuração de resultado no período		

TERCEIRO PERÍODO:

Cálculos

Saldo inicial de produtos acabados		
(1.000 unidades × $ 2.850,00/un.)		2.850.000,00
+ Produtos acabados no período		
(12.000 unidades × $ 3.012,50/un.)	36.150.000,00	
(1.800 unidades × $ 2.952,94/un.)	5.315.310,00	
(600 unidades × $ 2.952,94/un.)	1.771.770,00	
(600 unidades × $ 2.850,00/un.)	1.710.000,00	44.947.080,00
= Total de produtos acabados		47.797.080,00

– Custo dos produtos vendidos		
(600 unidades × $ 2.850,00/un.)	1.710.000,00	
(2.400 unidades × $ 2.952,94/un.)	7.087.080,00*	
(12.000 unidades × $ 3.012,50/un.)	36.150.000,00	
(500 unidades × $ 2.850,00/un.)	1.425.000,00	46.372.080,00
= Saldo final de produtos acabados		
(500 unidades × $ 2.850,00/un.)		1.425.000,00
Venda		
(15.500 unidades × $ 4.000,00/un.)		62.000.000,00
– Custo dos produtos vendidos		46.372.080,00
= Resultado do período		
(600 unidades × $ 1.150,00/un.)	690.000,00	
(2.400 unidades × $ 1.047,06/un.)	2.512.920,00*	
(12.000 unidades × $ 987,50/un.)	11.850.000,00	
(500 unidades × $ 1.150,00/un.)	575.000,00	15.627.920,00
+ Resultado acumulado no período anterior		29.197.080,00
= Resultado acumulado no período		44.825.000,00

* Erro de arredondamento, apurado o saldo por diferença.

Lançamentos Contábeis no Diário

3.1 – Custo dos Produtos Vendidos	46.372.080,00	
a Produtos Acabados – Estoques		46.372.080,00

Pela requisição de 15.500 unidades para venda, sendo 600 a $ 2.850,00/un., 2.400 a $ 2.952,94/un., 12.000 a $ 3.012,50/un. e 500 a $ 2.850,00/un.

3.2 – Clientes	62.000.000,00	
a Vendas		62.000.000,00

Pela venda de 15.500 unidades a $ 4.000,00/un.

3.3 – Vendas	62.000.000,00	
a Resultado do Período		62.000.000,00

Pela apuração de resultado no período

3.4 – Resultado do Período	46.372.080,00	
a Custo dos Produtos Vendidos		46.372.080,00

Pela apuração de resultado no período

Lançamentos Contábeis no Razão

Produtos Acabados – Estoques

Débito	Crédito
* 28.500.000,00	22.800.000,00 (1.1)
5.700.000,00	
* 53.152.920,00	53.152.920,00 (2.1)
	2.850.000,00 (2.1)
2.850.000,00	1.710.000,00 (3.1)
* 36.150.000,00	7.087.080,00 (3.1)
* 7.087.080,00	36.150.000,00 (3.1)
* 1.710.000,00	1.425.000,00 (3.1)
1.425.000,00	

Clientes

Débito	Crédito
(1.2) 32.000.000,00	
(2.2) 76.000.000,00	
108.000.000,00	
(3.2) 62.000.000,00	
170.000.000,00	

Vendas

Débito	Crédito
(1.3) 32.000.000,00	32.000.000,00 (1.2)
(2.3) 76.000.000,00	76.000.000,00 (2.2)
(3.3) 62.000.000,00	62.000.000,00 (3.2)
ø	

Custo dos Produtos Vendidos

Débito	Crédito
(1.1) 22.800.000,00	22.800.000,00 (1.4)
(2.1) 56.002.920,00	56.002.920,00 (2.4)
(3.1) 46.372.080,00	46.372.080,00 (3.4)
ø	

Resultado do Período

Débito	Crédito
(1.4) 22.800.000,00	32.000.000,00 (1.3)
(2.4) 56.002.920,00	9.200.000,00
	76.000.000,00 (2.3)
(3.4) 46.372.080,00	29.197.080,00
	62.000.000,00 (3.3)
	44.825.000,00

* Saldo das operações lançadas na primeira parte do exercício.

6.5.2 Exercício resolvido nº 4

A indústria Alfa fabrica os produtos "C", "D" e "E" passando pelos processos 1, 2, 3 e 4. O processo 1 consome a matéria-prima "X" e elabora o produto semielaborado "A"; o processo 2 consome a matéria-prima "Y" e elabora o produto semielaborado "B"; o processo 3 não consome matéria-prima; só dá acabamento ao produto semielaborado no processo 1, transformando-o nos produtos acabados "C" e "D", que têm tamanho e forma equivalentes; e o processo 4 consome a matéria-prima "Z", que é incorporada ao semielaborado "B", transformando-o no produto acabado "E".

Nos processos 1 e 2, a produção foi considerada acabada, sem produto em processamento; no processo 3, a produção em elaboração estava com 50% de acabamento; e no processo 4, com 40% de acabamento.

Determinar o custo unitário de cada um dos produtos, considerando que nos processos 3 e 4 os custos foram transferidos dos outros dois e alocados conforme o Quadro 6.15:

Quadro 6.15 *Alocação de custos.*

ITEM	PROCESSO			
	1	2	3	4
Matéria-prima Direta	13.800.000,00	13.700.000,00	–	12.240.000,00
Mão de obra Direta	18.000.000,00	16.000.000,00	22.000.000,00	15.000.000,00
Custos Indiretos de Fabricação	17.600.000,00	18.000.000,00	20.000.000,00	12.000.000,00
Custo Total	**49.400.000,00**	**47.700.000,00**	**42.000.000,00**	**39.240.000,00**
Produção Acabada "A"	10.000	–	–	–
Produção Acabada "B"	–	6.000	–	–
Produção Acabada "C"	–	–	4.000	–
Produção Acabada "D"	–	–	2.000	–
Produção Acabada "E"	–	–	–	5.000
Produção em Elaboração	–	–	4.000	1.000
Grau de Acabamento			50%	40%

Custo unitário do processo 1 = Custo total do processo ÷ Quantidade produzida

$$Cm = \frac{49.400.000,00}{10.000} = \$\ 4.940,00/\text{un.}$$

Custo unitário do processo 2 = Custo total do processo ÷ Quantidade produzida

$$Cm = \frac{47.700.000,00}{6.000} = \$\ 7.950,00/\text{un.}$$

O custo total do processo 1 foi transferido para o processo 3. Caso não se desejasse saber o custo unitário daquele processo, mas o custo unitário dos produtos finais, não haveria necessidade de calcular o custo unitário do processo 1, já que ele não fabrica produto final e toda a sua produção foi transferida para o processo 3. Entretanto, como poderia haver produção em elaboração no final do período ou transferência de apenas parte das unidades para outro processo, a solução seguirá uma sistemática que satisfaz a ambas as condições.

Custo do processo 1 transferido para o processo 3 =
Quantidade transferida × Custo unitário

$$CTr\ 1 \Rightarrow 3 = 10.000 \times \$\ 4.940{,}00/\text{un.} = \$\ 49.400.000{,}00$$

Custo unitário do processo 3 =
(Custo total do processo + Custo transferido do processo 1) ÷ Quantidade equivalente

$$\text{Produção Equivalente} = 6.000\ \text{un.} + 4.000\ \text{un.} \times 50/100 = 6.000\ \text{un.} + 2.000\ \text{un.} = 8.000\ \text{un.}$$

$$Cm3 = \frac{(49.400.000{,}00 + 47.700.000{,}00)}{8.000} = 11.425{,}00/\text{un.}$$

Como desse processo saem os produtos finais "C" e "D" e eles têm tamanho e forma equivalentes, o custo unitário nesse processo é o custo unitário dos produtos.

PRODUTO "C"

$$\text{Custo da produção acabada} = 4.000\ \text{un.} \times \$\ 11.425{,}00/\text{un.} = \$\ 45.700.000{,}00$$

PRODUTO "D"

$$\text{Custo da produção acabada} = 2.000\ \text{un.} \times \$\ 11.425{,}00/\text{un.} = \$\ 22.850.000{,}00$$

Produção em elaboração

$$\text{Custo} = \$\ 11.425{,}00/\text{un.} \times 4.000\ \text{un.} \times 50/100 = \$\ 11.425{,}00/\text{un.} \times 2.000\ \text{un.} = \$\ 22.850.000{,}00$$

Os comentários anteriores servem para o processo 2 em relação ao processo 4, pelas mesmas razões. Portanto, será adotado o mesmo procedimento.

Custo do processo 2 transferido para o processo 4 =
Quantidade transferida × Custo unitário

$$CTr\ 2 \Rightarrow 4 = 6.000\ \text{un.} \times \$\ 7.950{,}00/\text{un.} = \$\ 47.700.000{,}00$$

Custo unitário do processo 4 =
(Custo total do processo + Custo transferido do processo 2) ÷ Quantidade equivalente

Produção Equivalente = 5.000 un. + 1.000 un. × 40/100

= 5.000 un. + 400 un. = 5.400 un.

$$Cm4 = \frac{(39.240.000,00 + 47.700.000,00)}{5.400} = 16.100,00/\text{un.}$$

Como desse processo sai o produto final "E", este também é seu custo unitário.

PRODUTO "E"

Custo da produção acabada = 5.000 un. × $ 16.100,00/un.

= $ 80.500.000,00

Produção em elaboração

Custo = $ 16.100,00/un. × 1.000 un. × 40/100

= $ 16.100,00/un. × 400 un. = $ 6.440.000,00

Lançamentos Contábeis no Diário

1 – Produção em Processo – 1	49.400.000,00	
a Diversos		
a Matéria-prima Direta		13.800.000,00
a Mão de obra Direta		18.000.000,00
a Custos Indiretos de Fabricação		17.600.000,00
2 – Produção em Processo – 2	47.700.000,00	
a Diversos		
a Matéria-prima Direta		13.700.000,00
a Mão de obra Direta		16.000.000,00
a Custos Indiretos de Fabricação		18.000.000,00
3 – Produção em Processo – 3	42.000.000,00	
a Diversos		
a Mão de obra Direta		22.000.000,00
a Custos Indiretos de Fabricação		20.000.000,00

	Débito	Crédito
4 – Produção em Processo – 4	39.240.000,00	
a Diversos		
a Matéria-prima Direta		12.240.000,00
a Mão de obra Direta		15.000.000,00
a Custos Indiretos de Fabricação		12.000.000,00
5 – Produção em Processo – 3	49.400.000,00	
a Produção em Processo – 1		49.400.000,00
6 – Produção em Processo – 4	47.700.000,00	
a Produção em Processo – 2		47.700.000,00
7 – Diversos		
a Produção em Processo – 3		68.550.000,00
Produtos Acabados "C" – Estoque	45.700.000,00	
Produtos Acabados "D" – Estoque	22.850.000,00	
8 – Produtos Acabados "E" – Estoque	80.500.000,00	
a Produção em Processo – 4		80.500.000,00

Lançamentos Contábeis no Razão

Matéria-prima Direta

Débito	Crédito
*	13.800.000,00 (1)
	13.700.000,00 (2)
	12.240.000,00 (4)
	39.740.000,00

Mão de obra Direta

Débito	Crédito
*	18.000.000,00 (1)
	16.000.000,00 (2)
	22.000.000,00 (3)
	15.000.000,00 (4)
	71.000.000,00

Custos Indiretos de Fabricação

Débito	Crédito
*	17.600.000,00 (1)
	18.000.000,00 (2)
	20.000.000,00 (3)
	12.000.000,00 (4)
	67.600.000,00

Produção em Processo "1"

Débito	Crédito
(1) 49.400.000,00	49.400.000,00 (5)
	Ø

* Ocorreram débitos prévios que suportaram esses créditos.

Produção em Processo "2"

Débito	Crédito
(7) 47.700.000,00	47.700.000,00 (6)
Ø	

Produção em Processo "3"

Débito	Crédito
(3) 42.000.000,00	68.550.000,00 (7)
(5) 49.400.000,00	
22.850.000,00	

Produção em Processo "4"

Débito	Crédito
(4) 39.240.000,00	80.500.000,00 (8)
(6) 47.700.000,00	
6.440.000,00	

Produtos Acabados "C" – Estoques

Débito	Crédito
(7) 45.700.000,00	
45.700.000,00	

Produtos Acabados "D" – Estoques

Débito	Crédito
(7) 22.850.000,00	
22.850.000,00	

Produtos Acabados "E" – Estoques

Débito	Crédito
(8) 80.500.000,00	
80.500.000,00	

Os lançamentos de 1 a 4 são normais, os 5 e 6 são as transferências de custos dos processos 1 e 2 para os processos 3 e 4, respectivamente. Os lançamentos 7 e 8 são as transferências dos produtos acabados para o depósito. Como não houve venda no período, as contas de produtos acabados apresentam seus saldos com o mesmo valor das transferências efetuadas.

Os lançamentos contábeis podem ser visualizados na Figura 6.8:

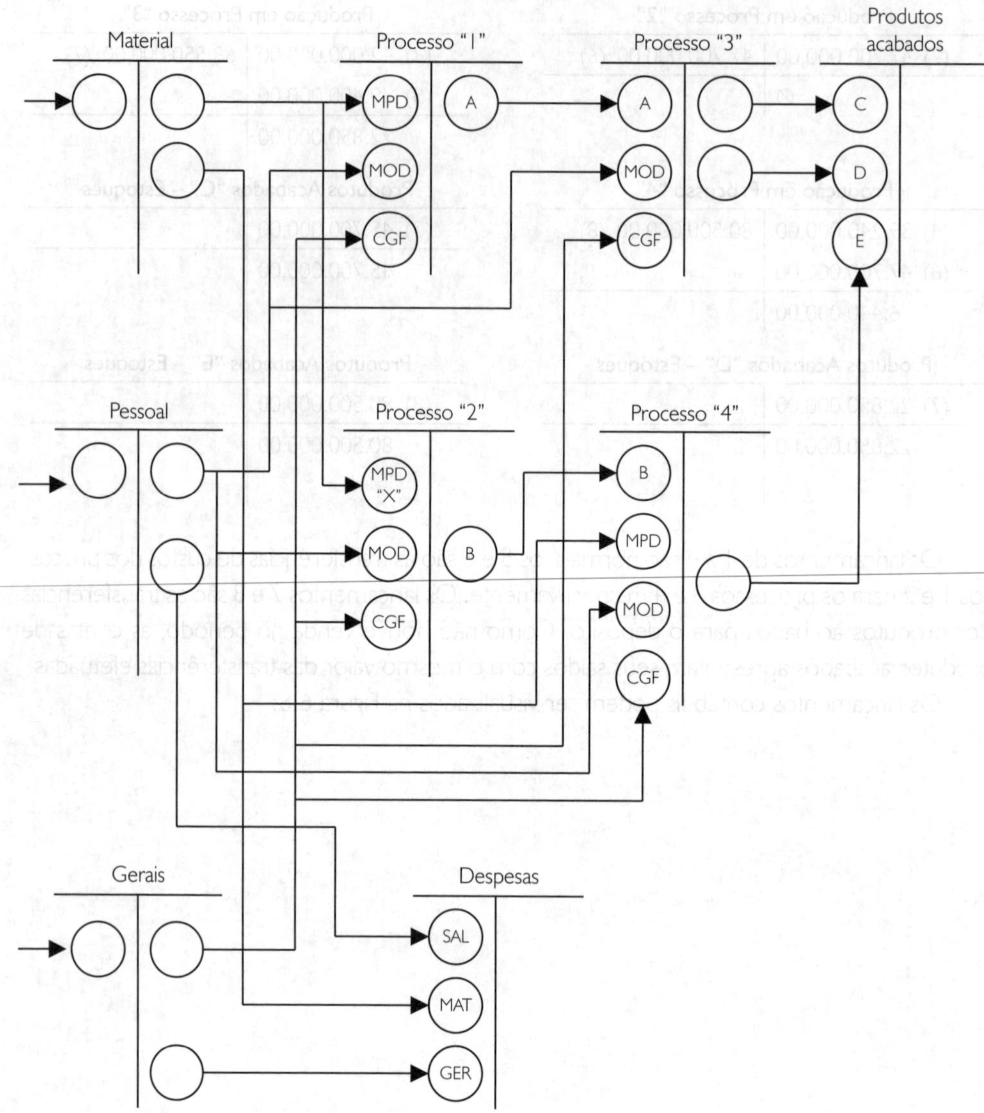

Figura 6.8 *Fluxograma da contabilização das operações do exercício nº 4.*

6.5.3 Separação dos componentes do custo

Como visto no Capítulo 2, existem custos fixos e custos variáveis, sendo os primeiros os responsáveis pela desproporcionalidade dos custos totais por unidade quando a produção varia de um período para outro.

A determinação do grau de acabamento da produção em elaboração no final de um período, ou seja, a avaliação da parcela de custo aplicada no produto inacabado em relação ao total de custo necessário para torná-lo produto acabado, é feita decompondo-se o custo nos grupos que o compõem e determinando-se o valor relativo de cada um em relação ao total e, por ponderações sucessivas, chega-se ao percentual de custo todo, aplicado na produção que ainda está em elaboração. Com esse percentual de grau de acabamento, pode-se utilizar a mesma sistemática aplicada no exercício nº 3.

O mais indicado é trabalhar com os custos separadamente, determinando-se o custo unitário de cada um dos componentes do produto. Posteriormente, somam-se esses custos unitários para chegar ao custo unitário do produto. Isso facilita o departamento técnico no fornecimento das informações, tornando-as mais confiáveis, podendo, a qualquer momento, ser verificada a exatidão das mesmas.

Assim, diferentemente dos exercícios anteriores, cujo grau de acabamento foi fornecido englobando matéria-prima direta, mão de obra direta e custos indiretos de fabricação, agora será feito um exercício com o grau de acabamento do produto em elaboração fornecido separadamente para cada um dos componentes.

6.5.4 Exercício resolvido nº 5

Com os dados do Quadro 6.16, determinar o custo unitário do produto, considerando estoque inicial zero no primeiro período e as vendas como última operação de cada período.

Quadro 6.16 *Dados de custos.*

DADOS	PERÍODO		
	PRIMEIRO	SEGUNDO	TERCEIRO
1. Matéria-prima Direta	2.331.000,00	2.057.500,00	2.658.200,00
2. Mão de obra Direta	4.096.000,00	3.972.750,00	5.266.350,00
3. Custos Indiretos de Fabricação	986.700,00	852.800,00	1.092.100,00
4. Custo Total do Período	**7.413.700,00**	**6.883.050,00**	**9.016.650,00**
5. Produção Acabada	5.000 un.	4.500 un.	6.000 un.
6. Produção em Elaboração	300 un.	500 un.	400 un.
6.1 Grau de Acabamento			
6.1.1 Matéria-prima Direta	60%	40%	80%
6.1.2 Mão de obra Direta	40%	30%	60%
6.1.3 Custos Indiretos de Fabricação	20%	10%	30%
7. Vendas			
7.1 Quantidade	4.000 un.	5.000 un.	5.500 un.
7.2 Preço Unitário	1.600,00	1.700,00	1.700,00

A primeira alternativa para a solução do problema é, por meio de ponderação, transformar os percentuais de cada componente de custo em apenas um percentual do produto todo e resolvê-lo, em seguida, da mesma forma que a adotada no exercício nº 3. Primeiro, determina-se a participação de cada grupo de elementos no custo total em cada um dos períodos e, em seguida, são ponderados com os percentuais de aplicação. Assim, tem-se no primeiro período a matéria-prima direta participando com 31,44% do total de $ 7.413.700,00 dos custos, a mão de obra direta com 55,25% e os custos indiretos de fabricação com os restantes 13,31%. Fazendo-se as ponderações, determina-se o percentual de 43,62% como grau de acabamento das 300 unidades que estão em elaboração, como segue:

Matéria-prima direta:	60% × 31,44% =	18,86%
Mão de obra direta:	40% × 55,25% =	22,10%
Custos indiretos de fabricação:	20% × 13,31% =	2,66%
Grau de acabamento do produto:		43,62%

No segundo período, tem-se a composição de 29,89% para MPD, 57,72% para MOD e 12,39% para CIF, o que resultaria em um grau de acabamento global de 36,49%. Repetindo a sistemática para o terceiro período, será calculado o grau de acabamento em 62,26%.

A outra alternativa é decompor o produto nos três elementos que o compõem e determinar o custo unitário de cada um deles como se os demais não existissem, ou seja, como se o produto fosse constituído apenas daquele elemento. Significa considerar, num primeiro momento, que o produto seja resultado apenas do elemento matéria-prima direta, isto é, não necessite de mão de obra e custos indiretos para sua elaboração; num segundo momento, só necessite de mão de obra, dispensando os outros dois elementos; e, num terceiro momento, seja constituído apenas de custos indiretos de fabricação. Somando-se o custo unitário dos três componentes, chega-se ao do produto completo. A solução está em seguida:

1º) PELO MÉTODO MÉDIO

PRIMEIRO PERÍODO:

Matéria-prima Direta

Produção Equivalente = 5.000 un. + 300 un. × 60/100

= 5.000 un. + 180 un. = 5.180 un.

$$Cm = \frac{2.331.000,00}{5.180} = \$\ 450,00/\text{un.}$$

Mão de obra Direta

Produção Equivalente = 5.000 un. + 300 un. × 40/100

= 5.000 un. + 120 un. = 5.120 un.

$$Cm = \frac{4.096.000,00}{5.120} = \$\ 800,00/\text{un.}$$

Custos Indiretos de Fabricação

Produção Equivalente = 5.000 un. + 300 un. × 20/100

= 5.000 un. + 60 un. = 5.060 un.

$$Cm = \frac{986.700,00}{5.060} = \$\ 195,00/\text{un.}$$

Custo unitário do produto = $ 450,00 + $ 800,00 + $ 195,00

= $ 1.445,00/un.

Custo total da produção acabada = 5.000 un. × $ 1.445,00/un.

= $ 7.225.000,00

Custo total da produção em elaboração

Matéria-prima Direta = $ 450,00/un. × 300 un. × 60/100 = $	81.000,00
Mão de obra Direta = $ 800,00/un. × 300 un. × 40/100 = $	96.000,00
Custos Indiretos de Fabricação = $ 195,00/un. × 300 un. × 20/100 = $	11.700,00
Total =	$ 188.700,00

Venda de 4.000 unidades

Produtos acabados no período	
(5.000 unidades × $ 1.445,00/un.)	7.255.000,00
– Custo dos produtos vendidos	
(4.000 unidades × $ 1.445,00/un.)	5.780.000,00
= Saldo final de produtos acabados	
(1.000 unidades × $ 1.445,00/un.)	1.445.000,00

Receita de Venda	
(4.000 unidades × $ 1.600,00/un.)	6.400.000,00
– Custo dos produtos vendidos	5.780.000,00
= Resultado do período	
(4.000 unidades × $ 155,00/un.)	620.000,00

Lançamentos Contábeis no Diário

	Débito	Crédito
1.1 – Produtos em Elaboração	7.413.700,00	
a Diversos		
a Matéria-prima Direta		2.331.000,00
a Mão de obra Direta		4.096.000,00
a Custos Indiretos de Fabricação		986.700,00
1.2 – Produtos Acabados – Estoques	7.225.000,00	
a Produtos em Elaboração		7.225.000,00
1.3 – Custo dos Produtos Vendidos	5.780.000,00	
a Produtos Acabados – Estoques		5.780.000,00
1.4 – Clientes	6.400.000,00	
a Vendas		6.400.000,00
1.5 – Vendas	6.400.000,00	
a Resultado do Período		6.400.000,00
1.6 – Resultado do Período	5.780.000,00	
a Custo dos Produtos Vendidos		5.780.000,00

SEGUNDO PERÍODO:

Matéria-prima Direta

Produção Equivalente = 4.500 un. + 500 un. × 40/100

= 4.500 un. + 200 un. = 4.700 un.

Custo transferido do período anterior = $ 81.000,00

Custo aplicado no período = $ 2.057.500,00

Custo total = $ 2.138.500,00

$$Cm = \frac{2.138.500{,}00}{4.700} = \$\ 455{,}00/\text{un.}$$

Mão de obra Direta

Produção Equivalente = 4.500 un. + 500 un. × 30/100

= 4.500 un. + 150 un. = 4.650 un.

Custo transferido do período anterior = $ 96.000,00

Custo aplicado no período = $ 3.972.750,00

Custo total = $ 4.068.750,00

$$Cm = \frac{4.068.750{,}00}{4.650} = \$\ 875{,}00/\text{un.}$$

Custos Indiretos de Fabricação

Produção Equivalente = 4.500 un. + 500 un. × 10/100

= 4.500 un. + 50 un. = 4.550 un.

Custo transferido do período anterior = $ 11.700,00

Custo aplicado no período = $ 852.800,00

Custo total = $ 864.500,00

$$Cm = \frac{864.500{,}00}{4.550} = \$\ 190{,}00/\text{un.}$$

Custo unitário do produto = $ 455,00 + $ 875,00 + $ 190,00

= $ 1.520,00/un.

Custo total da produção acabada = 4.500 un. × $ 1.520,00/un.

= $ 6.840.000,00

Custo total da produção em elaboração

Matéria-prima Direta = $ 455,00/un. × 500 un. × 40/100 = $ 91.000,00

Mão de obra Direta = $ 875,00/un. × 500 un. × 30/100 = $ 131.250,00

Custos Indiretos de Fabricação = $ 190,00/un. × 500 un. × 10/100 = $ 9.500,00

Total = $ 231.750,00

Venda de 5.000 unidades

Saldo inicial de produtos acabados	
(1.000 unidades × $ 1.445,00/un.)	1.445.000,00
+ Produtos acabados no período	
(4.500 unidades × $ 1.520,00/un.)	6.840.000,00
= Total de produtos acabados	8.285.000,00
Custo médio do estoque	
= $ 8.285.000,00 ÷ 5.500 un. = $ 1.506,3636/un.	
– Custo dos produtos vendidos	
(5.000 un. × $ 1.506,3636/un.)	7.531.818,00
= Saldo final de produtos acabados	
(500 un. × $ 1.506,3636/un.)	753.182,00
Receita de venda	
(5.000 unidades × $ 1.700,00/un.)	8.500.000,00
– Custo dos produtos vendidos	7.531.818,00
= Resultado do período	
(5.000 unidades × $ 193,6363/un.)	968.182,00

Lançamentos Contábeis no Diário

	Débito	Crédito
2.1 – Produtos em Elaboração	6.883.050,00	
a Diversos		
a Matéria-prima Direta		2.057.500,00
a Mão de obra Direta		3.972.750,00
a Custos Indiretos de Fabricação		852.800,00
2.2 – Produtos Acabados – Estoques	6.840.000,00	
a Produtos em Elaboração		6.840.000,00
2.3 – Custo dos Produtos Vendidos	7.531.818,00	
a Produtos Acabados – Estoques		7.531.818,00
2.4 – Clientes	8.500.000,00	
a Vendas		8.500.000,00

2.5 – Vendas	8.500.000,00	
a Resultado do Período		8.500.000,00
2.6 – Resultado do Período	7.531.818,00	
a Custo dos Produtos Vendidos		7.531.818,00

TERCEIRO PERÍODO:

Matéria-prima Direta

Produção Equivalente = 6.000 un. + 400 un. × 80/100

= 6.000 un. + 320 un. = 6.320 un.

Custo transferido do período anterior = $ 91.000,00

Custo aplicado no período = $ 2.658.200,00

Custo total = $ 2.749.200,00

$$Cm = \frac{2.749.200,00}{6.320} = 435,00/\text{un.}$$

Mão de obra Direta

Produção Equivalente = 6.000 un. + 400 un. × 60/100

= 6.000 un. + 240 un. = 6.240 un.

Custo transferido do período anterior = $ 131.250,00

Custo aplicado no período = $ 5.266.350,00

Custo total = $ 5.397.600,00

$$Cm = \frac{5.397.600,00}{6.240} = 865,00/\text{un.}$$

Custos Indiretos de Fabricação

Produção Equivalente = 6.000 un. + 400 un. × 30/100

= 6.000 un. + 120 un. = 6.120 un.

Custo transferido do período anterior = $ 9.500,00

Custo aplicado no período = $ 1.092.100,00

Custo total = $ 1.101.600,00

$$Cm = \frac{1.101.600,00}{6.120} = 180,00/\text{un.}$$

Custo unitário do produto = $ 435,00 + $ 865,00 + $ 180,00

= $ 1.480,00/un.

Custo total da produção acabada = 6.000 un. × $ 1.480,00/un.

= $ 8.880.000,00

Custo total da produção em elaboração

Matéria-prima Direta = $ 435,00/un. × 400 un. × 80/100 = $ 139.200,00

Mão de obra Direta = $ 865,00/un. × 400 un. × 60/100 = $ 207.600,00

Custos Indiretos de Fabricação = $ 180,00/un. × 400 un. × 30/100 = $ 21.600,00

Total = $ 368.400,00

Venda de 5.500 unidades

Saldo inicial de produtos acabados	
(500 unidades × $ 1.506,3636/un.)	753.182,00
+ Produtos acabados no período	
(6.000 unidades × $ 1.480,00/un.)	8.880.000,00
= Total de produtos acabados	9.633.182,00
Custo médio do estoque = $ 9.633.182,00 ÷ 6.500 un. = $ 1.482,028/un.	
– Custo dos produtos vendidos	
(5.500 un. × $ 1.482,028/un.)	8.151.154,00
= Saldo final de produtos acabados	
(1.000 un. × $ 1.482,028/un.)	1.428.028,00
Receita de venda	
(5.500 un. × $ 1.700,00/un.)	9.350.000,00
– Custo dos produtos vendidos	8.151.154,00
= Resultado do período	
(5.500 un. × $ 217,972/un.)	1.198.846,00

Lançamentos Contábeis no Diário

3.1 – Produtos em Elaboração 9.016.650,00

a Diversos

	Débito	Crédito
a Matéria-prima Direta		2.658.200,00
a Mão de obra Direta		5.266.350,00
a Custos Indiretos de Fabricação		1.092.100,00
3.2 – Produtos Acabados – Estoques	8.880.000,00	
a Produtos em Elaboração		8.880.000,00
3.3 – Custo dos Produtos Vendidos	8.151.154,00	
a Produtos Acabados – Estoques		8.151.154,00
3.4 – Clientes	9.350.000,00	
a Vendas		9.350.000,00
3.5 – Vendas	9.350.000,00	
a Resultado do Período		9.350.000,00
3.6 – Resultado do Período	8.151.154,00	
a Custo dos Produtos Vendidos		8.151.154,00

Lançamentos Contábeis no Razão

Matéria-prima Direta

Débito	Crédito
	2.331.000,00 (1.1)
*	2.057.500,00 (2.1)
	2.658.200,00 (3.1)
	7.046.700,00

Mão de obra Direta

Débito	Crédito
	4.096.000,00 (1.1)
*	3.972.750,00 (2.1)
	5.266.350,00 (3.1)
	13.335.100,00

Custos Indiretos de Fabricação

Débito	Crédito
	986.700,00 (1.1)
*	852.800,00 (2.1)
	1.092.100,00 (3.1)
	2.931.600,00

Produtos em Elaboração

Débito	Crédito
(1.1) 7.413.700,00	7.225.000,00 (1.2)
188.700,00	6.840.000,00 (2.2)
(2.1) 6.883.050,00	
231.750,00	8.880.000,00 (3.2)
(3.1) 9.016.650,00	
368.400,00	

* Os saldos estão credores em virtude de não terem sido considerados os lançamentos a débito efetuados previamente.

Produtos Acabados – Estoques

Débito	Crédito
(1.2) 7.225.000,00	5.780.000,00 (1.3)
1.445.000,00	7.531.818,00 (2.3)
(2.2) 6.840.000,00	
753.182,00	8.151.154,00
8.880.000,00	
1.482.028,00	

Custo dos Produtos Vendidos

Débito	Crédito
(1.3) 5.780.000,00	5.780.000,00 (1.6)
(2.3) 7.531.818,00	7.531.818,00 (2.6)
(3.3) 8.151.154,00	8.151.154,00 (3.6)

Resultado do Período

(1.6) 5.780.000,00	6.400.000,00 (1.5)
(2.6) 7.531.818,00	620.000,00 (2.5) 8.500.000,00
(3.6) 8.151.154,00	1.588.182,00 9.350.000,00 (3.5)
	2.787.028,00

Clientes

(1.4) 6.400.000,00 (2.4) 8.500.000,00	
14.900.000,00 (3.4) 9.350.000,00	
24.250.000,00	

Vendas

(1.5) 6.400.000,00	6.400.000,00 (1.4)
(2.5) 8.500.000,00	8.500.000,00 (2.4)
(3.5) 9.350.000,00	9.350.000,00 (3.4)
ø	

Para a solução pelos métodos Peps e Ueps, será usada a mesma sistemática empregada na solução do exercício resolvido nº 3. O Quadro 6.17 é semelhante àquele, com as subdivisões dos componentes dos custos:

Quadro 6.17 *Detalhamento do acabamento da produção.*

MÉTODO	COMPONENTE	PRODUÇÃO	1º PERÍODO	2º PERÍODO	3º PERÍODO
Peps	MPD	Acabada do período anterior	–	300 × 40%	500 × 60%
		Acabada do período atual	5.000	4.200	5.500
		Acabada total	5.000	4.500	6.000
		Em elaboração – período anterior	–	(300 × 60%)	(500 × 40%)
		Em elaboração – período atual	300 × 60%	500 × 40%	400 × 80%
		Equivalente	5.180	4.520	6.120
	MOD	Acabada do período anterior	–	300 × 60%	500 × 70%
		Acabada do período atual	5.000	4.200	5.500
		Acabada total	5.000	4.500	6.000
		Em elaboração – período anterior		(300 × 40%)	(500 × 30%)
		Em elaboração – período atual	300 × 40%	500 × 30%	400 × 60%
		Equivalente	5.120	4.530	6.090
	CIF	Acabada do período anterior	–	300 × 80%	500 × 90%
		Acabada do período atual	5.000	4.200	5.500
		Acabada total	5.000	4.500	6.000
		Em elaboração – período anterior	–	(300 × 20%)	(500 × 10%)
		Em elaboração – período atual	300 × 20%	500 × 10%	400 × 30%
		Equivalente	5.060	4.490	6.070
Ueps	MPD	Acabada do período atual	5.000	4.500	6.000
		Em elaboração no período anterior		(300 × 60%)	(500 × 40%)
		Em elaboração no período atual	300 × 60%	500 × 40%	400 × 80%
		Em elaboração total	300 × 60%	500 × 40%/60%	400 × 80%/40%
		Equivalente	5.180	4.520	6.120
	MOD	Acabada do período atual	5.000	4.500	6.000
		Em elaboração no período anterior	–	(300 × 40%)	(500 × 30%)
		Em elaboração no período atual	300 × 40%	500 × 30%	400 × 60%
		Em elaboração total	300 × 40%	500 × 30%/40%	400 × 60%/30%
		Equivalente	5.120	4.530	6.090
	CIF	Acabada do período atual	5.000	4.500	6.000
		Em elaboração no período anterior	–	(300 × 20%)	(500 × 10%)
		Em elaboração no período atual	300 × 20%	500 × 10%	400 × 30%
		Em elaboração total	300 × 20%	500 × 10%/20%	400 × 30%/10%
		Equivalente	5.060	4.490	6.070

As quantidades equivalentes que receberam custos nos períodos são iguais por quaisquer dos dois métodos, conforme Quadro 6.17. Assim, os valores unitários são os mesmos, sendo modificada apenas a composição dos estoques quando da sua movimentação.

Serão determinados os custos unitários pelo método Peps e repetidos na solução pelo Ueps, registrando-se apenas as alterações específicas deste último.

2º) PELO MÉTODO PEPS

PRIMEIRO PERÍODO:

Quando a produção é iniciada no primeiro período, ou seja, não tem saldo inicial, os cálculos e lançamentos são iguais por qualquer dos três métodos que esteja sendo utilizado e, evidentemente, os resultados são iguais. Assim, a solução do primeiro período pode ser revista no início da solução deste exercício, pelo método Médio, pois não há qualquer modificação.

Se houvesse saldo inicial de matéria-prima e outros materiais, poderia haver mudança nos valores aplicados na produção. Entretanto, essa alteração não ocorre porque os valores aplicados estão sendo considerados pelos totais, tendo em vista que o objetivo aqui é mostrar o efeito da utilização de um ou outro método sobre o resultado da venda e sobre o saldo de produtos acabados. Além disso, os produtos em elaboração e os acabados também não tinham saldo inicial, o que mantém os mesmos valores por qualquer dos métodos.

SEGUNDO PERÍODO:

A determinação do custo unitário será diferente da determinada pelo método Médio porque os valores de custo, apesar de serem os mesmos, estão sendo aplicados sobre quantidades diferentes, uma vez que pelo método Peps a ordem é outra. As modificações aparecem também na transferência da produção acabada da área de elaboração para a área de armazenamento, por causa da ordem dessa movimentação. O mesmo ocorre em função da venda porque o custo dos produtos vendidos é diferente e provoca diferenças nos demais resultados.

Matéria-prima Direta

Produção Equivalente = 4.500 un. – 300 un. × 60/100 + 500 un. × 40/100

= 4.500 un. – 180 un. + 200 un. = 4.520 un.

ou 4.200 un. + 300 un. × 40/100 + 500 un. × 40/100

= 4.200 un. + 120 un. + 200 un. = 4.520 un.

$$Cm = \frac{2.057.500,00}{4.520} = \$\ 455,20/\text{un.}$$

Mão de obra Direta

Produção Equivalente = 4.500 un. – 300 un. × 40/100 + 500 un. × 30/100

= 4.500 un. – 120 un. + 150 un. = 4.530 un.

$$Cm = \frac{3.972.750,00}{4.530} = \$\ 876,99/\text{un.}$$

Custos Indiretos de Fabricação

Produção Equivalente = 4.500 un. – 300 un. × 20/100 + 500 un. × 10/100

= 4.500 un. – 60 un. + 50 un. = 4.490 un.

$$Cm = \frac{852.800,00}{4.490} = \$\ 189,93/\text{un.}$$

Custo unitário do produto = $ 455,20 + $ 876,99 + $ 189,93

= $ 1.522,12/un.

Custo da produção acabada

1º Período: 130,6 un.* × $ 1.445,00/un. = $ 188.700,00

2º Período: 4.369,4 un. × $ 1.522,12/un. = $ 6.650.751,13

Total: 4.500,0 un. = $ 6.839.451,13

* Como o custo unitário é o mesmo tanto para as unidades acabadas quanto para as inacabadas, admite-se que ponderadamente estas últimas equivalem a 130,6 unidades ($ 188.700,00 ÷ $ 1.445,00/un.). Isto cria certa estranheza quando da transferência das unidades acabadas fracionárias, o que é aceitável para alguns tipos de produtos consumidos a granel e para unidades que são seus múltiplos; porém, não é aplicável para outros tipos de produtos consumidos em embalagens padronizadas e indivisíveis. Exemplo disso é o consumo de 0,6 litro de combustível, de 0,6 cento ou milheiro de determinado produto, mas não existe 0,6 mesa, 0,4 geladeira, 0,7 automóvel etc. Entretanto, vale lembrar que estes métodos são apenas escriturais, não existindo relação entre a movimentação física e a metodologia utilizada.

Custo da produção em elaboração

Matéria-prima Direta =	$ 455,20/un. × 500 un. × 40/100 =	91.040,00 + 83,90	=$ 91.123,90
Mão de obra Direta =	$ 876,99/un. × 500 un. × 30/100 =	131.548,50 + 121,22	=$ 131.669,72
Custos Indiretos de Fabricação =	$ 189,93/un. × 500 un. × 10/100 =	9.496,50 + 8,75	= $ 9.505,25
Total		232.085,00 + 213,87**	=$ 232.298,87

Venda de 5.000 unidades

Saldo inicial de produtos acabados

(1.000 un. × $ 1.445,00/un.) 1.445.000,00

\+ Produtos acabados no período

** O custo da produção em elaboração é igual à diferença entre o custo total aplicado (Quadro 6.16) e o da produção acabada. Assim, $ 6.883.050,00 – $ 6.650.751,13 = $ 232.298,47. O valor de $ 213,87, que é a diferença, foi rateado entre os três componentes do custo da produção em elaboração.

(130,6 un. × $ 1.445,00/un.)	188.700,00***	
(4.369,4 un. × $ 1.522,12/un.)	6.650.751,13	6.839.451,13
= Total de produtos acabados		8.284.451,13
– Custo dos produtos vendidos		
(1.130,6 un. × $ 1.445,00/un.)	1.633.700,00***	
(3.869,4 un. × $ 1.522,12/un.)	5.889.691,13	7.523.391,13
= Saldo final de produtos acabados		
(500 un. × $ 1.522,12/un.)		761.060,00
Receita de venda		
(5.000 un. × $ 1.700,00/un.)		8.500.000,00
– Custo dos produtos vendidos		7.523.391,13
= Resultado do período		
(1.130,6 un. × $ 255,00/un.)	288.303,00	
(3.869,4 un. × $ 177,88/un.)	688.288,87	976.608,87

*** Erro de arredondamento, considerado o saldo.

Lançamentos Contábeis no Diário

2.1 – Produtos em Elaboração	6.883.050,00	
a Diversos		
a Matéria-prima Direta		2.057.500,00
a Mão de obra Direta		3.972.750,00
a Custos Indiretos de Fabricação		852.800,00
2.2 – Produtos Acabados – Estoques	6.839.451,13	
a Produtos em Elaboração		6.839.451,13
2.3 – Custo dos Produtos Vendidos	7.523.391,13	
a Produtos Acabados – Estoques		7.523.391,13
2.4 – Clientes	8.500.000,00	
a Vendas		8.500.000,00
2.5 – Vendas	8.500.000,00	
a Resultado do Período		8.500.000,00
2.6 – Resultado do Período	7.523.391,13	
a Custo dos Produtos Vendidos		7.523.391,13

TERCEIRO PERÍODO:

Matéria-prima Direta

Produção Equivalente = 6.000 un. – 500 un. × 40/100 + 400 un. × 80/100
= 6.000 un. – 200 un. + 320 un. = 6.120 un.

$$Cm = \frac{2.658.200,00}{6.120} = \$\ 434,35/un.$$

Mão de obra Direta

Produção Equivalente = 6.000 un. – 500 un. × 30/100 + 400 un. × 60/100
= 6.000 un. – 150 un. + 240 un. = 6.090 un.

$$Cm = \frac{5.266.350,00}{6.090} = \$\ 864,75/un.$$

Custos Indiretos de Fabricação

Produção Equivalente = 6.000 un. – 500 un. × 10/100 + 400 un. × 30/100
= 6.000 un. – 50 un. + 120 un. = 6.070 un.

$$Cm = \frac{1.092.100,00}{6.070} = \$\ 179.92/un.$$

Custo unitário do produto = $ 434,35 + $ 864,75 + $ 179,92
= $ 1.479,02/un.

Custo da produção acabada

2º Período: 152,6 un.	×	$ 1.522,12/un.	=	$ 232.298,87*
3º Período: 5.847,4 un.	×	$ 1.479,02/un.	=	$ 8.648.421,55
Total: 6.000,0 un.			=	$ 8.880.720,42

Custo da produção em elaboração

Matéria-prima Direta =	$ 434,35/un. × 400 un. × 80/100 = 138.992,00 + 40,04 = $ 139.032,04*
Mão de obra Direta =	$ 864,75/un. × 400 un. × 60/100 = 207.540,00 + 59,79 = $ 207.599,79*
Custos Indiretos de Fabricação =	$ 179,92/un. × 400 un. × 30/100 = 21.590,40 + 6,22 = $ 21.596,62*
Total	368.122,40 + 106,05 = $ 368.228,45*

* Valores ajustados por diferença, conforme nota do segundo período (p. 315).

Venda de 5.500 unidades

Saldo inicial de produtos acabados		
(500 un. × $ 1.522,12/un.)		761.060,00
+ Produtos acabados no período		
(152,6 un. × $ 1.522,12/un.)	232.298,87	
(5.847,4 un. × $ 1.479,02/un.)	8.648.421,55	8.880.720,42
= Total de produtos acabados		9.641.780,42
– Custo dos produtos vendidos		
(652,6 un. × $ 1.522,12/un.)	993.358,87*	
(4.847,4 un. × $ 1.479,02/un.)	7.169.401,55	8.162.760,42
= Saldo final de produtos acabados		
(1.000 un. × $ 1.479,02/un.)		1.479.020,00
Receita de venda		
(5.500 un. × $ 1.700,00/un.)	9.350.000,00	
– Custo dos produtos vendidos	8.162.760,42	
= Resultado do período		
(500 un. × $ 180,00/un. + 5.000 un. × $ 220,00/un.)	1.187.239,58	

* Saldo apurado por diferença.

Lançamentos Contábeis no Diário

3.1 – Produtos em Elaboração	9.016.650,00	
a Diversos		
a Matéria-prima Direta		2.658.200,00
a Mão de obra Direta		5.266.350,00
a Custos Indiretos de Fabricação		1.092.100,00
3.2 – Produtos Acabados – Estoques	8.880.720,42	
a Produtos em Elaboração		8.880.720,42
3.3 – Custo dos Produtos Vendidos	8.162.760,42	
a Produtos Acabados – Estoques		8.162.760,42
3.4 – Clientes	9.350.000,00	
a Vendas		9.350.000,00
3.5 – Vendas	9.350.000,00	

a Resultado do Período		9.350.000,00
3.6 – Resultado do Período	8.162.760,42	
a Custo dos Produtos Vendidos		8.162.760,42

Lançamentos Contábeis no Razão

Matéria-prima Direta

Débito	Crédito
	2.331.000,00 (1.1)
*	2.057.500,00 (2.1)
	2.658.200,00 (3.1)
	7.046.700,00

Mão de obra Direta

Débito	Crédito
	4.096.000,00 (1.1)
*	3.972.750,00 (2.1)
	5.266.350,00 (3.1)
	13.335.100,00

Custos Indiretos de Fabricação

Débito	Crédito
	986.700,00 (1.1)
*	852.800,00 (2.1)
	1.092.100,00 (3.1)
	2.931.600,00

Produtos em Elaboração

Débito	Crédito
(1.1) 7.413.700,00	7.225.000,00 (1.2)
188.700,00	188.700,00 (2.2)
(2.1) 6.883.050,00	6.650.751,13 (2.2)
232.298,87	232.298,87 (3.2)
(3.1) 9.016.650,00	8.648.421,55 (3.2)
368.228,45	

Produtos Acabados – Estoques

Débito	Crédito
(1.2) 7.225.000,00	5.780.000,00 (1.2)
1.445.000,00	1.633.70,00 (2.3)
(2.2) 188.700,00	5.889.691,13 (2.3)
(2.2) 6.650.751,13	
761.060,00	993.358,87 (3.3)
(3.2) 232.298,87	7.169.401,00 (3.3)
8.648.421,55	
1.479.020,00	

Custo dos Produtos Vendidos

Débito	Crédito
(1.3) 5.780.000,00	5.780.000,00 (1.6)
(2.3) 7.523.391,13	7.523.391,13 (2.6)
(3.3) 8.162.760,42	8.162.760,42 (3.6)
ø	

Clientes

Débito	Crédito
(1.4) 6.400.000,00	
(2.4) 8.500.000,00	
14.900.00,00	
(3.4) 9.350.000,00	
24.240.000,00	

Vendas

Débito	Crédito
(1.5) 6.400.000,00	6.400.000,00 (1.4)
(2.5) 8.500.000,00	8.500.000,00 (2.4)
(3.5) 9.350.000,00	9.350.000,00 (3.4)
ø	

Resultado do Período

(1.6) 5.780.000,00	6.400.000,00 (1.5)
(2.6) 7.523.391,13	620.000,00
	8.500.000,00 (2.5)
	1.596.608,87
	9.350.000,00 (3.5)
(3.6) 8.162.760,42	2.783.848,45

* Os saldos estão credores em virtude de não terem sido considerados os lançamentos a débito efetuados previamente.

3º) PELO MÉTODO UEPS

PRIMEIRO PERÍODO:

São aplicadas aqui todas as observações feitas para a solução pelo método Peps, bem como a sistemática de resolução, que apresenta os mesmos resultados.

SEGUNDO PERÍODO:

Observar as mesmas explicações feitas para a solução pelo método Peps.

Conforme o Quadro 6.17 e justificativas antes da solução pelo método Peps, os custos unitários deste período são:

Matéria-prima Direta	=	$ 455,20/un.
Mão de obra Direta	=	$ 876,99/un.
Custos Indiretos de Fabricação	=	$ 189,93/un.
Produto	=	$ 1.522,12/un.

Custo da produção acabada

(4.500 un. × $ 1.522,12/un.) $ 6.849.540,00

Custo da produção em elaboração

Matéria-prima Direta

= ($ 450,00/un. × 300 un. × 60/100)	=		81.000,00
– ($ 455,20/un. × 300 un. × 20/100)	=	– 27.312,00	
($ 455,20/un. × 200 un. × 40/100)	=	36.416,00	9.104,00
Soma			$ 90.104,00

Mão de obra Direta

= ($ 800,00/un. × 300 un. × 40/100)	=		96.000,00
– ($ 876,99/un. × 300 un. × 80/100)	=	– 26.305,30	
($ 876,99/un. × 200 un. × 30/100)	=	52.610,60	26.305,30*
Soma			$ 122.305,30

Custos Indiretos de Fabricação			
= ($ 195,00/un. × 300 un. × 20/100)	=		11.700,00
– ($ 189,93/un. × 300 un. × 10/100)	=	–5.697,90	
($ 189,93/un. × 200 un. × 10/100)	=	3.798,60	–1.899,30
Soma			$ 9.800,70
Total			$ 222.210,00

* Ajuste por diferença.

Venda de 5.000 unidades		
Saldo inicial de produtos acabados		
(1.000 un. × $ 1.445,00/un.)		1.445.000,00
+ Produtos acabados no período		
(4.500 un. × $ 1.522,12/un.)		6.849.540,00
= Total de produtos acabados		8.294.540,00
– Custo dos produtos vendidos		
(4.500 un. × $ 1.522,12/un.)	6.849.540,00	
(500 un. × $ 1.445,00/un.)	722.000,00	7.572.040,00
= Saldo final de produtos acabados		
(500 un. × $ 1.445,00/un.)		722.500,00
Receita de venda		
(5.000 un. × $ 1.700,00/un.)		8.500.000,00
– Custo dos produtos vendidos		7.572.040,00
= Resultado do período		
(4.500 un. × $ 177,88/un.)	800.460,00	
(500 un. × $ 255,00/un.)	127.500,00	927.960,00

Lançamentos Contábeis no Diário

2.1 – Igual ao feito pelo método Peps		
2.2 – Produtos Acabados – Estoques	6.849.540,00	
a Produtos em Elaboração		6.849.540,00
2.3 – Custo dos Produtos Vendidos	7.572.040,00	
a Produtos Acabados – Estoques		7.572.040,00
2.4 – Igual ao feito pelo método Peps		

2.5 – Igual ao feito pelo método Peps

2.6 – Resultado do Período 7.572.040,00

a Custo dos Produtos Vendidos 7.572.040,00

TERCEIRO PERÍODO:

Devem ser observadas neste período as mesmas explicações referentes ao período anterior, pelas razões expostas.

Conforme o Quadro 6.17 e justificativas antes da solução pelo método Peps, os custos unitários deste período são:

Matéria-prima Direta	=	$ 434,35/un.
Mão de obra Direta	=	$ 864,75/un.
Custos Indiretos de Fabricação	=	$ 179,92/un.
Produto	=	$ 1.479,02/un.

Custo da produção acabada

(6.000 un. × $ 1.479,02/un.) $ 8.874.120,00

Custo da produção em elaboração

Matéria-prima Direta			
= (Final do 2º Período)	=		90.104,00
– ($ 434,35/un. × 500 un. × 40/100)	=	–86.870,00	
($ 434,35/un. × 400 un. × 80/100)	=	138.992,00	52.122,00
Soma			$ 142.226,00
Mão de obra Direta			
= (Final do 2º Período)	=		122.305,30
– ($ 864,75/un. × 500 un. × 30/100)	=	–129.712,50	
($ 864,75/un. × 400 un. × 60/100)	=	207.540,00	77.827,50
Soma			$ 200.132,80
Custos Indiretos de Fabricação			
= (Final do 2º Período)	=		9.800,70
– ($ 179,92/un. × 500 un. × 10/100)	=	–8.986,07	
($ 179,92/un. × 400 un. × 30/100)	=	21.566,57	12.580,50
Soma			$ 22.381,20*
Total			$ 364.740,00

* Ajuste por diferença.

Venda de 5.500 unidades

Saldo inicial de produtos acabados		
(500 un. × $ 1.445,00/un.)		722.500,00
+ Produtos acabados no período		
(6.000 un. × $ 1.479,02/un.)		8.874.120,00
= Total de produtos acabados		9.596.620,00
– Custo dos produtos vendidos		
(5.500 un. × $ 1.479,02/un.)		8.134.610,00
= Saldo final de produtos acabados		
(500 un. × $ 1.445,00/un.)	722.500,00	
(500 un. × $ 1.479,02/un.)	739.510,00	1.462.010,00
Receita de venda		
(5.500 un. × $ 1.700,00/un.)		9.350.000,00
– Custo dos produtos vendidos		8.134.610,00
= Resultado do período		
(5.500 un. × $ 220,98/un.)		1.215.390,00

Lançamentos Contábeis no Diário

3.1 – Igual ao feito pelo método Peps		
3.2 – Produtos Acabados – Estoques	8.874.120,00	
a Produtos em Elaboração		8.874.120,00
3.3 – Custo dos Produtos Vendidos	8.134.610,00	
a Produtos Acabados – Estoques		8.134.610,00
3.4 – Igual ao feito pelo método Peps		
3.5 – Igual ao feito pelo método Peps		
3.6 – Resultado do Período	8.134.610,00	
a Custo dos Produtos Vendidos		8.134.610,00

Os razões (contas "T") de Matéria-prima Direta, Mão de obra Direta e Custos Indiretos de Fabricação podem ser revistos na solução pelos sistemas Médio e Peps porque os valores são exatamente iguais. Em virtude disso, serão demonstrados a seguir os lançamentos efetuados nos demais razões apenas. Os razões de Vendas e Clientes, embora tenham os mesmos valores, serão repetidos para tornar mais claras as contrapartidas das demais contas.

Lançamentos Contábeis no Razão

Produtos em Elaboração

Débito	Crédito
(1.1) 7.413.700,00	7.225.000,00 (1.2)
188.700,00	
(2.1) 6.883.050,00	6.849.540,00 (2.2)
222.210,00	
(3.1) 9.016.650,00	8.874.120,00 (3.2)
364.740,00	

Produtos Acabados – Estoques

Débito	Crédito
(1.2) 7.225.000,00	5.780.000,00 (1.3)
1.445.000,00	7.562.500,00 (2.3)
(2.2) 6.849.540,00	
722.500,00	8.134.610,00 (3.3)
(3.2) 8.874.120,00	
1.462.010,00	

Custo dos Produtos Vendidos

Débito	Crédito
(1.3) 5.780.000,00	5.780.000,00 (1.6)
(2.3) 7.562.500,00	7.562.500,00 (2.6)
(3.3) 8.134.610,00	8.134.610,00 (3.6)
ø	

Clientes

Débito	Crédito
(1.4) 6.400.000,00	
(2.4) 8.500.000,00	
14.900.000,00	
(3.4) 9.350.000,00	
24.250.000,00	

Vendas

Débito	Crédito
(1.5) 6.400.000,00	6.400.000,00 (1.4)
(2.5) 8.500.000,00	8.500.000,00 (2.4)
(3.5) 9.350.000,00	9.350.000,00 (3.4)
ø	

Resultado do Período

Débito	Crédito
(1.6) 5.780.000,00	6.400.000,00 (1.5)
(2.6) 7.572.040,00	620.000,00
	8.500.000,00 (2.5)
(3.6) 8.134.610,00	1.547.960,00
	9.350.000,00 (3.5)
	2.763.350,00

É bom alertar para o fato de que, nesse exercício, a utilização de um ou outro método de valoração do estoque não influenciou a apuração de custos dos materiais porque se partiu de valores totais, já apropriados. Na verdade, a influência começa na determinação deles, conforme Capítulo 3.

Resumo

A Apuração de Custos engloba os conceitos tratados nos capítulos anteriores, principalmente no Capítulo 3 – Custos de Material, no Capítulo 4 – Custos de Pessoal e no Capítulo 5 – Custos Gerais. Em cada um deles, os assuntos foram abordados específica e isoladamente. Neste capítulo, os três assuntos foram reunidos e tiveram seus conceitos utilizados para determinar-se o custo final da elaboração e execução de um produto, serviço ou qualquer outra unidade de acumulação de custos, possibilitando a determinação do custo por unidade, quando for o caso.

São comentadas as características dos métodos de custeio por absorção, direto ou variável, baseado em atividades e padrão. Cada um deles é demonstrado esquematicamente, e a utilidade e adequabilidade de sua utilização é evidenciada em cada circunstância específica.

A mesma sistemática é colocada em prática para os sistemas de custeio, ou seja, são apresentadas as características do custeio por produto, por ordem e por processo produtivo, e os exemplos práticos criados, com resolução passo a passo, evidenciam as diferenças básicas na determinação dos saldos em elaboração.

São enfocados a apropriação dos custos diretos e o rateio dos indiretos, bem como a existência de saldos em elaboração nos finais dos períodos. Caracteriza-se o tratamento dispensado aos equivalentes de produção para a determinação não só dos custos unitários e do valor dos saldos em cada estágio, como também daqueles a serem transferidos para produtos acabados, nos casos de produção continuada com remanescentes de produção inacabada no final de cada período.

Além disso, os exemplos evidenciam as características de cada método de avaliação de estoques e as diferenças nos saldos das diversas contas utilizando-se um dos métodos – Peps, Ueps ou Médio –, especialmente quando se trata de processo contínuo de produção com remanescentes inacabados no final dos períodos de apuração de custos.

São feitos os lançamentos nas diversas contas envolvidas, desde a aquisição dos recursos necessários à elaboração até a venda e a apuração do resultado, o que significa abranger o ciclo completo, com o fluxograma da contabilização dos exemplos utilizados para cada um dos sistemas de custeio.

Ao sistema de custeio por processo é dedicada ênfase especial devido a sua mais frequente utilização, tendo em vista o maior grau de automação das atuais unidades fabris, o que recomenda a utilização desse sistema. Também são desenvolvidos e propostos exercícios utilizando o conceito de *preço de transferência* entre os processos.

Como os demais capítulos, para fixação da aprendizagem, este termina com uma série de exercícios propostos que deverão ser resolvidos pelos alunos. O resultado encontrado deve ser então conferido com as respostas apresentadas no final do capítulo. Caso a resposta não coincida com a solução determinada pelo aluno, o professor deverá esclarecer as dúvidas para possibilitar-lhe o completo entendimento do assunto.

Exercícios propostos

1. Desejando-se uma apuração de custos muito analítica, com várias e diversificadas unidades de acumulação de custos, o controle passa a ser:

   A Mais complexo, trabalhoso e oneroso.

   B Menos complexo, trabalhoso e oneroso.

   C Menos complexo, porém mais trabalhoso e oneroso.

   D Mais complexo, porém menos trabalhoso e oneroso.

2. Desejando-se uma apuração de custos muito genérica, com poucas e uniformes unidades de acumulação de custos, o controle passa a ser:

   A Mais complexo, trabalhoso e oneroso.

   C Menos complexo, porém mais trabalhoso e oneroso.

B	Menos complexo, trabalhoso e oneroso.	D	Mais complexo, porém menos trabalhoso e oneroso.

3. O custo unitário é obtido dividindo-se o custo total acumulado em cada tipo de produto pela quantidade produzida. Tal sistemática é válida se houver unidades:

A	Desiguais quanto à forma e equivalentes quanto ao tamanho.	C	Equivalentes quanto à forma e ao tamanho.
B	Desiguais quanto à forma e ao tamanho.	D	Equivalentes quanto à forma e desiguais quanto ao tamanho.

4. Entre os custos gerais, predominantemente classificados como custos indiretos, alguns podem ser classificados como custos diretos se forem:

A	Específicos de uma função de custo ou produto.	C	Facilmente apropriáveis a um produto.
B	Facilmente apropriáveis a uma função de custo.	D	Todas as alternativas.

5. O estoque de material armazenado e disponível para aplicação é resultante das compras efetuadas no período acrescidas do estoque:

A	Final mais estoque inicial.	C	Final apenas, desconsiderando-se o inicial.
B	Inicial menos estoque final.	D	Inicial apenas, desconsiderando-se o final.

6. As somas dos custos de pessoal, de materiais e gerais apropriadas e rateadas aos objetos de custos constituem apenas os custos:

A	Diretos.	C	Da produção acabada.
B	Indiretos.	D	Aplicados no período.

7. A diferença fundamental entre os métodos de custeio direto e por absorção é a existência ou não de:

A	Custos fixos nos estoques.	C	Despesas fixas nos estoques.
B	Custos variáveis nos estoques.	D	Despesas variáveis nos estoques.

8. O método de custeio que satisfaz aos princípios fundamentais de contabilidade é o:

A	Direto.	C	Por absorção.
B	Variável.	D	Baseado em atividades.

9. Pelo método do custeio direto, são considerados no estoque e no custo dos produtos vendidos os:

A	Custos fixos e variáveis.	C	Custos variáveis apenas.
B	Custos e despesas variáveis.	D	Custos fixos apenas.

10. Uma empresa com capacidade de produção de 12.500 unidades de um determinado produto produziu 10.000 e vendeu 6.000 unidades, apresentando os seguintes dados no período:

Preço de venda.. $ 400,00/unidade
Matéria-prima.. $ 120,00/unidade
Mão de obra direta.. $ 90,00/unidade
Custos gerais variáveis....................................... $ 40,00/unidade
Despesas de vendas variáveis.............................. $ 20,00/unidade
Depreciação industrial... $ 15.000,00
Mão de obra indireta... $ 300.000,00
Outros custos fixos .... $ 185.000,00
Despesas operacionais .... $ 400.000,00

No final do período, sem considerar estoque inicial e impostos e utilizando o método de custeio por absorção, o lucro operacional e o estoque final de produtos acabados terão valores de:

A $ 80.000,00 e $ 1.200.000,00.
B $ 140.000,00 e $ 1.160.000,00.
C ($ 120.000,00) e $ 1.000.000,00.
D $ 40.000,00 e $ 1.080.000,00.

11. Utilizando o método de custeio direto, a resposta do exercício anterior seria:

A $ 80.000,00 e $ 1.200.000,00.
B $ 140.000,00 e $ 1.160.000,00.
C ($ 120.000,00) e $ 1.000.000,00.
D $ 40.000,00 e $ 1.080.000,00.

12. Uma empresa industrial com capacidade de produção de 5.000 unidades de um produto por período pratica um preço de venda de $ 500,00 por unidade, tem custo fixo total de $ 140.000,00, custo variável unitário de $ 310,00 e apresentou os dados do Quadro 6.18 em dois períodos:

Quadro 6.18 *Dados de custos.*

ITENS	1º PERÍODO	2º PERÍODO
Quantidade produzida	3.500 un.	4.000 un.
Quantidade vendida	3.000 un.	4.200 un.
Despesas variáveis de vendas	$ 105.000,00	$ 147.000,00
Despesas fixas de vendas e administrativas	$ 250.000,00	$ 260.000,00

O lucro operacional acumulado e o estoque final de produtos acabados apurados no final do segundo período pelo método de custeio direto utilizando o controle permanente dos estoques avaliados pelo método Peps e desconsiderando-se os impostos, terão valores de:

A $ 233.000,00 e $ 134.680,00.
B $ 336.648,00 e $ 103.648,00.
C $ 336.500,00 e $ 103.500,00.
D $ 326.000,00 e $ 93.000,00.

13. Utilizando o método de custeio por absorção, a resposta do exercício anterior seria:

A $ 233.000,00 e $ 134.680,00.
B $ 336.648,00 e $ 103.648,00.
C $ 336.500,00 e $ 103.500,00.
D $ 326.000,00 e $ 93.000,00.

14. Nas empresas que produzem segundo encomenda de clientes, utilizando, porém, matéria-prima própria, o sistema de apuração de custo mais adequado para ser usado é o:

A Por produto.
B Por ordem de produção.
C Por ordem de serviço.
D Por processo produtivo.

15. Nas empresas que produzem elaborando matérias-primas de clientes sob especificação dos mesmos, o sistema de apuração de custo mais adequado para ser usado é o:

A Por produto.
B Por ordem de produção.
C Por ordem de serviço.
D Por processo produtivo.

16. Nas empresas cuja produção independe de encomenda de clientes, isto é, produzem para estoque, e os produtos têm de passar por setores independentes de produção, o sistema de apuração de custo mais adequado para ser usado é o:

A Por produto.
B Por ordem de produção.
C Por ordem de serviço.
D Por processo produtivo.

17. Nas empresas com sistema de produção contínua em que são elaborados produtos diferentes em um mesmo setor, sem que se possa apropriar qualquer dos custos a cada tipo diferente de produto, o sistema de apuração de custo mais adequado para ser usado é o:

A Por produto.
B Por ordem de produção.
C Por ordem de serviço.
D Por processo produtivo.

18. Na produção por processo existem tipos diferentes e distintos entre si, caracterizados por:

a) O produto é continuamente transferido de um para outro processo, até o último.
b) Mais de um produto é elaborado por meio de uma ou de mais de uma fase de processos independentes, que podem ser operados simultaneamente ou não.
c) Existência de várias fases para vários produtos, sem que todos eles passem, necessariamente, por todas as fases.

As características mencionadas representam, na ordem, os tipos:

A Sequencial, seletivo e paralelo.
B Paralelo, sequencial e seletivo.
C Seletivo, paralelo e sequencial.
D Sequencial, paralelo e seletivo.

19. As parcelas dos custos indiretos são atribuídas a cada tipo diferente de produtos ou serviços por:

A Apropriação direta.
B Divisão aleatória a cada tipo de produto.
C Divisão igual a cada tipo de produto.
D Divisão proporcional, utilizando-se um dado adequado como base.

20. Em mais de um período de produção de um bem com custo unitário diferente, se não há venda e a produção dos períodos está totalmente em estoque, o saldo da conta Produtos Acabados numa economia inflacionária apresenta valor:

A Maior, se o método for Peps.
B Maior, se o método for Ueps.
C Menor, se o método for Médio.
D Igual pelos três métodos.

21. Considerando os dados do exercício anterior, porém com inflação e venda de parte da produção, o estoque final do último período será:

A Maior, se o método for Peps.
B Maior, se o método for Ueps.
C Menor, se o método for Médio.
D Igual pelos três métodos.

22. Os custos unitários dos produtos A, B e C do Quadro 5.8 do Capítulo 5 são, respectivamente, de:

A $ 42,50; $ 36,32 e $ 64,83.
B $ 42,35; $ 36,32 e $ 64,83.
C $ 42,35; $ 90,30 e $ 97,25.
D $ 42,50; $ 90,30 e $ 97,25.

23. Os custos unitários dos produtos A, B e C do Quadro 5.9 do Capítulo 5 são, respectivamente, de:

A $ 10,26; $ 9,11 e $ 9,86.
B $ 10,63; $ 9,44 e $ 10,22.
C $ 10,52; $ 9,22 e $ 10,17.
D $ 10,59; $ 9,11 e $ 10,49.

24. Os custos unitários dos produtos A, B e C do Quadro 5.10 do Capítulo 5 são, respectivamente, de:

A $ 10,26; $ 9,11 e $ 9,86.
B $ 10,63; $ 9,44 e $ 10,22.
C $ 10,52; $ 9,22 e $ 10,17.
D $ 10,59; $ 9,11 e $ 10,49.

Uma empresa iniciou suas atividades produtivas no mês de janeiro e apresentou os dados contidos no Quadro 6.19 para um certo produto, devendo-se considerar a utilização do controle permanente dos estoques e o método Médio para valoração dos mesmos:

Quadro 6.19 *Dados de produção e venda de quatro produtos em um período.*

ITENS	PRODUTOS				
	A	B	C	D	TOTAL
1 – Matéria-prima direta	20.000,00	45.000,00	35.000,00	40.000,00	140.000,00
2 – Mão de obra direta	20.000,00	30.000,00	40.000,00	60.000,00	150.000,00
3 – Supervisão de produção					30.000,00
4 – Aluguel predial da fábrica					15.000,00
5 – Depreciações					2.000,00
6 – Transporte de pessoal					6.000,00
7 – Energia elétrica para iluminação					5.000,00
8 – Custo total aplicado					348.000,00
8.1 – Fixo					
8.2 – Variável					
9 – Produção acabada	400 un.	500 un.	1.500 un.	1.600 un.	4.000 un.
10 – Produção em elaboração final	100 un.	150 un.	0 un.	400 un.	650 un.
10.1 – Grau de acabamento	64%	50%	0%	25%	xxxxx
11 – Produção equivalente					
12 – Custo unitário ($)					xxxxx
13 – Saldo de produtos acabados ($)					
14 – Saldo de produtos em elaboração ($)					
15 – Lucro do período ($)					
16 – Valor do imobilizado industrial ($)	50.000	100.000	150.000	200.000	500.000
17 – Potência de máquinas a combustão	200 HP	500 HP	1.100 HP	1.200 HP	3.000 HP
18 – Área ocupada pela produção	200 m²	600 m²	800 m²	900 m²	2.500 m²
19 – Número de empregados diretos	5	10	15	20	50
20 – Venda a $ 150,00/un.	300 un.	450 un.	1.000 un.	1.250 un.	3.000 un.

Utilizando o sistema de custeio por absorção, complete os espaços do Quadro 6.19 corretamente, rateando os custos indiretos diretamente nas quatro funções (A, B, C e D) usando o critério de rateio "benefícios recebidos", e utilizando, dentre os dados disponíveis, aqueles mais adequados como base de rateio e, em seguida, responda aos exercícios 25, 26, 27 e 28.

25. Após o correto preenchimento do Quadro 6.19, apurou-se como custo unitário dos quatro produtos os valores respectivos de:

A) $ 100,00, $ 152,00, $ 61,20 e $ 72,00.

B) $ 86,21, $ 130,43, $ 50,00 e $ 58,82.

C) $ 116,00, $ 174,80, $ 61,20 e $ 76,50.

D) $ 92,80, $ 134,46, $ 61,20 e $ 61,20.

26. Após o correto preenchimento do Quadro 6.19, apurou-se como saldo total de produto acabado dos quatro produtos o valor de:

A $ 348.000,00.
C $ 73.400,00.
B $ 290.000,00.
D $ 58.000,00.

Quadro 6.20 *Dados de produção e venda de quatro produtos em um período.*

ITENS	FUNÇÕES DE CUSTOS				
	A	B	C	D	TOTAL
1 – Matéria-prima direta	19.440,00	44.750,00	110.000,00	93.000,00	267.190,00
2 – Mão de obra direta	20.000,00	30.000,00	40.000,00	60.000,00	150.000,00
3 – Supervisão de produção					30.000,00
4 – Aluguéis da fábrica					15.000,00
5 – Depreciações					2.000,00
6 – Transporte de pessoal					6.000,00
7 – Energia elétrica para iluminação					5.000,00
8 – Custo total aplicado					475.190,00
8.1 – Fixo					
8.2 – Variável					
9 – Produção acabada	400 un.	500 un.	1.500 un.	1.600 un.	4.000 un.
10 – Produção em elaboração final	100 un.	150 un.	0 un.	400 un.	650 un.
10.1 – Grau de acabamento	64%	50%	0%	25%	Xxxxx
11 – Produção equivalente					
12 – Custo unitário ($)					Xxxxx
13 – Saldo de produtos acabados ($)					
14 – Saldo de produtos em elaboração ($)					
15 – Lucro do período ($)					
16 – Valor do imobilizado industrial ($)	50.000	100.000	150.000	200.000	500.000
17 – Potência de máquinas a combustão	200 HP	500 HP	1.100 HP	1.200 HP	3.000 HP
18 – Área ocupada pela produção	200 m²	600 m²	800 m²	900 m²	2.500 m²
19 – Número de empregados diretos	5	10	15	20	50
20 – Venda a $ 150,00/un.	300 un.	450 un.	1.000 un.	1.250 un.	3.000 un.

Utilizando o sistema de custeio direto, complete os espaços do Quadro 6.20 corretamente, rateando os custos indiretos diretamente nas quatro funções (A, B, C e D) usando o critério de rateio "benefícios recebidos", e utilizando, dentre os dados disponíveis, aqueles mais adequados como base de rateio e, em seguida, responda aos exercícios 29, 30, 31 e 32.

27. Após o correto preenchimento do Quadro 6.19, apurou-se como saldo total de produto em elaboração dos quatro produtos, o valor de:

A $ 348.000,00.
B $ 200.400,00.
C $ 73.400,00.
D $ 25.000,00.

28. Após o correto preenchimento do Quadro 6.19, apurou-se como lucro total dos quatro produtos no período o valor de:

A $ 348.000,00.
B $ 200.400,00.
C $ 73.400,00.
D $ 58.000,00.

29. Após o correto preenchimento do Quadro 6.20, apurou-se como custo unitário dos quatro produtos os valores respectivos de:

A $ 98,79, $ 151,57, $ 112,20 e $ 103,18.
B $ 91,68, $ 134,08, $ 112,20 e $ 87,70.
C $ 85,00, $ 130,00, $ 100,00 e $ 90,00.
D $ 65,73, $ 115,00, $ 100,00 e $ 87,70.

30. Após o correto preenchimento do Quadro 6.20, apurou-se como saldo total de produto acabado dos quatro produtos o valor de:

A $ 93.488,00.
B $ 96.500,00.
C $ 393.000,00.
D $ 417.190,00.

31. Após o correto preenchimento do Quadro 6.20, apurou-se como saldo total de produto em elaboração dos quatro produtos o valor de:

A $ 86.008,31.
B $ 82.190,00.
C $ 28.008,31.
D $ 24.190,00.

32. Após o correto preenchimento do Quadro 6.20, apurou-se como lucro total dos quatro produtos no período o valor de:

A $ 95.500,00.
B $ 153.500,00.
C $ 73.400,00.
D $ 58.000,00.

Quadro 6.21 *Dados de produção e venda de quatro produtos em um período.*

ITENS	FUNÇÕES DE CUSTOS				
	A	B	C	D	TOTAL
1 – Matéria-prima direta	30.000	25.000	35.000	50.000	140.000
2 – Mão de obra direta	25.000	30.000	40.000	55.000	150.000
3 – Custos indiretos variáveis rateados	2.800	1.160	5.000	3.000	11.960
4 – Custos indiretos fixos rateados	1.700	6.240	2.200	6.900	17.040
5 – Soma dos custos variáveis					
6 – Custo total aplicado					319.000
7 – Produção acabada	800 un.	1.200 un.	900 un.	1.500 un.	4.400 un.
8 – Produção em elaboração final	100 un.	200 un.	400 un.	0 un.	700 un.
8.1 – Grau de acabamento	50%	24%	25%	0%	Xxxxx
9 – Produção equivalente					
10 – Custo unitário ($)					Xxxxx
11 – Saldo de produtos acabados ($)					
12 – Saldo de produtos em elaboração ($)					
13 – Lucro do período ($)					
14 – Valor do imobilizado industrial	50.000	200.000	100.000	150.000	500.000
15 – Potência de máquinas a combustão	600 HP	800 HP	500 HP	1.100 HP	3.000 HP
16 – Área ocupada pela produção	400 m²	700 m²	600 m²	800 m²	2.500 m²
17 – Número de empregados diretos	5	20	10	15	50
18 – Venda a $ 100,00/un.	800 un.	1.000 un.	800 un.	1.200 un.	3.800 un.

Utilizando o sistema de custeio por absorção, complete os espaços do Quadro 6.21 corretamente, rateando os custos indiretos diretamente nas quatro funções (A, B, C e D), usando o critério de rateio "benefícios recebidos" e utilizando, dentre os dados disponíveis, aqueles mais adequados como base de rateio e, em seguida, responda aos exercícios 33, 34, 35 e 36.

33. Após o correto preenchimento do Quadro 6.21, apurou-se como custo unitário dos quatro produtos os valores respectivos de:

A $ 64,22, $ 40,11, $ 88,89 e $ 72,00.

B $ 68,00, $ 45,00, $ 80,00 e $ 72,00.

C $ 70,00, $ 50,00, $ 82,20 e $ 76,60.

D $ 72,25, $ 46,80, $ 61,50 e $ 72,00.

34. Após o correto preenchimento do Quadro 6.21, apurou-se como saldo total de produto acabado dos quatro produtos o valor de:

A $ 36.800,00.

B $ 37.114,00.

C $ 38.511,00.

D $ 41.200,00.

35. Após o correto preenchimento do Quadro 6.21, apurou-se como saldo total de produto em elaboração dos quatro produtos o valor de:

A $ 14.120,00.

B $ 13.560,00.

C $ 13.290,00.

D $ 12.860,00.

36. Após o correto preenchimento do Quadro 6.21, apurou-se como lucro total dos quatro produtos no período o valor de:

A $ 113.600,00.

B $ 116.320,00.

C $ 127.400,00.

D $ 130.200,00.

Quadro 6.22 *Dados de produção e venda de quatro produtos em um período.*

10 – Custo unitário ($)	______	______	______	______	xxxxx
11 – Saldo de produtos acabados ($)	______	______	______	______	______
12 – Saldo de produtos em elaboração ($)	______	______	______	______	______
13 – Lucro do período ($)	______	______	______	______	______

Utilizando o sistema de custeio direto, com os dados do Quadro 6.21, recalcule os itens 10, 11, 12 e 13 do Quadro 6.22 (anterior), complete os espaços corretamente e, em seguida, responda aos exercícios 37, 38, 39 e 40.

37. Após o correto preenchimento do Quadro 6.22, apurou-se como custo unitário dos quatro produtos os valores respectivos de:

A $ 64,22, $ 40,11, $ 88,89 e $ 72,00.

B $ 68,00, $ 45,00, $ 80,00 e $ 72,00.

C $ 70,00, $ 50,00, $ 82,20 e $ 76,60.

D $ 72,25, $ 46,80, $ 61,50 e $ 72,00.

38. Após o correto preenchimento do Quadro 6.22, apurou-se como saldo total de produto acabado dos quatro produtos o valor de:

A $ 36.800,00.
B $ 37.114,00.
C $ 38.511,00.
D $ 41.200,00.

39. Após o correto preenchimento do Quadro 6.22, apurou-se como saldo total de produto em elaboração dos quatro produtos o valor de:

A $ 14.120,00.
B $ 13.560,00.
C $ 13.290,00.
D $ 12.860,00.

40. Após o correto preenchimento do Quadro 6.22, apurou-se como lucro total dos quatro produtos no período o valor de:

A $ 113.160,00.
B $ 116.320,00.
C $ 127.400,00.
D $ 130.200,00.

Quadro 6.23 *Dados de produção e venda de um produto.*

DADOS	PERÍODOS			
	JANEIRO	FEVEREIRO	MARÇO	ABRIL
1. Matéria-prima direta	93.240,00	82.264,00	106.488,00	123.480,00
2. Mão de obra direta	163.840,00	158.550,00	186.300,00	206.400,00
3. Custos indiretos de fabricação	39.504,00	36.577,00	51.791,00	67.562,00
4. Produção acabada	5.000 un.	4.900 un.	6.000 un.	7.000 un.
5. Produção em elaboração no final do período	300 un.	500 un.	400 un.	600 un.
5.1 Grau de acabamento	80%	50%	90%	70%
6. Quantidade vendida	4.400 un.	5.000 un.	4.000 un.	8.000 un.
7. Preço de venda	60,00	65,00	70,00	75,00

41. Com base nos dados do Quadro 6.23, o custo unitário de produção do último período é de:

A $ 56,78.
B $ 53,56.
C $ 52,30.
D $ 56,30.

42. Com base nos dados do Quadro 6.23, o saldo inicial da conta Produtos em Elaboração no último período é de:

A $ 23.646,00.
B $ 20.304,00.
C $ 33.780,00.
D $ 33.840,00.

43. Considerando os dados do Quadro 6.23, a conta Estoque de Produtos Acabados apresenta o saldo no final do último período igual a:

A $ 84.480,00.
B $ 56.330,00.
C $ 84.495,00.
D $ 56.300,00.

44. Considerando os dados do Quadro 6.23, desconsiderando porém as despesas e não havendo destinação de saldo, a conta Apuração de Resultados no final do 2º período, com controle permanente dos estoques, apresentaria o valor de:

A $ 14.960,00.
B $ 57.410,00.
C $ 117.770,00.
D $ 267.310,00.

45. Após os lançamentos contábeis das operações ocorridas nos quatro períodos referentes aos dados do Quadro 6.23 nos Razonetes abaixo, as contas Clientes e Vendas apresentarão saldos, respectivamente, de:

A $ 1.469.000,00 e zero.
B $ 1.496.000,00 e $ 1.469.000,00.
C $ 1.819.000,00 e zero.
D $ 1.819.000,00 e $ 1.819.000,00.

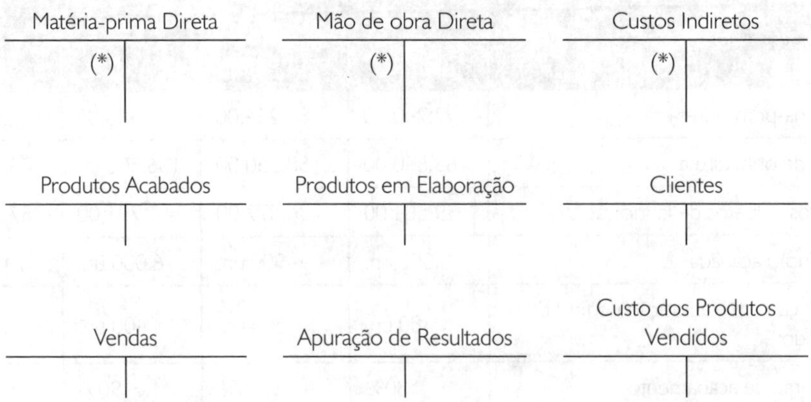

* Ocorreram débitos para suportar os lançamentos a crédito.

Uma empresa industrial produtora de vários bens utiliza o método Peps e inicia a elaboração do tapete Pé Sujo, tendo apresentado os dados contidos no Quadro 6.24:

46. Determinando-se o custo unitário de produção nos dois períodos mencionados no Quadro 6.24, o tapete apresenta, respectivamente, os dois valores de:

A $ 47,56 e $ 47,00.
B $ 48,75 e $ 35,78.
C $ 48,75 e $ 41,15.
D $ 48,75 e $ 47,00.

47. Com base nos dados do Quadro 6.24, o saldo da conta Produtos em Elaboração no final do segundo período é de:

A $ 141.000,00.
B $ 70.500,00.
C $ 129.000,00.
D $ 141.000,00.

Quadro 6.24 *Dados de produção e vendas do produto Pé Sujo.*

DADOS	1º PERÍODO	2º PERÍODO
1. Matéria-prima direta apropriada	115.000,00	125.500,00
2. Mão de obra direta apropriada	185.000,00	193.400,00
3. Custos indiretos de fabricação rateados	90.000,00	94.700,00
4. Produção (Quantidade)		
4.1 Acabada	6.800 un.	8.500 un.
4.2 Em elaboração final	1.500 un.	3.000 un.
4.2.1 Grau de acabamento	80%	50%
5. Vendas no final do período		
5.1 Quantidade	6.000 un.	9.000 un.
5.2 Preço unitário	70,00	60,00

48. Com base nos dados do Quadro 6.24, o saldo da conta Produtos Acabados no final do segundo período, utilizando-se o controle permanente dos estoques, é de:

A $ 14.100,00.
C $ 14.300,00.
B $ 14.625,00.
D $ 14.150,00.

49. Com base nos dados do Quadro 6.24, o lucro apurado apenas no segundo período é de:

A $ 117.000,00.
C $ 113.500,00.
B $ 115.650,00.
D $ 241.000,00.

50. Utilizando o controle permanente e após efetuar os lançamentos contábeis das operações ocorridas nos dois períodos referentes aos dados do Quadro 6.24 nos Razonetes a seguir, as contas Apuração de Resultados e Vendas apresentaram saldos, respectivamente, de:

A $ 127.500,00 e $ 960.000,00.
C $ 241.000,00 e zero.
B $ 127.500,00 e zero.
D $ 241.000,00 e $ 960.000,00.

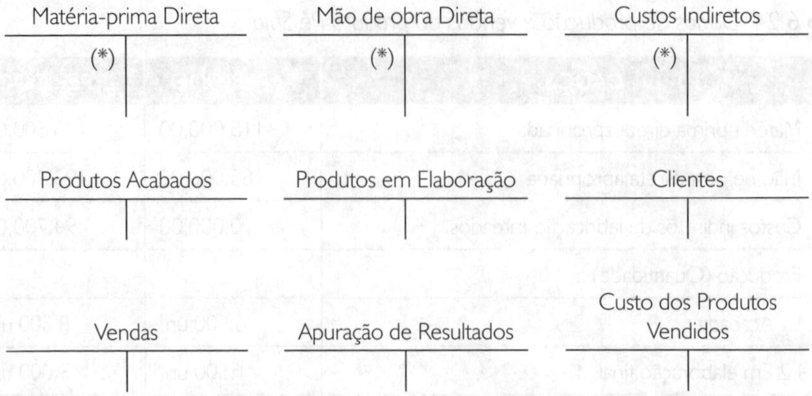

* Ocorreram débitos para suportar os lançamentos a crédito.

51. O saldo da conta Apuração de Resultados é consequência das contrapartidas das operações:

A Débito de CLIENTES
Créditos de VENDAS.

B Débito de VENDAS
Crédito de CLIENTES.

C Débito de CUSTO DOS PRODUTOS VENDIDOS
Crédito de VENDAS.

D Débito de VENDAS
Crédito de CUSTO DOS PRODUTOS VENDIDOS.

Quadro 6.25 *Dados de produção.*

DADOS	1º PERÍODO	2º PERÍODO
1. Custo Aplicado	50.000,00	59.680,00
2. Quantidade Produzida		
2.1 Acabada	9.000 un.	12.000 un.
2.2 Em elaboração	2.000 un.	3.000 un.
2.2.1 Grau de Acabamento	50%	40%

52. Com os dados do Quadro 6.25, considerando o início de produção no 1º período e utilizando o método Médio, o saldo da conta Produtos em Elaboração no final do 2º período apresenta o valor de:

A $ 880,00.
B $ 5.000,00.
C $ 5.880,00.
D $ 10.880,00.

53. De acordo com os dados do Quadro 6.25, o saldo devedor da conta Estoque de Produtos Acabados está representado por:

A 1.000 unidades.
B 9.000 unidades.
C 21.000 unidades.
D 22.200 unidades.

Quadro 6.26 *Dados de produção.*

DADOS	1º PERÍODO	2º PERÍODO
1. Custo Aplicado	194.000,00	291.400,00
2. Quantidade Produzida		
2.1 Acabada	38.000 un.	61.000 un.
2.2 Em elaboração	5.000 un.	6.000 un.
2.2.1 Grau de Acabamento	40%	50%

54. Considerando os dados do Quadro 6.26 como os de um produto que utiliza o método Ueps, o saldo da conta Estoque de Produtos Acabados apresenta no final do último período o valor de:

A $ 471.000,00.
B $ 286.700,00.
C $ 190.000,00.
D $ 184.300,00.

55. O saldo credor da conta Estoque de Produtos Acabados é consequência de:

A Valor da venda maior do que o custo dos produtos fabricados.
B Utilização do sistema Ueps para valorização dos estoques.
C Pagamento a maior aos fornecedores.
D Lançamento errado.

Uma empresa industrial utiliza o método Médio e o controle permanente, tendo apresentado os seguintes dados em um produto:

Quadro 6.27 *Dados de produção.*

ITENS	MESES	
	MARÇO	ABRIL
1. Matéria-prima Direta	28.000,00	27.440,00
2. Mão de obra Direta	18.240,00	19.380,00
3. Custos Indiretos de Fabricação	12.220,00	13.928,00
4. Produção Acabada	9.000 un.	10.000 un.
5. Produção em Elaboração no Final do Período	1.000 un.	1.600 un.
5.1 Grau de Acabamento		
5.1.1. Matéria-prima Direta	100%	50%
5.1.2. Mão de obra Direta	60%	50%
5.1.3. Custos Indiretos de Fabricação	40%	20%

56. Os custos unitários do produto em março e abril, com base no Quadro 6.27, são, respectivamente, de:

A $ 6,50 e $ 6,10.
B $ 6,00 e $ 6,10.
C $ 5,85 e $ 5,62.
D $ 6,50 e $ 6,03.

57. Com base nos dados do Quadro 6.27, o custo total da produção em elaboração transferido para abril é de:

A $ 4.460,00.
B $ 2.240,00.
C $ 2.800,00.
D $ 6.000,00.

58. Com base nos dados do Quadro 6.27, o saldo de produtos acabados (fabricados) no final de abril é de:

A $ 61.000,00.
B $ 110.000,00.
C $ 60.748,00.
D $ 115.000,00.

59. Adicionando-se aos dados do Quadro 6.27 vendas de 6.500 unidades do produto no final de março e 9.500 unidades no final de abril a $ 7,00 cada, o saldo da conta Produtos Acabados seria de:

A $ 3.000,00.
B $ 3.050,00.
C $ 18.240,00.
D $ 18.300,00.

60. De acordo com o exercício anterior, o saldo de Apuração de Resultados no final do último mês seria de:

A $ 14.720,00.
B $ 15.200,00.
C $ 15.240,00.
D $ 16.000,00.

61. Se o custo unitário do produto em abril fosse determinado com o valor de $ 6,80 e o dado referente ao valor da matéria-prima direta aplicada, constante do Quadro 6.27, nesse mês fosse extraviado, seria possível determinar este valor em:

A $ 37.800,00.
B $ 28.800,00.
C $ 29.000,00.
D $ 35.000,00.

Uma empresa utiliza o método Peps e o controle permanente e inicia suas atividades em março, acumulando os dados de custos em um produto, conforme o Quadro 6.28:

62. Os custos unitários do produto em março e abril, com base no Quadro 6.28, são, respectivamente, de:

A $ 15,50 e $ 15,10.
B $ 15,01 e $ 14,94.
C $ 15,00 e $ 14,50.
D $ 16,67 e $ 14,09.

63. Com base nos dados do Quadro 6.28, o saldo da conta Produtos em Elaboração no final de março é de:

A $ 15.500,00.
B $ 9.960,00.
C $ 10.600,00.
D $ 24.000,00.

Quadro 6.28 *Dados de produção.*

ITENS	MESES	
	MARÇO	ABRIL
1. Matéria-prima Direta	60.000,00	58.800,00
2. Mão de obra Direta	38.400,00	39.780,00
3. Custos Indiretos de Fabricação	51.700,00	52.000,00
4. Produção Acabada	9.000 un.	10.000 un.
5. Produção em Elaboração no final do período	1.000 un.	1.600 un.
5.1 Grau de Acabamento		
5.1.1. Matéria-prima Direta	100%	50%
5.1.2. Mão de obra Direta	60%	50%
5.1.3. Custos Indiretos de Fabricação	40%	25%

64. De acordo com os dados do Quadro 6.28, o saldo da conta Produtos Acabados (fabricados) no final de abril é de:

A $ 151.000,00.
B $ 286.900,00.
C $ 290.500,00.
D $ 290.700,00.

65. Se das 19.000 unidades produzidas, conforme o Quadro 6.28, fossem vendidas 6.500 no final de março e 10.000 no final de abril, o saldo da conta Produtos Acabados seria de:

A $ 37.750,00.
B $ 38.250,00.
C $ 38.750,00.
D $ 37.950,00.

66. Se a venda do exercício anterior fosse a $ 20,00 por unidade, o saldo da conta Apuração de Resultados no final do último mês seria de:

A $ 77.250,00.
B $ 79.530,00.
C $ 74.250,00.
D $ 80.850,00.

67. Se no Quadro 6.28 o valor da matéria-prima direta em abril não estivesse disponível, sabendo-se porém que o custo unitário do produto foi $ 17,00, seu valor poderia ser determinado e nesse mês teria sido:

A $ 79.320,00.
B $ 85.320,00.
C $ 86.400,00.
D $ 75.000,00.

Uma empresa industrial, utilizando o método Ueps e o controle permanente, produz vários bens e inicia a produção do tapete Pé Limpo, tendo apresentado os dados do Quadro 6.29:

Quadro 6.29 *Dados de produção e vendas do produto Pé Limpo.*

DADOS	1º PERÍODO	2º PERÍODO
1. Matéria-prima Direta – MPD	137.750,00	188.500,00
2. Mão de obra Direta – MOD	244.590,00	339.290,00
3. Custos Indiretos de Fabricação – CIF	47.320,00	63.250,00
4. Produção (quantidade)		
4.1 Acabada	9.000 un.	12.500 un.
4.2 Em elaboração final	2.000 un.	2.500 un.
4.2.1 Grau de Acabamento		
4.2.1.1 MPD	25%	40%
4.2.1.2. MOD	15%	30%
4.2.1.3. CIF	5%	10%
5. Vendas no final do período a $ 50,00/un.	8.000 un.	13.000 un.

68. Os custos unitários de produção no 1º e 2º períodos do Quadro 6.29 são, respectivamente, de:

A $ 46,00 e $ 44,35.
B $ 46,20 e $ 44,32.
C $ 46,00 e $ 45,70.
D $ 46,20 e $ 44,50.

69. O saldo da conta Produtos em Elaboração no final do 2º período, com base nos dados do Quadro 6.29, é de:

A $ 35.450,00.
B $ 35.400,00.
C $ 19.790,00.
D $ 15.660,00.

70. O saldo da conta Produtos Acabados no final do 2º período, com base nos dados do Quadro 6.29, é de:

A $ 22.850,00.
B $ 23.000,00.
C $ 22.860,00.
D $ 24.000,00.

71. O valor total da Apuração de Resultados acumulados nos dois períodos, de acordo com os dados do Quadro 6.29, é de:

A $ 90.250,00.
B $ 90.300,00.
C $ 84.000,00.
D $ 87.750,00.

72. Com base nos dados do Quadro 6.29, sem modificar o preço de venda no 2º período e desejando-se um lucro acumulado no 2º período de $ 71.750,00, o preço de venda no 1º período deveria ser de:

A $ 52,00. C $ 46,00.
B $ 48,00. D $ 44,00.

73. Após efetuar os lançamentos contábeis das operações ocorridas nos dois períodos referentes aos dados do Quadro 6.29 nos Razonetes a seguir, as contas Clientes e Custo dos Produtos Vendidos antes da apuração de resultados apresentaram saldos, respectivamente, de:

A $ 400.000,00 e $ 368.000,00. C $ 1.050.000,00 e $ 959.700,00.
B $ 650.000,00 e $ 592.020,00. D $ 1.050.000,00 e $ 962.250,00.

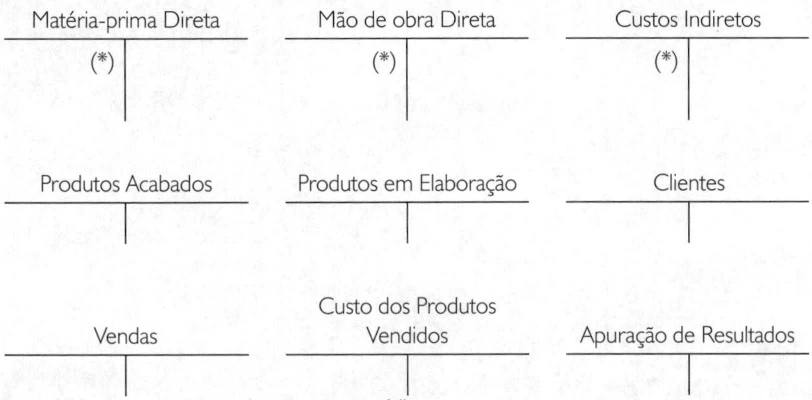

* Ocorreram débitos para suportar os lançamentos a crédito.

74. Após todos os lançamentos no Diário (Quadro 6.30) das operações do 1º período do problema anterior, antes da apuração de resultados, o valor total dos débitos e dos créditos será de:

A $ 1.611.660,00. C $ 843.660,00.
B $ 1.211.660,00. D $ 429.660,00.

Quadro 6.30 *Diário das operações do 1º período do Quadro 6.29.*

Uma indústria produtora de vários bens inicia a produção do produto ALFA, que consome apenas a matéria-prima X e apresenta os dados constantes do Quadro 6.31:

75. O sistema de valoração dos estoques utilizado pela indústria do Quadro 6.31 é:

A Específico.

B Peps.

C Ueps.

D Médio.

76. De acordo com os dados do Quadro 6.31, os custos unitários de produção no 1º e 2º períodos são, respectivamente, de:

A $ 24,00 e $ 24,00.

B $ 24,25 e $ 22,06.

C $ 24,00 e $ 23,00.

D $ 24,88 e $ 23,44.

77. De acordo com os dados do Quadro 6.31, os saldos da conta Produtos em Elaboração nos dois períodos são de:

A $ 12.922,00 e $ 8.360,00.

B $ 7.100,00 e $ 4.400,00.

C $ 10.560,00 e $ 16.330,00.

D $ 8.800,00 e $ 14.200,00.

78. De acordo com os dados do Quadro 6.31, os saldos da conta Matéria-prima X nos dois períodos são, respectivamente, de:

A $ 93.600,00 e $ 62.500,00.
B $ 93.600,00 e $ 60.900,00.
C $ 96.000,00 e $ 62.500,00.
D $ 90.000,00 e $ 54.000,00.

Quadro 6.31 *Dados de produção e vendas do produto ALFA.*

DADOS	1º PERÍODO MENSAL	2º PERÍODO MENSAL
1. Matéria-prima Direta		
1.1. Estoque Inicial		
1.1.1. Quantidade	300 un.	800 un.
1.1.2. Valor Unitário	100,00	117,00
1.2. Aquisição no início do período ao prazo de 30 dias para pagamento		
1.2.1. Quantidade	1.700 un.	1.200 un.
1.2.1. Valor Unitário	120,00	125,00
1.3. Aplicação na produção durante o período (quantidade)	1.200 un.	1.500 un.
2. Mão de obra Direta apropriada no período (valor)	111.440,00	136.620,00
3. Custos Indiretos de Fabricação do período (já rateados)	82.920,00	99.242,00
4. Quantidade produzida		
4.1. Acabada	13.600 un.	18.000 un.
4.2. Em elaboração final	880 un.	1.420 un.
4.2.1. Grau de acabamento		
4.2.1.1. MPD	50%	50%
4.2.1.2. MOD	37,5%	40%
4.2.1.3. CIF	25%	20%
5. Vendas no final do período para recebimento em 30 dias a $ 26,00/un.	11.600 un.	18.500 un.

79. De acordo com os dados do Quadro 6.31, o saldo da conta Produtos Acabados no final do 2º período é de:

A $ 34.500,00.
B $ 34.650,00.
C $ 36.000,00.
D $ 35.250,00.

80. De acordo com os dados do Quadro 6.31, o saldo da conta Lucros Acumulados no final do 2º período é de:

A $ 22.400,00.
B $ 23.200,00.
C $ 78.750,00.
D $ 76.850,00.

81. Após os lançamentos contábeis das operações referentes aos dados do Quadro 6.31 efetuados nos Razonetes abaixo, apuraram-se como saldos das contas Clientes e Custo dos Produtos Vendidos no final do 2º período e antes da apuração de resultados os valores respectivos de:

A $ 481.000,00 e $ 427.350,00.
B $ 481.000,00 e $ 705.750,00.
C $ 782.600,00 e $ 740.400,00.
D $ 782.600,00 e $ 705.750,00.

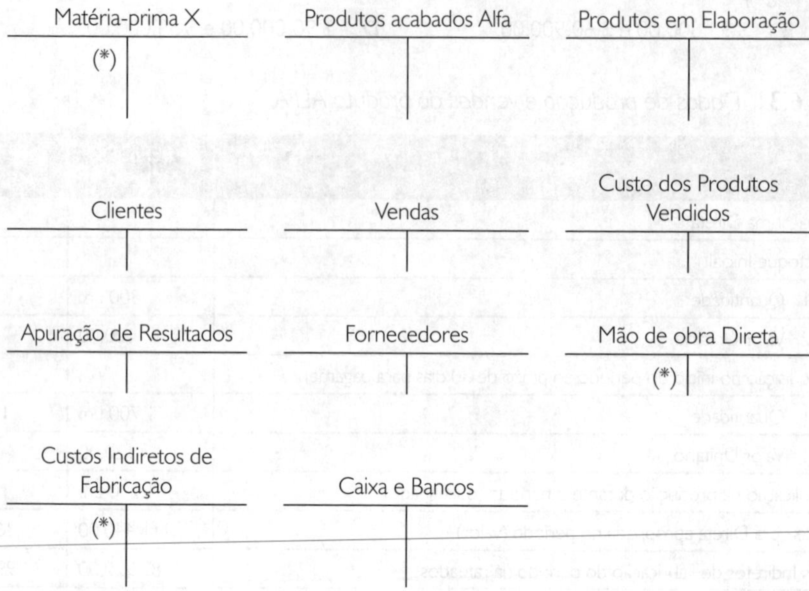

* Ocorreram débitos para suportar os lançamentos a crédito.

82. Após os lançamentos contábeis das operações ocorridas nos dois períodos referentes ao problema anterior no Diário (Quadro 6.32) a seguir, os totais dos débitos e dos créditos no final do 1º período antes da apuração dos saldos e de resultados apresentaram o valor de:

A $ 865.160,00.

B $ 1.143.560,00.

C $ 1.445.160,00.

D $ 1.746.760,00.

Quadro 6.32 *Diário das operações do Quadro 6.31.*

83. Uma indústria produtora de vários bens inicia a fabricação do produto ALFA, que consome apenas a matéria-prima X e apresenta os dados do Quadro 6.33 nos três períodos mensais. Após o preenchimento dos espaços do mesmo, os saldos das contas Fornecedores e Clientes no final do 3º período apresentam os valores respectivos de:

A $ 78.000,00 e zero.

B $ 215.500,00 e $ 180.000,00.

C $ 215.500,00 e zero.

D $ 78.000,00 e $ 180.000,00

Quadro 6.33 *Dados de movimentação do produto ALFA.*

Dados	1º período	2º período	3º período
1. Matéria-prima Direta			
1.1. Estoque Inicial			
1.1.1. Quantidade	..........un.	200 un.	..........un.
1.1.2. Valor Unitário	100,00	....	125,00
1.2. Aquisição no início do período ao prazo de 45 dias para pagamento			
1.2.1. Quantidade	1.200 un.	1.100 un.	600 un.
1.2.2. Valor Unitário	120,00	125,00	130,00
1.3. Aplicação na produção durante o período (quantidade)	1.200 un.	1.000 un.	400 un.
1.4. Estoque Final			
1.4.1. Quantidade	..........un.	..........un.	..........un.
1.4.2. Valor Unitário	....	....	....
2. Mão de obra Direta apropriada no período (valor)	81.250,00	81.915,00	41.480,00
3. Custos Indiretos de Fabricação do período (já rateados)	33.600,00	32.160,00	26.000,00
4. Quantidade Produzida			
4.1. Acabada	10.000 un.	14.000 un.	7.000 un.
4.2. Em elaboração final	4.000 un.	3.000 un.	1.000 un.
4.2.1. Grau de Acabamento			
4.2.1.1. MPD	100%	80%	45%
4.2.1.2. MOD	62,5%	40%	30%
4.2.1.3. CIF	30%	20%	10%
5. Vendas no final do período (a vista) a $ 30,00/un.	9.000 un.	14.600 un.	6.000 un.
6. Estoque final de produtos acabados			
6.1. Quantidade	..........un.	..........un.	..........un.
6.2. Valor unitário	....	....	....

84. Após o preenchimento dos espaços do Quadro 6.33, os saldos das contas Estoques de Matéria-prima e Estoques de Produtos Acabados apresentaram os valores respectivos de:

A $ 65.000,00 e $ 29.120,00.

B $ 126.500,00 e $ 56.160,00.

C $ 65.000,00 e $ 56.160,00.

D $ 126.500,00 e $ 29.120,00.

85. Na transferência do produto pronto (acabado) do setor de Produção para o setor de Armazenamento, devem ser debitadas e creditadas as seguintes contas, respectivamente:

A Produtos em Elaboração
a Estoque de Matéria-prima.

B Estoque de Matéria-prima
a Produtos Acabados.

C Produtos Acabados
a Produtos em Elaboração.

D Produtos Acabados
a Custo dos Produtos Vendidos.

86. No encerramento de um período de produção, apuraram-se os dados seguintes sobre a quantidade de um produto que ficou em elaboração:

Valor da produção em elaboração: $ 50.000,00

Quantidade da produção em elaboração: 1.000 unidades

Custo unitário da Mão de obra direta: $ 20,00

Custo total indireto: $ 11.000,00

Aplicações sobre a produção em elaboração:

Matéria-prima direta: 90%

Mão de obra direta: 60%

Custo indireto: 40%

O custo unitário do produto acabado é:

A $ 50,00.

B $ 55,56.

C $ 79,00.

D $ 77,50.

87. No encerramento de um período de produção, apuraram-se os dados seguintes sobre a quantidade de um produto que ficou em elaboração:

Valor da produção em elaboração: $ 195.960,00

Quantidade da produção em elaboração: 2.000 unidades

Custo unitário da Mão de obra direta: $ 48,20

Custo unitário indireto: $ 25,60

Aplicações sobre a produção em elaboração:

Matéria-prima direta: 90%

Mão de obra direta: 60%

Custo indireto: 30%

O custo unitário do produto acabado é:

A $ 98,18.

B $ 109,09.

C $ 163,33.

D $ 142,00.

88. Utilizando o método Médio, uma empresa produziu num período 6.500 unidades acabadas, sendo que 5.000 unidades ficaram em elaboração, com 70% dos custos aplicados sobre estas. O total dos custos aplicados no período foi de $ 4.800.000,00 e a produção em elaboração no início do período era de 1.000 unidades com 20% dos custos aplicados. Sabendo-se que o custo unitário do produto no período anterior era de $ 450,00, o custo unitário neste período é de:

A $ 480,00.
B $ 489,00.
C $ 450,00.
D $ 433,00.

89. A empresa do exercício anterior apresenta no final do período um saldo da conta Produtos em Elaboração no valor de:

A $ 2.445.000,00.
B $ 2.400.000,00.
C $ 1.711.500,00.
D $ 1.680.000,00.

90. Utilizando o método Médio, uma empresa aplicou $ 4.115.000,00 sobre 850 unidades acabadas e 300 unidades, que ficaram com apenas 50% dos custos aplicados. A produção em elaboração inicial era de 150 unidades, com 80% dos custos já aplicados. Embora desconhecendo-se o valor do estoque inicial, sabe-se que o custo unitário do produto acabado no período anterior era de $ 4.875,00. Neste período, o custo unitário é de:

A $ 4.875,00.
B $ 4.841,00.
C $ 4.788,00.
D $ 4.700,00.

91. A empresa do exercício anterior apresenta no final do período um saldo da conta Produtos em Elaboração no valor de:

A $ 1.462.500,00.
B $ 731.250,00.
C $ 705.000,00.
D $ 617.250,00.

92. Como não houve venda no período, a conta Produtos Acabados da empresa do exercício 90 apresentou um saldo no final do período no valor de:

A $ 4.700.000,00.
B $ 3.995.000,00.
C $ 4.580.000,00.
D $ 4.115.000,00.

93. A indústria de Calçados Pés Descalços vendeu no último dia do mês de janeiro 44.600 pares de sapatos PDH a $ 1.200,00 cada par. O estoque de sapatos PDH no início de janeiro era de 5.400 pares valorados a $ 750,00 cada par. A Contabilidade de Custos da empresa acumulou durante o mês de janeiro $ 25.080.000,00 de matéria-prima direta, $ 12.420.000,00 de mão de obra direta e $ 8.200.000,00 de custos indiretos de fabricação aplicados na produção, sabendo-se que não existia produção em elaboração no início do mês. O estoque de sapatos PDH no final de janeiro era de 800 pares acabados e 2.000 pares em elaboração, com 90% de matéria-prima direta, 70% de mão de obra direta e 50% de custos indiretos de fabricação aplicados. Se a empresa utilizar o sistema de valoração Peps, o valor do estoque final de produtos acabados será de:

A $ 600.000,00.

B $ 800.000,00.

C $ 880.000,00.

D $ 1.500.000,00.

Quadro 6.34 *Dados de um produto.*

PERÍODO	QUANTIDADE PRODUZIDA	CUSTO UNITÁRIO	QUANTIDADE VENDIDA	PREÇO VENDA	LUCRO ACUMULADO	RECEITA TOTAL DO PERÍODO
1º	5.000	10,00	4.000	15,00	20.000,00	60.000,00
2º	6.000	10,50	4.000	15,50	40.000,00	62.000,00
3º	5.500	13,00	7.000	16,00	64.750,00	112.000,00

94. De acordo com os dados do Quadro 6.34, referentes a um produto, usando-se o controle permanente e o método Ueps para valoração e desejando-se um lucro acumulado no 3º período de $ 44.750,00 em lugar do valor apresentado, o preço de venda no 1º período deveria ser:

A $ 16,00.

B $ 13,00.

C $ 10,50.

D $ 10,00.

95. O saldo da conta Produtos em Elaboração no início de um período apresentava o valor de $ 50.000,00, aplicados em três Ordens de Produção (OP), sendo $ 25.000,00 na OP 01, $ 15.000,00 na OP 02 e $ 10.000,00 na OP 03. Durante o período, foram abertas as OPs 04, 05, 06 e 07, e os custos de matéria-prima direta (MPD), de mão de obra direta (MOD) e indiretos de fabricação (CIF) aplicados estão discriminados no Quadro 6.35:

Quadro 6.35 *Dados de apuração por ordem de produção.*

OP	MPD	MOD	CIF			TOTAL	DADOS		
			SUPERVISÃO	ALUGUEL	EN. ELÉTRICA		ÁREA	QDE.	KWH
01	15.000,00	5.000,00					100	1.000	80
02	9.000,00	4.000,00					80	1.500	90
03	12.000,00	6.000,00					40	600	100
04	8.000,00	4.000,00					60	800	70
05	15.000,00	10.000,00					60	1.200	60
06	20.000,00	9.000,00					40	500	40
07	16.000,00	12.000,00					20	400	60
Total	95.000,00	50.000,00	12.000,00	5.000,00	3.000,00	165.000,00	400	6.000	500

Após os rateios adequados, o Quadro 6.35 preenchido e supondo-se que as OPs de número ímpar foram completadas e entregues aos clientes, o custo dos produtos vendidos tem o valor de:

A $ 103.470,00.

C $ 165.000,00.

B $ 138.470,00. D $ 215.000,00.

96. Nas mesmas condições do exercício anterior, o saldo da conta Produtos em Elaboração apresenta o valor de:

A $ 61.530,00.
B $ 76.530,00.
C $ 165.500,00.
D $ 215.000,00.

97. Utilizando o método de custeio por Absorção e apurando custo por Ordem de Produção (OP), uma empresa iniciou um período com três delas (nº 01, 05 e 06) em elaboração com $ 25.000,00 de custos aplicados, sendo $ 12.000,00 na OP 01, $ 10.000,00 na 05 e $ 3.000,00 na 06. Os custos diretos (MPD – Matéria-prima direta, MOD – Mão de obra direta) aplicados e os dados ocorridos no período foram os constantes do Quadro 6.36:

Quadro 6.36 *Dados ocorridos nas OPs.*

OP	MPD	MOD	ÁREA	IMOBILIZADO	HOMEM HORA	HORA-MÁQUINA	KWH
01	4.000,00	3.000,00	300	600,00	400	200	300
05	5.000,00	5.000,00	600	800,00	800	500	1.000
06	3.000,00	2.000,00	300	200,00	300	100	200
07	6.000,00	4.000,00	400	0,00	600	300	600
08	7.000,00	6.000,00	800	400,00	900	400	400
Total	25.000,00	20.000,00	2.400	2.000,00	3.000	1.500	2.500

Os custos indiretos de fabricação (CIF) a serem rateados adequadamente em cada OP constituem-se em $ 2.000,00 referentes a energia elétrica, $ 3.600,00 ao aluguel do imóvel, $ 7.000,00 à supervisão da produção, $ 1.500,00 à matéria-prima indireta e $ 900,00 a depreciações.

Se apenas as OPs de números *ímpares* foram completadas e entregues aos clientes durante o período, os saldos das contas Produtos em Elaboração e Custo dos Produtos Vendidos, antes da apuração de resultados, apresentam no final do período os valores respectivos de:

A $ 23.800,00 e $ 36.200,00.
B $ 26.800,00 e $ 36.200,00.
C $ 23.800,00 e $ 58.200,00.
D $ 26.800,00 e $ 58.200,00.

98. Continuando as operações, a empresa do exercício anterior apurou no exercício seguinte os dados constantes do Quadro 6.37.

Quadro 6.37 *Dados ocorridos nas OPs.*

OP	MPD	MOD	ÁREA	IMOBILIZADO	HOMEM HORA	HORA-MÁQUINA	KWH
06	3.000,00	6.000,00	500	200,00	800	400	300
08	5.000,00	7.000,00	600	400,00	1.200	600	400
09	10.000,00	12.000,00	900	600,00	1.500	900	800
10	12.000,00	15.000,00	400	800,00	500	500	500
Total	30.000,00	40.000,00	2.400	2.000,00	4.000	2.400	2.000

Os custos indiretos a serem rateados têm os valores de $ 2.500,00 de energia elétrica, $ 3.600,00 de aluguel do imóvel, $ 7.000,00 de supervisão da produção, $ 1.800,00 de matéria-prima indireta e $ 1.000,00 de depreciações.

Se apenas as OPs de números *pares* foram completadas e entregues aos clientes durante o período, os saldos das contas Produtos em Elaboração e Custo dos Produtos Vendidos, antes da apuração de resultados, apresentam no final do período os valores de:

A $ 27.350,00 e $ 85.350,00.

B $ 26.800,00 e $ 85.900,00.

C $ 27.350,00 e $ 58.550,00.

D $ 54.150,00 e $ 58.550,00.

Quadro 6.38 *Dados de apuração por ordem de produção (OP).*

OP	MPD	MOD	CIF	TOTAL
01	8.000,00	9.000,00		
02	10.000,00	7.000,00		
03	6.000,00	5.000,00		
04	7.000,00	6.000,00		
05	9.000,00	8.000,00		
Total	**40.000,00**	**35.000,00**		

Os custos indiretos de fabricação (CIF) constantes da última coluna do Quadro 6.39 devem ser rateados em cada OP de acordo com os dados mais adequados disponíveis e suas parcelas distribuídas no Quadro 6.39 e, em seguida, transportados os totais para o Quadro 6.38.

Quadro 6.39 *Rateio por ordem de produção (OP).*

CIF	OP 01	OP 02	OP 03	OP 04	OP 05	TOT
Energia elétrica p/ iluminação						1.600,
Supervisão da produção						3.500,
Matéria-prima indireta						2.000,
Depreciações (linha reta)						400,
Aluguel do imóvel						4.500,
Energia elétrica p/ acionar máq.						3.000,
Soma dos variáveis						
Soma dos fixos						
Total dos CIF						**15.000,**

Quadro 6.40 *Dados disponíveis para rateio por ordem de produção (DDR).*

DDR	OP 01	OP 02	OP 03	OP 04	OP 05	TOT
Área ocupada pela produção (m^2)	200	1.000	600	300	400	2.500
Imobilizado industrial ($ 1.000,)	250	400	100	300	200	1.250
Peso total da produção acabada (t)	50	40	20	30	60	200
Potência das máq. elétricas (HP)	250	300	100	200	400	1.250

Quadro 6.41 *Dados de apuração por ordem de produção (OP).*

OP	MPD	MOD	CIF	TOTAL
02	3.000,00	2.000,00		
04	6.000,00	5.000,00		
06	4.000,00	4.000,00		
07	5.000,00	3.000,00		
08	7.000,00	6.000,00		
Total	**25.000,00**	**20.000,00**		

Os custos indiretos de fabricação (CIF) constantes da última coluna do Quadro 6.42 devem ser rateados em cada OP de acordo com os dados mais adequados disponíveis e suas parcelas distribuídas no Quadro 6.42 e, em seguida, transportados os totais para o Quadro 6.41.

99. Utilizando o custeio por absorção, cuja característica principal é considerar todos os custos na produção e no estoque, foram apurados os custos das Ordens de Produção (OP). Se apenas as OP de números ímpares foram completadas e entregues aos clientes durante o período, o saldo da conta Produtos em Elaboração no final do período foi de:

A $ 36.746,00.

B $ 13.560,00.

C $ 13.290,00.

D $ 10.000,00.

Quadro 6.42 *Rateio por ordem de produção (OP).*

CIF	OP 02	OP 04	OP 06	OP 07	OP 08	TOT
Energia elétrica p/ iluminação						2.000,
Supervisão da produção						4.000,
Matéria-prima indireta						2.000,
Depreciações (linha reta)						1.000,
Aluguel do imóvel						3.000,
Energia elétrica p/ acionar máq.						3.000,
Soma dos variáveis						
Soma dos fixos						
Total dos CIF						**15.000,**

Quadro 6.43 *Dados disponíveis para rateio por ordem de produção (DDR).*

DDR	OP 02	OP 04	OP 06	OP 07	OP 08	TOT
Área ocupada pela produção (m^2)	500	150	300	100	200	1.250
Imobilizado industrial ($ 1.000)	800	600	200	500	400	2.500
Peso total da produção acabada (t)	40	30	20	50	60	200
Potência das máquinas elétricas (HP)	200	200	100	350	400	1.250

100. Dando continuidade às atividades no período seguinte, foram abertas três novas OP (06, 07 e 08) e os custos aplicados estão no Quadro 6.41. Se apenas as OP de números pares foram completadas e entregues aos clientes durante o período, o Custo dos Produtos Vendidos (CPV) apurado no final do período foi de.

A $ 49.560,00.
B $ 60.000,00.
C $ 86.306,00.
D $ 96.746,00.

Quadro 6.44 *Dados de apuração por ordem de produção (OP).*

OP	MPD	MOD	CIF	TOTAL
01	10.000,00	8.000,00		
02	16.000,00	12.000,00		
03	8.000,00	7.000,00		
04	9.000,00	6.000,00		
05	7.000,00	2.000,00		
Total	**50.000,00**	**35.000,00**		

Os custos indiretos de fabricação (CIF) constantes da última coluna do Quadro 6.45 devem ser rateados em cada OP de acordo com os dados mais adequados disponíveis e suas parcelas distribuídas no Quadro 6.45 e, em seguida, transportados os totais para o Quadro 6.44.

Quadro 6.45 *Rateio por ordem de produção (OP).*

CIF	OP 01	OP 02	OP 03	OP 04	OP 05	TOT
Energia elétrica p/ iluminação						1.600,
Supervisão da produção						3.500,
Matéria-prima indireta						2.000,
Depreciações (linha reta)						400,
Aluguel do imóvel						4.500,
Energia elétrica p/ acionar máq.						3.000,
Soma dos variáveis						
Soma dos fixos						
Total dos CIF						**15.000,**

Quadro 6.46 *Dados disponíveis para rateio por ordem de produção (DDR).*

DDR	OP 01	OP 02	OP 03	OP 04	OP 05	TOT
Área ocupada pela produção (m^2)	200	300	500	150	100	1.250
Imobilizado industrial ($ 1.000)	700	800	100	500	400	2.500
Peso total da produção acabada (t)	50	40	20	30	60	200
Potência das máq. elétricas (HP)	350	200	400	200	100	1.250

101. Utilizando o custeio Direto/Variável, cuja característica principal é não considerar os custos fixos na produção e no estoque, foram apurados os custos das Ordens de Produção (OP). Se apenas as OP de números ímpares foram completadas e entregues aos clientes durante o período, o saldo da conta Produtos em Elaboração no final do período foi de:

A $ 36.746,00.
B $ 13.560,00.
C $ 13.290,00.
D $ 44.960,00.

Quadro 6.47 *Dados de apuração por ordem de produção (OP).*

OP	MPD	MOD	CIF	TOTAL
02	12.000,00	12.000,00		
04	8.000,00	8.000,00		
06	6.000,00	10.000,00		
07	4.000,00	4.000,00		
08	10.000,00	6.000,00		
Total	**40.000,00**	**40.000,00**		

Os custos indiretos de fabricação (CIF) constantes da última coluna do Quadro 6.48 devem ser rateados em cada OP de acordo com os dados mais adequados disponíveis e suas parcelas distribuídas no Quadro 6.48 e, em seguida, transportados os totais para o Quadro 6.47.

Quadro 6.48 *Rateio por ordem de produção (OP).*

CIF	OP 02	OP 04	OP 06	OP 07	OP 08	TOT
Energia elétrica p/ iluminação						2.200,
Supervisão da produção						6.000,
Matéria-prima indireta						3.000,
Depreciações (linha reta)						800,
Aluguel do imóvel						5.000,
Energia elétrica p/ acionar máq.						3.000,
Soma dos variáveis						
Soma dos fixos						
Total dos CIF						**20.000,**

Quadro 6.49 *Dados disponíveis para rateio por ordem de produção (DDR).*

DDR	OP 02	OP 04	OP 06	OP 07	OP 08	TOT
Área ocupada pela produção (m^2)	500	150	300	100	200	1.250
Imobilizado industrial ($ 1.000)	800	600	200	500	400	2.500
Peso total da produção acabada (t)	40	30	20	50	60	200
Potência das máq. elétricas (HP)	200	200	100	350	400	1.250

102. Dando continuidade às atividades no período seguinte, foram abertas três novas OP (06, 07 e 08) e os custos aplicados estão no Quadro 6.47. Se apenas as OP de números pares foram completadas e entregues aos clientes durante o período, o Custo dos Produtos Vendidos (CPV) apurado no final do período foi de:

A $ 36.746,00.
B $ 44.960,00.
C $ 76.860,00.
D $ 121.820,00.

Descrição do Processo

Uma indústria fabrica três tipos diferentes de cadeira para escritório, padronizados quanto ao formato. A diferença está no estofamento e no acabamento final: a cadeira A tem estofamento de pano, a B, estofamento de plástico e a C, estofamento de couro.

O processo 1 executa o corte das peças de madeira; o processo 2 faz a montagem da armação; o processo 3 faz o corte e a costura do material de estofamento e foi subdividido em 3A, 3B e 3C, que são, respectivamente, pano, plástico e couro; e o processo 4 executa a colocação do estofamento e a montagem final, processo este que é comum aos três produtos, como os processos 1 e 2. Não havia estoque de produtos em elaboração ou de produtos acabados no início do período.

A produção de cada processo é independente, isto é, a quantidade produzida em cada processo não é obrigatoriamente transferida imediatamente para o processo seguinte, e parte da produção pode ficar armazenada no próprio setor produtivo.

O processo 4 recebe a produção dos subprocessos 3A, 3B e 3C, que, por sua vez, a recebem do processo 2, que a recebe do processo 1, considerando-se apenas as quantidades transferidas. Assim, os processos apresentam as seguintes sequências de produção:

Produto A (estofamento de pano): 1 – 2 – 3A – 4
Produto B (estofamento de plástico): 1 – 2 – 3B – 4
Produto C (estofamento de couro): 1 – 2 – 3C – 4

Os dados registrados no final do período constam do Quadro 6.50:

Quadro 6.50 *Dados de três produtos.*

DADOS	PROCESSO					
	1	2	3A	3B	3C	4
1. Matéria-prima Direta	12.000,00	2.000,00	5.240,00	9.970,00	12.400,00	1.300,00
2. Mão de obra Direta	18.000,00	39.200,00	7.220,00	15.280,00	11.100,00	9.750,00
3. Custos Indiretos de Fabricação	15.000,00	19.200,00	4.625,00	9.350,00	5.340,00	3.250,00
4. Produção (quantidade)						
4.1 Acabadas	1.500 un.	900 un.	180 un.	350 un.	150 un.	650 un.
4.2 Em elaboração final	–	100 un.	50 un.	80 un.	70 un.	–
4.2.1 Grau de Acabamento						
4.2.1.1 MPD	–	100%	40%	50%	60%	–
4.2.1.2 MOD	–	80%	20%	40%	50%	–
4.2.1.3 CIF	–	60%	10%	30%	40%	–

103. Considerando a descrição do processo e os dados do Quadro 6.50, o custo unitário do processo 1, que deverá ser considerado na quantidade que será transferida para o processo seguinte, é:

A $ 20,00.
B $ 30,00.
C $ 10,00.
D $ 15,00.

104. Considerando a descrição do processo e os dados do Quadro 6.50, o custo unitário do processo 2, com os custos do processo anterior que foram transferidos já considerados, é de:

A $ 117,00.
B $ 90,40.
C $ 60,40.
D $ 92,00.

105. Considerando a descrição do processo e os dados do Quadro 6.50, o custo referente às 100 unidades que ficaram em elaboração no processo 2, apenas no final do período, é de:

A $ 9.200,00.
B $ 7.360,00.
C $ 8.280,00.
D $ 7.600,00.

106. Considerando a descrição do processo e os dados do Quadro 6.50, o custo total da produção acabada no processo 2 é de:

A $ 82.800,00.
B $ 92.000,00.
C $ 90.160,00.
D $ 88.320,00.

107. Considerando a descrição do processo e os dados do Quadro 6.50, o custo total da produção transferida do processo 2 para os processos 3A, 3B e 3C foi de:

A $ 62.560,00.
B $ 59.800,00.
C $ 82.800,00.
D $ 80.960,00.

108. Considerando a descrição do processo e os dados do Quadro 6.50, o saldo da produção acabada no processo 2, após as transferências feitas para os processos 3A, 3B e 3C, é de:

A $ 1.840,00.
B $ 11.040,00.
C $ 16.840,00.
D $ 20.240,00.

109. Considerando a descrição do processo e os dados do Quadro 6.50, o custo total da produção acabada no processo 1 e transferida para o processo 2 é de:

A $ 10.000,00.
B $ 15.000,00.
C $ 20.000,00.
D $ 30.000,00.

110. Considerando a descrição do processo e os dados do Quadro 6.50, o saldo da produção acabada no processo 1, após a transferência efetuada para o processo 2, é de:

A $ 20.000,00.
B $ 15.000,00.
C $ 10.000,00.
D $ 5.000,00.

111. Considerando a descrição do processo e os dados do Quadro 6.50, os custos unitários dos processos 3A, 3B e 3C, com os custos dos processos anteriores já agregados, são, respectivamente, de:

A $ 195,00; $ 192,00 e $ 260,00.
B $ 195,00; $ 265,00 e $ 458,00.
C $ 192,00; $ 195,00 e $ 260,00.
D $ 178,00; $ 269,00 e $ 424,00.

112. Considerando a descrição do processo e os dados do Quadro 6.50, os custos totais referentes às 50, 80 e 70 unidades que ficaram em elaboração nos processos 3A, 3B e 3C, respectivamente, no final do período, são de:

A $ 9.750,00; $ 15.360,00 e $ 18.200,00.

B $ 3.900,00; $ 7.680,00 e $ 10.920,00.

C $ 3.145,00; $ 6.960,00 e $ 10.080,00.

D $ 8.250,00; $ 12.960,00 e $ 16.100,00.

113. Considerando a descrição do processo e os dados do Quadro 6.50 e após a agregação dos custos dos processos 3A, 3B e 3C para o processo 4, os produtos são considerados acabados e os custos unitários finais são, respectivamente, de:

A $ 217,00; $ 214,00 e $ 282,00.

B $ 202,00; $ 196,00 e $ 267,00.

C $ 265,00; $ 261,00 e $ 358,00.

D $ 239,00; $ 239,00 e $ 239,00.

114. Considerando a descrição do processo, os dados do Quadro 6.50 e que ficaram quantidades iguais de produtos acabados em cada um dos processos 3A, 3B e 3C, os saldos no final do período nestes processos são, respectivamente, de:

A $ 15.015,00; $ 14.784,00 e $ 20.020,00.

B $ 1.950,00; $ 1.950,00 e $ 1.950,00.

C $ 15.600,00; $ 15.360,00 e $ 20.800,00.

D $ 1.950,00; $ 1.920,00 e $ 2.600,00.

115. Considerando a hipótese do exercício anterior e com todos os custos agregados (do processo 1 ao processo 4), os custos totais dos produtos acabados A, B e C no período são, respectivamente, de:

A $ 33.150,00; $ 65.280,00 e $ 36.400,00.

B $ 36.890,00; $ 72.760,00 e $ 39.480,00.

C $ 35.100,00; $ 67.200,00 e $ 39.000,00.

D $ 39.060,00; $ 74.900,00 e $ 42.300,00.

116. Considerando a hipótese do exercício anterior e que foram vendidas 140 unidades de cada produto aos preços de $ 300, $ 350 e $ 400, respectivamente, os saldos de produção acabados são de:

A $ 12.000,00; $ 73.500,00 e $ 4.000,00.

B $ 8.680,00; $ 44.940,00 e $ 2.820,00.

C $ 6.510,00; $ 42.800,00 e zero.

D $ 9.000,00; $ 70.000,00 e zero.

117. Admitindo a hipótese do exercício anterior, o lucro bruto apresentado pela empresa (soma do lucro dos três produtos) é de:

A $ 47.180,00.

B $ 56.420,00.

C $ 40.460,00.

D $ 76.870,00.

Descrição do processo

Uma empresa fabrica embalagem plástica, que, completa, é o frasco com tampa e capacidade para um litro, apresentando variação apenas na decoração segundo especificação do cliente, podendo constituir-se em produtos finais diferentes. A tampa é um produto intermediário, componente da embalagem completa (frascos com tampa), e também um produto final, já que existe mercado para ela separadamente.

Os Centros de Custos Principais são MISTURA – "M", SOPRO – "S", INJEÇÃO – "I" e DECORAÇÃO – "D" e recebem custos transferidos dos Centros de Apoio e Auxiliares.

Numa primeira etapa de apuração, todos os custos são acumulados em cada Centro Principal ou de Apoio, que funciona isoladamente como uma Unidade de Acumulação de Custos. Os custos diretos são apropriados e os custos indiretos (energia, limpeza, depreciação e outros) têm suas parcelas alocadas por rateio. Os custos totalizados em cada um dos Centros de Apoio são considerados indiretos em relação aos Centros Principais e fazem a transferência das parcelas de cada um deles para os Centros Principais de forma mais adequada, de modo que todos os custos se acumulem nestes últimos Centros. Os custos transferidos e os dos próprios Centros Principais são classificados como indiretos em relação aos produtos finais, assim considerados apenas após o Processo "D" – DECORAÇÃO, ou excepcionalmente no Processo "I" – INJEÇÃO.

O Processo "M" – MISTURA é constituído por cilindros que, com movimentos rotativos, misturam os componentes e os corantes para dar mais homogeneidade aos produtos. Esse Centro transfere sua produção para os Processos "S" e "I", de acordo com as necessidades dos mesmos, tendo como base o peso da matéria-prima direta. Como consequência, pode existir produto considerado acabado no Centro e não transferido.

O Processo "S" – SOPRO recebe os componentes homogeneizados do Processo "M" e, com molde apropriado e com tecnologia de sopro a quente, formata e elabora o FRASCO, que é seu produto considerado final. Sua produção é transferida total ou parcialmente para o Processo "D", onde recebe a decoração de acordo com as características definidas por cliente, constituindo-se em diferentes Ordens de Produção (OP).

O Processo "I" – INJEÇÃO também recebe os componentes do Processo "M" e, utilizando máquinas injetoras, produz as tampas que não recebem decoração (Processo "D"). Elas podem ser consideradas produto final (venda a fabricante somente do frasco) ou produto intermediário, que se agregará ao produto final do Processo "D".

O Processo "D" – DECORAÇÃO recebe os semielaborados dos Processos "S" e "I" e os decora, colocando rótulo com marca e especificações no frasco e acopla a tampa, considerando-o produto final, a ser entregue ao cliente.

Nesse período, pode-se considerar que a empresa fabricou cinco produtos diferentes: tampas – "T1" (produto final do Processo "I" ou componente do Processo "D") e quatro frascos com tipos diferentes de decoração, conforme especificação dos clientes "F1", "F2", "F3" e "F4" (produtos finais dos subprocessos "D1", "D2", "D3" e "D4"). Assim, os frascos são resultantes dos Processos "M", "S" e "I" e de cada um dos subprocessos "D", e a tampa (isoladamente) é resultante dos Processos "M" e "I".

Quadro 6.51 *Dados de produção e vendas dos produtos T1, F1, F2, F3 e F4.*

DADOS	PROCESSOS						
	"M" MISTURA	"S" SOPRO	"I" INJEÇÃO	"D" – DECORAÇÃO D1	D2	D3	D4
1. Matéria-prima direta							
1.1. Transferida de "M"	///////	___	___	///////	///////	///////	///////
1.2. Transferida de "S"	///////	///////	///////	___	___	___	___
1.3. Transferida de "I"	///////	///////	///////	___	___	___	___
1.4. Própria do Processo	10.000,00	–	–	2.005,00	461,00	3.400,00	3.795,00
2. Mão de obra direta	2.000,00	15.800,00	18.720,00	6.120,00	3.366,00	8.208,00	2.385,00
3. Custos indiretos (Próprios e dos Centros de Apoio)	8.000,00	18.720,00	5.750,00	3.045,00	1.414,00	3.080,00	3.120,00
4. Custos Totais	20.000,00						
5. Produção acabada							
5.1. Quantidade	5.000 kg	75.000 un.	110.000 un.	20.000 un.	5.000 un.	20.000 un.	15.000 un.
5.2. Peso unitário*		40 g	10 g	55 g	60 g	54 g	52g
6. Produção em elaboração	–						
6.1. Quantidade	–	5.000 un.	10.000 un.	1.000 un.	500 un.	4.000 un.	1.500 un.
6.2. Grau de acabamento							
6.2.1. MPD	–	100%	100%	90%	70%	95%	80%
6.2.2. MOD	–	80%	70%	40%	20%	70%	60%
6.2.3. CIF	–	60%	50%	30%	10%	50%	40%
7. Custo Unitário	___kg	___/un.	___/un.	___/un.	___/un.	___/un.	___/un.
8. Preço de Venda / Unidade	///////	///////	0,30	1,50	2,50	2,00	2,20
9. Quantidade Vendida	///////	///////	30.000 un.	15.000 un.	5.000 un.	15.000 un.	12.000 un.
10. Saldo de produtos no processo ($)							
10.1. Acabados	___	___	___	___	___	___	___
10.2. Em elaboração	___	___	___	___	___	___	___
11. Lucro do período	///////	///////	___	___	___	___	___

* Considerar a matéria-prima direta por peso unitário na transferência de "M" para "S" e "I".

118. De acordo com a descrição do processo, os dados do Quadro 6.51, e após preenchidos os espaços convenientemente, encontram-se como custo unitário dos processos M – Mistura, S – Sopro e I – Injeção os valores respectivos de:

A $ 4,00; $ 0,46 e $ 0,22.

B $ 4,00; $ 0,60 e $ 0,25.

C $ 4,00; $ 0,44 e $ 0,21.

D $ 4,00; $ 0,44 e $ 0,20.

119. De acordo com a descrição do processo, os dados do Quadro 6.51, e após preenchidos os espaços convenientemente, encontram-se como custo unitário dos processos "D1", "D2", "D3" e "D4" os valores respectivos de:

A $ 1,50; $ 2,50; $ 2,00 e $ 2,20.

B $ 1,45; $ 1,98; $ 1,77 e $ 1,56.

C $ 1,38; $ 1,80; $ 1,31 e $ 1,41.

D $ 1,40; $ 1,90; $ 1,50 e $ 1,45.

120. De acordo com a descrição do processo, os dados do Quadro 6.51, e após preenchidos os espaços convenientemente, os totais dos custos aplicados pela empresa e dos transferidos entre os processos no período foram, respectivamente, de:

A $ 119.389,00 e zero.
B $ 193.939,00 e zero.
C $ 119.389,00 e $ 74.550,00.
D $ 193.939,00 e $ 74.550,00.

121. De acordo com a descrição do processo, os dados do Quadro 6.51, e após preenchidos os espaços convenientemente, o lucro total obtido pela empresa foi de:

A ($ 13.334,00).
B $ 28.500,00.
C $ 21.000,00.
D $ 19.500,00.

Solução dos exercícios propostos

1 (A)	17 (D)	33 (C)	49 (C)	65 (A)	81 (B)	97 (D)	113 (A)
2 (B)	18 (D)	34 (D)	50 (C)	66 (A)	82 (C)	98 (A)	114 (D)
3 (C)	19 (D)	35 (A)	51 (D)	67 (A)	83 (A)	99 (A)	115 (B)
4 (D)	20 (D)	36 (B)	52 (C)	68 (C)	84 (A)	100 (C)	116 (C)
5 (D)	21 (A)	37 (B)	53 (C)	69 (A)	85 (C)	101 (D)	117 (A)
6 (D)	22 (B)	38 (A)	54 (A)	70 (B)	86 (D)	102 (C)	118 (B)
7 (A)	23 (A)	39 (B)	55 (D)	71 (D)	87 (D)	103 (B)	119 (D)
8 (C)	24 (B)	40 (A)	56 (B)	72 (B)	88 (B)	104 (D)	120 (C)
9 (C)	25 (A)	41 (D)	57 (A)	73 (D)	89 (C)	105 (D)	121 (B)
10 (A)	26 (C)	42 (B)	58 (D)	74 (A)	90 (D)	106 (A)	
11 (C)	27 (D)	43 (A)	59 (C)	75 (A)	91 (C)	107 (D)	
12 (D)	28 (B)	44 (B)	60 (C)	76 (C)	92 (B)	108 (A)	
13 (C)	29 (C)	45 (A)	61 (D)	77 (A)	93 (C)	109 (D)	
14 (B)	30 (B)	46 (D)	62 (A)	78 (B)	94 (D)	110 (B)	
15 (C)	31 (D)	47 (B)	63 (C)	79 (B)	95 (B)	111 (A)	
16 (A)	32 (A)	48 (A)	64 (C)	80 (D)	96 (B)	112 (C)	

7

ANÁLISE CUSTO – LUCRO – VOLUME

7.1 Conceituação

A análise baseada na relação entre custo, lucro e volume consiste na comparação dos diversos resultados que podem ser apresentados por um empreendimento, de acordo com a seleção da alternativa a ser adotada entre as várias disponíveis e que podem envolver diferentes restrições. Essa análise baseia-se na Margem de Contribuição ou Receita Marginal, conceituada no Custeio Direto ou Variável, estudado no Capítulo 6. Devem ser considerados também o comportamento da totalidade dos custos e despesas fixos e sua influência sobre os resultados. Isso significa que os vários níveis de produção, dentro da capacidade máxima instalada, devem ser estudados e comparados para que a alternativa mais viável ou mais conveniente possa ser identificada. De acordo com essa análise, podem ser respondidas perguntas tais como:

a) O empreendimento é viável?
b) Qual o produto mais rentável?
c) Qual o produto mais lucrativo?
d) Quais as consequências da retirada de determinado produto de fabricação?
e) Variando um tipo de custo, para mais ou para menos, quais são as consequências nos resultados da empresa?
f) Reduzindo o volume de produção da empresa, quais são as consequências nos resultados?
g) Qual a ordenação de produção e de vendas dos diferentes produtos que possibilita a mais rápida absorção dos custos e despesas fixas?
h) Quando são produzidos diferentes produtos em proporções diferentes, quais as consequências no ponto de equilíbrio?
i) Considerando as restrições existentes ou que possam surgir, qual o conjunto (*mix*) de produção que maximiza o resultado?

As respostas a essas perguntas formuladas podem ser obtidas com o conhecimento de alguns parâmetros aliados a algumas técnicas simples de análise que serão desenvolvidas e exercitadas neste capítulo.

7.2 Ponto de equilíbrio

Esse parâmetro determina o ponto em que a empresa equilibra custos com receitas. Ele é também chamado **Ponto de Ruptura, Ponto de Nivelamento, Ponto Crítico** ou **Ponto de Quebra.**

No Ponto de Equilíbrio (E), a empresa está produzindo somente o suficiente para gerar receita que se iguala ao custo, ou seja, quando está operando em um nível de produção igual a seu ponto de equilíbrio, a empresa não apresenta lucro nem prejuízo, pois está gerando recursos suficientes apenas para remunerar seus fatores de produção. Esse ponto indica o mínimo de receita gerada pela produção para que a empresa não sofra prejuízo.

As empresas instalam-se na expectativa de gerar receita não só para remunerar seus fatores de produção, mas também para proporcionar um excedente que lhes permita distribuir lucro e constituir uma reserva para possibilitar sua expansão.

Considerando as definições e conceitos já vistos, verifica-se que no Ponto de Equilíbrio podem ser deduzidas as seguintes fórmulas:

$$RT = CT \text{ (1)}$$
$$RT = p \times q \text{ (2)}$$
$$CT = CF + CV \text{ (3)}$$
$$CV = cv \times q \text{ (4)}$$

Em que:

RT	=	Receita Total ou Vendas;
CT	=	Custo Total;
CF	=	Custo Fixo Total;
CV	=	Custo Variável Total;
cv	=	custo variável unitário;
p	=	preço de venda;
q	=	quantidade.

Substituindo os componentes de (1) pelas equações (2), (3) e (4) e resolvendo-as, tem-se a fórmula do **Ponto de Equilíbrio** em quantidade (*Eq*):

$$p \times q = CF + CV$$
$$p \times q = CF + cv \times q$$
$$p \times q - cv \times q = CF$$
$$q\,(p - cv) = CF$$

$$\boxed{Eq = \frac{CF}{p - cv}}$$

Após dividir ambos os termos dessa equação por *q* e multiplicar o resultado por 100, tem-se a fórmula do **Ponto de Equilíbrio** em percentual (*E*%):

$$q \div q = \frac{CF}{p \times q - cv \times q}$$

$$\boxed{E\% = \frac{CF}{RT - CV} \times 100}$$

Multiplicando ambos os termos da fórmula do Ponto de Equilíbrio em quantidade por p, tem-se a fórmula do **Ponto de Equilíbrio** em valor da receita total ou das vendas ($E\$$):

$$p \times q = \frac{CF}{p \div p - cv \div p}$$

$$\boxed{E\$ = \frac{CF}{1 - cv \div p}}$$

Essa fórmula pode também ser expressa da forma apresentada a seguir, apenas multiplicando o numerador e o denominador da divisão $cv \div p$ por q, vale dizer, multiplicar ambos os termos de uma fração pelo mesmo número, o que não a altera.

$$\boxed{E\$ = \frac{CF}{1 - CV \div RT}}$$

Das quatro fórmulas (duas de receita, uma de quantidade e outra de percentual), a mais utilizada é a expressa em percentagem, pois, uma vez definida, tal fórmula pode ser aplicada sobre a quantidade ou sobre a receita na capacidade máxima, obtendo-se os respectivos Pontos de Equilíbrio nessas unidades de medida. Além disso, se a empresa tem seus custos e receitas proporcionados por mais de um produto, o que é o mais comum, só esta fórmula e a em valor, na última versão, podem ser utilizadas, já que as demais envolveriam combinações entre os diferentes produtos.

Graficamente, a Figura 7.1 demonstra o ponto em que as retas de receitas e de custos se cruzam e no qual seus valores são iguais. Traçando uma perpendicular deste ponto ao eixo vertical, tem-se o Ponto de Equilíbrio em valor ($E\$$), e fazendo o mesmo em relação ao eixo horizontal, tem-se o Ponto de Equilíbrio em quantidade (Eq). Obviamente, se neste ponto receitas e custos mais despesas se igualam, não existe lucro nem prejuízo. Do eixo vertical até o ponto de equilíbrio, limitada pelas retas de receita e custo totais, está a área de prejuízo; a área a seguir, limitada pelas mesmas retas, é a de lucro. Assim, quanto menor o Ponto de Equilíbrio, maior a área de lucro e menor a possibilidade de prejuízo; quanto mais alto for o ponto, menor será a área de lucro e maior a possibilidade de prejuízo.

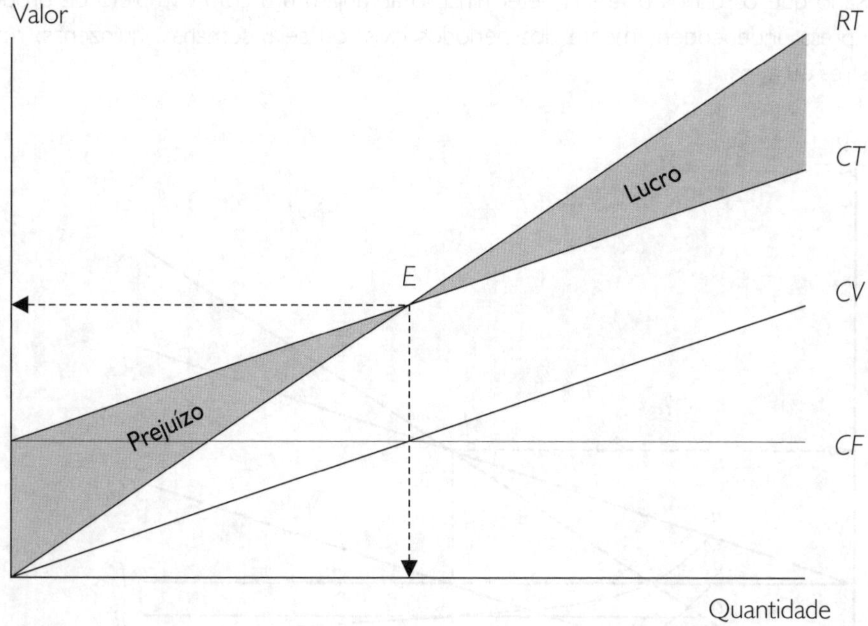

Figura 7.1 *Gráfico do ponto de equilíbrio.*

Não existe Ponto de Equilíbrio que se possa afirmar como ideal. Ele deve ser o mais baixo possível, pois quanto menor ele for, maior será a segurança para que a empresa não entre na área de prejuízo.

O Ponto de Equilíbrio é um dos parâmetros mais usados para avaliação da viabilidade de um empreendimento. Para sua determinação, deve ser feita uma classificação rigorosa dos custos quanto à formação, tendo-se a preocupação de separar as parcelas fixa e variável existentes nos custos mistos.

Além da necessidade da utilização de outros parâmetros para se avaliar a viabilidade de um empreendimento, o Ponto de Equilíbrio deve estar relacionado com o setor da economia em que a empresa irá atuar. Assim, devem ser considerados: o mercado supridor de matérias-primas, o consumidor dos produtos, o supridor de mão de obra e de outros insumos básicos. Se todas essas condições forem favoráveis, o empreendimento pode ter sucesso, mesmo que apresente um Ponto de Equilíbrio elevado; por outro lado, se alguma ou algumas dessas condições forem desfavoráveis, o empreendimento só será viável se apresentar um Ponto de Equilíbrio baixo.

Deve ser dedicada especial atenção a esses fatores porque em algumas circunstâncias (matérias-primas de safras esporádicas), ainda que o Ponto de Equilíbrio seja baixo (por exemplo, 40% da capacidade máxima), o empreendimento pode ser inviável. Nesses casos devem ser considerados os custos fixos não elimináveis mesmo nos períodos de entressafra. Para que o Ponto de Equilíbrio possa continuar sendo usado como um parâmetro confiável, é necessário que os dados para sua determinação abranjam um ciclo completo de produção da empresa, independentemente dos períodos civis, ou seja, semanas, quinzenas, meses, semestres ou anos.

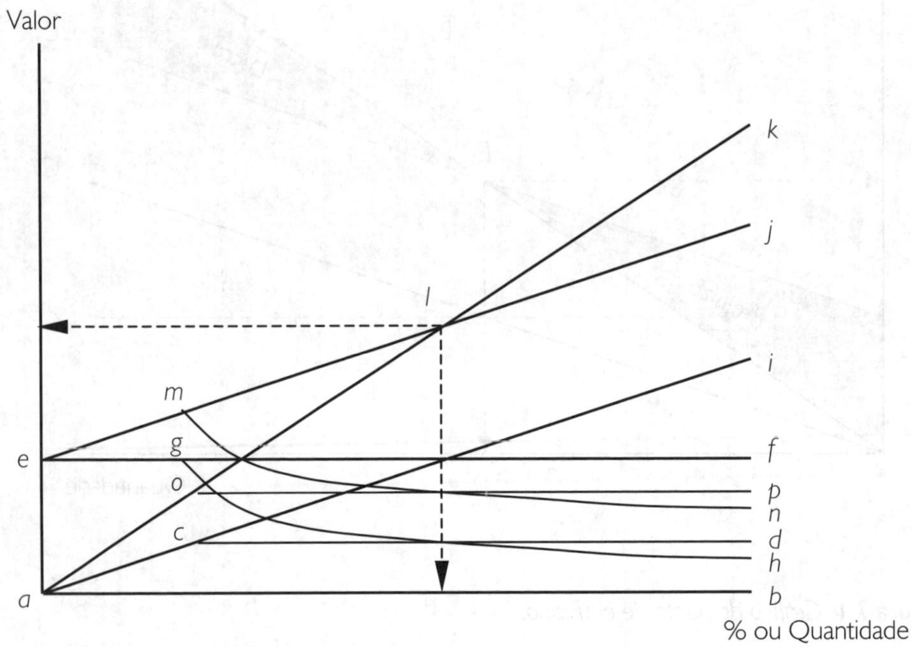

Figura 7.2 *Gráfico do ponto de equilíbrio com os custos unitários.*

No gráfico da Figura 7.2 a linha *op* representa o preço de venda, que cruza a de custo total médio (*mn*) no nível do ponto de equilíbrio. A linha *ak* representa as vendas de uma empresa, resultantes da quantidade multiplicada pelo preço de venda, e as demais **linhas** são de custo e representam:

cd	=	variável unitário
ef	=	fixo total
ai	=	variável total
ej	=	geral total (custo fixo total + custo variável total)
gh	=	fixo unitário
mn	=	total médio (custo fixo unitário + custo variável unitário)

Limitando-se o gráfico da Figura 7.2 por uma linha vertical imaginária em seu lado direito, formam-se várias **áreas** de receita, custos e resultado, cuja identificação está a seguir:

ael = prejuízo

jkl = lucro

aeij ou *aefb* = custo fixo

abi ou *efj* = custo variável

abk = receita

aebj = custo total

O gráfico ainda permite a identificação do Ponto de Equilíbrio (letra *l*) coincidente com a interseção das retas que representam a receita (*ak*) e o custo total (*ej*), que é o ponto em que elas se apresentam com o mesmo valor.

Como visto, o Ponto de Equilíbrio é o nível de operações em que a empresa iguala custos e despesas com receitas. Entretanto, existem estudos que desconsideram certos custos e despesas e acrescentam outros, tais como depreciações, gastos financeiros, remuneração de capital próprio e de terceiros. Nesses casos, seria suficiente definir tais condições na metodologia adotada para sua determinação, ou seja, explicitar o que foi ou não considerado. Porém, alguns conceitos já estão consagrados pelo uso, apresentam-se registrados e subdividem o Ponto de Equilíbrio nas denominações Contábil, Econômico e Financeiro.

O Ponto de *Equilíbrio Contábil* é aquele já definido: considera os aspectos contábeis, ou seja, custos e despesas fixos divididos por margem de contribuição. A partir deste, define-se o *Econômico*, adicionando aos custos e despesas fixos os juros sobre o capital próprio, que não devem restringir-se à remuneração definida pelos proprietários da empresa, nem em obediência à determinação fiscal, mas àquela que seria obtida em condições normais de uma aplicação de recursos, considerando-se as taxas de juros sem risco, a de mercado e a de risco do negócio, cuja determinação encontra-se exemplificada no exercício resolvido nº 3. O *Financeiro* pode ser obtido a partir do *Contábil*, subtraindo-se as depreciações que não representam desembolsos e estão consideradas nos custos e despesas, e somando ainda os desembolsos referentes a amortizações de empréstimos. A rigor, na determinação do Ponto de Equilíbrio, tenha ou não a denominação de Contábil, Econômico ou Financeiro, podem ser considerados outros itens que influenciem os resultados imediata ou futuramente.

7.2.1 Exercício resolvido nº 1

Determinar o Ponto de Equilíbrio de uma empresa cujo custo fixo total é de \$ 1.000,00, o custo variável total é de \$ 5.000,00 e a receita total é de \$ 7.000,00.

Sem os dados preço de venda e quantidade só é possível determinar o Ponto de Equilíbrio em percentual, embora sua aplicação sobre a receita e capacidade máximas resulte nos outros dois pontos.

$$E\% = \frac{CF}{RT - CV} \times 100$$

$$E\% = \frac{\$\ 1.000,00}{\$\ 7.000,00 - \$\ 5.000,00} \times 100$$

$$E\% = \frac{\$\ 1.000,00}{\$\ 2.000,00} \times 100$$

$$E\% = 0,5 \times 100$$

$$\boxed{E\% = 50\%}$$

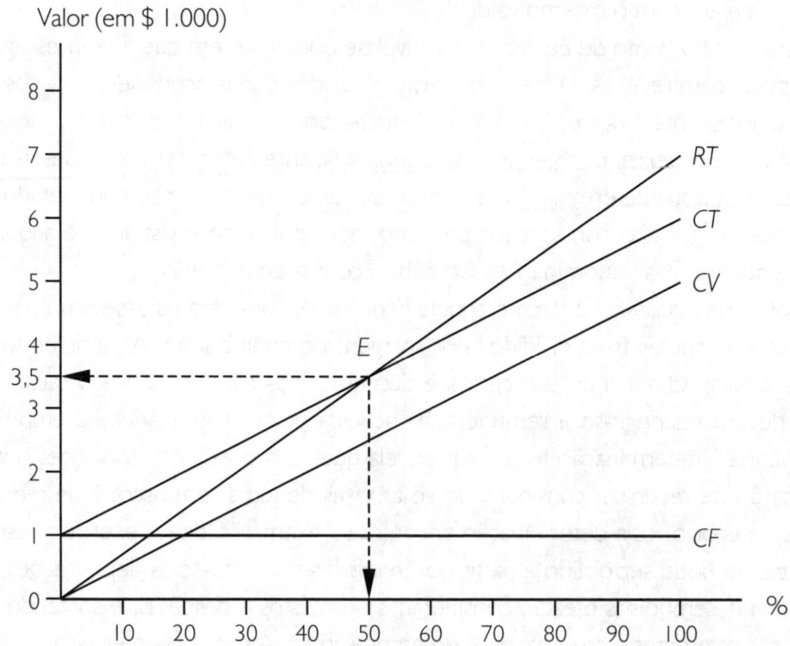

Figura 7.3 *Representação gráfica do exercício nº 1.*

7.2.2 Exercício resolvido nº 2

Determinar o Ponto de Equilíbrio em percentual, valor e quantidade de uma empresa cuja capacidade máxima instalada é de 100.000 unidades, preço de venda de $ 100,00, custo fixo total de $ 2.000.000,00 e custo variável unitário de $ 50,00.

$$E\% = \frac{CF}{RT - CV} \times 100$$

$RT = p \times q; CV = cv \times q$

$RT = \$ \ 100{,}00/\text{un.} \times 100.000 \text{ un.}; CV = \$ \ 50{,}00/\text{un.} \times 100.000 \text{ un.}$

$RT = \$ \ 10.000.000{,}00; CV = \$ \ 5.000.000{,}00$

$$E\% = \frac{\$ \ 2.000.000{,}00}{\$ \ 10.000.000{,}00 - \$ \ 5.000.000{,}00} \times 100$$

$$E\% = \frac{\$ \ 2.000.000{,}00}{\$ \ 5.000.000{,}00} \times 100$$

$E\% = 0{,}4 \times 100$

$\boxed{E\% = 40\%}$

$$E\$ = \frac{CF}{1 - cv \div p} \qquad E\$ = \frac{\$ \ 2.000.000{,}00}{1 - \$ \ 50{,}00 / \text{un.} \div \$ \ 100{,}00 / \text{un.}}$$

$$E\$ = \frac{\$ \ 2.000.000{,}00}{1 - 0{,}5} \qquad E\$ = \frac{\$ \ 2.000.000{,}00}{0{,}5}$$

$\boxed{E\$ = \$ \ 4.000.000{,}00}$ (ou 40% de $ 10.000.000,00)

$$Eq = \frac{CF}{p - cv} \qquad Eq = \frac{\$ \ 2.000.000{,}00}{\$ \ 100{,}00 / \text{un.} - \$ \ 50{,}00 / \text{un.}}$$

$$Eq = \frac{\$ \ 2.000.000{,}00}{\$ \ 50{,}00 / \text{un.}}$$

$\boxed{Eq = 40.000 \text{ un.}}$ (ou 40% de 100.000 un.)

7.2.3 Exercício resolvido nº 3

Considerando que no exercício resolvido nº 1 a empresa tivesse um patrimônio líquido de $ 1.500,00, a taxa de juros sem risco fosse de 8% e a do mercado fosse de 18% e que o risco dessa atividade apresentasse um fator ß igual a 1,6, qual seria o Ponto de Equilíbrio Econômico?

Taxa de remuneração do capital próprio = taxa sem risco + ß (taxa de mercado – taxa sem risco)

Taxa de remuneração do capital próprio = 8% + 1,6 (18% – 8%)

Taxa de remuneração do capital próprio = 24%

$ 1.500,00 × 24% = $ 360,00

$$E\% = \frac{\$\ 1.000,00 + \$\ 360,00}{\$\ 2.000,00} \times 100$$

$$E\% = \frac{\$\ 1.360,00}{\$\ 2.000,00} \times 100$$

$$\boxed{E\% = 68\%}$$

7.2.4 Exercício resolvido nº 4

Considerando que no exercício resolvido nº 1 o custo fixo total contemplasse $ 200,00 de depreciações e que existe uma amortização de empréstimo de $ 500,00 no período, qual seria o Ponto de Equilíbrio Financeiro?

$$E\$ = \frac{\$\ 1.000,00 - \$\ 200,00 + \$\ 500,00}{\$\ 2.000,00} \times 100$$

$$E\% = \frac{\$\ 1.300,00}{\$\ 2.000,00} \times 100 \qquad \boxed{E\% = 65\%}$$

7.3 Margem de segurança e alavancagem operacional

Conceitua-se **margem de segurança** como o espaço limitado pelo nível de produção e de vendas considerado normal e pelo nível do ponto de equilíbrio. Esse nível normal situa-se acima do ponto de equilíbrio e, evidentemente, localiza-se entre este e o de capacidade máxima. A margem de segurança é o espaço em que a empresa pode operar sem risco de entrar na área de prejuízo. Quanto mais baixo o ponto de equilíbrio (*E*), maior a margem de segurança (*S*); quanto mais alto ele for, menor ela será. Assim, quanto maior a margem de segurança, menor o risco de a empresa entrar na área de prejuízo, e quanto menor, maior será esse risco. A margem de segurança pode ser visualizada no gráfico da Figura 7.4 pela área localizada entre as retas de custo e receita totais, começando no ponto de equilíbrio (*E*) e terminando na perpendicular baixada do nível de produção normal ou nível de segurança (*S*) até o eixo horizontal. Esse parâmetro pode ser expresso em número absoluto pela diferença do volume físico de produção e de vendas ou de receita, tomando-se sempre como base o ponto de equilíbrio. A forma mais usada para representar a margem de segurança é em número relativo, estabelecida dividindo-se a variação pelo nível de segurança, embora aquela em valor absoluto de produção seja também muito útil, pois possibilita a determinação do lucro operacional da empresa nesse nível, bastando sua multiplicação pela margem de contribuição unitária.

As fórmulas são:

$MS \quad = \quad S - E$ (em quantidade) ou $S' - E'$ (em valor);

$MS \quad = \quad (S - E) \div S \times 100$ ou $(S' - E') \div S' \times 100$ (em percentual)

Em que:

MS	=	Margem de segurança;
S	=	Nível de produção normal ou de segurança (em quantidade);
S'	=	Nível de produção normal ou de segurança (em valor);
E	=	Nível de produção no ponto de equilíbrio (em quantidade);
E'	=	Nível de produção no ponto de equilíbrio (em valor).

7.3.1 Exercício resolvido nº 5

Determinar a margem de segurança de uma empresa com custo fixo total (*CF*) de $ 4.000,00, margem de contribuição unitária (*mc*) de $ 40,00, ponto de equilíbrio (*E*) de 100 unidades e $ 10.000,00 de receita total (*RT*), considerando-se um nível normal de produção e de vendas de 125 unidades, o que proporciona uma receita no valor total de $ 12.500,00.

A margem de segurança seria o excesso de venda atual em relação ao nível do ponto de equilíbrio, representada por 25 unidades ou $ 2.500,00 de receita, correspondendo à margem de segurança absoluta, física ou monetária que a empresa tem para não entrar na área de prejuízo. Significa também que, produzindo nesse nível, a empresa apresenta lucro de $ 1.000,00 como resultado da margem de contribuição unitária ($ 40,00) multiplicada pelo excesso de produção em relação ao ponto de equilíbrio (25 unidades). Percentualmente, são as diferenças ocorridas divididas pelos níveis atuais e multiplicadas por 100, ou seja, 25 divididas por 125 unidades ou $ 2.500,00 divididos por $ 12.500,00, sendo ambos os resultados 0,20 ou 20%. Com esses números, a empresa pode reduzir suas vendas em até 20% do nível normal sem entrar na área de prejuízo.

Usando as fórmulas, tem-se:

MS = $ 12.500,00 – $ 10.000,00 = $ 2.500,00 (em valor)

MS = 125 un. – 100 un. = 25 un. (em quantidade)

MS = $ 2.500,00 ÷ $ 12.500,00 = 0,20 ou 20%; ou

MS = 25 un. ÷ 125 un. = 0,20 ou 20%

O **grau de alavancagem operacional** é a relação entre o acréscimo proporcional de lucro e o de produção física ou de receita total, tendo como referência o nível de operação normal. Toma-se um ponto qualquer acima do ponto de equilíbrio, chamado nível de alavancagem, e determina-se a relação existente entre ele e o nível da margem de segurança, sendo este, como antes definido, correspondente ao nível de operação normal da empresa e que, por sua vez, situa-se acima do ponto de equilíbrio. Graficamente, a área de alavancagem operacional pode ser representada por aquela que dá continuidade à da margem de segurança, também limitada pelas retas de custo e de receita totais, até o nível de capacidade máxima, como pode ser visto no gráfico da Figura 7.4. O grau de alavancagem operacional pode ser medido em qualquer nível entre o ponto de equilíbrio e o de capacidade máxima. Ele indica o acréscimo proporcional do lucro no nível de alavancagem sobre o de segurança em relação à proporção do acréscimo de receita ou de volume de produção no nível da margem de segurança. Outra forma de determiná-lo é pela divisão da margem de contribuição pelo lucro operacional, tomados no nível normal de operação da empresa. O grau de alavancagem operacional define a composição relativa dos custos variáveis e fixos de uma empresa. A existência de custos fixos está diretamente relacionada ao grau de alavancagem operacional. Custos fixos relativamente altos provocam alavancagem operacional elevada em função da redução do lucro operacional e, ao contrário, se eles são baixos, a alavancagem é reduzida devido ao aumento do lucro operacional, atingindo o valor 1 quando os custos fixos não existem, tendo em vista que, nesta situação hipotética, a margem de contribuição é igual ao lucro operacional.

A alavancagem operacional mede o impacto das variações de produção e de vendas sobre o lucro operacional. Se duas empresas têm vendas e custos variáveis iguais, apresentarão a mesma margem de contribuição; porém, aquela que apresentar custo fixo total maior terá lucro operacional menor e grau de alavancagem maior, acontecendo o contrário com a outra, cujo lucro operacional será maior. Para cada 1% de acréscimo no volume de produção e de vendas, o percentual de lucro em relação ao nível de segurança é multiplicado pelo grau de alavancagem operacional. Assim, um grau de alavancagem igual a 4 significa que 1% de acréscimo na receita ou na produção provoca um aumento de 4% no lucro do nível da margem de segurança, e um acréscimo de 10% na receita ou na produção provoca um aumento de 40%.

As fórmulas são:

$$AO = \Delta\% L \div \Delta\% V$$

$$AO = \Delta\% L \div \Delta\% Q$$

$$AO = MC \div LO$$

Em que:

AO = Alavancagem operacional;

$\Delta\% L$ = Acréscimo proporcional de lucro (lucro no nível de alavancagem menos no de segurança, sobre o lucro no nível de segurança);

$\Delta\% V$ = Acréscimo proporcional de receita (receita no nível de alavancagem menos aquela no de segurança sobre a receita neste nível);

$\Delta\% Q$ = Acréscimo proporcional de quantidade (quantidade no nível de alavancagem menos aquela no de segurança sobre a quantidade neste nível);

MC = Margem de contribuição;

LO = Lucro operacional.

Observar que as variações são consideradas em relação ao nível da margem de segurança.

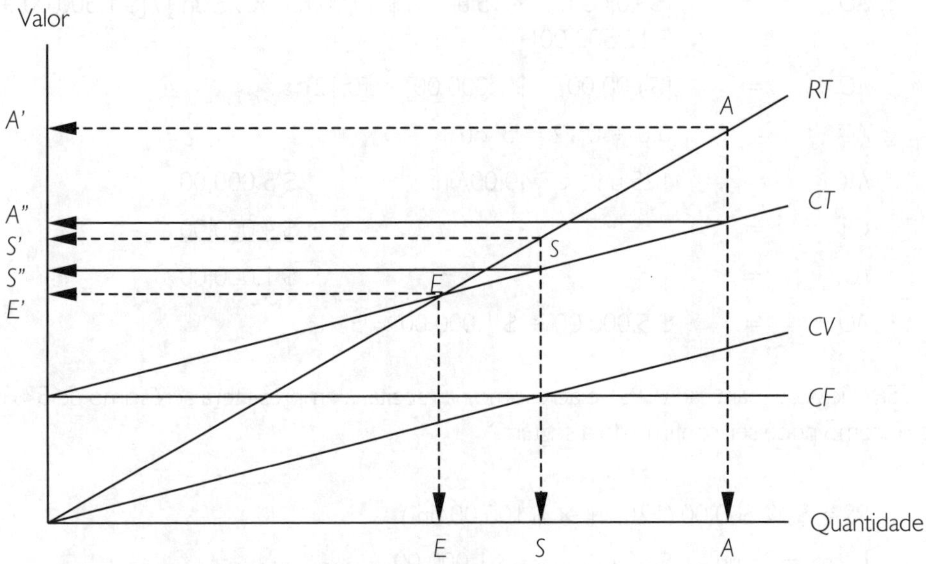

Figura 7.4 *Gráfico da margem de segurança e da alavancagem operacional.*

Legenda: *E* = ponto de equilíbrio (em quantidade);
E' = ponto de equilíbrio (em valor);
S = produção no nível de segurança (em quantidade);
S' = receita no nível de segurança (em valor);
S'' = custo no nível de segurança (em valor);
A = produção no nível de alavancagem (em quantidade);
A' = receita no ponto de alavancagem (em valor);
A'' = custo no ponto de alavancagem (em valor).

7.3.2 Exercício resolvido nº 6

Com base no exercício anterior, determinar o grau de alavancagem operacional considerando que o nível de 125 passasse para 140 unidades.

A alavancagem operacional seria de 5 vezes. Ela resulta do acréscimo de lucro de $ 600,00 (15 un. × $ 40,00/un.) dividido pelo lucro na margem de segurança, no valor de $ 1.000,00 (25 un. × $ 40,00/un.), resultando em 0,6; este quociente será dividido pelo resultado do acréscimo da produção de 15 unidades dividido pelo nível anterior (margem de segurança), de 125 unidades, que é igual a 0,12. Finalmente, dividindo-se 0,6 por 0,12 obtém-se 5, que é o grau de alavancagem desta empresa, com Ponto de Equilíbrio de 100 unidades, que produz normalmente 125 e passa a produzir 140, gerando receitas de $ 10.000,00, $ 12.500,00 e $ 14.000,00; e lucro zero, $ 1.000,00 e $ 1.600,00, em função dos acréscimos de receita de $ 2.500,00 e $ 4.000,00, respectivamente.

Usando as fórmulas, tem-se:

AO	=	[$ 40,00/un. × 15 un. ÷ $ 40,00/un. × 25 un.] / [$ 1.500,00 ÷ $ 12.500,00]		
AO	=	[$ 600,00 ÷ $ 1.000,00] ÷ [0,12]		
AO	=	0,6 ÷ 0,12 = 5; ou		
MC	=	125 un. × $ 40,00/un.	=	$ 5.000,00
CF	=			$ 4.000,00
LO	=			$ 1.000,00
AO	=	$ 5.000,00 ÷ $ 1.000,00 = 5		

Significa que, para cada 1% de acréscimo na receita, a empresa terá acréscimo de 5% no lucro, como pode ser confirmado a seguir:

RS = $ 12.500,00 (125 un. × $ 100,00/un.)

Lucro = 25 un. × $ 40,00/un. = $ 1.000,00

1% de *RS* = $ 125,00, e o Lucro = $ 50,00, que é 5% de $ 1.000,00.

7.4 Análise das variações

Dentro da capacidade máxima de produção estabelece-se um nível de produção abaixo do máximo, chamado normal. As variações de quantidade produzida em torno desse nível normal ocasionam alterações nos resultados da empresa. Dependendo da estrutura de produção, de venda e de custos do produto, uma variação para menos na quantidade produzida em um período pode acarretar resultados desastrosos, mesmo que aparentemente as variações sejam consideradas pequenas. O mesmo raciocínio é aplicado nas variações de preço de venda e dos diferentes custos unitários, cada uma delas apresentando influências de maior ou de menor relevância, mas, invariavelmente, todas ocasionando influências significativas nos resultados.

Em virtude disso, cada produto diferente produzido deve sofrer uma análise específica para que possam ser avaliadas as consequências das variações nos resultados. Essa análise utiliza os conceitos do custeio direto, referido no Capítulo 6. Basicamente, são considerados os gastos incorridos em função exclusiva da produção, ou seja, aqueles que só ocorrem se houver produção e são constituídos pelos custos e despesas variáveis, sendo estas normalmente as de vendas. Essa análise considera prioritária a diferença entre a receita total e o custo variável total porque é com essa diferença, chamada **receita marginal**, **margem de contribuição**, ou **margem de segurança**, que a empresa vai absorver os custos e despesas fixos e obter lucro. Quanto maior for essa diferença, maior será o lucro ou menor o prejuízo. Em outras palavras, a receita marginal é o que sobra da receita total após abatidos os gastos variáveis totais para produzir e vender, e serve para absorver custos e despesas fixos e proporcionar lucro. Nessa análise, os custos fixos são inicialmente considerados como prejuízo, uma vez que, ao iniciar o período, a produção é zero, a receita é zero e o custo variável total também é zero, mas o custo fixo total tem valor porque corresponde ao custo da estrutura da empresa, que independe da produção. Assim, toda empresa inicia o período com prejuízo correspondente aos custos fixos ou, pelo menos, a alguns deles ou parte deles.

A seguir, será demonstrada a influência das variações sobre os resultados da empresa.

7.4.1 Influência da variação de quantidade

Por meio de um exercício prático, será visualizado o que ocorre com os resultados considerados normais (coluna central do quadro) apresentados por um produto, quando ocorrem variações na quantidade produzida em um período.

Partindo de um investimento (*I*) igual a \$ 2.000,00, um preço unitário de venda (*p*) igual a \$ 20,00, um custo variável unitário (*cv*) igual a \$ 15,00 e um custo fixo total (*CF*) igual a \$ 800,00, será composto um exemplo com uma capacidade normal de produção de 200 unidades para determinar a influência da variação da quantidade na rentabilidade (lucro sobre investimento) e na lucratividade (lucro sobre a receita).

Quadro 7.1 *Variações de quantidade.*

ITENS	VARIAÇÕES				
	–20%	–10%	NORMAL	+10%	+20%
Preço de Venda	20,00	20,00	**20,00**	20,00	20,00
Quantidade	160	180	**200**	220	240
Receita Total (=)	3.200,00	3.600,00	**4.000,00**	4.400,00	4.800,00
Custos Variáveis Totais (–)	2.400,00	2.700,00	**3.000,00**	3.300,00	3.600,00
Receita Marginal (=)	800,00	900,00	**1.000,00**	1.100,00	1.200,00
Custos Fixos (–)	800,00	800,00	**800,00**	800,00	800,00
Lucro (=)	0,00	100,00	**200,00**	300,00	400,00
Rentabilidade (*L* × 100/*I*)	0,00%	5,00%	**10,00%**	15,00%	20,00%
Lucratividade (*L* × 100/*RT*)	0,00%	2,78%	**5,00%**	6,82%	8,33%

A – VARIAÇÕES NEGATIVAS

Para a redução de 10% na quantidade produzida, observam-se decréscimos de 50% e de 44% na rentabilidade e na lucratividade, respectivamente, enquanto a redução de 20% ocasiona decréscimo de 100% tanto na rentabilidade quanto na lucratividade.

B – VARIAÇÕES POSITIVAS

Para o aumento de 10% na quantidade produzida, observam-se acréscimos de 50% e de 36% na rentabilidade e na lucratividade, respectivamente, enquanto o aumento de 20% provoca acréscimos de 100% na rentabilidade e de 67% na lucratividade.

7.4.2 Influência da variação de preço

As premissas fixadas na variação de quantidade serão mantidas no exemplo a seguir:

Quadro 7.2 *Variações de preço.*

ITENS	VARIAÇÕES				
	–20%	–10%	NORMAL	+10%	+20%
Preço de Venda	16,00	18,00	**20,00**	22,00	24,00
Quantidade	200	200	**200**	200	200
Receita Total (=)	3.200,00	3.600,00	**4.000,00**	4.400,00	4.800,00
Custos Variáveis Totais (–)	3.000,00	3.000,00	**3.000,00**	3.000,00	3.000,00
Receita Marginal (=)	200,00	600,00	**1.000,00**	1.400,00	1.800,00
Custos Fixos (–)	800,00	800,00	**800,00**	800,00	800,00
Lucro (=)	–600,00	–200,00	**200,00**	600,00	1.000,00
Rentabilidade (*L* × 100/*I*)	–30,00%	–10,00%	**10,00%**	30,00%	50,00%
Lucratividade (*L* × 100/*RT*)	–18,75%	–5,56%	**5,00%**	13,64%	20,83%

A – VARIAÇÕES NEGATIVAS

Para a redução de 10% no preço, observam-se decréscimos de 200% na rentabilidade e de 212% na lucratividade, enquanto a redução de 20% no preço resulta em decréscimos de 400% na rentabilidade e de 475% na lucratividade.

B – VARIAÇÕES POSITIVAS

Para o acréscimo de 10% no preço, observam-se acréscimos de 200% na rentabilidade e de 173% na lucratividade, enquanto o acréscimo de 20% no preço ocasiona aumentos de 400% na rentabilidade e de 316% na lucratividade.

Pode-se verificar que as variações de preço são muito mais influentes do que as variações de quantidade nos resultados da empresa. Em virtude disso uma redução de preço deve ser compensada por acréscimo muito maior nas quantidades vendidas para manter ou melhorar os resultados. As variações de preço sem variação da quantidade acarretam variação da receita total sem variar o custo variável total, tendo em vista que este último somente varia em função da quantidade produzida.

Sob o aspecto gerencial não se faz distinção entre custos e despesas, e algumas despesas de vendas variam de acordo com a receita total, independentemente se ela é resultante da variação apenas de um dos dois (quantidade ou preço), ou de ambos. Nesse caso, o valor na linha do custo variável total do exemplo será decomposto em dois para representar a parcela do custo variável, que não se modifica com as variações apenas no preço, e a parcela das despesas variáveis, esta sim modificando-se em função da variação de preço. O Quadro 7.3 ilustra essa situação, considerando que a parcela dos gastos variáveis constituída pelas despesas variáveis de vendas representa 20% das mesmas, totalizando $ 800,00, com o valor por unidade igual a $ 4,00. A outra parcela dos gastos, representada pela diferença ($ 3.000,00 – $ 800,00), constitui os custos variáveis, cujo valor unitário é de $ 11,00.

Quadro 7.3 *Variações de preço, considerando despesas variáveis.*

ITENS	VARIAÇÕES				
	–20%	–10%	NORMAL	+10%	+20%
Preço de Venda	16,00	18,00	**20,00**	22,00	24,00
Quantidade	200	200	**200**	200	200
Receita Total (=)	3.200,00	3.600,00	**4.000,00**	4.400,00	4.800,00
Custos Variáveis Totais	2.200,00	2.200,00	**2.200,00**	2.200,00	2.200,00
Despesas Variáveis Totais	640,00	720,00	**800,00**	880,00	960,00
Gastos Variáveis Totais (–)	2.840,00	2.920,00	**3.000,00**	3.080,00	3.160,00
Receita Marginal (=)	360,00	680,00	**1.000,00**	1.320,00	1.640,00
Custos Fixos (–)	800,00	800,00	**800,00**	800,00	800,00
Lucro (=)	–440,00	–120,00	**200,00**	520,00	840,00
Rentabilidade (*L* × 100/*I*)	–22,00%	–6,00%	**10,00%**	26,00%	42,00%
Lucratividade (*L* × 100/*RT*)	–13,75%	–3,33%	**5,00%**	11,82%	17,50%

A – VARIAÇÕES NEGATIVAS

Para a redução de 10% no preço, observam-se decréscimos de 160% na rentabilidade e de 167% na lucratividade, enquanto a redução de 20% no preço provoca decréscimos de 320% e de 375% na rentabilidade e na lucratividade, respectivamente.

B – VARIAÇÕES POSITIVAS

Para o aumento de 10% no preço, observam-se acréscimos de 160% na rentabilidade e de 136% na lucratividade, enquanto o aumento de 20% no preço resulta em aumentos de 320% na rentabilidade e de 250% na lucratividade.

O Quadro 7.4, que envolve variações de preço e variação contrária de quantidade, evidencia a maior influência das variações de preço.

7.4.3 Influência das variações concomitantes de preço e de quantidade

Continuam as premissas das variações anteriores.

Quadro 7.4 *Variações concomitantes e inversas de preço e de quantidade.*

ITENS	VARIAÇÕES				
	– 20%P	– 10%P	NORMAL	+ 10%P	+ 20%P
	+ 20%Q	+ 10%Q		– 10%Q	– 20%Q
Preço de Venda	16,00	18,00	**20,00**	22,00	24,00
Quantidade	240	220	**200**	180	160
Receita Total (=)	3.840,00	3.960,00	**4.000,00**	3.960,00	3.840,00
Custos Variáveis Totais (–)	3.600,00	3.300,00	**3.000,00**	2.700,00	2.400,00
Receita Marginal (=)	240,00	660,00	**1.000,00**	1.260,00	1.440,00
Custos Fixos (–)	800,00	800,00	**800,00**	800,00	800,00
Lucro (=)	–560,00	–140,00	**200,00**	460,00	640,00
Rentabilidade (*L* × 100/*I*)	–28,00%	–7,00%	**10,00%**	23,00%	32,00%
Lucratividade (*L* × 100/*RT*)	–14,58%	–3,54%	**5,00%**	11,62%	16,67%

Na verdade, este quadro é a superposição do segundo quadro no primeiro quadro com sinais invertidos. Com isso, ficou evidenciada a maior influência da variação de preço do que da variação de quantidade sobre os resultados da empresa.

A – VARIAÇÕES NEGATIVAS DE PREÇO E POSITIVAS DE QUANTIDADE

As variações contrárias (uma positiva e outra negativa) de 10% que, aparentemente, não deveriam apresentar diferença, provocam redução de 170% na rentabilidade e na lucratividade, enquanto as variações de 20% acarretam desvantagens ainda mais acentuadas para a empresa.

B – VARIAÇÕES POSITIVAS DE PREÇO E NEGATIVAS DE QUANTIDADE

As variações contrárias de 10% provocam acréscimos de 130% na rentabilidade e de 132% na lucratividade, e as variações de 20% acentuam mais as vantagens para a empresa.

Como complemento do Quadro 7.2, exemplificou-se no Quadro 7.3 a influência dos gastos variáveis totais quando a variação é apenas no preço, considerando-se que, para elaborar e comercializar bens e serviços, ocorrem tanto custos quanto despesas variáveis, e que estas são influenciadas não só pela variação de quantidade, mas também pela de preço. Da mesma forma, no Quadro 7.4 só foi considerada a influência dos custos, quando gerencialmente se sabe que as despesas não podem ser ignoradas. Assim, o Quadro 7.5 foi elaborado levando em consideração também a influência das despesas variáveis e as mesmas premissas dos Quadros 7.3 e 7.4, ou seja, segregação das despesas variáveis constituídas por 20% das vendas e o custo variável unitário de $ 11,00, além de variações concomitantes e contrárias de quantidade e preço.

Quadro 7.5 *Variações concomitantes e inversas de preço e de quantidade, com influência das despesas variáveis.*

ITENS	VARIAÇÕES				
	– 20%P + 20%Q	– 10%P + 10%Q	NORMAL	+ 10%P – 10%Q	+ 20%P – 20%Q
Preço de Venda	16,00	18,00	**20,00**	22,00	24,00
Quantidade	240	220	**200**	180	160
Receita Total (=)	3.840,00	3.960,00	**4.000,00**	3.960,00	3.840,00
Custos Variáveis Totais	2.640,00	2.420,00	**2.200,00**	1.980,00	1.760,00
Despesas Variáveis Totais	768,00	792,00	**800,00**	792,00	768,00
Gastos Variáveis Totais (–)	3.408,00	3.212,00	**3.000,00**	2.772,00	2.528,00
Receita Marginal (=)	432,00	748,00	**1.000,00**	1.188,00	1.312,00
Custos Fixos (–)	800,00	800,00	**800,00**	800,00	800,00
Lucro (=)	–368,00	–52,00	**200,00**	388,00	512,00
Rentabilidade ($L \times 100/I$)	–18,40%	–2,60%	**10,00%**	19,40%	25,60%
Lucratividade ($L \times 100/RT$)	–9,58%	–1,31%	**5,00%**	9,80%	13,33%

Na verdade, esse quadro é a superposição do Quadro 7.3 no Quadro 7.1 com sinais invertidos. Com isso, ficou evidenciada mais uma vez a maior influência da variação de preço do que da variação de quantidade sobre os resultados da empresa.

A – VARIAÇÕES NEGATIVAS DE PREÇO E POSITIVAS DE QUANTIDADE

As variações contrárias (uma positiva e outra negativa) de 10%, que aparentemente não deveriam apresentar diferença, provocam redução de 126% na rentabilidade e na lucratividade, enquanto as variações de 20% acarretam desvantagens ainda mais acentuadas para a empresa (reduções de 284% na rentabilidade e de 292% na lucratividade).

B – VARIAÇÕES POSITIVAS DE PREÇO E NEGATIVAS DE QUANTIDADE

As variações contrárias de 10% provocam acréscimos de 94% na rentabilidade e de 96% na lucratividade, e as variações de 20% acentuam mais as vantagens para a empresa (aumentos de 156% na rentabilidade e de 167% na lucratividade).

7.4.4 Influência da variação de custos fixos totais

Continuam as premissas das variações anteriores.

Quadro 7.6 *Variação de custos fixos totais.*

ITENS	VARIAÇÕES				
	–20%	–10%	NORMAL	+10%	+20%
Preço de Venda	20,00	20,00	**20,00**	20,00	20,00
Quantidade	200	200	**200**	200	200
Receita Total (=)	4.000,00	4.000,00	**4.000,00**	4.000,00	4.000,00
Custos Variáveis Totais (–)	3.000,00	3.000,00	**3.000,00**	3.000,00	3.000,00
Receita Marginal (=)	1.000,00	1.000,00	**1.000,00**	1.000,00	1.000,00
Custos Fixos (–)	640,00	720,00	**800,00**	880,00	960,00
Lucro (=)	360,00	280,00	**200,00**	120,00	40,00
Rentabilidade ($L \times 100/I$)	18,00%	14,00%	**10,00%**	6,00%	2,00%
Lucratividade ($L \times 100/RT$)	9,00%	7,00%	**5,00%**	3,00%	1,00%

A – VARIAÇÕES NEGATIVAS

A redução de 10% nos custos fixos totais provoca acréscimo de 40% na rentabilidade e na lucratividade, e a redução de 20% provoca acréscimo de 80% na rentabilidade e na lucratividade.

B – VARIAÇÕES POSITIVAS

O acréscimo de 10% nos custos fixos totais provoca redução de 40% na rentabilidade e na lucratividade, e o acréscimo de 20% provoca redução de 80% na rentabilidade e na lucratividade.

Nas variações dos custos fixos totais, pode ser constatado que o Ponto de Equilíbrio sofre as mesmas variações percentuais, tanto em percentual como em valor, pois em ambas as fórmulas do Ponto de Equilíbrio seu denominador permanece constante (margem de contribuição ou receita marginal), fazendo com que o resultado varie na mesma proporção da variação do numerador (custos fixos totais). Em suma, se os custos fixos totais forem acrescidos ou reduzidos em determinado percentual, os Pontos de Equilíbrio, em percentual e em valor, irão sofrer os mesmos acréscimos ou decréscimos. O Ponto de Equilíbrio, sob qualquer forma de apresentação, é diretamente influenciado pelos custos fixos totais. Conseguindo-se reduzir os custos fixos até zero (hipoteticamente ou em condições excepcionais), o ponto de equilíbrio será também igual a zero.

7.4.5 Influência da variação de custos variáveis unitários

Quadro 7.7 *Variação de custos variáveis unitários.*

ITENS	VARIAÇÕES				
	–20%	–10%	NORMAL	+10%	+20%
Preço de Venda	20,00	20,00	**20,00**	20,00	20,00
Quantidade	200	200	**200**	200	200
Custo Variável Unitário	12,00	13,50	**15,00**	16,50	18,00
Receita Total (=)	4.000,00	4.000,00	**4.000,00**	4.000,00	4.000,00
Custos Variáveis Totais (–)	2.400,00	2.700,00	**3.000,00**	3.300,00	3.600,00
Receita Marginal (=)	1.600,00	1.300,00	**1.000,00**	700,00	400,00
Custos Fixos (–)	800,00	800,00	**800,00**	800,00	800,00
Lucro (=)	800,00	500,00	**200,00**	–100,00	–400,00
Rentabilidade ($L \times 100/I$)	40,00%	25,00%	**10,00%**	–5,00%	–20,00%
Lucratividade ($L \times 100/RT$)	20,00%	12,50%	5,00%	–2,50%	–10,00%

A – VARIAÇÕES NEGATIVAS

A redução de 10% no custo variável unitário provoca acréscimo de 150% na rentabilidade e na lucratividade, ao passo que a redução de 20% ocasiona acréscimo de 300% na rentabilidade e na lucratividade.

B – VARIAÇÕES POSITIVAS

O aumento de 10% no custo variável unitário provoca redução de 150% na rentabilidade e na lucratividade, ao passo que o acréscimo de 20% provoca redução de 300% na rentabilidade e na lucratividade.

Em processos produtivos bem ordenados, dificilmente se consegue redução nos custos variáveis unitários, tendo em vista que toda empresa procura manter esses custos no nível mínimo possível. Assim, as possibilidades de conseguir uma redução seriam por meio de um arranjo mais adequado do processo produtivo e da adoção de novas técnicas de produção, ou seja, racionalização do processo produtivo. Os mesmos conceitos podem ser estendidos para seus acréscimos, que serão sempre em condições especiais, tais como mudanças de especificações para se tornarem mais competitivos. Nessas condições seriam estabelecidos novos valores de custos e, em seguida, eles se tornariam constantes. O Quadro 7.7 foi elaborado para efeito de ilustração.

A Figura 7.5 possibilita uma visualização gráfica dos efeitos no Ponto de Equilíbrio em função de alterações no custo variável unitário. Sua redução de cv_1 para cv_3 reduz o custo variável total de CV_1 para CV_3, com a consequente redução do custo total geral de CT_1 para CT_3 e do Ponto de Equilíbrio de E_1 para E_3. Ocorre o oposto em seu aumento de cv_1 para cv_2, pois isso provoca deslocamento no mesmo sentido do custo variável total de CV_1 para CV_2, do total geral de CT_1 para CT_2 e do Ponto de Equilíbrio de E_1 para E_2.

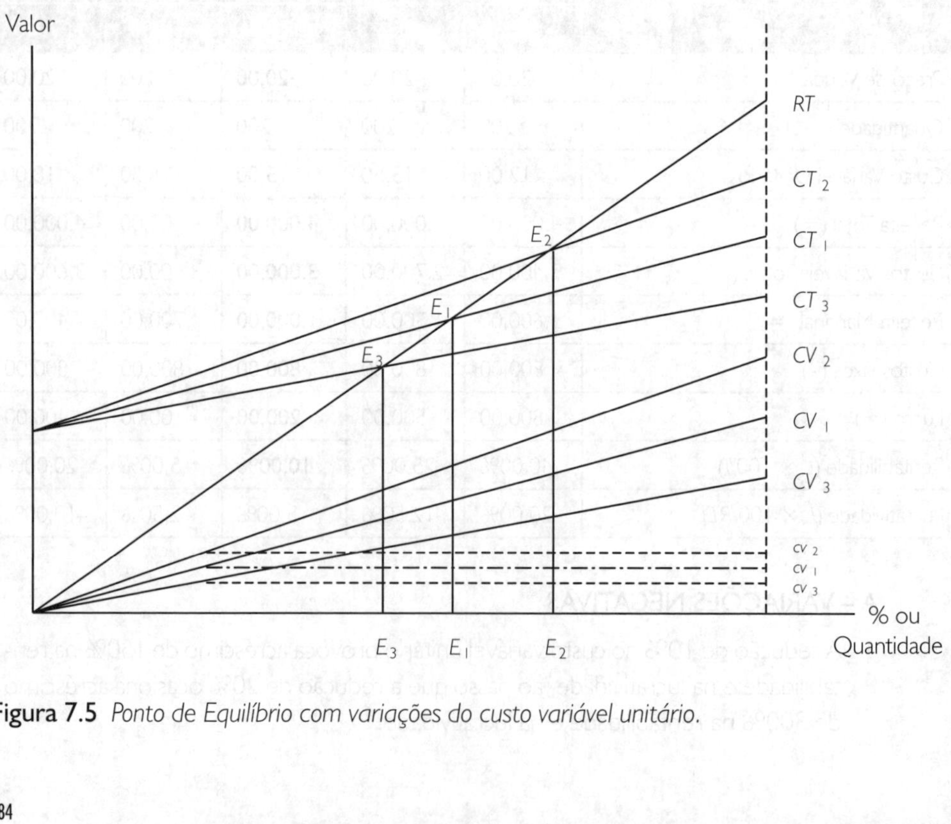

Figura 7.5 *Ponto de Equilíbrio com variações do custo variável unitário.*

A redução dos custos fixos é bem mais comum, tendo em vista certa liberalidade com alguns deles, como, por exemplo, gratificações, ajudas de custo, qualidade de transporte e até da alimentação concedidos ao pessoal. Em épocas de melhor desempenho, sua concessão pode ser estendida; em períodos de dificuldades das empresas, seus dirigentes são obrigados a reduzi-los ou até mesmo cortá-los.

Em consequência, apresenta-se outra forma gráfica do Ponto de Equilíbrio para observação de sua redução.

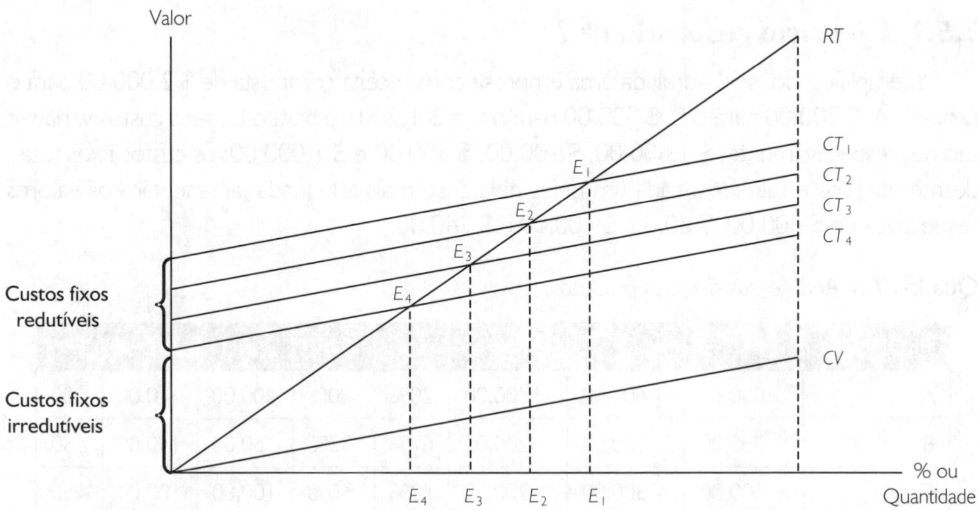

Figura 7.6 *Gráfico do ponto de equilíbrio, com diversos níveis de custo fixo total.*

Observa-se no gráfico da Figura 7.6 a colocação dos custos fixos sobre os custos variáveis com sua divisão em custos fixos **irredutíveis** e **redutíveis**, respectivamente aqueles indispensáveis às atividades das empresas e custos fixos possíveis de redução em caso de crise na empresa. Verifica-se o Ponto de Equilíbrio E_1 e suas reduções sucessivas para E_2, E_3 e E_4, à medida que são eliminados custos fixos, com consequentes reduções do custo total de CT_1 para CT_2, CT_3 e CT_4. A área de lucro foi ampliada sucessivamente de $E_1 - RT - CT_1$, para $E_2 - RT - CT_2$, $E_3 - RT - CT_3$ e $E_4 - RT - CT_4$, à medida que foram eliminados custos fixos, com o estabelecimento de margens de segurança operacional melhores para a empresa, afastando-a cada vez mais da possibilidade de entrar na área de prejuízo. É evidente que, se ocorrer o contrário, isto é, aumento de custos fixos por liberalidade da empresa nos períodos de maiores ganhos, os efeitos serão contrários, ou seja, elevação do ponto de equilíbrio e redução da área de lucro.

7.5 Análise dos produtos

Foram apresentadas no item anterior deste capítulo tabelas para estudo das influências das variações de quantidade produzida, de preço de venda, de custos fixos totais e de custos variáveis unitários, considerando-se os valores globais da empresa ou admitindo serem aqueles valores oriundos da produção de um único tipo de produto. A importância do conhecimento dos resultados globais da empresa não torna menos importante o conhecimento do desempenho de cada um dos produtos que constituem aquele resultado. Pelo contrário, o estudo de cada um dos elementos, além de permitir a extrapolação do raciocínio para o global, permite o conhecimento exato da dimensão do resultado individualizado, com as consequências que cada um pode ocasionar no global. Ao estudar os produtos segregadamente, é possível definir os que são mais lucrativos, os menos lucrativos e até aqueles que dão prejuízo, para que as decisões possam ser tomadas com vista na melhoria do desempenho destes últimos ou sua eliminação da produção.

7.5.1 Exercício resolvido nº 7

Exemplificando, será admitida uma empresa com receita composta de \$ 2.000,00 para o produto A, \$ 300,00 para o B, \$ 500,00 para o C e \$ 1.200,00 para o D; seus custos variáveis são de, respectivamente, \$ 1.600,00, \$ 100,00, \$ 300,00 e \$ 1.000,00; os custos fixos totais desmembrados e rateados, cada um deles pela base mais adequada, apresentam os valores respectivos de \$ 400,00, \$ 60,00, \$ 100,00 e \$ 240,00.

Quadro 7.8 *Análise dos diversos produtos.*

PRODUTO	RT	*CV*	*RMg*	*L/V*	*CV/V*	*CF*	*L*	*E%*
A	2.000,00	1.600,00	400,00	20%	80%	400,00	0,00	100
B	300,00	100,00	200,00	67%	33%	60,00	140,00	30
C	500,00	300,00	200,00	40%	60%	100,00	100,00	50
D	1.200,00	1.000,00	200,00	17%	83%	240,00	–40,00	120
Total	4.000,00	3.000,00	1.000,00	25%	75%	800,00	200,00	80

O preenchimento do Quadro 7.8 obedeceu a princípios e definições já vistos anteriormente, quais sejam:

1. A receita total (*RT*) e os custos variáveis (*CV*) são obtidos por levantamento de dados.
2. A receita marginal (*RMg*) ou margem de contribuição (*MCb*) é resultante da diferença entre a receita total e os custos variáveis totais.
3. A proporção lucro sobre volume (*L/V*) é a divisão da margem de contribuição sobre a receita total, com o resultado expresso em percentagem. Esse parâmetro indica a capacidade de absorver custos fixos e proporcionar lucro, ou seja, quanto maior for o resultado, maior é a capacidade de absorver custos fixos.
4. A proporção custos variáveis sobre volume (*CV/V*) é obtida pela divisão dos custos variáveis pela receita total, também expressa em percentual. Este parâmetro é o complemento do anterior para se atingir a integralização. Em função disso, ele pode ser obtido simplesmente subtraindo-se de 100% o percentual da proporção lucro sobre volume. Quanto maior for este índice, menor será a proporção lucro sobre volume e menor será a capacidade de absorção de custos fixos. Ele indica o esforço despendido pelo produto para a obtenção de cada unidade de receita total.

5. Os custos fixos totais (*CF*) são obtidos por levantamento de dados no final do período e cada um deles deve ser rateado pela base mais adequada para agregar as parcelas pertencentes a cada função de acumulação de custo. Neste exemplo, todos os custos fixos estão englobados em um único valor, porém eles foram discriminados nos diferentes custos fixos que compõem o total e utilizada a base mais adequada para rateá-los, obtendo-se o valor em cada produto.
6. O lucro (*L*) é o resultado da dedução de todos os custos, tanto os variáveis quanto os fixos, da receita total; ou da dedução dos custos fixos rateados da receita marginal (*RMg*).
7. O ponto de equilíbrio em percentual (*E%*) é obtido pela divisão do custo fixo total (*CF*) pela margem de contribuição (*MCb*) ou Receita Marginal (*RMg*) e o resultado multiplicado por 100.

A característica desta análise é que, antes de ser atingido o lucro final, atravessa-se uma fase intermediária chamada receita marginal ou margem de contribuição.

Observando a tabela do Quadro 7.8 sem maiores preocupações analíticas, seria normal opinar pela descontinuidade da elaboração dos produtos A e D, uma vez que, após o rateio dos custos fixos, o primeiro não proporciona lucro e o segundo apresenta prejuízo. Entretanto, verifica-se no gráfico da Figura 7.7 que a eliminação pura e simples destes produtos levaria a empresa a passar de uma situação de lucro de $ 200,00 para outra de prejuízo, pois a receita total se restringiria àquela proporcionada por B e C ($ 800,00), cujas margens de contribuição somariam $ 400,00 ($ 200,00 de B e $ 200,00 de C), insuficientes para absorver os custos fixos totais no valor de $ 800,00, o que resultaria em prejuízo de $ 400,00. Como consequência, pode-se afirmar que, enquanto estiver proporcionando receita marginal positiva, um produto não deve ser eliminado, pois estará contribuindo com algum valor, por menor que seja, para absorver custos fixos, mesmo apresentando prejuízo na apuração do lucro final após rateio dos custos fixos. Sua eliminação só seria recomendada se houver possibilidade de utilização dos fatores de produção por outros produtos de maior lucratividade, isto é, de maior proporção lucro sobre volume, já que é impossível a redução dos custos fixos na mesma proporção da redução da receita total.

A Figura 7.7 ilustra os dados em gráfico como outra forma de determinação do ponto de equilíbrio, em que: na linha horizontal serão alocadas as vendas ou receita total da empresa; na parte inferior da linha vertical esquerda, os custos fixos; e na linha vertical direita, o lucro estará representado na parte superior e o prejuízo na parte inferior. Ligando-se os pontos de custos fixos e de lucro ou prejuízo por uma reta, o Ponto de Equilíbrio será aquele em que esta reta cortar a linha de vendas ou receita total.

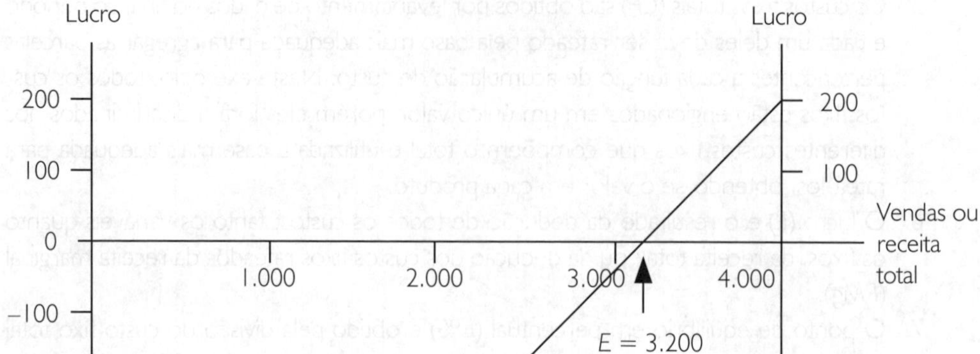

Figura 7.7 *Gráfico do ponto de equilíbrio pela análise lucro-volume.*

Com o objetivo de demonstrar a importância de todos os produtos para a empresa, mesmo aqueles que apresentam lucro zero ou prejuízo, será montado sobre o gráfico da Figura 7.7 um outro que representa cada um dos produtos, conforme Figura 7.8. Inicia-se pelo produto de maior até o de menor proporção Lucro-Volume (*L/V*). Sabe-se que a receita marginal ou margem direta tem a finalidade de absorver custos fixos e proporcionar lucro. Assim, ao custo fixo total da empresa soma-se algebricamente a receita marginal de cada produto, e na linha de vendas alocam-se as vendas ou receita total de cada produto na mesma ordem, obtendo-se em cada uma das linhas (vertical esquerda e horizontal) as coordenadas do ponto limitativo do segmento de reta representativo de cada produto após traçar perpendicular e paralela a partir de cada coordenada. No exemplo apresentado, são obtidas as seguintes coordenadas: Produto B (–$ 600,00; $ 300,00), Produto C (–$ 400,00; $ 800,00), Produto A ($ 0,00; $ 2.800,00) e Produto D ($ 200,00; $ 4.000,00).

A Figura 7.8 mostra que, apesar de o Ponto de Equilíbrio da empresa ser $ 3.200,00, quando se selecionam primeiramente os produtos de maior capacidade de absorção de custos fixos para comercialização, atinge-se o Ponto de Equilíbrio mais cedo ($ 2.800,00). Evidentemente, quando se inverte a ordem, ou seja, primeiro os produtos de menor e depois os de maior proporção lucro-volume, o Ponto de Equilíbrio será atingido mais tarde ($ 3.700,00). Isso indica que, para atingir todo o Ponto de Equilíbrio em valor, é necessária uma participação proporcionalmente igual de todos os produtos que compõem a receita total da empresa, mesmo que alguns deles apresentem prejuízo após a alocação das parcelas dos custos fixos indiretos, pois os prejuízos de uns serão compensados com os lucros de outros. Significa que a receita de equilíbrio da empresa não será igual aos custos totais com qualquer combinação para atingi-la, mesmo que uma dessas combinações seja a receita de equilíbrio de cada produto.

Diante disso, fica evidente a importância da determinação do Ponto de Equilíbrio da empresa em percentual, de modo a identificar que todos os produtos participem com este nível de receita, a fim de garantir que todos os custos estejam cobertos por ela. Portanto, a receita no Ponto de Equilíbrio não significa que, estando a produção em um nível que proporcione aquela receita, a empresa esteja efetivamente no Ponto de Equilíbrio. Para que isso seja verdadeiro, é necessário que todos os produtos estejam participando na mesma proporção.

Outra forma de garantir que os custos estejam cobertos é controlar a evolução da receita marginal, ou margem de contribuição total de cada produto, por meio de seu valor unitário multiplicado pelas respectivas quantidades, e comparar a soma das mesmas com os custos e despesas fixos do período, definindo o nível de receita que os cobrirá. Antes de atingir este nível, a empresa está em prejuízo, pois sua receita é insuficiente para lhe proporcionar lucro. Após atingi-lo, a receita excedente começará a proporcionar lucro.

Observa-se pelo gráfico da Figura 7.8 que, se o produto D (o de menor proporção lucro-volume) simplesmente fosse retirado de produção, a empresa estaria reduzindo sua capacidade de absorção de custos fixos em $ 200,00 pela perda da receita marginal do produto eliminado. Não haveria a receita de venda de $ 1.200,00 e, embora não ocorressem os custos variáveis de $ 1.000,00, a parcela de custos fixos indiretos atribuída ao produto D não seria eliminada e, portanto, a empresa passaria a ter lucro final zero, com a consequente redução de rentabilidade e lucratividade em 100%. Se estendesse a decisão também ao produto A, que apresenta lucro final zero, a situação da empresa pioraria ainda mais, passando de um lucro final de $ 200,00 para um prejuízo de $ 400,00. Assim, confirma-se que, enquanto o produto apresentar receita marginal ou margem de contribuição positiva, não deve ser simplesmente retirado de produção, apesar de apresentar lucro final pequeno ou prejuízo após o rateio dos custos fixos.

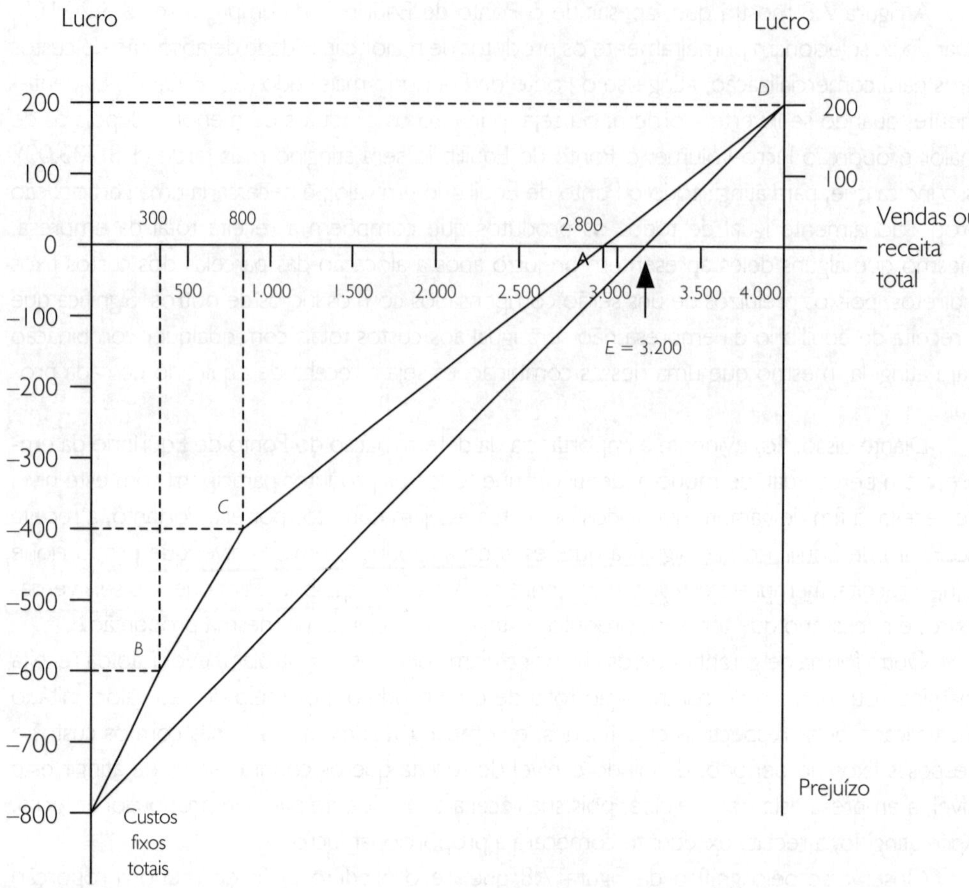

Figura 7.8 *Gráfico do ponto de equilíbrio pela análise lucro-volume, com a representação dos produtos.*

Pode-se verificar ainda na Figura 7.8 que todos os segmentos de reta representativos dos produtos são ascendentes. Eles só se tornam descendentes quando a receita marginal for negativa (receita total menor do que o custo variável total) e horizontais quando a receita marginal for nula (receita total igual ao custo variável total). Quanto maior for a proporção lucro-volume (*L/V*), maior será a ascendência do segmento de reta representativo do produto e, por outro lado, quanto menor for a proporção lucro-volume (*L/V*), menor será sua ascendência.

No exemplo anterior, não foi demonstrado o rateio dos custos fixos indiretos, uma vez que no Capítulo 5 foram demonstradas várias formas de rateio. No exercício seguinte, serão efetuados rateios pela forma direta, com a parcela de cada custo fixo indireto alocada adequadamente aos diferentes produtos.

7.5.2 Exercício resolvido nº 8

Considerando os valores do período referentes a Depreciações de $ 30.000,00, a Gastos de Restaurante Interno de $ 100.000,00, a Transporte de Pessoal de $ 20.000,00 e a Aluguéis de $ 150.000,00 e mais os dados do Quadro 7.9, determinar os parâmetros que permitam uma análise pelo método lucro-volume.

Quadro 7.9 *Dados levantados em um período.*

PRODUTO	QUANTIDADE PRODUZIDA	ÁREA OCUPADA	IMOBILIZADO INDUSTRIAL	Nº DE EMPREGADOS DIRETOS	CV	RECEITA TOTAL
A	100.000	100	200.000,00	30	4,00	500.000,00
B	50.000	30	100.000,00	10	3,50	200.000,00
C	200.000	120	200.000,00	15	1,00	400.000,00
D	225.000	250	500.000,00	45	3,00	900.000,00
Total	575.000	500	1.000.000,00	100	–	2.000.000,00

O rateio de cada custo indireto foi efetuado pela forma direta, tomando-se como base os seguintes dados:

- Depreciações por Imobilizado Industrial.
- Gastos de Restaurante Interno e Transporte de Pessoal por Número de Empregados Diretos.
- Aluguéis por Área Ocupada.

Feita a escolha das bases de rateio e efetuados os cálculos, monta-se o Quadro 7.10, cujos totais são transferidos para o Quadro 7.11.

Quadro 7.10 *Rateio dos custos fixos indiretos.*

PRODUTO	DEPRECIAÇÃO	GASTOS DE ALIMENTAÇÃO	TRANSPORTE DE PESSOAL	ALUGUÉIS	TOTAL
A	6.000,00	30.000,00	6.000,00	30.000,00	72.000,00
B	3.000,00	10.000,00	2.000,00	9.000,00	24.000,00
C	6.000,00	15.000,00	3.000,00	36.000,00	60.000,00
D	15.000,00	45.000,00	9.000,00	75.000,00	144.000,00
Total	30.000,00	100.000,00	20.000,00	150.000,00	300.000,00

Com os dados dos Quadros 7.9 e 7.10, foi montado o Quadro 7.11, considerando:

RT = Receita total;

CV = Custo variável total;

RMg = Receita marginal ou margem de contribuição total;

L/V = Proporção lucro sobre volume;

CF = Custo fixo total;

L = Lucro.

Com base no Quadro 7.11, traçou-se o gráfico da Análise Lucro-Volume (Figura 7.9), demonstrando a participação de cada produto.

Quadro 7.11 *Análise dos vários produtos.*

PRODUTO	*RT*	*CV*	*RMg*	*L/V*	*CF*	*L*
A	500.000,00	400.000,00	100.000,00	20,0%	72.000,00	28.000,00
B	200.000,00	175.000,00	25.000,00	12,5%	24.000,00	1.000,00
C	400.000,00	200.000,00	200.000,00	50,0%	60.000,00	140.000,00
D	900.000,00	675.000,00	225.000,00	25,0%	144.000,00	81.000,00
Total	2.000.000,00	1.450.000,00	550.000,00	27,5%	300.000,00	250.000,00

A penúltima coluna, Custo fixo total, foi transferida do Quadro 7.10, obtida pela soma dos diversos custos fixos rateados.

Pode ser observado no Quadro 7.11 que o Lucro (L) apresentado pelo produto B é igual a 0,4% do lucro total da empresa e, portanto, insignificante. Entretanto, eliminando esse produto, o lucro final da empresa se reduz em 10%, pois ficará privada de $ 25.000,00 (receita marginal do produto B) para absorção de parte de seus custos fixos.

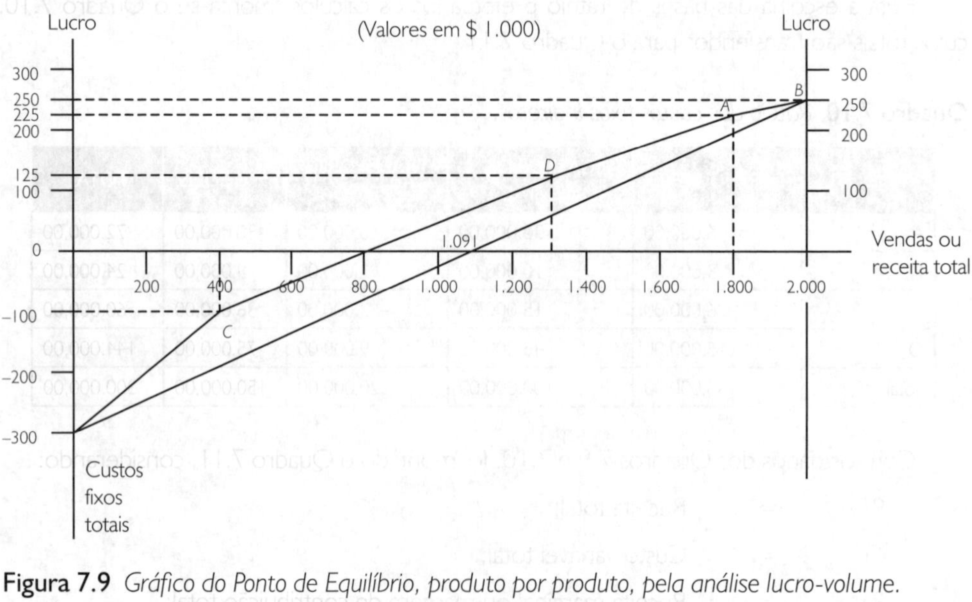

Figura 7.9 *Gráfico do Ponto de Equilíbrio, produto por produto, pela análise lucro-volume.*

7.6 Maximização de resultados

A maximização do resultado de uma empresa depende da estrutura dos gastos (custos e despesas) envolvidos nas diversas atividades para a obtenção dos bens e serviços por ela gerados, dos preços praticados para cada um deles e dos fatores restritivos existentes, tanto os internos quanto os externos. Isso implica uma análise muito detalhada de todos os processos envolvidos na obtenção dos produtos e serviços, quer sejam eles principais, quer auxiliares ou de apoio, abrangendo também as áreas administrativa e de vendas e até o mercado em que atua.

A utilização da proporção lucro-volume, estudada no item anterior, é muito útil na definição da ordem de prioridade de fabricação dos produtos para que os resultados afastem o fantasma do prejuízo logo no início da produção. Ela define a ordem de produção e comercialização dos produtos e serviços que possibilitam alcançar o Ponto de Equilíbrio mais cedo, sem a existência de qualquer restrição, vale dizer, em condições ideais.

Entretanto, a realidade é bem diferente. Não se pode escolher o que produzir na quantidade máxima sem levar em consideração os fatores limitativos. Em circunstâncias reais, a melhor ferramenta para atingir a maximização é priorizar os produtos que melhor remunerem o fator limitativo individual, que é obtido pela relação margem de contribuição dividida pelo fator limitativo, em termos unitários. Quanto maior for o resultado, mais bem remunerado está sendo o fator limitativo. Como no item anterior, serão resolvidos alguns exercícios para melhor fixar esses conceitos.

7.6.1 Exercício resolvido nº 9

Uma empresa industrial fabrica e comercializa os produtos A, B, C e D, e sua limitação é o número de horas disponíveis de máquina (H-M) no período, num total de 200.000. Com base nos dados das quatro primeiras colunas do Quadro 7.11, calcular as margens de contribuição unitárias por unidade de fator limitativo (mcb/H-M/un.) e determinar as quantidades a serem produzidas e comercializadas, além dos demais parâmetros que maximizem os resultados da empresa, preenchendo as demais colunas do Quadro 7.12.

Quadro 7.12 *Solução do exercício nº 9.*

Produto	H-M/ un.	P	Cv	Cap. máx.	mcb/ H-M/un.	Qde.	Consumo horas	Receita total	Custos variáveis	Margem de contribuição
A	4	80,00	50,00	15.000 un.	7,500	15.000 un.	60.000	1.200.000,00	750.000,00	450.000,00
B	2	75,00	50,00	25.000 un.	12,500	25.000 un.	50.000	1.875.000,00	1.250.000,00	625.000,00
C	8	40,00	15,00	15.000 un.	3,125	–	–	–	–	–
D	5	60,00	30,00	35.000 un.	6,000	18.000 un.	90.000	1.080.000,00	540.000,00	540.000,00
Total	–	–	–	90.000 un.	–	58.000 un.	200.000	4.155.000,00	2.540.000,00	1.615.000,00

Em algumas circunstâncias, mais de uma restrição pode existir concomitantemente. Assim, além da quantidade total de horas disponíveis, pode ainda ser obrigatória uma produção mínima de cada produto, seja por característica do processo ou de alguns equipamentos, seja por imposição do mercado supridor de insumos de produção ou do consumidor dos produtos. Tal situação será exemplificada com um exercício, considerando mais uma restrição.

7.6.2 Exercício resolvido nº 10

Considerando os dados do exercício anterior e supondo que cada produto tenha uma produção mínima de 10.000 unidades, quais seriam as quantidades para maximizar o resultado da empresa?

Quadro 7.13 *Solução do exercício nº 10.*

Produto	H-M/ un.	P	Cv	Cap. máx.	mcb/ H-M/un.	Qde.	Consumo horas	Receita total	Custos variáveis	Margem de contribuição
A	4	80,00	50,00	15.000 un.	7,500	10.000 un.	40.000	800.000,00	500.000,00	300.000,00
B	2	75,00	50,00	25.000 un.	12,500	15.000 un.	30.000	1.125.000,00	750.000,00	375.000,00
C	8	40,00	15,00	15.000 un.	3,125	10.000 un.	80.000	400.000,00	150.000,00	250.000,00
D	5	60,00	30,00	35.000 un.	6,000	10.000 un.	50.000	600.000,00	300.000,00	300.000,00
Total	–	–		90.000 un.	–	45.000 un.	200.000	2.955.000,00	1.700.000,00	1.225.000,00

Resumo

A análise Custo–Lucro–Volume possibilita respostas a várias perguntas que são de interesse dos órgãos decisórios das empresas, ou seja, voltadas para seus clientes internos.

O Ponto de Equilíbrio foi estudado englobando os aspectos de quantidade, percentual e valor, com o desenvolvimento das respectivas fórmulas com base na igualdade de receitas com custos e despesas. Definiram-se os principais itens que distinguem suas versões contábil, econômica e financeira. Graficamente, podem ser facilmente identificadas as áreas de lucro, prejuízo, receitas e custos.

A margem de segurança indica o nível de operação acima do Ponto de Equilíbrio, que determina o risco de a empresa entrar na área de prejuízo. Assim, quanto maior a margem de segurança, menor a possibilidade de ocorrer prejuízo.

A alavancagem operacional relaciona o acréscimo de lucro com o de volume de produção com base em determinado nível acima do Ponto de Equilíbrio e, quanto maior seu resultado, melhor.

As variações de quantidade, preço, custo fixo total e custo variável unitário influenciam o resultado, sendo evidente a supremacia da variação de preço sobre a dos demais parâmetros. O Ponto de Equilíbrio é influenciado, principalmente, pelas variações de custo fixo total e custo variável unitário.

A receita e os custos, quando compostos por diversos produtos, dificultam a análise que deve ser realizada com base na proporção lucro-volume, obtida pela relação margem de contribuição sobre receita total e que indica a capacidade relativa de se absorver custos fixos. Entretanto, esse parâmetro apenas define a ordem de produção e comercialização dos produtos para se atingir o Ponto de Equilíbrio mais cedo, garantindo a geração de lucro, sem definir, porém, a maximização do resultado. Essa condição é garantida pela relação da margem de contribuição unitária sobre fator limitativo. Os produtos que remuneram melhor os fatores restritivos são os que maximizam o resultado, sendo eles que indicam o *mix* ideal de produção. Graficamente, quanto maior a inclinação ascendente da reta representativa de um produto, maior sua capacidade de absorção de custos fixos e geração de lucro; quando, porém, avaliados individualmente, não apresentam utilidade na definição do conjunto de vários produtos que maximizam o resultado.

Exercícios propostos

1. O Ponto de Equilíbrio ou Ponto de Ruptura indica o nível de produção:
   - A A partir do qual a empresa começa a ter lucro.
   - B No qual a empresa tem lucro.
   - C Abaixo do qual a empresa tem lucro.
   - D Acima do qual a empresa tem prejuízo.

2. O Ponto de Equilíbrio indica o nível de produção em que a receita total gerada na empresa:
   - A É igual ao custo total.
   - B Menos o custo fixo total é igual ao custo variável total.
   - C Menos o custo variável total é igual ao custo fixo total.
   - D Todas as alternativas anteriores.

3. Para a determinação do Ponto de Equilíbrio, é necessária a classificação correta e rigorosa dos custos quanto à:
   - A Função.
   - B Natureza.
   - C Apuração.
   - D Formação.

4. Observando a representação gráfica do Ponto de Equilíbrio, pode-se afirmar que quanto mais:
   - A Alto ele for, maior é a área de lucro.
   - B Baixo ele for, menor é a área de lucro.
   - C Alto ele for, menor é a área de prejuízo.
   - D Nenhuma das respostas anteriores.

5. O Ponto de interseção das retas de custo total e de receita total é denominado ponto de:
   - A Equilíbrio.
   - B Receita máxima.
   - C Custos máximos.
   - D Custos mínimos.

6. Além da determinação numérica do Ponto de Equilíbrio, o analista de um empreendimento deve considerar em sua análise o mercado pelo aspecto de:
   - A Suprimento de matérias-primas.
   - B Consumo da produção planejada.
   - C Disponibilidade de mão de obra.
   - D Todas as alternativas anteriores.

7. Além do Ponto de Equilíbrio Contábil, pode-se estabelecer o Ponto de Equilíbrio Econômico, devendo-se aos custos e despesas fixos considerados naquele:

A Adicionar os juros sobre o capital próprio.

B Adicionar as depreciações e subtrair as amortizações de empréstimos.

C Subtrair as depreciações e adicionar as amortizações de empréstimos.

D Adicionar os juros sobre o capital próprio e as amortizações de empréstimos.

8. Existe ainda o Ponto de Equilíbrio Financeiro, devendo-se aos custos e despesas fixos considerados no Contábil:

A Adicionar os juros sobre o capital próprio.

B Adicionar as depreciações e subtrair as amortizações de empréstimos.

C Subtrair as depreciações e adicionar as amortizações de empréstimos.

D Adicionar os juros sobre o capital próprio e as amortizações de empréstimos.

9. Uma empresa no nível máximo de sua capacidade de produção, que é de 10.000 unidades, tem custos fixos totais de $ 145.000,00 e custos variáveis totais de $ 1.250.000,00. Comercializando sua produção a $ 150,00 por unidade, apresenta Ponto de Equilíbrio de:

A 7.500 unidades.

B 6.500 unidades.

C 5.800 unidades.

D 3.750 unidades.

10. Uma empresa com custo variável unitário de $ 20,00 e custo fixo total de $ 200.000,00, para uma capacidade máxima instalada de 160.000 unidades, vende seu produto por $ 25,00 cada unidade. Seu Ponto de Equilíbrio em percentual é de:

A 25%.

B 30%.

C 35%.

D 40%.

11. Uma empresa que tem seu produto vendido a $ 50,00 por unidade, com custo variável por unidade de $ 30,00 e custo fixo total de $ 100.000,00, necessita produzir a seguinte quantidade para não ter lucro nem prejuízo:

A 1.250 unidades.

B 2.500 unidades.

C 5.000 unidades.

D 7.500 unidades.

12. Uma empresa que disponha de 200.000 unidades de capacidade instalada, custo fixo total de $ 300.000,00, preço de venda de $ 5,00 e custo variável unitário de $ 2,00 apresenta o Ponto de Equilíbrio de:

A $ 500.000,00.

B $ 750.000,00.

C $ 600.000,00.

D $ 900.000,00.

13. Se o preço da venda do produto da empresa do exercício anterior baixasse para $ 4,00, permanecendo inalterados os demais dados, o Ponto de Equilíbrio da empresa seria de:

A $ 500.000,00.

C $ 600.000,00.

B $ 750.000,00.

D $ 900.000,00.

14. Para que o Ponto de Equilíbrio da empresa do exercício 9 representasse 50% da capacidade instalada, seria necessário que seu:

A Custo fixo total baixasse para $ 135.000,00.

B Preço de venda aumentasse para $ 162,00.

C Custo variável total fosse de $ 1.210.000,00.

D 1ª e 2ª alternativas.

15. Uma empresa que em sua capacidade máxima instalada (300.000 unidades) apresenta custo fixo total de $ 400.000,00, custo variável unitário de $ 4,00 e preço unitário de venda de $ 6,00 tem Ponto de Equilíbrio de:

A 75.000 unidades.

B 100.000 unidades.

C 150.000 unidades.

D 200.000 unidades.

16. Uma empresa que, em sua capacidade máxima instalada (200.000 unidades), apresenta custo total de $ 1.000.000,00, custo fixo total de $ 200.000,00 e preço unitário de venda de $ 6,00, tem Ponto de Equilíbrio de:

A 25.000 unidades.

B 50.000 unidades.

C 100.000 unidades.

D 150.000 unidades.

17. Uma empresa com capacidade para produzir 1.000 unidades tem, nesse nível de produção, custo fixo total de $ 10.000,00, custo variável total de $ 50.000,00, preço de venda de $ 90,00 e Ponto de Equilíbrio de:

A 25%.

B 20%.

C 30%.

D 35%.

18. Com capacidade máxima de produção de 5.000 unidades, custo variável unitário de $ 25,00, custo fixo total de $ 50.000,00 e preço de venda $ 35,00, a empresa apresenta um Ponto de Equilíbrio de:

A 50%.

B 67%.

C 75%.

D 100%.

19. Com capacidade máxima de produção de 600.000 unidades, custo fixo total de $ 2.700.000,00, preço de venda de $ 30,00 e custo variável unitário de $ 20,00, a empresa apresenta um Ponto de Equilíbrio de:

A 45%.

B 15%.

C 23%.

D 55%.

20. A diferença, tanto em valor absoluto quanto relativo, entre o Ponto de Equilíbrio e um ponto acima deste, considerado como nível normal de operação da empresa, é chamada de:

A Margem de contribuição.

C Alavancagem operacional

B Margem de segurança.
D Ponto de equilíbrio.

21. A relação entre o acréscimo proporcional do lucro e o da produção física ou da receita total, quando a empresa está operando acima do nível de segurança, é denominada:

A Margem de contribuição.
B Margem de segurança.
C Alavancagem operacional.
D Ponto de equilíbrio.

22. O grau de alavancagem operacional indica o acréscimo de lucro em relação ao nível da margem de segurança para cada:

A 1% de acréscimo no volume produzido.
B Unidade de acréscimo no volume produzido.
C Unidade de decréscimo no ponto de equilíbrio.
D 1% de decréscimo no custo fixo total.

23. Produzindo no nível de 500.000 unidades, a empresa do exercício 19 apresenta a seguinte lucratividade:

A 46,00%.
B 8,50%.
C 19,17%.
D 15,33%.

24. Para obter um lucro de $ 100.000,00, uma empresa com custos fixos totais de $ 200.000,00, custo variável unitário de $ 30,00, preço de venda de $ 40,00 e capacidade máxima instalada de 100.000 unidades, necessita produzir:

A 20.000 unidades.
B 25.000 unidades.
C 30.000 unidades.
D 35.000 unidades.

25. Se o lucro desejado na empresa do exercício anterior fosse $ 200.000,00, a quantidade a ser produzida deveria ser aumentada para:

A 20.000 unidades.
B 30.000 unidades.
C 40.000 unidades.
D 50.000 unidades.

26. Uma empresa com capacidade máxima de produção de 60.000 unidades, com custo fixo total de $ 1.100.000,00, custo variável total de $ 5.000.000,00 e preço de venda de $ 120,00, apresenta o seguinte Ponto de Equilíbrio:

A 50%.
B 60%.
C 22%.
D 18%.

27. Desejando-se um Ponto de Equilíbrio de 20%, o preço de venda do produto da empresa do exercício anterior deveria ser fixado em:

A $ 180,00.
B $ 250,00.
C $ 150,00.
D $ 175,00.

28. A empresa do exercício 18 é inviável. Para viabilizá-la, os empresários decidiram investir mais recursos para duplicar a capacidade de produção, mas condicionaram que o Ponto de Equilí-

brio máximo será de 60%. Para satisfazer às novas condições, os custos fixos totais só podem sofrer um aumento máximo de:

A 10%.
B 15%.
C 20%.
D 25%.

29. O Ponto de Equilíbrio se altera no mesmo percentual da alteração do:

A Custo variável unitário.
B Custo variável total.
C Preço de venda.
D Custo fixo total.

30. Uma empresa com capacidade máxima de produção de 40.000 unidades e custo fixo total de $ 200.000,00 apresenta Ponto de Equilíbrio de 100%, sendo, portanto, inviável. Para que seu Ponto de Equilíbrio se reduza para 80%, sem alteração nos valores dos demais parâmetros, é necessário que seus custos fixos totais sejam reduzidos em:

A 20%.
B 40%.
C 50%.
D 60%.

31. Se o viável para a empresa do exercício anterior for um Ponto de Equilíbrio de 60%, e na impossibilidade de se modificar os valores dos demais parâmetros, os custos fixos totais deverão ser reduzidos para:

A $ 80.000,00.
B $ 100.000,00.
C $ 120.000,00.
D $ 140.000,00.

32. Uma empresa que se instala para produzir 2.000 unidades de um produto em cada período a um custo fixo total de $ 1.000.000,00 e a um custo variável unitário de $ 3.000,00 e deseja um Ponto de Equilíbrio de 50%, deverá colocar seu produto no mercado ao preço unitário de:

A $ 3.300,00.
B $ 3.500,00.
C $ 4.000,00.
D $ 4.400,00.

33. Caso o mercado não comporte o preço unitário determinado para o produto no exercício anterior e o empresário aceite um Ponto de Equilíbrio de 80%, o novo preço unitário será de:

A $ 3.250,00.
B $ 3.375,00.
C $ 3.550,00.
D $ 3.625,00.

34. O preço unitário determinado no exercício anterior não é adequado para lançar o produto no mercado, sendo o valor ideal $ 3.400,00. Se o empresário não aceita um Ponto de Equilíbrio mais elevado do que 80%, a alternativa é reduzir os custos fixos totais em:

A $ 200.000,00.
B $ 360.000,00.
C $ 420.000,00.
D $ 480.000,00.

35. Uma empresa com custos fixos totais de $ 240.500,00, custo variável de $ 1.130.000,00 e preço de venda de $ 150,00, para uma capacidade de produção de 10.000 unidades de um produto, apresenta Ponto de Equilíbrio de:

A 1.250 unidades.
C 5.800 unidades.
B 3.750 unidades.
D 6.500 unidades.

36. Num período em que a empresa do exercício anterior produzisse 8.500 unidades, sua lucratividade seria de:

A 2,47%.
C 7,70%.
B 5,80%.
D 24,67%.

37. Para que o Ponto de Equilíbrio da empresa do exercício 35 fosse 50%, seria necessário que seu:

A Custo fixo total baixasse para $ 150.000,00.
C Custo variável total fosse $ 1.019.000,00.
B Preço de venda aumentasse para $ 165,00.
D 1ª e 2ª alternativas.

38. Para obter um lucro de $ 55.500,00, a empresa do exercício 35 deveria produzir no período:

A 5.800 unidades.
C 7.500 unidades.
B 6.500 unidades.
D 8.000 unidades.

39. Coletando os dados de uma empresa em um período, apurou-se um custo variável unitário de $ 15,00 e um preço de venda de $ 20,00 para uma capacidade máxima de produção de 800.000 unidades. No nível máximo de produção, a receita marginal ou margem de contribuição é de:

A $ 2.800.000,00.
C $ 6.800.000,00.
B $ 4.000.000,00.
D $ 12.000.000,00.

40. Sendo o custo fixo total de $ 1.200.000,00, o Ponto de Equilíbrio da empresa do exercício 39 é de:

A $ 3.600.000,00.
C $ 5.160.000,00.
B $ 4.800.000,00.
D $ 6.000.000,00.

41. Se a empresa do exercício 40 desejasse um lucro de 20% sobre o total de seus custos, a quantidade produzida deveria ser de:

A 760.000 unidades.
C 722.000 unidades.
B 720.000 unidades.
D 740.000 unidades.

42. Se a empresa do exercício 40 produzir apenas 400.000 unidades, sua lucratividade será de:

A 40,0%.
C 17,5%.
B 10,0%.
D 35,0%.

43. Uma empresa apresenta custo variável unitário de $ 700,00 e custo total por unidade produzida de $ 1.000,00 no nível máximo de sua capacidade de produção, que é de 10.000

unidades. Para que o Ponto de Equilíbrio dessa empresa seja de 80% de sua capacidade máxima, o preço de venda de seu produto deverá ser de:

A $ 1.075,00.
B $ 1.200,00.
C $ 1.250,00.
D $ 1.325,00.

44. Se o preço de venda do produto da empresa do exercício 43 fosse estabelecido em $ 1.300,00, o Ponto de Equilíbrio seria de:

A 70%.
B 60%.
C 50%.
D 40%.

45. Com base nos dados do exercício 43, a lucratividade da empresa no nível máximo da capacidade de produção foi de:

A 34,88%.
B 22,92%.
C 7,50%.
D 6,98%.

46. Se a empresa do exercício 43 necessitasse de um investimento de $ 15.000.000,00 para sua implantação e considerando-se um nível médio de produção de 9.000 unidades, sua rentabilidade seria de:

A 2,50%.
B 3,88%.
C 6,98%.
D 2,25%.

47. Subtraindo o custo variável total da receita total, obtém-se:

A Custo fixo total.
B Margem de contribuição.
C Lucro.
D Prejuízo.

48. Uma empresa fabricante de um tipo de produto recebeu um pedido para compra de 1.500 unidades a um preço unitário de $ 2,10. Levantamento realizado verificou que a produção adicional não afetará o movimento normal das atividades, não aumentando os custos fixos totais, nem as despesas variáveis unitárias de vendas. As informações obtidas da Contabilidade Financeira e da Contabilidade Gerencial, referentes a uma produção de 10.000 unidades, indicaram os seguintes resultados, em unidades monetárias:

Quadro 7.14 *Demonstrações de resultados.*

CONTABILIDADE FINANCEIRA		CONTABILIDADE GERENCIAL		
Vendas	30.000,00	Vendas		30.000,00
Custo dos Produtos Vendidos	22.500,00	Gastos Variáveis		
Lucro Bruto	7.500,00	Produção	18.000,00	
		Admin./Vendas	1.650,00	19.650,00
		Margem de contribuição		10.350,00
Despesas		Gastos Fixos		
Vendas variáveis	1.650,00	Produção	4.500,00	
Administrativas/Vendas fixas	4.350,00	Admin./Vendas	4.350,00	8.850,00
Lucro Operacional	1.500,00	Lucro Operacional		1.500,00

Com base nessas informações contábeis você, como responsável pela área de controladoria, deve dar a seguinte opinião sobre a encomenda extra:

A Aceitar incondicionalmente, porque o custo variável unitário é menor.

B Só aceitar se o mercado de destino não interferir no atual.

C Não aceitar, porque o preço é menor que os custos totais de produção por unidade.

D Não aceitar, porque o preço não cobre os custos fixos.

49. Uma empresa com capacidade máxima de produção de 250 unidades de um produto tem custo fixo total de $ 18.000,00, custo variável unitário de $ 250,00 e preço de venda de $ 400,00. Operando em um nível normal de 150 unidades, sua margem de segurança será de:

A 30 unidades, $ 12.000,00 ou 20%.

B 50 unidades, $ 20.000,00 ou 33%.

C 30 unidades, $ 12.000,00 ou 25%.

D 45 unidades, $ 18.000,00 ou 30%.

50. Se a empresa do exercício anterior passar a operar em um nível de 200 unidades, seu grau de alavancagem operacional será igual a:

A 0,33.

B 1,67.

C 5,00.

D 8,00.

51. Se a empresa do exercício anterior operar em um nível 6% acima de sua margem de segurança, seu lucro operacional será aumentado em:

A $ 225,00.

B $ 270,00.

C $ 1.350,00.

D $ 1.620,00.

52. Uma empresa em sua capacidade máxima de produção, que é de 1.800 unidades de um produto, apresenta custo total por unidade de $ 120,00, custo variável unitário de $ 90,00 e preço de venda de $ 150,00. Operando normalmente em um nível de 1.500 unidades, apresenta como margem de segurança:

A 30%.
B 40%.
C 50%.
D 60%.

53. Se a empresa do exercício anterior passar a operar em um nível igual ao de sua capacidade máxima, seu grau de alavancagem operacional será de:

A 2,0.
B 2,5.
C 3,0.
D 3,5.

54. Se a empresa do exercício anterior operar em um nível 5% acima de sua margem de segurança, seu lucro será aumentado em:

A $ 3.600,00.
B $ 4.500,00.
C $ 10.000,00.
D $ 11.250,00.

55. A rentabilidade de um empreendimento é um quociente resultante da divisão do lucro por:

A Receita total.
B Receita marginal.
C Custo fixo total.
D Investimento.

56. A lucratividade de um empreendimento é um quociente que resulta da divisão do lucro por:

A Receita total.
B Receita marginal.
C Custo fixo total.
D Investimento.

Preencher as lacunas do Quadro 7.15, observando o percentual de variação de quantidade em cada uma das colunas. Admite-se uma quantidade normal de produção de 1.000 unidades em que o custo variável unitário é $ 500,00, o preço de venda é $ 800,00, o custo fixo total é $ 200.000,00 e o investimento é $ 1.000.000,00.

Quadro 7.15 *Solução do exercício.*

ITENS	VARIAÇÕES				
	–20%	–10%	NORMAL	+10%	+20%
a) Receita Total					
b) Custo Variável Total					
c) Receita Marginal					
d) Custo Fixo Total					
e) Lucro					
f) Rentabilidade					
g) Lucratividade					

57. Analisando o Quadro 7.15 preenchido, observa-se que na variação da quantidade para mais 10% houve um acréscimo relativo na rentabilidade e na lucratividade, respectivamente, de:

A 3,00% e 2,27%.
C 30,00% e 18,16%.
B 6,00% e 4,17%.
D 60,00% e 33,36%.

58. Se a análise do Quadro 7.15 for na variação da quantidade para menos 10%, será verificada uma redução relativa na rentabilidade e na lucratividade, respectivamente, de:

A 3,00% e 2,78%.
C 30,00% e 22,24%.
B 6,00% e 6,25%.
D 60,00% e 50,00%.

Mantendo os mesmos dados da coluna normal do Quadro 7.15, completar as demais colunas do Quadro 7.16, observando o percentual de variação de preço de venda em cada uma delas.

Quadro 7.16 *Solução do exercício.*

ITENS	VARIAÇÕES				
	−20%	−10%	NORMAL	+10%	+20%
a) Receita Total					
b) Custo Variável Total					
c) Receita Marginal					
d) Custo Fixo Total					
e) Lucro					
f) Rentabilidade					
g) Lucratividade					

59. Analisando o Quadro 7.16 preenchido, observa-se que, na variação do preço de venda para mais 20%, houve um acréscimo relativo na rentabilidade e lucratividade, respectivamente, de:

A 160% e 116,64%.
C 80% e 63,60%.
B 16% e 14,58%.
D 18% e 20,45%.

60. Se a análise do Quadro 7.16 for na variação do preço de venda para menos 20%, será verificada uma redução relativa na rentabilidade e na lucratividade, respectivamente, de:

A 60% e 93,80%.
C 80% e 77,76%.
B 160% e 175,04%.
D 40% e 3,12%.

Considerando que as despesas de vendas variam em função de variação de receita independentemente de esta ser consequência de variação de quantidade ou de preço, com dados da coluna normal do Quadro 7.17, sendo: quantidade 1.000 unidades, preço de venda $ 800,00, custo variável unitário $ 400,00, despesa variável unitária $ 100,00, custo fixo total $ 200.000,00 e investimento $ 1.000.000,00, completar a referida coluna e as demais, observando o percentual de variação de preço de cada uma das colunas.

Quadro 7.17 *Solução do exercício.*

ITENS	VARIAÇÕES				
	–20%	–10%	NORMAL	+10%	+20%
a) Receita Total					
b) Custo Variável Total					
c) Receita Marginal					
d) Custo Fixo Total					
e) Lucro					
f) Rentabilidade					
g) Lucratividade					

61. Analisando o Quadro 7.17 preenchido, que considerou o comportamento das despesas de vendas, observa-se que, na variação da quantidade para mais 10%, houve um acréscimo relativo na rentabilidade e na lucratividade, respectivamente, de:

A 7,00% e 6,82%.
B 40,00% e 26,00%.
C 17,00% e 19,32%.
D 70,00% e 54,56%.

62. Se a análise do Quadro 7.17 for na variação da quantidade para menos 10%, será verificada uma redução relativa na rentabilidade e na lucratividade, respectivamente, de:

A 3,00% e 4,17%.
B 70,00% e 66,64%.
C 30,00% e 52,13%.
D 140,00% e 121,20%.

Preencher as lacunas do Quadro 7.18 a seguir, observando o percentual de variação de preço de venda em cada uma das colunas. Admite-se uma quantidade normal de produção de 200 unidades, gasto variável unitário decomposto em duas parcelas – uma delas de $ 30,00, correspondente ao custo, e a outra, referente a despesas de vendas, igual a 20% do preço de venda, este sendo igual a $ 50,00 – custo fixo total de $ 1.000,00 e investimento de $ 10.000,00.

Quadro 7.18 *Exercício de variação de preço.*

ITENS	VARIAÇÕES				
	–20%	–10%	NORMAL	+10%	+20%
a) Receita Total					
b) Custo Variável Total					
b1) Despesa Variável de Venda					
c) Receita Marginal					
d) Custo Fixo Total					
e) Lucro					
f) Rentabilidade					
g) Lucratividade					

63. Analisando o Quadro 7.18 preenchido, observa-se que na variação do preço de venda para mais 10% houve um acréscimo relativo na rentabilidade e na lucratividade, respectivamente, de:

A 80,00% e 16,36%.
B 80,00% e 63,60%.
C 8,00% e 16,36%.
D 8,00% e 6,36%.

64. Se a análise no Quadro 7.18 for na variação do preço de venda para menos 10%, verifica-se uma redução relativa na rentabilidade e na lucratividade, respectivamente, de:

A 80,00% e 77,80%.
B 8,00% e 7,78%.
C 8,00% e 77,80%.
D 80,00% e 7,78%.

Preencher as lacunas do Quadro 7.19 observando o percentual de variação dos custos fixos totais em cada uma das colunas. Admite-se uma quantidade normal de produção de 5.000 unidades em que o custo variável unitário é $ 200,00, o custo fixo total é $ 200.000,00, o preço de venda é $ 300,00 e o investimento é $ 1.200.000,00.

Quadro 7.19 *Solução do exercício.*

ITENS	VARIAÇÕES				
	–20%	–10%	NORMAL	+10%	+20%
a) Receita Total					
b) Custo Variável Total					
c) Receita Marginal					
d) Custo Fixo Total					
e) Lucro					
f) Rentabilidade					
g) Lucratividade					

65. Analisando o Quadro 7.19 preenchido, observa-se que, na variação dos custos fixos totais para mais 20%, houve uma redução relativa na rentabilidade e na lucratividade, respectivamente, de:

A 13,33% e 13,33%.
B 3,33% e 3,33%.
C 3,33% e 2,67%.
D 1,67% e 1,33%.

66. Se a análise do Quadro 7.19 for a variação dos custos fixos totais para menos 20%, será verificado um acréscimo relativo na rentabilidade e na lucratividade, respectivamente, de:

A 13,33% e 13,33%.
B 3,33% e 2,67%.
C 1,67% e 1,33%.
D 3,33% e 3,33%.

Mantendo os mesmos dados da coluna normal do Quadro 7.19, completar as demais colunas do Quadro 7.20, observando o percentual de variação do custo variável unitário em cada uma das colunas.

Quadro 7.20 *Solução do exercício.*

ITENS	VARIAÇÕES				
	–10%	–5%	NORMAL	+5%	+10%
a) Receita Total					
b) Custo Variável Total					
c) Receita Marginal					
d) Custo Fixo Total					
e) Lucro					
f) Rentabilidade					
g) Lucratividade					

67. Analisando o Quadro 7.20 preenchido, observa-se que, na variação do custo variável unitário para mais 10%, houve uma redução relativa na rentabilidade e na lucratividade, respectivamente, de:

A 8,33% e 6,67%.
B 33,33% e 33,33%.
C 4,17% e 3,33%.
D 16,67% e 13,33%.

68. Se a análise do Quadro 7.20 for na variação do custo variável unitário para menos 10%, verifica-se um acréscimo relativo na rentabilidade, respectivamente, de:

A 8,33% e 6,67%.
B 33,33% e 33,33%.
C 4,17% e 3,33%.
D 16,67% e 13,33%.

69. Uma empresa tem custo variável unitário de $ 1.000,00, preço de venda de $ 1.700,00 e capacidade máxima de produção de 10.000 unidades. Para que seu Ponto de Equilíbrio seja de 60%, seu custo fixo total será de:

A $ 4.200.000,00.
B $ 6.000.000,00.
C $ 10.200.000,00.
D $ 8.500.000,00.

70. Quando a empresa do exercício anterior opera no nível máximo de sua capacidade, apresenta uma lucratividade de 16,47%. No período em que ela opera num nível de produção de 9.000 unidades e deseja manter a mesma lucratividade, seu preço de venda deverá ser fixado em:

A $ 1.615,00.
B $ 1.685,00.
C $ 1.755,86.
D $ 1.870,00.

71. Uma empresa tem capacidade máxima de produção de 20.000 unidades e preço de venda de $ 5.000,00. Com custo fixo total no valor de $ 4.998.000,00, para ter um Ponto de Equilíbrio máximo de 70%, seu custo variável unitário não pode ser superior a:

A $ 3.250,00.
B $ 3.762,00.
C $ 4.346,00.
D $ 4.643,00.

72. Operando no nível máximo da capacidade de produção, a empresa do exercício anterior apresenta uma lucratividade de 2,142%. Se ela produzisse 18.000 unidades e quisesse manter a mesma lucratividade, deveria fixar o preço de venda de seu produto em:

A $ 5.040,00.
B $ 5.028,37.
C $ 5.106,67.
D $ 5.299,00.

73. Reduzindo o custo fixo total em 10% e aumentando o preço de venda para $ 1.750,00, a empresa do exercício 43 passaria a ter um Ponto de Equilíbrio de:

A $ 4.500.000,00.
B $ 4.000.000,00.
C $ 5.357.143,00.
D $ 6.217.684,00.

74. Quando se consideram as alternativas de, concomitantemente, aumentar o preço de venda e reduzir a quantidade produzida de um produto no mesmo percentual, a rentabilidade e a lucratividade do empreendimento ficam:

A Inalteradas.

B Reduzidas.

C Aumentadas.

D Reduzida, apenas a primeira.

75. Mantendo os demais parâmetros de um empreendimento, a redução do custo fixo total provoca:

(a) Redução na rentabilidade e na lucratividade.

(b) Aumento na rentabilidade e na lucratividade.

(c) Redução no Ponto de Equilíbrio em valor e em percentual.

(d) Aumento no Ponto de Equilíbrio em valor e em percentual.

A *a* e *c*.

B *a* e *d*.

C *b* e *c*.

D *b* e *d*.

76. A variação do preço de venda provoca variação de receita total e de:

A Custos fixos totais.

B Custos variáveis totais.

C Receita marginal ou margem de contribuição (totais).

D Custos variáveis unitários.

77. A variação do custo variável unitário em um período provoca variação de custo variável total e de:

A Receita total.

B Receita marginal ou margem de contribuição (totais).

C Lucro.

D 2ª e 3ª alternativas estão corretas.

78. A variação da quantidade produzida em um período provoca a variação de receita total e de:

A Custos fixos totais.

B Custos variáveis unitários.

C Receita marginal ou margem de contribuição (total).

D Todas as alternativas estão corretas.

79. A mudança na capacidade de produção de um empreendimento não altera o Ponto de Equilíbrio em valor porque a receita total e:

A A receita marginal ou margem de contribuição (total) não são alteradas.

B O custo variável total não são alterados.

C O custo fixo total são alterados na mesma proporção.

D O custo variável total são alterados na mesma proporção.

80. O ponto de interseção da reta de receita total com a reta de custo total é o Ponto de:

A Equilíbrio ou nivelamento.

B Custo fixo total mínimo.

C Custo variável total máximo.

D Todas as alternativas estão corretas.

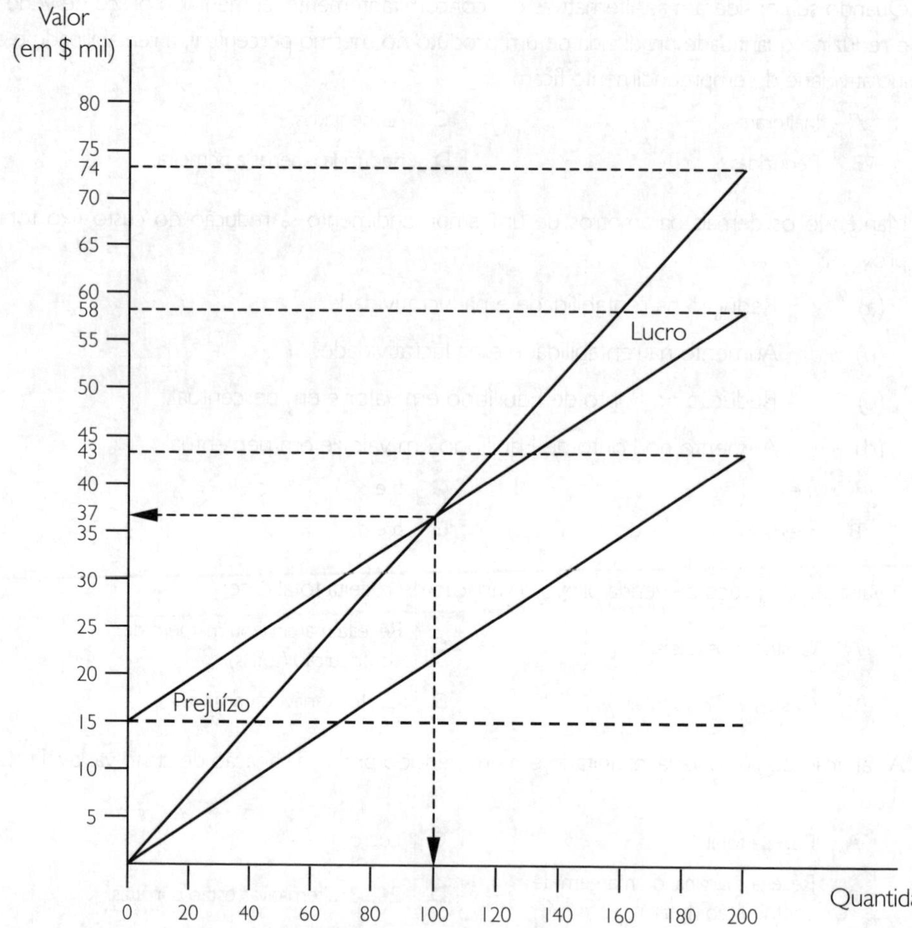

Figura 7.10 *Gráfico do Ponto de Equilíbrio.*

81. Com base no gráfico da Figura 7.10, a receita da empresa no nível de capacidade máxima e no Ponto de Equilíbrio apresenta os valores de:

A $ 74.000,00 e $ 43.000,00.

B $ 74.000,00 e $ 37.000,00.

C $ 74.000,00 e $ 58.000,00.

D $ 58.000,00 e $ 32.000,00.

82. Para a empresa representada no gráfico da Figura 7.10 operar no Ponto de Equilíbrio, basta que ela produza no período:

A 120 unidades.

B 100 unidades.

C 80 unidades.

D 60 unidades.

83. De acordo com o gráfico da Figura 7.10, no nível máximo da capacidade de produção, os valores do custo variável total e do custo fixo total são, respectivamente, de:

A $ 58.000,00 e $ 43.000,00.
B $ 37.000,00 e $ 15.000,00.
C $ 43.000,00 e $ 37.000,00.
D $ 43.000,00 e $ 15.000,00.

84. Nas condições do exercício anterior, os valores do custo geral total e do custo variável total no Ponto de Equilíbrio são, respectivamente, de:

A $ 37.000,00 e $ 22.000,00.
B $ 22.000,00 e $ 15.000,00.
C $ 37.000,00 e $ 15.000,00.
D $ 58.000,00 e $ 43.000,00.

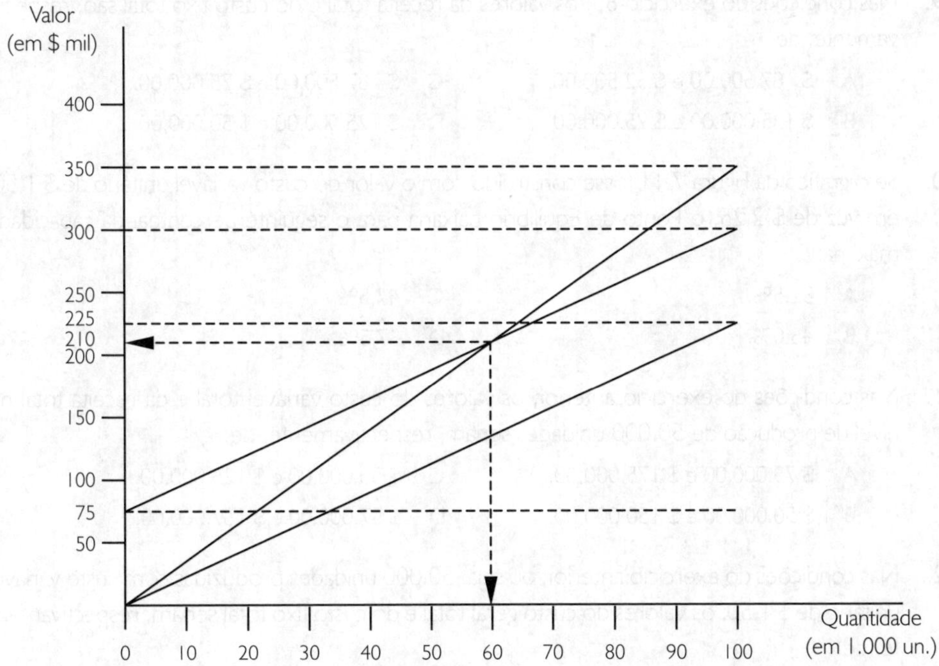

Figura 7.11 *Gráfico do Ponto de Equilíbrio.*

85. Com base no gráfico da Figura 7.11, no nível de produção de 25.000 unidades, os valores do custo geral total e do custo variável total são, respectivamente, de:

A $ 68.750,00 e $ 18.750,00.
B $ 75.000,00 e $ 60.000,00.
C $ 125.000,00 e $ 55.000,00.
D $ 131.250,00 e $ 56.250,00.

86. Com base no gráfico da Figura 7.11, no nível de produção de 60.000 unidades, os valores do custo geral total e da receita total em relação a seus valores máximos possíveis são, respectivamente, de:

A 60,0% e 60,0%.
B 70,0% e 60,0%.
C 87,5% e 63,6%.
D 60,0% e 37,5%.

87. Com base no gráfico da Figura 7.11, no nível de produção de 75.000 unidades, os valores do custo variável total e do custo fixo total são, respectivamente, de:

A $ 160.000,00 e $ 150.000,00.
B $ 275.000,00 e $ 150.000,00.
C $ 168.750,00 e $ 56.250,00.
D $ 168.750,00 e $ 75.000,00.

88. Nas condições do exercício anterior, os valores da receita total e do custo geral total são, respectivamente, de:

A $ 275.000,00 e $ 250.000,00.
B $ 262.500,00 e $ 243.750,00.
C $ 350.000,00 e $ 300.000,00.
D $ 280.000,00 e $ 225.000,00.

89. Nas condições do exercício 85, os valores da receita total e do custo fixo total são, respectivamente, de:

A $ 87.500,00 e $ 52.500,00.
B $ 125.000,00 e $ 75.000,00.
C $ 87.500,00 e $ 75.000,00.
D $ 125.000,00 e $ 50.000,00.

90. Se o gráfico da Figura 7.11 fosse construído com o valor do custo variável unitário de $ 1,50, em vez de $ 2,25, o Ponto de Equilíbrio baixaria para o seguinte percentual da capacidade máxima:

A 32,5%.
B 45,0%.
C 47,5%.
D 37,5%.

91. Nas condições do exercício anterior, os valores do custo variável total e da receita total no nível de produção de 50.000 unidades seriam, respectivamente, de:

A $ 75.000,00 e $ 175.000,00.
B $ 50.000,00 e $ 150.000,00.
C $ 50.000,00 e $ 125.000,00.
D $ 67.000,00 e $ 167.000,00.

92. Nas condições do exercício anterior, ou seja, 50.000 unidades produzidas com custo variável unitário de $ 1,50, os valores do custo geral total e do custo fixo total seriam, respectivamente, de:

A $ 175.000,00 e $ 50.000,00.
B $ 75.000,00 e $ 75.000,00.
C $ 150.000,00 e $ 75.000,00.
D $ 150.000,00 e $ 50.000,00.

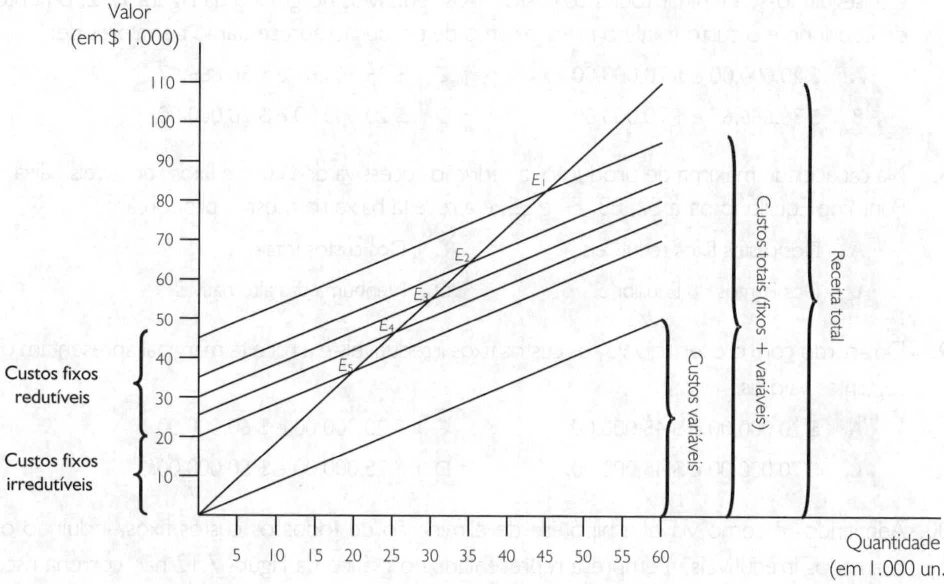

Figura 7.12 *Gráfico do Ponto de Equilíbrio com custos fixos desmembrados.*

93. Com base no gráfico da Figura 7.12, o custo geral total e a receita total, sem redução de custo fixo, apresentam os seguintes valores no nível máximo da capacidade:

A $ 95.000,00 e $ 110.000,00.

B $ 87.000,00 e $ 110.000,00.

C $ 82.500,00 e $ 95.000,00.

D $ 80.000,00 e $ 87.000,00.

94. Com base no gráfico da Figura 7.12 e considerando o nível de produção de 45.000 unidades com todos os custos fixos, os valores da receita total e do custo fixo total são de:

A $ 82.500,00 e $ 82.500,00.

B $ 82.500,00 e $ 45.000,00.

C $ 110.000,00 e $ 95.000,00.

D $ 110.000,00 e $ 45.000,00.

95. Com base no gráfico da Figura 7.12 e considerando o nível de produção de 30.000 unidades com os custos fixos reduzidos em $ 15.000,00, o Ponto de Equilíbrio e a receita marginal ou margem de contribuição apresentam os seguintes valores:

A $ 68.750,00 e $ 40.000,00.

B $ 55.000,00 e $ 45.000,00.

C $ 55.000,00 e $ 30.000,00.

D $ 65.000,00 e $ 30.000,00.

96. Se uma empresa com os dados do gráfico da Figura 7.12 conseguisse as reduções do Ponto de Equilíbrio de E1 para E3, E4 e E5 sucessivamente, estaria baixando seu Ponto de Equilíbrio de $ 82.500,00 para os valores respectivos de:

A $ 68.750,00, $ 55.000,00 e $ 45.833,33.

B $ 40.000,00, $ 30.000,00 e $ 25.000,00.

C $ 80.000,00, $ 75.000,00 e $ 70.000,00.

D $ 55.000,00, $ 45.833,33 e $ 36.666,67.

97. Conseguindo-se eliminar todos os custos fixos redutíveis no gráfico da Figura 7.12, o Ponto de Equilíbrio e o custo total no nível máximo de produção apresentarão os valores de:

A	$ 20.000,00 e $ 70.000,00.	C	$ 36.666,67 e $ 36.666,67.
B	$ 36.666,67 e $ 70.000,00.	D	$ 20.000,00 e $ 20.000,00.

98. Na capacidade máxima de produção, a redução sucessiva dos custos fixos redutíveis baixa o Ponto de Equilíbrio para E2, E3, E4 e E5, e a receita baixa na mesma proporção:

A	Dos custos fixos redutíveis.	C	Dos custos totais.
B	Dos Pontos de Equilíbrio.	D	Nenhuma das alternativas.

99. De acordo com o exercício 93, os custos fixos irredutíveis e a receita marginal apresentam os seguintes valores:

A	$ 20.000,00 e $ 45.000,00.	C	$ 20.000,00 e $ 60.000,00.
B	$ 70.000,00 e $ 45.000,00.	D	$ 25.000,00 e $ 60.000,00.

100. Admitindo-se como viável a hipótese de eliminação de todos os custos fixos, incluindo os chamados irredutíveis, a empresa representada no gráfico da Figura 7.12 não correria risco de ter prejuízo e seu Ponto de Equilíbrio ficaria:

A	Igual a E5.	C	Inalterado.
B	Igual a zero.	D	Igual ao custo irredutível inicial.

101. Uma empresa que produz diferentes tipos de produtos tem Ponto de Equilíbrio de 60% da capacidade máxima. Isso indica que terá sempre lucro produzindo:

A	Abaixo daquele percentual.	C	Acima daquele percentual, independentemente da quantidade de cada tipo de produto.
B	Naquele percentual.	D	Acima daquele percentual, dependendo da quantidade de cada tipo de produto.

Dispondo dos dados do Quadro 7.21 e dos valores dos custos fixos e indiretos a seguir, preencher os Quadros 7.22 e 7.23.

Quadro 7.21 *Dados para preenchimento dos Quadros 7.22 e 7.23.*

PRODUTO	QUANTIDADE	PREÇO DE VENDA	CUSTO VARIÁVEL UNITÁRIO	ÁREA OCUPADA	IMOBILIZADO INDUSTRIAL	Nº DE EMPREGADOS
A	500	200,00	150,00	90	400.000,00	200
B	1.200	150,00	120,00	140	500.000,00	160
C	600	120,00	60,00	120	700.000,00	240
D	1.000	82,00	82,00	150	200.000,00	100
E	1.100	60,00	36,00	100	300.000,00	100
Total	**4.400**	–	–	**600**	**2.100.000,00**	**800**

Os custos variáveis foram considerados como diretos, e os fixos, como custos indiretos. Seus valores no período foram:

A) Aluguel $ 30.000,00

B) Depreciações $ 5.250,00

C) Transporte de pessoal $ 15.000,00

D) Custos de restaurante interno $ 25.000,00

Quadro 7.22 *Quadro dos rateios dos custos fixos indiretos.*

PRODUTO	A	B	C	D	TOTAL
A					
B					
C					
D					
E					
Empresa	30.000,00	5.250,00	15.000,00	25.000,00	75.250,00

Quadro 7.23 *Apuração dos resultados.*

PRODUTO	RECEITA TOTAL	CUSTO VARIÁVEL TOTAL	RECEITA MARGINAL	PROPORÇÃO		CUSTOS FIXOS	LUCRO
				L/V	CV/V		
A							
B							
C							
D							
E							
Empresa							

Representar no gráfico a seguir, individual e englobadamente (empresa), os dados apurados anteriormente para cada um dos produtos.

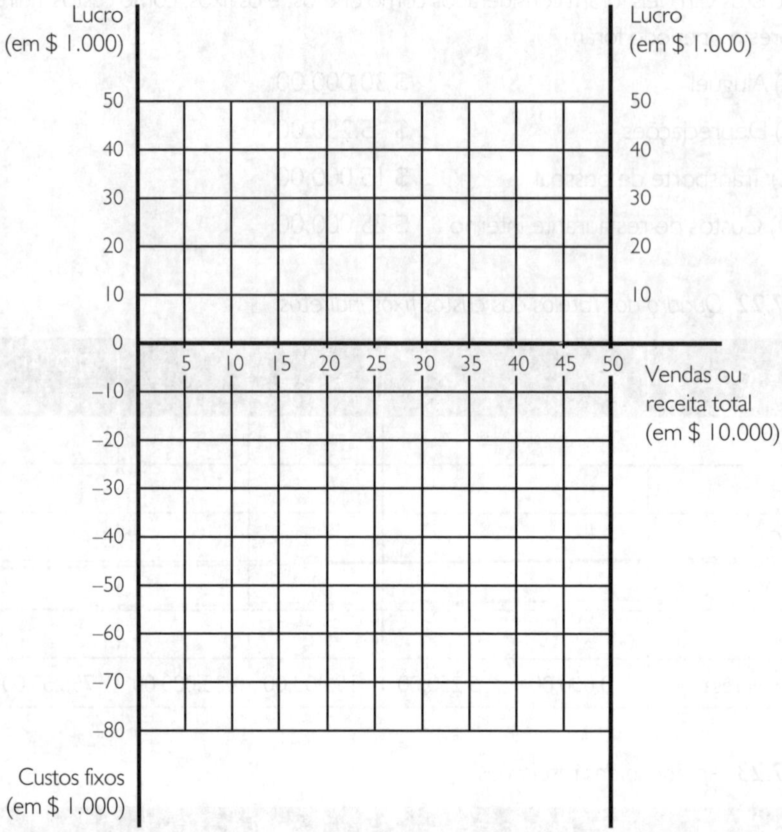

Figura 7.13 *Gráfico da análise custo-lucro-volume.*

102. De acordo com o gráfico da Figura 7.13 corretamente elaborado, o Ponto de Equilíbrio da empresa é de:

A $ 99.907,06.
B $ 152.450,00.
C $ 195.097,24.
D $ 304.902,76.

103. De acordo com os dados apurados no Quadro 7.23, a receita marginal, ou margem de contribuição, e o custo fixo total do produto que apresenta a maior proporção lucro-volume são, respectivamente:

A $ 36.000,00 e $ 19.750,00.
B $ 82.000,00 e $ 75.250,00.
C $ 36.000,00 e $ 36.000,00.
D $ 75.000,00 e $ 25.000,00.

104. Se a empresa do Quadro 7.23 retirasse o produto D de produção sem alterar a produção dos demais produtos, estaria:

A Aumentando o lucro final.
B Mantendo inalterado o lucro final.
C Reduzindo o lucro final.
D Reduzindo a receita marginal.

105. De acordo com os dados do Quadro 7.21, se os recursos utilizados na elaboração do produto D pudessem ser aplicados na produção do produto A, sua receita marginal ou margem de contribuição seria aumentada para $ 29.100,00 se sua quantidade fosse aumentada para:

A 529 unidades.
B 582 unidades.
C 516 unidades.
D 549 unidades.

106. Na hipótese do exercício anterior, a receita marginal ou margem de contribuição da empresa ficaria aumentada em:

A $ 13.000,00.
B $ 29.100,00.
C $ 25.000,00.
D $ 4.100,00.

107. Na observação do gráfico do Ponto de Equilíbrio pela análise custo-lucro-volume, verifica-se que o segmento de reta representativo de um produto é ascendente. Isso significa que ele tem receita:

A Marginal ou margem de contribuição nula.
B Total igual ao custo variável total.
C Total igual ao custo geral total.
D Total maior do que o custo variável total.

108. Quando o segmento de reta em um gráfico da análise custo-lucro-volume for descendente, significa que tem receita:

A Marginal ou margem de contribuição nula.
B Total igual ao custo variável total.
C Total maior do que o custo variável total.
D Total menor do que o custo variável total.

109. Quando o segmento de reta em um gráfico da análise custo-lucro-volume for horizontal, significa que tem receita:

A Marginal ou margem de contribuição nula.
B Total igual ao custo fixo total.
C Total igual ao custo geral total.
D Total menor do que o custo variável total.

110. Sob o aspecto exclusivamente de custo, um administrador só deve retirar um produto de fabricação quando apresentar:

A Prejuízo após a apropriação ou o rateio dos custos indiretos.
B A menor receita marginal ou margem de contribuição positiva.
C A menor proporção lucro-volume positiva.
D Proporção lucro-volume igual a zero, ou negativa.

111. Em uma série de produtos fabricados por uma empresa, o que tem maior capacidade de absorção de custo fixos é o que apresenta maior:

A Receita marginal ou margem de contribuição.
C Receita total do que custo variável total.

B Proporção lucro-volume.

D Receita total do que custo total.

112. Na representação gráfica do Ponto de Equilíbrio de cada produto pela análise lucro-volume, o segmento de reta representativo de um dos produtos que é ascendente indica que este produto apresenta receita total:

A Maior do que o custo variável.

B Igual ao custo variável total.

C Menor do que a receita marginal ou margem de contribuição.

D Maior que a receita marginal ou margem de contribuição.

113. Quando o segmento de reta em um gráfico da análise custo-lucro-volume é horizontal, indica que o produto apresenta receita marginal ou margem de contribuição:

A Igual ao custo variável total.

B Nula.

C Menor do que a receita total.

D Menor do que o custo fixo total.

114. Quando o segmento de reta em um gráfico da análise custo-lucro-volume for descendente, indica que o produto apresenta receita marginal ou margem de contribuição:

A Nula.

B Menor do que a receita total.

C Menor do que o custo fixo total.

D Negativa.

115. A maior ou menor ascendência do segmento de reta que representa um produto no gráfico da análise custo-lucro-volume significa maior ou menor:

A Margem de contribuição ou receita marginal.

B Receita total.

C Custo variável total.

D Proporção lucro-volume.

116. Na representação gráfica do Ponto de Equilíbrio de cada produto pela análise custo-lucro-volume, o segmento de reta representativo de um produto que é descendente indica que tem:

A Proporção lucro-volume igual a zero.

B Proporção lucro-volume maior do que zero.

C Proporção lucro-volume menor do que zero.

D Receita marginal ou margem de contribuição positiva.

117. Quando o segmento de reta em um gráfico da análise custo-lucro-volume for horizontal, indica que o produto tem:

A Proporção lucro-volume igual a zero.

B Proporção lucro-volume menor do que zero.

C Proporção lucro-volume maior do que zero.

D Receita marginal ou margem de contribuição positiva.

118. Quando o segmento de reta em um gráfico da análise custo-lucro-volume for ascendente, indica que o produto tem:

A Proporção lucro-volume igual a zero.

C Proporção lucro-volume menor do que zero.

B	Proporção lucro-volume maior do que zero.	D	Receita marginal ou margem de contribuição negativa.

119. Se a empresa cujos dados estão no Quadro 7.21 e resultados no Quadro 7.23 tivesse as quantidades de cada produto aumentadas em 10%, apresentaria como receita marginal ou margem de contribuição e proporção lucro-volume os seguintes valores:

A	$ 135.740,00 e 27,1%.	C	$ 123.400,00 e 27,7%.
B	$ 135.740,00 e 24,7%.	D	$ 123.400,00 e 27,1%.

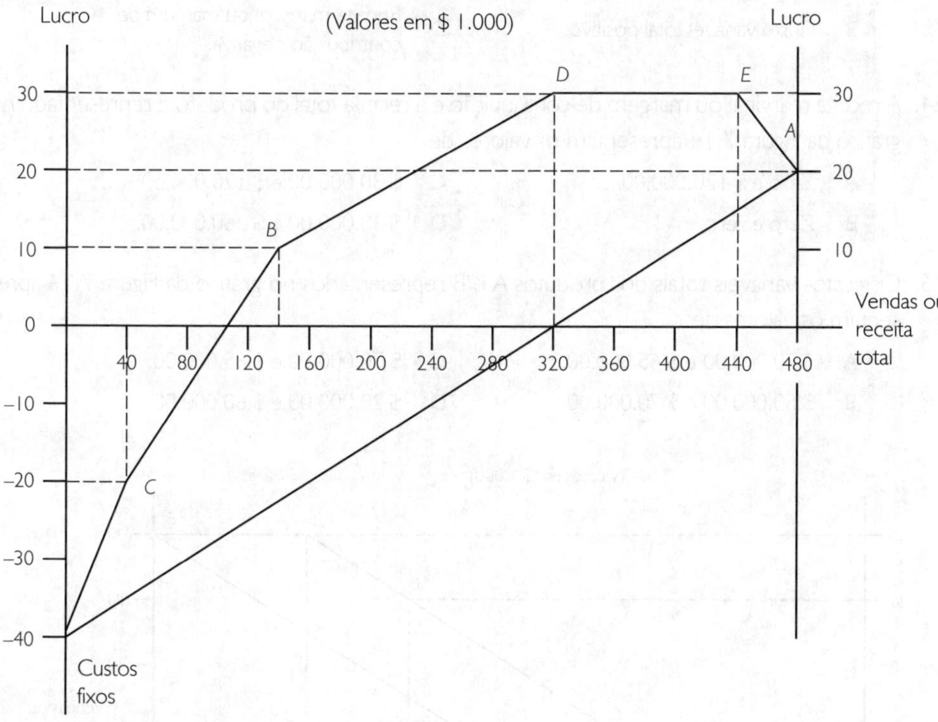

Figura 7.14 *Gráfico da análise custo-lucro-volume, com todos os produtos.*

120. De acordo com os dados representados no gráfico da Figura 7.14, o custo fixo total e o custo variável da empresa têm os valores respectivos de:

A	$ 40.000,00 e $ 140.000,00.	C	$ 160.000,00 e $ 360.000,00.
B	$ 70.000,00 e $ 320.000,00.	D	$ 40.000,00 e $ 420.000,00.

121. De acordo com os dados da Figura 7.14, a receita marginal ou margem de contribuição de cada um dos produtos C e D apresentam os valores de:

A	$ 20.000,00 e $ 20.000,00.	C	$ 45.000,00 e $ 50.000,00.
B	$ 20.000,00 e $ 70.000,00.	D	$ 20.000,00 e $ 50.000,00.

122. Admitindo-se que a capacidade máxima de produção da empresa do gráfico da Figura 7.14 fosse de 900.000 unidades, seu Ponto de Equilíbrio seria de:

A 160.000 unidades.
B 600.000 unidades.
C 187.000 unidades.
D 450.000 unidades.

123. O segmento de reta representativo do produto A, cujas coordenadas são 20 e 480 no gráfico da Figura 7.14, é descendente porque apresenta:

A Receita total positiva.
B Custo variável total positivo.
C Receita marginal ou margem de contribuição nula.
D Receita marginal ou margem de contribuição negativa.

124. A receita marginal ou margem de contribuição e a receita total do produto E representado no gráfico da Figura 7.14 apresentam os valores de:

A Zero e $ 120.000,00.
B Zero e zero.
C $ 30.000,00 e $ 120.000,00.
D $ 30.000,00 e $ 60.000,00.

125. Os custos variáveis totais dos produtos A e B representados no gráfico da Figura 7.14 apresentam os valores de:

A $ 70.000,00 e $ 65.000,00.
B $ 50.000,00 e $ 70.000,00.
C $ 70.000,00 e $ 85.000,00.
D $ 20.000,00 e $ 60.000,00.

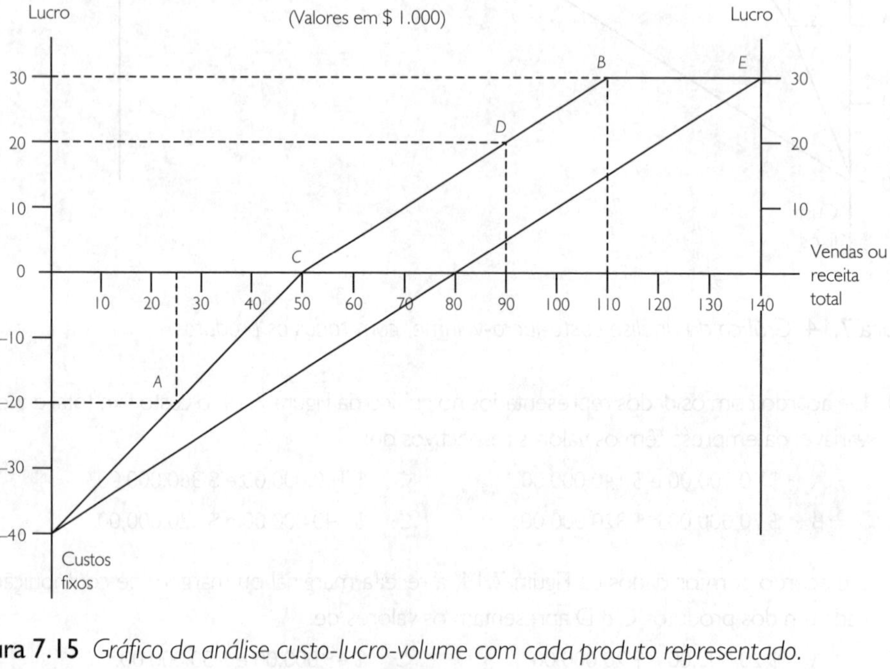

Figura 7.15 *Gráfico da análise custo-lucro-volume com cada produto representado.*

126. O custo fixo total e o custo variável total da empresa representados no gráfico da Figura 7.15 apresentam os valores respectivos de:

- **A** $ 40.000,00 e $ 30.000,00.
- **B** $ 30.000,00 e $ 25.000,00.
- **C** $ 40.000,00 e $ 70.000,00.
- **D** $ 40.000,00 e $ 80.000,00.

127. Os produtos A e B representados no gráfico da Figura 7.15 apresentam como receita marginal ou margem direta os valores respectivos de:

- **A** $ 30.000,00 e $ 20.000,00.
- **B** $ 20.000,00 e $ 25.000,00.
- **C** $ 25.000,00 e $ 15.000,00.
- **D** $ 20.000,00 e $ 10.000,00.

128. O Ponto de Equilíbrio da empresa representada no gráfico da Figura 7.15 é de:

- **A** 80%.
- **B** 57%.
- **C** 65%.
- **D** 75%.

129. No gráfico da Figura 7.15 pode-se observar que os segmentos de reta representativos dos produtos A e C têm a mesma inclinação (ascendência). Isso ocorre porque os dois segmentos apresentam os mesmos valores de:

- **A** Receitas totais.
- **B** Receitas marginais ou margens de contribuição.
- **C** Custos variáveis.
- **D** Proporção lucro-volume.

130. O segmento de reta representativo do produto E no gráfico da Figura 7.15 é horizontal porque apresenta como valores de receita marginal ou margem de contribuição e de vendas os seguintes, respectivamente:

- **A** $ 20.000,00 e $ 30.000,00.
- **B** Zero e $ 30.000,00.
- **C** Zero e zero.
- **D** $ 20.000,00 e $ 20.000,00.

131. O custo variável total e a receita total do produto D, representados no gráfico da Figura 7.15, apresentam os valores, respectivamente, de:

- **A** $ 30.000,00 e $ 30.000,00.
- **B** $ 20.000,00 e $ 40.000,00.
- **C** $ 20.000,00 e $ 90.000,00.
- **D** $ 40.000,00 e $ 65.000,00.

132. Uma empresa fabrica e comercializa os produtos A, B e C, apresentando os dados "preço de venda" e "margem de contribuição unitária", nesta ordem, como segue: produto A ($ 70,00 e $ 28,00), produto B ($ 40,00 e $ 20,00) e produto C ($ 120,00 e $ 30,00). Não havendo qualquer fator restritivo, a ordem de prioridade de produção para atingir o ponto de equilíbrio mais cedo é:

- **A** A – C – B.
- **B** B – A – C.
- **C** B – C – A.
- **D** C – A – B.

133. Para a empresa do exercício anterior atingir o ponto de equilíbrio mais tarde, a ordem de prioridade de produção seria:

A A – C – B.

B B – A – C.

C B – C – A.

D C – A – B.

134. Uma empresa, com investimento (I) de $ 2 milhões, tem custo total (CF + CV) igual a $ 500.000,00, custo fixo total igual a $ 100.000,00, despesas fixas administrativas e de vendas de $ 140.000,00 e despesas variáveis de vendas de $ 50.000,00. Com base nesses dados, preencher corretamente o Quadro 7.24.

Quadro 7.24 *Demonstração de resultado sintética.*

ITENS	NORMAL
p – Preço de venda ($)	30,00
q – Quantidade produzida e vendida (um.)	25.000
RT – Receita total (p × q)	
CV – Custos variáveis totais (cv × q)	
DV – Despesas variáveis totais (dv × q)	
GV – Gastos variáveis totais (CV + DV)	
MC – Margem de contribuição total (RT – GV)	
CF – Custos fixos totais (cf × q)	
DF – Despesas fixas administrativas e vendas	
GF – Gastos fixos totais (CF + DF)	
L – Lucro (MC – GF)	

Após o preenchimento do Quadro 7.24, a rentabilidade (L × 100/I) e a lucratividade (L × 100/RT) apresentam os resultados de:

A – 5,0% e – 0,02%.

B 3,0% e 20,00%.

C 40,0% e 30,0%.

D 3,0% e 8,0%.

Quadro 7.25 *Maximização de resultado.*

PRODUTO	H-M/ UN.	Mcb	CAP. MÁX.	mcb/ H-M/UN.	CONSUMO DE HORAS	PRODUÇÃO E VENDA (un.)	MARGEM DE CONTRIBUIÇÃO TOTAL
A	4	27,00	25 un.				
B	2	25,00	20 un.				
C	3	22,50	40 un.				
D	7	33,60	15 un.				
E	5	17,00	35 un.				
F	6	22,50	30 un.				
TOTAL	–	–	**165 un.**	–	**460**		

135. A empresa do Quadro 7.25 fabrica e comercializa os produtos A, B, C, D, E e F. Ela tem duas limitações: número total de horas de máquina (H-M) disponíveis no período (460) e quantidade mínima de produção de cada produto (12 un.). Com base nos dados das quatro primeiras colunas, preencher as demais, calculando a margem de contribuição unitária de cada produto por unidade de fator limitativo (mcb/H – M/un.) e os demais parâmetros. O resultado máximo apresenta uma margem de contribuição total de:

A $ 835,15.

B $ 1.022,25.

C $ 2.844,20.

D $ 3.849,00.

Quadro 7.26 *Maximização de resultado.*

PRODUTO	HM / un.	pv	cv	CM	Mcb	mcb/ HM/un.	CHM	QPC	MCB
A	5	30,00	13,00	35 un.					
B	2	60,00	35,00	20 un.					
C	3	45,00	22,50	40 un.					
D	7	80,00	46,40	15 un.					
E	4	50,00	23,00	25 un.					
F	6	70,00	47,50	30 un.					
TOTAL	–	–	–	**165 un.**	–	–	**462**		

136. A empresa do Quadro 7.26 fabrica e comercializa os produtos A, B, C, D, E e F. Ela tem duas limitações: número total de horas de máquina (HM) disponíveis no período (462) e quantidade mínima de produção de cada produto (14 un). Com base nos dados das cinco primeiras colunas [consumo de horas de máquina por unidade (HM/un.), preço de venda (pv), custo variável unitário (cv) e capacidade máxima de cada produto (CM)], preencher as demais, calculando margem de contribuição unitária, em valor absoluto (mcb) e por unidade de fator limitativo (mcb/HM/un.), consumo de horas de máquina (CHM), quantidades produzidas e comercializadas (QPC) e margem de contribuição total (MCB). Considerando que o objetivo é maximizar o resultado, a margem de contribuição total (MCB) deve apresentar o resultado de:

A $ 2.756,40.
B $ 1.022,25.
C $ 6.130,00.
D $ 26.150,00.

Quadro 7.27 *Maximização de resultado.*

PRODUTO	H-M/ un.	Mcb	CAP. MÁX.	mcb/ H-M/ UN.	CONSUMO DE HORAS	PRODUÇÃO E VENDA (un.)	MARGEM DE CONTRIBUIÇÃO TOTAL
A	4	30,00	25 un.				
B	2	20,00	20 un.				
C	3	30,00	35 un.				
D	7	40,00	15 un.				
E	5	15,00	40 un.				
F	6	27,00	30 un.				
TOTAL	–	–	**165 un.**	–	**460**		

137. A empresa do Quadro 7.27 fabrica e comercializa os produtos A, B, C, D, E e F. Ela tem duas limitações: número total de horas de máquina (H-M) disponíveis no período (460) e quantidade mínima de produção de cada produto (12 un.). Com base nos dados das quatro primeiras colunas, preencher as demais, calculando a margem de contribuição unitária de cada produto por unidade de fator limitativo (mcb/H-M/un.) e os demais parâmetros. O resultado máximo apresenta uma margem de contribuição total de:

A $ 549,50.
B $ 2.559,00.
C $ 2.446,00.
D $ 4.210,00.

Solução dos exercícios propostos

1 (A)	21 (C)	41 (B)	61 (D)	81 (B)	101 (D)	121 (A)
2 (D)	22 (A)	42 (B)	62 (B)	82 (B)	102 (D)	122 (B)
3 (D)	23 (D)	43 (A)	63 (B)	83 (D)	103 (A)	123 (D)
4 (D)	24 (C)	44 (C)	64 (A)	84 (A)	104 (B)	124 (A)
5 (A)	25 (C)	45 (D)	65 (A)	85 (D)	105 (B)	125 (B)
6 (D)	26 (A)	46 (A)	66 (A)	86 (B)	106 (B)	126 (C)
7 (A)	27 (D)	47 (B)	67 (B)	87 (D)	107 (D)	127 (D)
8 (C)	28 (C)	48 (B)	68 (B)	88 (B)	108 (D)	128 (B)
9 (C)	29 (D)	49 (A)	69 (A)	89 (C)	109 (A)	129 (D)
10 (A)	30 (A)	50 (C)	70 (C)	90 (D)	110 (D)	130 (B)
11 (C)	31 (C)	51 (C)	71 (D)	91 (A)	111 (B)	131 (B)
12 (A)	32 (C)	52 (B)	72 (B)	92 (C)	112 (A)	132 (B)
13 (C)	33 (D)	53 (B)	73 (A)	93 (A)	113 (B)	133 (D)
14 (C)	34 (B)	54 (B)	74 (D)	94 (B)	114 (D)	134 (D)
15 (D)	35 (D)	55 (D)	75 (C)	95 (C)	115 (D)	135 (C)
16 (C)	36 (B)	56 (A)	76 (C)	96 (D)	116 (C)	136 (A)
17 (A)	37 (C)	57 (C)	77 (D)	97 (B)	117 (A)	137 (B)
18 (D)	38 (D)	58 (C)	78 (C)	98 (D)	118 (B)	
19 (A)	39 (B)	59 (A)	79 (D)	99 (C)	119 (B)	
20 (B)	40 (B)	60 (B)	80 (A)	100 (B)	120 (D)	

BIBLIOGRAFIA

ACADEMIA BRASILEIRA DE LETRAS. *Dicionário escolar da língua portuguesa*, 2. ed. São Paulo: Companhia Editora Nacional, 2008.

ATKINSON, Anthony A.; BANKER, Rajiv D.; KAPLAN, Robert S.; YOUNG, S. M. *Contabilidade gerencial*. São Paulo: Atlas, 2000.

BACKER, M.; JACOBSEN, Lyle E.; MARION, J. C.; ORRU, M. *Contabilidade de custos*: uma abordagem gerencial. São Paulo: McGraw-Hill do Brasil, 1984.

______; ______. *Contabilidade de custos*: um enfoque de administração de empresas. São Paulo: McGraw-Hill do Brasil, 1976.

BURNS, Edward M. *História da civilização ocidental*: do homem das cavernas até a bomba atômica, o drama da raça humana. Porto Alegre: Globo, 1970.

CHEVITARESE, Salvador. *Contabilidade industrial*. 5. ed. Rio de Janeiro: FGV, 1983.

CORREA, Charles Henrique. *Expectativa de Vida no Mercado de Trabalho Brasileiro*. Brasília: Trabalhos para Discussão 389 – Banco Central do Brasil, Jun 2015.

DOBB, Maurice H. *A evolução do capitalismo*. São Paulo: Abril Cultural, 1983. (Os economistas.)

DUTRA, René G. *Custos, apropriação e análise*. Rio de Janeiro: Assemp, 1980.

______. Critérios de rateio e distribuição de custos. In: CONGRESSO BRASILEIRO DE GESTÃO ESTRATÉGICA DE CUSTOS, 1., 1994, São Leopoldo. *Anais*... São Leopoldo: Unisinos, 1994.

FLORENTINO, Américo M. *Custos*: princípios, cálculos e contabilização. 13. ed. Rio de Janeiro: Gryphus, 1993.

HENDRIKSEN, Eldon S.; VAN BREDA, Michael F. *Teoria da contabilidade*. São Paulo: Atlas, 1999.

HORNGREN, Charles T. *Contabilidade de custos*. São Paulo: Atlas, 1978.

______. *Introdução à contabilidade gerencial*. 5. ed. Rio de Janeiro: Prentice Hall do Brasil, 1985.

______; FOSTER, George; DATAR, Srikant M. *Cost accounting*: a managerial emphasis. Englewood Cliffs: Prentice Hall, 2000.

HOUAISS, Antonio; VILLAR, Mauro S; FRANCO, Manuel F. M. *Dicionário da Língua Portuguesa*, 9. ed. Rio de Janeiro: Objetiva, 2009.

JOHNSON, H. Thomas; KAPLAN, Robert S. *A relevância da contabilidade de custos*. Rio de Janeiro: Campus, 1996.

KIESO, Donald E.; WEYGANDT, Jerry J.; WARFIELD, Terry D. *Intermediate accounting*. New York: John Wiley, 2000.

LEONE, George S. G. *Custos*: planejamento, implantação e controle. São Paulo: Atlas, 1985.

______. *Curso de contabilidade de custos*. São Paulo: Atlas, 1997.

MARTINS, Eliseu. *Contabilidade de custos*. 8. ed. São Paulo: Atlas, 2001.

______. *Custos*. 9. ed. São Paulo: Atlas, 2008.

MATZ, Adolph; CURRY, Othel J.; FRANK, George W. *Contabilidade de custos*. 2. ed. São Paulo: Atlas, 1978.

MOTT, Graham. *Contabilidade para não contadores*. São Paulo: Makron Brooks do Brasil, 1996.

NAKAGAWA, Masayuki. *Custeio baseado em atividades*. São Paulo: Atlas, 1994.